岡田英弘

大清帝国隆盛期の実像

第四代康熙帝の手紙から 1661-1722

藤原書店

清朝史叢書

〔監修〕岡田英弘

〔編集〕宮脇淳子・楠木賢道・杉山清彦

再版にあたって——読者のみなさまへ

本書は、二〇一三年一月に『清朝史叢書』第一弾として刊行された『康熙帝の手紙』の再版である。なぜこのように大幅に題名を変えたかを、読者のみなさまにご説明したい。

現代中国を理解するためには、その全領域を継承したと中国が主張する清朝を理解することが必須であると思い至った藤原書店の藤原良雄社長の肝いりで、十名を超す著者がラインアップされて始まった『清朝史叢書』の第一弾として拙著『康熙帝の手紙』増補改訂版の発刊が決まったとき、一九七九年に中公新書として刊行されて以来、専門家の間では必読文献であったのに入手困難だった本の三十四年ぶりの復刊を私も編集者諸君も喜び、同じ題名をつけることに何ら疑いを持たなかった。

しかし、書名のインターネット検索が当たり前となった昨今、中公新書版と同じ題名であるために、『〈清朝史叢書〉康熙帝の手紙』が以前の『康熙帝の手紙』に大清帝国の全体像を俯瞰する概説「清朝とは何か——世界史のなかの大清帝国」を加えただけでなく、関連する学術論文六本、史料五本の日本語訳を増補し、新たに出典注と注（用語解説）も併せて、中公新書版の二倍をはるかに超える分量になっていることをネット上では知るすべがない、と気づいたことが、改題の第一の理由である。

第二の理由は、康熙帝が誰なのか、東洋史研究者以外にはシナの陶磁器が好きな人くらいしかわからないのでは、と気づいたことである。しかも、その人が書いた手紙が題名では、文学なのか何なのか、本の内容をまったく表わしていない、ということに思い当たった次第である。

十七世紀後半から十八世紀初頭にいたる清朝第四代皇帝・康熙帝の治世は、大清帝国の国家体制がほぼ確立した時期である。モンゴル遊牧君主との戦争にみずから従軍した康熙帝が、留守を預けた北京の皇太子にあてて満洲語で書いた自筆の手紙を史料とし、満洲とモンゴルにチベットのダライ・ラマ政権がどのように関わったかという裏事情をも絵巻のように説き明かしたのが、本書なのである。

同じ藤原書店から刊行した拙著『モンゴル帝国から大清帝国へ』（二〇一〇年）は、完全な学術論文集である上、価格も本書の倍以上であるにもかかわらず、すでに増刷になっていることからみて、題名さえ内容をあまさず表しているならば、一般の日本人読者の目にとまりやすいだろうと考えた次第である。

本書で述べているような大清帝国の仕組みを現代中国が理解していないから、チベットとウイグルとモンゴルで問題が発生するのである。建国以来、二百七十六年もの間、あんなに広い領域を満洲人はどのように統治したのかを、多くの日本人にぜひ知ってもらいたいと願うものである。

二〇一六年二月

岡田英弘

「清朝史叢書」発刊の辞

「中国」の歴史と文明は、日本にとっては有史以来切っても切れない関係にある。しかし、日本人がこれを正しく理解することは至難の業である。なぜなら、「中国」の実体は時代とともに変化してきたにもかかわらず、紀元前から存在する漢字漢文が、いずれの時代にも、その変化の実体を覆い隠しているので、中国文明は二千年間不変であったように見えてしまうからである。

一六三六年に万里の長城の北側の瀋陽で建国され、一九一一年に中国南部で起こった辛亥革命の結果、翌一九一二年に崩壊した清朝は、これまでふつう「秦漢以来の中国王朝の伝統を引き継ぐ最後の中華王朝である」と見なされてきた。しかし、この視点は正確ではない。それはなぜかというと、清朝の支配階級であった満洲人の母語は漢字漢文ではなく、アルタイ系言語である満洲語であったこと、広大な領域を有した清朝の領土の四分の三が、同様に漢字漢文を使用する土地ではなかったからである。

二七六年間続いた清朝の統治下では、モンゴルやチベットや新疆などを含めた帝国全土に通用する言語は満洲語のみで、公用文書の大部分は満洲語か満漢合璧（並記）で書かれた。中華民国成立後、ほとんど死語となってしまった満洲語が、じつは清朝史研究に大いに役立つことを発見し、熱心に研究を続けてきたのは、私を含めた日本人学者のグループだった。

二〇〇九年五月に藤原書店より別冊『環』⑯として刊行された『清朝とは何か』は、日清戦争以来の日中関係や「満洲」理解のためには、清朝研究が必須であることに思い至った藤原良雄社長から、私が監修を頼まれ、一年間の勉強会を経た末に完成した力作である。従来のような中国王朝の一つとしての清代史ではなく、満洲人とモンゴル人と漢人の合同政権としての大清帝国、チベット・中央アジアを版図に入れた経緯、ロシア・日本・ヨーロッパとの関係までを視野に入れ、世界史のなかで清朝を理解することを目指したが、この目的は大成功をおさめたと自負している。

しかし、各研究者の分担した頁数には制約があり、結論しか発表できなかったことは残念であった。これは藤原社長も同じ気持ちであったらしく、今回いよいよ、各自の研究成果を思う存分披瀝できる、清朝史叢書を発刊する運びとなったのは、まことに慶賀すべきである。

清朝はひじょうに広い領域を統治した国家であったから、研究者ごとに様々な言語史料に拠って立つ各巻は、かなり趣の異なる本になると思うが、本叢書すべてを読了した暁には、清朝を全体として深く理解できるようになることは間違いない。日本の清朝史研究の水準は世界一であるから、この清朝史叢書が、日本から世界に発信する文化の一翼を担うものになることを、私は信じて疑わない。

二〇一二年十二月

岡田英弘

大清帝国隆盛期の実像

目次

康熙帝の手紙

補

史料

大清帝国隆盛期の実像

第四代康熙帝の手紙から 1661–1722

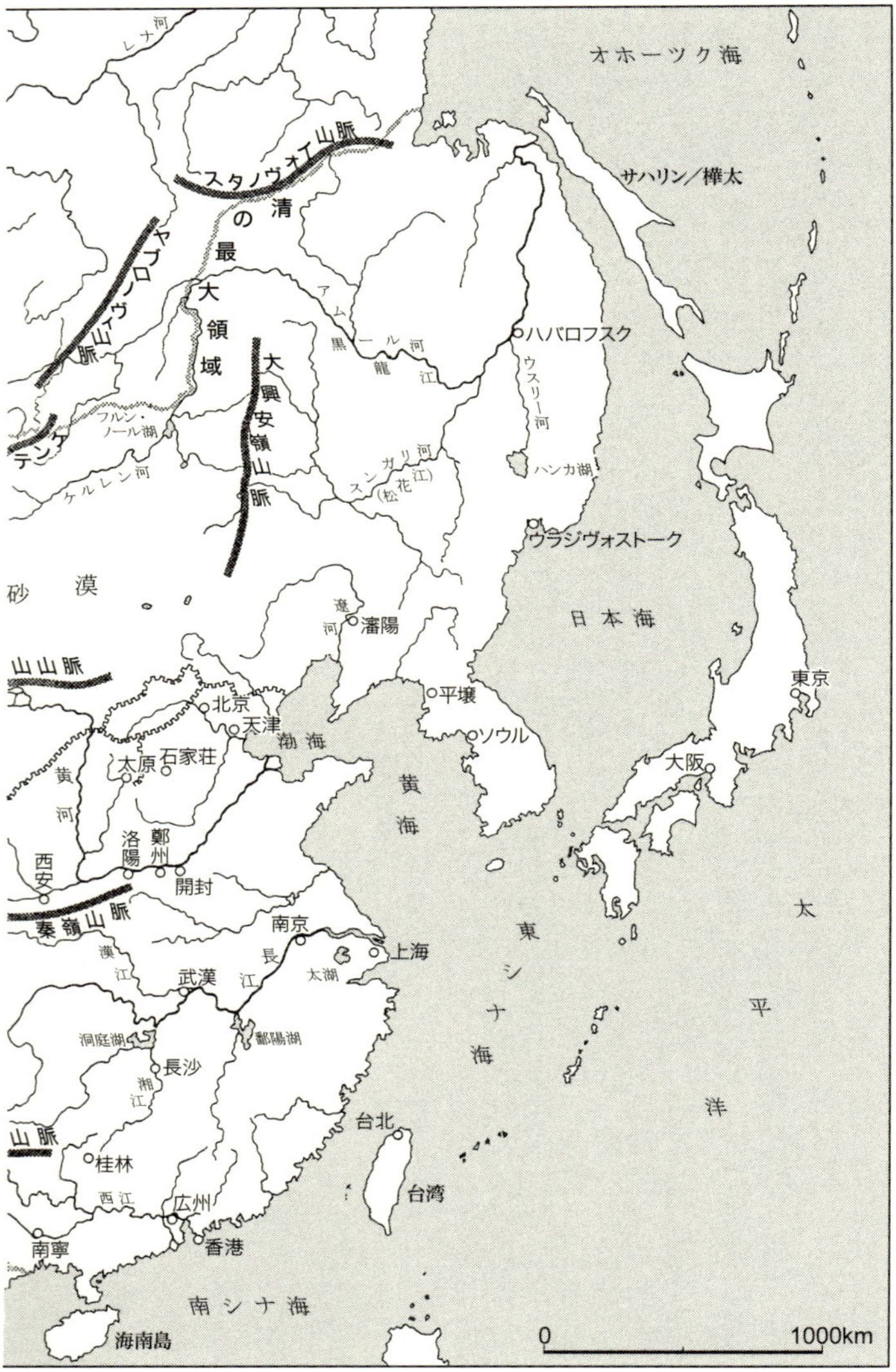

レナ河
オホーツク海
スタノヴォイ山脈
サハリン／樺太
清の最大領域
ヤブロノヴィ山脈
アムール河
黒龍江
ハバロフスク
ウスリー河
大興安嶺山脈
フルン・ノール湖
テンゲ
ケルレン河
スンガリ河（松花江）
ハンカ湖
ウラジヴォストーク
砂漠
遼河
瀋陽
日本海
山山脈
北京
天津
平壌
東京
渤海
ソウル
太原
石家荘
黄河
黄海
大阪
洛陽
鄭州
西安
開封
秦嶺山脈
南京
上海
漢江
長江
武漢
太湖
東シナ海
太平洋
洞庭湖
鄱陽湖
長沙
湘江
台北
山脈
桂林
台湾
西江
広州
南寧
香港
南シナ海
海南島
0
1000km

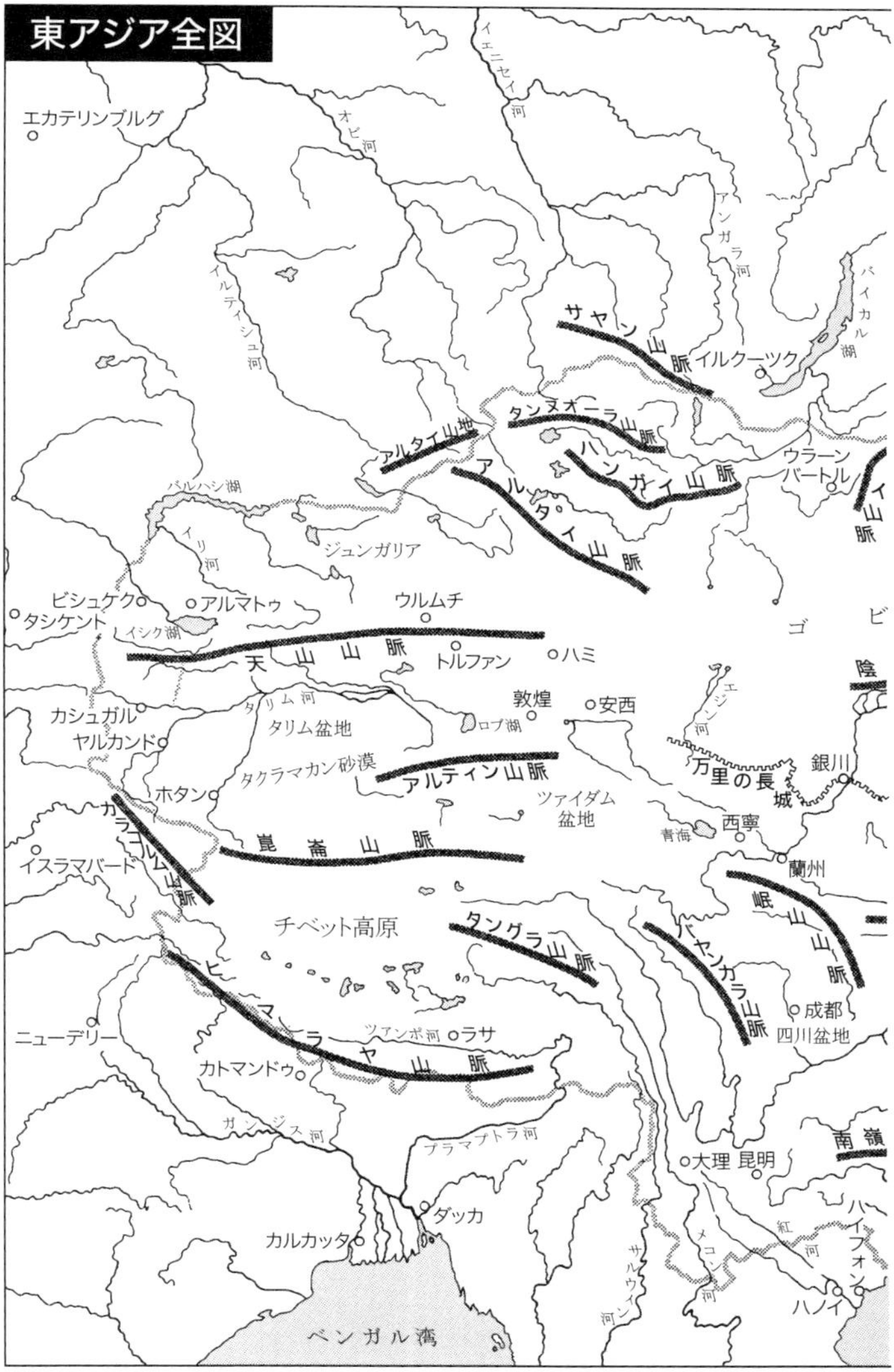
東アジア全図
エカテリンブルグ
イェニセイ河
オビ河
アンガラ河
バイカル湖
イルティシュ河
サヤン山脈
イルクーツク
タンヌオーラ山脈
アルタイ山地
ハンガイ山脈
アルタイ山脈
ウラーンバートル
バルハシ湖
イリ河
ジュンガリア
ビシュケク
アルマトゥ
タシケント
イシク湖
ウルムチ
ゴビ
天山山脈
トルファン
ハミ
陰
タリム河
カシュガル
タリム盆地
敦煌
安西
ロプ湖
エジン河
ヤルカンド
タクラマカン砂漠
アルティン山脈
万里の長城
銀川
ホタン
ツァイダム盆地
青海
西寧
カラコルム山脈
崑崙山脈
イスラマバード
蘭州
岷山山脈
チベット高原
タングラ山脈
バヤンカラ山脈
ヒマラヤ山脈
成都
四川盆地
ニューデリー
ツァンポ河
ラサ
カトマンドゥ
ガンジス河
ブラマプトラ河
大理
昆明
南嶺
ダッカ
紅河
ハイフォン
カルカッタ
メコン河
サルウィン河
ハノイ
ベンガル湾

清初の皇族系図

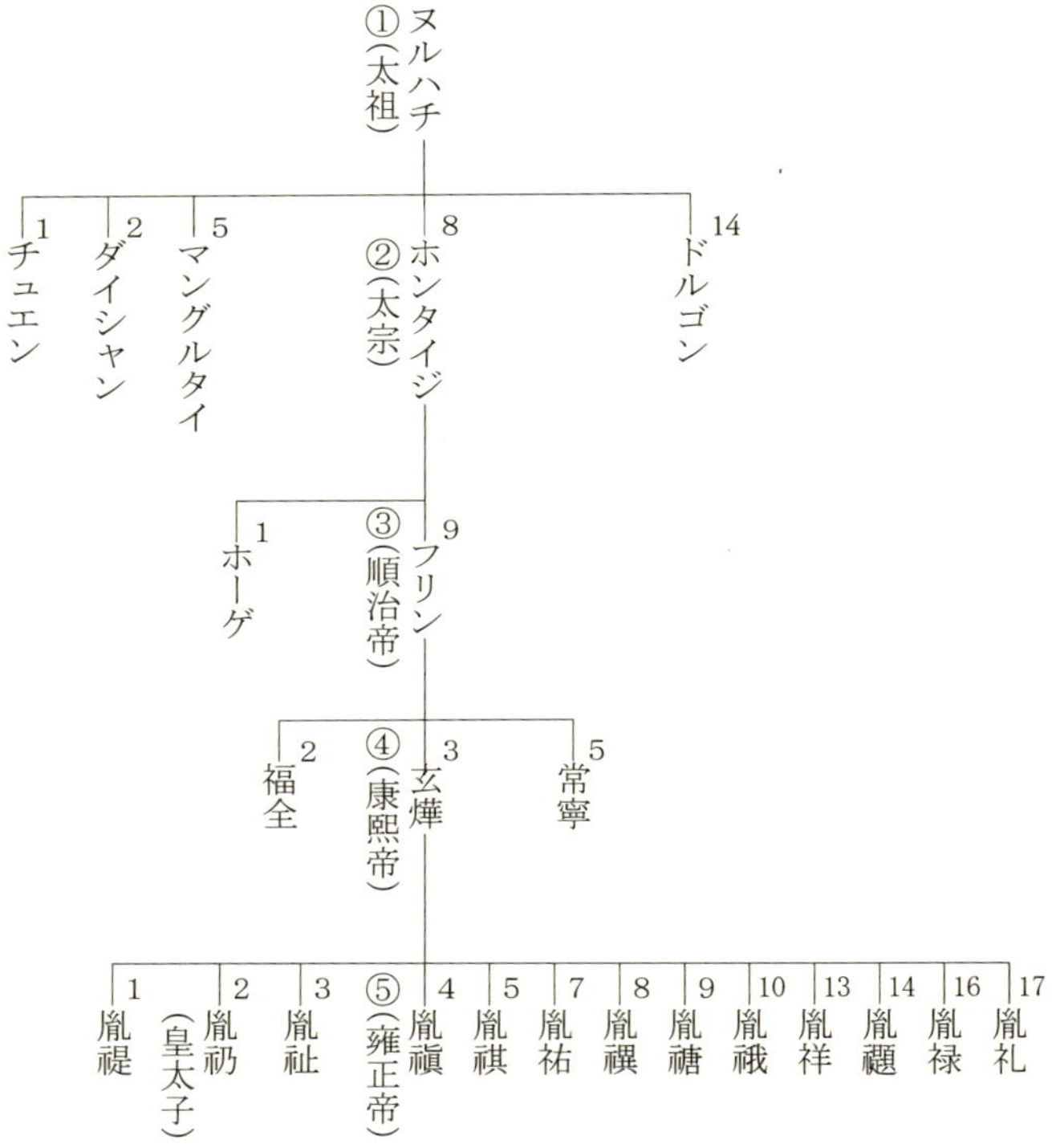

1　縦線は親子関係、横線は兄弟関係
2　丸つき数字は、皇帝の即位順
3　丸なし数字は、それぞれの世代における生年順を示し、左から記す
　　例：ホンタイジは八男である

清初の皇族と満洲貴族・モンゴル貴族との婚姻関係

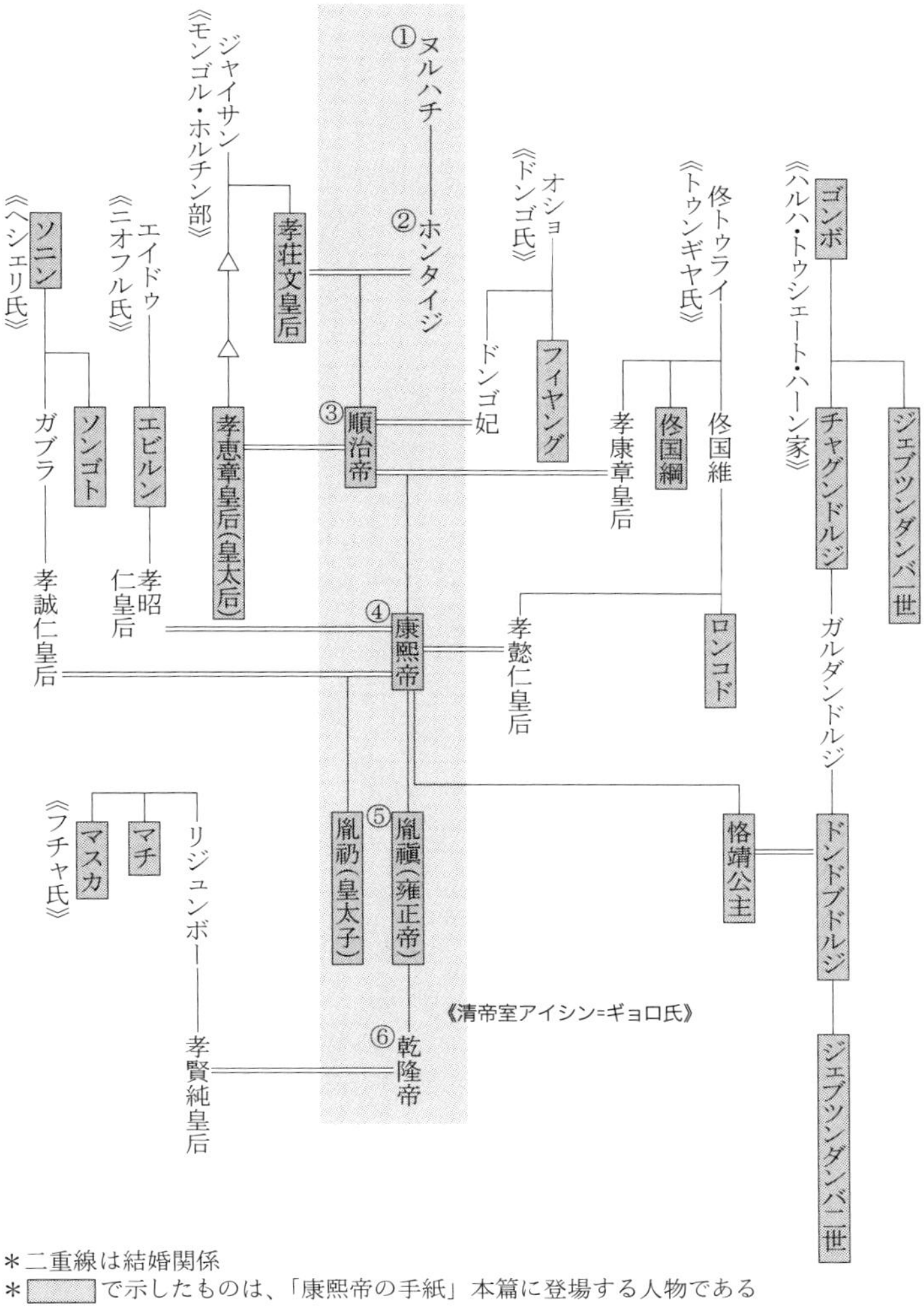

＊二重線は結婚関係

＊［網掛け］で示したものは、「康熙帝の手紙」本篇に登場する人物である

凡例

一　「康熙帝の手紙」本篇の「ゴビ砂漠を越えて　第一次親征」「狩猟絵巻　第二次親征」「活仏たちの運命　第三次親征」で引用している、康熙帝と皇太子が満洲語でやり取りした手紙の日付は、「　」内は、満洲語の手紙に書かれた日付そのまま（陰暦）で、引用が終わったあとの（　）内、手紙文の中の（　）内には、陰暦を太陽暦である西暦に換算して挿入してある。歴史概説をともなう地の文章の日付は西暦である。三十三年前に刊行された中公新書版の西暦換算は、すべて一日ずつずれていたので、本書において修正した。

一　「　」で引用した康熙帝と皇太子の手紙の日本語訳のあとに、出典注として『宮中檔康熙朝奏摺』の頁を（　）で示した。第八輯と第九輯が混在したり、頁が順番でないのは、台湾の国立故宮博物院から刊行されたときの排列に誤りがあるからである。排列を正しく並べ直したものが、補1「モンゴル親征時の聖祖の満文書簡」に掲載してある。

一　満洲語やモンゴル語の固有名詞については、満洲文字の原文通りにカタカナ書きしているので、意味のある単語で区切ってスペースを空けているときには、「・」が入っている。たとえば、「ジューン・ガル（左の手＝左翼）」や、「バヤン・ウラーン」「シャンナン・ドルジ・ラマ」などである。

一　「康熙帝の手紙」本篇の側注は、＊印をつけた通し番号で示す。

一　「補」の論文六篇の注は、補だけの通し番号として「補」末尾に掲載している。

一　本凡例三項目めにもあるように、ふつう日本語の文章では並列の意味に使用する「・」を、本書では、モンゴル語の人名や地名が長いため読みやすくするという理由で、概説部分についても、カタカナ書きにしたときの意味の切れ目や称号との間にも使用している。

はじめに

本書の原版『康熙帝の手紙』中公新書版が刊行されたのは、今を去ること三十三年前の一九七九年のことである。紀元前一世紀のはじめに『史記』を書いた司馬遷に始まる、いわゆる「中国文明」の歴史文献は、二千年にもおよぶ長い文字の歴史を持ちながら、最高権力者である皇帝個人の生活や感情を伝える記録は稀有である。ましてや、漢字以外の文字で書かれた皇帝の大量の自筆の手紙は、その存在自体が、日本の東洋史学者を驚かせるに充分なものであった。

しかし、東洋史学界の評価は高かったが、満洲語で書かれた手紙の内容が、清朝第四代皇帝である康熙帝自身と、草原の遊牧民であるモンゴルの英雄ガルダンとの戦争に関するものであり、概説部分も、日本人にはほとんどなじみのない、十七世紀のモンゴルとチベットの歴史であったために、一般の読者の興味はそれほど惹かなかったらしく、増刷もされないまま、やがて絶版となってしまった。

その後、本書は満洲学やモンゴル学を志す研究者にとっては必読文献となったが、市場に出回ることは滅多になく、大学に奉職している満洲学者などは、古書店で見つけるとすぐに弟子のために買い占めたそうである。新書版の古本としては異例の高値をつけたこともあったと聞いた。

二〇〇九年に藤原書店から刊行された、十五名の共同執筆による『清朝とは何か』が成功をおさめ、引き続き、藤原書店から私の監修で清朝史叢書を刊行する計画が決まったとき、叢書研究会メンバー一同が、第一巻として本書の復刊を推し進めてくれたことには、心より感謝の意を表する次第である。

三十三年前の原版は新書版で刊行されたため、私の日本語訳の元になった満洲語原本の影印版が、台湾で刊行された『宮中檔康熙朝奏摺』の何頁にあるかという出典注もない。私自身は、康熙帝自筆の満洲語の手紙を、正確に日本語訳して刊行し、日本人に広く知らしめることに意義があると考えたが、第一級史料をそのまま一般書として刊行したことに対して、研究者たちからは不満の声が聞かれた。学界においてすら自明ではない新事実を至るところで簡略化して叙述し、学術論文にない新知見が散見されるのに、出典も根拠も不明だから、自分たちの論文に引用するときに困るというのである。

今回、復刊にあたって、そのような不備をすべて改善し、分量としても叢書にふさわしいものにしようと一同で相談したが、私自身は今年二〇一二年一月に満八十一歳を迎え、改めて出典を調べたり、新たに注を附ける気力はもはやないと訴えたところ、叢書研究会メンバー一同が協力を申し出てくれ、みなで総力をあげて、清朝史叢書第一巻にふさわしい体裁にしてくれたのが本書である。

「序」には、前述の『清朝とは何か』で私が執筆した「世界史のなかの大清帝国」をそのまま再録した。康熙帝は清朝の第四代皇帝であるから、本文に入る前に、清帝国の全体像を俯瞰することが読者の理解を助けると考えたからである。

「康熙帝の手紙」本文は、元の新書版の「外モンゴル」「内モンゴル」を「北モンゴル」「南モンゴル」

に書き換え、ソ連をロシアにするなど、時代に沿った言い方に改めた他、明らかな誤りは訂正したが、その他の文章は元通り再録している。これに、新書版にはなかった出典注と側注が附いている。

「補」として挙げた六本の論文は、私がかなり前にいろいろなところで発表したものであるが、いずれも大なり小なり本文に関係する研究である。ことに、「1 モンゴル親征時の聖祖の満文書簡」は、「康熙帝の手紙」を史料として使用するときには必ず参照しなければならない、極めて重要な論文である。

満文の康熙帝の手紙の影印版は、台湾の故宮博物院から『宮中檔康熙朝奏摺』第八輯、第九輯として刊行されているが、ここに収録された康熙帝の手紙の並べ方に、じつは種々の問題があることを、全体を通読してすぐに私は発見した。まず第一に、故宮博物院の編輯者たちが拠りどころとした、原文書に附された漢字による日付は、文書の発出、収受の当時に記入されたものではなく、康熙帝の三回の親征が完了してしばらく経ってから、史料を整理する一段階として附されたものである。その多くは北京に留守する皇太子の観点から排列されているので、康熙帝の観点からすれば、書いた順番ではなく、前後入れ替わっている文書がある。第二に、日付のないものは単に「無年月」とひとくくりにされて、別のところに収録されている。第三に、年を一年誤っている文書群が見つかった等である。本論文では、康熙帝が三次の遠征中、いつどこに滞在したかを『清朝実録』を根拠として一覧し、その下に『宮中檔康熙朝奏摺』の文書番号を、内的証拠や『親征平定朔漠方略』中の引用などによって、日付が確定または推定できるものを、並べ変えて排列した。この順番で読んでこそ、真相が明らかになる。

「2 ガルダンはいつ、いかにして死んだか」「3 チベット・モンゴル文ジェブツンダンバ伝記資料五種」「4 康熙帝の満文書簡に見るイエズス会士の影響」の三論文は、それぞれ海外の学会に参加したときに報告した英語論文を、今回私自身で日本語訳した。日本語の論文としては、本邦初の内容である。

「5 康熙帝と天文学」は短いエッセイであるが、「康熙帝の手紙」を史料として論じたものであるから再録した。

「6 開元城新考」は、他とは趣の異なった論文であるが、満洲語を利用した私の初期の研究であるので、「康熙帝の手紙」に至る私自身の満洲学研究を跡づける意味があると思い、再録した。原論文は、一九五七年に『満文老檔』の共同研究により学士院賞を受賞したあと、フルブライト奨学金を得て、アメリカ合衆国ワシントン州シアトル市のワシントン大学に留学していた一九六〇年に書いたもので、伝統的な漢文体の文章だったのを、今回、引用した漢文は日本語に訳し、その他の文章も読みやすいよう口語体に書き直した。

最後の「史料」にある五本は、本書の内容に関係する満洲語史料の日本語訳である。

「1 ドローン・ノールの会盟」は、本書九九〜一〇二頁で述べた康熙三十年（一六九一年）の「ドローン・ノール会議」の原史料であり、ガルダン戦役に関する清朝の公式戦記『親征平定朔漠方略』（一七〇八年）の満文本から、本書のために楠木賢道氏が新たに日本語全訳したものである。『親征平定朔漢方略』には、満文本と漢文本が存在するが、当時の清朝の内陸アジア政策は、満文の文書史料を取り交わしながら行なわれていたので、原文書の内容をよりよく留めているのは満文本であると考えられる。

同じく楠木氏による「2 皇太子廃位の上諭」「3 皇太子復位の旨」は、三十三年前に私が本書の原版を書いたときには利用が叶わなかった、中国第一歴史檔案館所蔵の満文史料からの日本語訳である。前者が康熙四十七年九月付け、後者が康熙四十八年三月付けの、本書二八四―二九四頁で論じた皇太子廃位と復位の上諭で、『清内閣蒙古堂檔』として公刊された書物に収録されている。皇帝が発した満洲語の上諭を、内閣侍読学士らが理藩院から受け取ってモンゴル語に翻訳し、モンゴルの首領らに宣布したことがわかる。

鈴木真氏訳による「4 大阿哥胤禔の行動を監視するよう、康熙帝が歩軍統領トホチに密かに下した上諭」も、中国第一歴史檔案館所蔵史料で、皇太子廃立前後に暗躍した康熙帝の長子、大阿哥胤禔（鑲藍旗直郡王）の行動を監視するよう、康熙帝が歩軍統領トホチに密かに下した上諭で、本書の内容をさらに補強する、たいへん興味深い原史料である。

岩田啓介氏訳による「5 ダライ・ラマ五世の死を報告するディバ（サンギェギャツォ）の上奏」は、本書二五八―二六七頁で論じている、ダライ・ラマ五世の死を康熙帝に報告する摂政サンギェギャツォの上奏の全訳である。原文はチベット文で記されていたと考えられるが、サンギェギャツォがモンゴル文に翻訳させた後に、康熙帝の使者に手渡し、内閣で満文に翻訳されて、それが康熙帝の呈覧に供されたと思われる。『清内閣蒙古堂檔』に収録された満文からの日本語訳である。

これらの原史料を康熙帝の手紙と併せて読むことで、皇帝の心情のみならず、清朝の統治体制への理解がより一層深まるであろうことを確信するものである。

岡田英弘

序　清朝とは何か

——世界史のなかの大清帝国

1　満洲人・モンゴル人・漢人の合同政権

大清帝国（ダイチン・グルン）は、一六三六年、初代皇帝のホンタイジが即位したときに始まり、一九一二年二月十二日、第十一代皇帝の溥儀《ふぎ》が退位したときに終わった。その間二七六年である。そもそも大清帝国を建国したホンタイジは満洲（マンジュ）人であった。漢人ではない。それに彼が即位したところは瀋陽《しんよう》で、今でこそ中国の遼寧省の省都であるが、そのころはまだ中国の外で、後金国《こうきんこく》（アマガ・アイシン・グルン）の首都であった。この瀋陽に、満洲人、モンゴル人、漢人の三つの種族が集まって大会議を開き、後金国の第二代ハン、ホンタイジを共同の皇帝に選挙したのである。

満洲人は遼河の東方に住む狩猟民で、トゥングース系の言語を話し、それまでジュシェン（女直）と呼ばれていたが、「ジュシェン」というトゥングース語は、「ベイレ」（主人）に対して「隷民」の意味もあるので、これを嫌って満洲人と改称したのである。

一六三六年、大清帝国の建国に参加したモンゴル人は、遼河の西の遊牧民で、モンゴル語を話し、もとは大元帝国を建てたフビライ家の子孫を領主とする種族であったが、すでにその前年までに、ゴビ沙漠の南のモンゴル人は後金国の勢力下に属していた。

同じく大清帝国の建国に参加した漢人というのは、当時、遼東に住んでいて農耕に従事し、漢族と見なされていたが、実は十三世紀のモンゴル時代に、六度にわたってモンゴル軍の侵攻を受けて、満洲に連れて来られた高麗人の後裔であった。

この三種族が清朝の基幹人種であり、そのために後世に至るまで、清朝の公用語は満・蒙・漢の三ヶ国語であって、これを「三体」と称した。

三体の例をあげると、清朝を建国したホンタイジは、満洲語では「ゴシン・オンチョ・フワリヤスン・エンドゥリンゲ・ハン」、モンゴル語では「アグダ・オロシイェクチ・ナイラムダフ・ボグダ・ハーン」、漢語では「寛温仁聖皇帝」と称した。これらはみな同じ意味である。そして年号も、満洲語では「ウェシフン・エルデムンゲ」、モンゴル語では「デード・エルデムト」、漢語では「崇徳」としたのである。

清朝の公式の歴史記録は「実録」というが、これも三体で書かれた。さかのぼって清朝の初代皇帝とされたホンタイジの父ヌルハチの一生を記した『大清太祖武皇帝実録』を初めとして、最後の皇帝・溥儀の先代の光緒《こうしょ》帝の『大清徳宗景皇帝実録』に至るまで、「実録」は代々、満洲語・モンゴル語・漢語の三体で書かれるものであった。

建国時の三体の伝統はずっと最後まで及んだ。清朝最後の皇帝・溥儀は、一九一二年、その前年に中国の南方各省の新式軍隊が、日本の陸軍士官学校出身の青年将校たちに率いられて反乱を起こし、独立を宣言した事件（これを辛亥革命と称する）に遇って退位したが、この年は、満洲語では「ゲフンゲ・ヨソ」、モンゴル語では「ケブト・ヨスン」、漢語では「宣統」という年号の第三年に当たった。このように、清朝が存在した間、公式の記録は、満・蒙・漢という三種類の言語で書かれ続けたのである。言語ばかりではない。清朝支配層の八旗にも、満・蒙・漢の三種類があった。

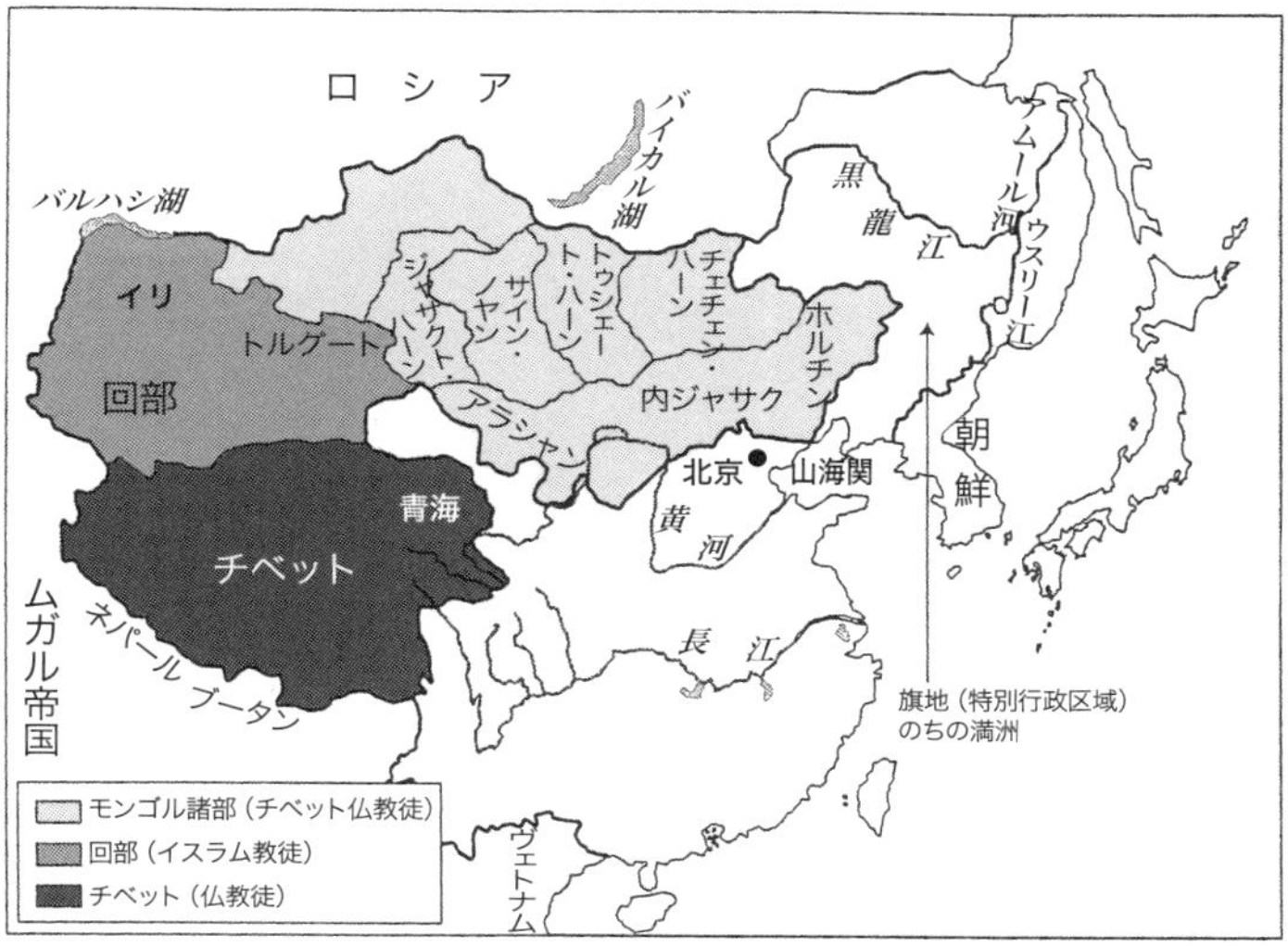

清朝の最大版図と藩部

出典：岡田英弘『だれが中国をつくったか』PHP研究所（PHP新書），2005年，166頁

避暑山荘・麗正門匾額（承徳）

左からモンゴル語・トルコ語（アラビア文字）・漢文・チベット語・満洲語

もともと清朝の軍制を「八旗（ジャクン・グサ）」というのは、軍旗の色合いから出た名である。軍旗の黄・白・紅・藍の四色に、縁取りのないもの（正）、縁取りのあるもの（鑲《じょう》）を区別して、正黄旗・鑲黄旗・正白旗・鑲白旗・正紅旗・鑲紅旗・正藍旗・鑲藍旗の八種に分け、すべてで八旗とした。そのうち正黄旗・鑲黄旗・正白旗の三旗は皇帝の直属で、「上三旗」と呼ばれ、他の五旗は諸王の私領であった。

一つの旗（グサ＝師団）の下には五つの甲喇（ジャラン＝連隊）があり、一つの甲喇の下には五つの佐領（ニル＝中隊）がある。およそ満洲人ならどれかの佐領に属しており、まさに国民皆兵であった。また満洲化したモンゴル人・漢人も八旗に編入され、モンゴル人は八旗蒙古（モンゴ・グサ）と呼ばれて、草原に遊牧する外藩蒙古（トゥレルギ・モンゴ）と区別された。また遼東の漢人は、八旗漢軍（ウジェン・チョーハイ・グサ）と呼ばれ、一般の漢人（ニカン）と区別された。これら満洲・蒙古・漢軍八旗を総称して「旗人」と呼んだ。旗人は、清朝の軍隊のみならず、あらゆる組織の根底であった。

2　世界史はモンゴル帝国から始まった

こういう複雑な構造の大清帝国は、いかなる事情のもとで誕生したのだろうか。国家モデルはあったのだろうか。話は十三世紀にさかのぼる。

一二〇六年、今のモンゴル国の東部のオノン河の源泉に、モンゴルという遊牧部族の首領テムジンが大会議を召集して、そこでハーンに選挙され、チンギス・ハーンと称した。これがモンゴル帝国の始まりであり、同時に世界史の始まりを示す事件であった。

チンギス・ハーンはそれから西へ向かい、西遼（カラ・キタイ）帝国・ホラズム帝国を滅ぼした。その結果、モンゴル帝国の領土は西に伸びてヴォルガ河・インダス河におよんだ。また南方では西夏王国を滅ぼし、チンギス・ハーン自身は一二二七年に死んだ。

モンゴル帝国第二代目の君主オゴデイ・ハーンは、チンギス・ハーンの三男で、一二三四年、金帝国を滅ぼし、中国の淮河《わいが》以北はモンゴル領となった。翌年、モンゴル高原のオルホン河のほとりにカラコルムが建設され、そこで開かれた大会議で、ヨーロッパ征服など大規模な作戦が議決された。

ヨーロッパ征服作戦は一二三六年に始まったが、一二四一年の年末、オゴデイ・ハーンは死んだ。そのためヨーロッパ遠征軍は翌年八月、今のオーストリアから引き揚げた。遠征軍総司令官のバトゥは、チンギス・ハーンの長男ジョチの次男であったが、そのままヴォルガ河に留まって「黄金のオルド」を開いた。ロシア語でタタールと呼ばれた彼の子孫のモンゴル人は、そのあと今のロシアに五百年間、君臨した。

オゴデイの死後、モンゴル帝国でクーデターが起こり、チンギス・ハーンの末子のトルイ家が権力を握り、トルイの長男モンケがハーンとなった。モンケの第四弟フビライは第六弟アリク・ブガと争って勝ち、フビライは一二七一年、モンゴルと中国にまたがる自分の領分を「大元」と名づけた。これが元朝の始まりである。その後フビライは、一二七六年に南宋帝国を滅ぼしている。

大元帝国が誕生したころには、モンゴル帝国は四つに分裂していた。東アジアの元朝のほかに、東ヨーロッパの「黄金のオルド」があり、中央アジアの「チャガタイ・ハーン国」があり、西アジアにはフビライの第五弟フレグの「イル・ハーン国」があった。

それでも全体としてはモンゴル帝国であり、その領域は、東は日本海・東シナ海に至り、南は南シナ海・ヒマラヤ山脈に至り、西はペルシア湾・ユーフラテス河・アナトリア高原・黒海・ドン河に至る広大なものであった。これらの範囲の住民は、一度すべてモンゴル帝国の一部に編入されて、そのあと今日につながる新しい民族や国家が生まれた。世界史がモンゴル帝国から始まったという意味の一つは、これである。

モンゴル帝国の構成員となった遊牧民は、匈奴《きょうど》や突厥《とっけつ》やウイグルや契丹《きったん》などの以前の名前を失い、部族はいったん統廃合されて、チンギス・ハーンの子孫を君主とする集団が新たに誕生した。現在のモンゴル人やタタール人はもちろんのこと、カザフ人もキルギズ人もウズベク人もトルコ人も、モンゴル帝国の継承国家のなかから、十五世紀以後に生まれた新しい民族である。

草原の遊牧民だけでなく、モンゴル帝国に支配された定住農耕地帯の住人も、その影響をまぬがれなかった。現在の朝鮮＝韓国人、中国人、満洲人、チベット人、イラン人、アラブ人、インド人、パキスタン人、ロシア人、ウクライナ人、グルジア人、アルメニア人なども、一度はモンゴル帝国の版図に組み込まれて、それ以前の政権が消滅し、外部との交流が盛んになったあと、現在につながる国家や国民が形成されたのである。

一方、モンゴル帝国の外側の日本と地中海・西ヨーロッパ世界は、ユーラシア大陸を東西につなぐ陸上貿易の利益をモンゴル帝国に独占されたことに対抗して、海上貿易に乗り出した。日本人の倭寇《わこう》は一三五〇年に始まり、ポルトガル人の大航海時代は一四一五年に始まるが、これはいずれも海上貿易の時代の開始を告げる事件であった。その副産物として、一四九二年のコロンブスのアメリカ大陸発見があるのである。ヨーロッパ人の大航海時代は、その直前のモンゴル帝国時代の東西貿易に刺激されて開始したのであるから、この意味でも、モンゴル帝国から世界史が始まったというのである。

3 モンゴル帝国を継承した大清帝国は、五大種族の同君連合

元朝は、先に言った通り一二七一年に始まり、その後まもなく南宋を滅ぼして中国を統一したが、その領土は決して中国だけではなかった。すなわち東は高麗王国を含み、南は雲南とチベットを統《す》べ、西は天山山脈の東部のウイグル王国とアルタイ山脈に及び、北は今のモンゴル国・シベリアに拡がっていた。これを今の中華人民共和国の地図と比べると、東は朝鮮・韓国、北はシベリアとモンゴル国が中国の外であり、西は新疆《しんきょう》ウイグル自治区が中国に加わっているのが目に付く。この違いは、中華人民共和国がその領土を継承した大清帝国の末期、十九世紀になって、東の朝鮮・韓国が日本の勢力圏になり、北のシベリアは十七世紀から、モンゴル国も十九世紀末にはロシアの勢力圏に入ったからである。

一六三六年、万里の長城が渤海湾で終わるところにある山海関《さんかいかん》の東側（これが、満洲を指す「関東」という俗称の起源である）で建国された清朝は、その八年後の一六四四年、中国の明朝が流賊の反乱で

滅びたため、明の将軍が山海関を開いて満洲人の救援を求め、これに応じて北京に入って中国支配を始めた。ホンタイジの息子の順治帝《じゅんち》の治世である。

首都の北京に入った満洲人は、それまで住んでいた漢人を外城に追い出し、紫禁城をとりまく内城を東西南北八つの区画に仕切り、首都防衛を任務とする八旗の兵営を建てて、家族とともに暮らした。これが、北京の「胡同《フートン》」と呼ばれる古い市街地である。この他、南京、西安、成都など、地方のかなめとなる地にも満洲旗人が配属された。

順治帝の息子が康熙帝《こうき》、その息子が雍正帝《ようせい》、その息子が乾隆帝《けんりゅう》で、この康熙・雍正・乾隆時代（一六六二〜一七九五年）が清の最盛期である。

康熙帝は一六八三年、台湾を征服し、一六八九年のネルチンスク条約でロシア人をアムール河から閉め出した。その前年の一六八八年、西モンゴル（オイラト）のジューン・ガルに攻められた北モンゴル・ハルハ部の人々は、南に逃げて南モンゴルに亡命していた。一六九一年、フビライが建てた上都の跡地ドローン・ノールでハルハ王公たちから臣従の誓いを立てられた康熙帝は、一六九六年、ゴビ砂漠の北のモンゴル高原に親征し、ジューン・ガル部族長ガルダン・ハーンを破った。こうして現モンゴル国を支配下に入れ、キャフタでもロシアと接することになった康熙帝は、一七二〇年にはジューン・ガル軍をチベットから駆逐し、チベットを保護下に入れた。

現新疆ウイグル自治区全域を支配し、カザフ草原からシベリアにまで勢力をおよぼしていたモンゴル最後の遊牧帝国ジューン・ガルは、最終的には継承争いのために分裂し、乾隆帝は一七五五年、おのお

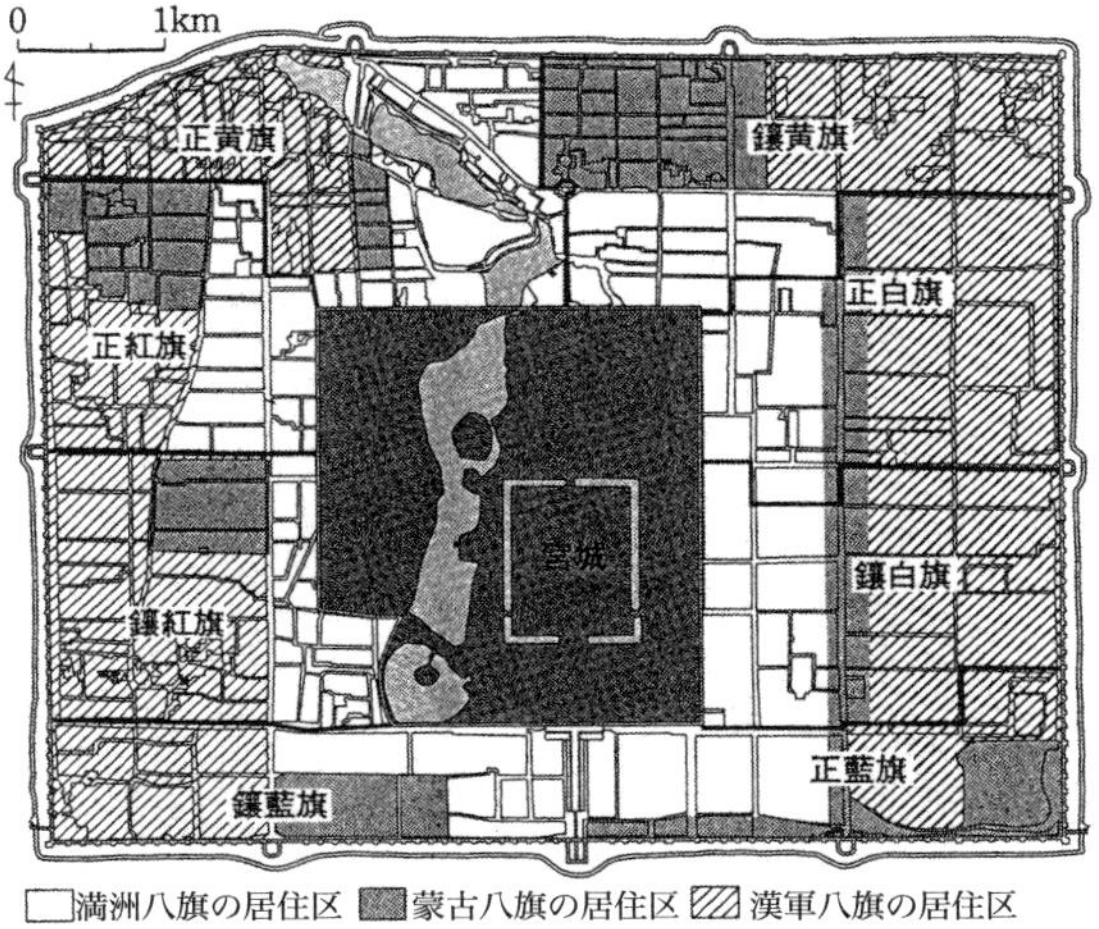

清代の北京内城

出典：Mark Elliott, *The Manchu Way*, Stanford University Press, 2001, p.103 を日本語訳

の二万五千の満洲軍とモンゴル軍をイリに派遣してこれを滅ぼした。ジューン・ガルの支配下にあったタリム盆地のオアシス諸都市は一七五九年に清朝に降り、こうして清の支配圏は最大となった。

しかし、この時代はまだ国民国家以前である。清朝皇帝は、漢人にとっては伝統的な皇帝だったが、満洲人にとっては部族長会議の議長であり、モンゴル人にとってはチンギス・ハーン以来の大ハーンであり、チベット人にとっては仏教の最高施主であり、東トルキスタンのイスラム教徒にとっては保護者だった。大清帝国の本質は、五大種族の同君連合 personal union 国家だったのである。

清朝時代には、明の旧領だけが中国で、満洲は旗人の土地、つまり「旗地」と呼ばれて、将軍が治める特別行政区域だった。さらに、

普段着の康熙帝

モンゴル草原、今の青海省《せいかい》・四川省《しせん》西部を含めたチベット、回部と呼ばれた新疆は、清朝時代には「藩部」と言った。これを「外藩」とも言う。これら藩部に対しては種族自治を原則としており、種族ごとに現地で使用される言語も法律も異なっていた。

中国人に対しては、明の『大明律』をそのまま継承した『大清律例』を適用したが、満洲人に適用される法典は『八旗則例』と呼ばれ、モンゴル人には『蒙古例』が適用された。チベット人とトルコ系イスラム教徒が満洲皇帝の臣下となるに及んで、チベット人に適用される『西蔵事例』、イスラム教徒に適用される『回疆則例』が編纂され、のちに『西蔵事例』は、『蒙古例』と合して『理藩院則例』になった。最大版図を達成した乾隆帝時代には、建国時の満・蒙・漢に、チベット語（蔵）と、アラビア文字で書かれたトルコ語（回）を加えた、五種類の言語の辞典『五体清文鑑《ごたいしんぶんかん》』が作成された。

そもそも一六三六年の建国時、今の内モンゴルで遊牧していたチンギス・ハーンの子孫の王公たちが清朝皇帝に忠誠を誓ったとき、かつてジュシェン人はモンゴル人の家来筋だったので、喜んだ清朝皇帝は、モンゴル人貴族に対して満洲人皇族と同じ爵位と年俸を与えた。清朝一代を通じて、満洲人皇族とモンゴル人貴族の間には頻繁な結婚関係が結ばれたが、順治帝の母はモンゴル人であったし、祖母であるモンゴル人皇太后に育てられた康熙帝も、モンゴル語を流暢に話した。

清朝支配層の満洲人は、自分たちも狩猟民出身であるから、遊牧民であるモンゴル人と漢人農民の利害が対立することをよく知っていた。それで、摩擦を避けるために、両者がなるべく接触しないような政策を取り続けた。建国当初から、明の支配下にあった地域と、満洲、万里の長城以北のモンゴル草原は分けて支配したが、さらにそのあと清朝の版図に入っていったゴビ砂漠の北のモンゴル、青海草原とチベット、新疆にも、漢人農民の移住を禁止した。商人も、一年を越えて滞在してはいけない、現地に家を持ってはいけない、現地で結婚してはいけない、などの政策を取った。このような同君連合国家だったからこそ、清朝はあのような広大な領域を、二六〇年間も統治することができたのである。

4　中国の人口増大と斜陽の始まり

清朝統治時代の中国に話を移そう。中国最初の人口統計は、『漢書《かんじょ》』「地理志」に残る、紀元二年の「口、五千九百五十九万四千九百七十八」である。この六千万人という数字は、このあと、戦乱と飢餓のために、減少することこそあれ、一千年以上、このレベルに回復することはなかった。十六世紀の明代になってようやく、六千万人の水準を上下するようになったが、十七世紀に入って清朝の統治下で社会が安定するとともに、中国の人口は、急激な勢いで成長を開始した。十八世紀の初め、清の康熙帝の時代の末に一億の線を突破したようで、一七二六年には二億、一七九〇年には三億と増え続け、乾隆帝を継いだ嘉《か》慶《けい》帝の次の道光《どうこう》帝の時代の一八三四年には四億に達した。このあと四億人台でしばらく足踏みしたが、一九四九年の中華人民共和国の成立以後は、あれよあれよという間に、五億、六億という数字が出て、一九八〇年には十億に達し、今では十三億人である。それはともかく、四億人でさえ、中国の土地と技術、社会システムが支えうる限度をはるかに超えた人口過剰であって、現在の中国のあらゆる困難な問題は、すべてこの極端な人口過剰に原因が求められることは言うまでもない。

清朝時代の急激な人口増加の原因は、一四九二年のコロンブスのアメリカ発見にさかのぼる。十六世紀以後、アメリカ大陸起源の農作物が中国に続々と渡来した。トマト、トウガラシ、アヴォカド、カボチャ、ピーマン、ナンキンマメ、トウモロコシ、ジャガイモ、サツマイモ、タバコなどである。これらのうち、トウモロコシ、ジャガイモ、サツマイモは、新しいカロリー源として中国農民によって盛んに栽培されるようになり、それによって多くの人々が飢饉から救われた。

十八世紀からの人口の急激な成長は世界に共通の現象だが、中国ではことに深刻である。これが華僑の海外進出の一つの原因になった。とにかくこの人口過剰現象は、清朝中期になって、中国のこれ以上の成長が不可能になると同時に起こったのである。華南を開発し尽くしたあと人口がさらに増え、もはや耕すべき土地がなくなった結果、十八世紀から東南アジアへの華僑の移住が始まった。最初に進出したのは福建人で、それに潮州人、海南人、客家《ハッカ》人、広東人が続き、この時代の末には移住先も東南アジアから、オーストラリア、オセアニア、アメリカ、西インド諸島などにまで拡がった。

乾隆帝のとき大清帝国の領土が最大になったと先に言ったが、経済力もその頂点に達した。ということは、これからは下降線をたどるということである。最盛期の乾隆帝の治世にすでに、大清帝国の斜陽の始まりが見られる。一七一一年に生まれた乾隆帝は、一七九六年には在位年数が六十年に達した。祖父の康熙帝の在位六十一年のレコードを破るのを避けるという名目で、乾隆帝は息子の嘉慶帝に譲位し、しかし実権は手放さないまま、一七九九年に八十九歳で亡くなった。

乾隆時代の大清帝国は、祖父康熙帝、父雍正帝のお蔭で、国庫の蓄積が巨大であった。「十全の武功」と言われる十回の大遠征で、多大の人命と財力の浪費を行なうことが可能だったばかりでなく、その宮廷生活も豪奢をきわめた。紫禁城は、康熙帝時代は質素なものであったが、乾隆帝の時代には豪華な建物が並び、美しい調度で充たされるようになる。北京と台北の故宮博物院を見れば、その有様の一部が偲ばれるだろう。しかし、乾隆帝は同時に、父祖ゆずりの勤勉な君主でもあった。ある軍機処詰の秘書官の記録によると、皇帝は毎朝、夏でも冬でも午前六時前に起きて正殿に出御し、戦時などは夜半でも報告書に目を通し、指示を与えたという。乾隆帝の詩作好みは有名で、御製《ぎょせい》詩集は五集まであり、詩篇の数は十万首を越えた。また、康熙帝が編纂させた有名な『康熙字典』、雍正帝が刊行させた一万巻の大百科全書『古今図書集成』に続いて、乾隆帝も大部な書物を百点以上も編纂させたが、そのなかでも最も巨大な事業が『四庫全書』である。これは中国古来のあらゆる書物を集めて校訂した叢書で、三千五百種を収録し、写本が七部作られて、宮中にも納め、一般人の閲覧にも供された。

しかしいかに勤勉な乾隆帝でも、寄る年波には勝てない。乾隆帝が六十歳を過ぎた頃、精神の老化現象がはっきりした徴候をあらわすようになる。それは、ヘシェン（和珅）という身分の低い満洲人を抜擢して寵愛し、信任したことである。ヘシェンは初め、皇帝が外出するとき輿に付き従う士官だったが、応対の利発なのを乾隆帝に気に入られて、とんとん拍子に出世し、一七七六年には軍機大臣に任ぜられた。彼は権力を乱用して莫大な私財を蓄えたが、一七九九年に太上皇帝、乾隆帝が死去したあと、捕えられて死罪となった。国が没収した彼の財産を計算してみると、軍機大臣の職にあった二

カスティリオーネ（郎世寧）作
「乾隆大閲図」

十三年間、政府の歳入の五割以上がヘシェンの懐に入っていた勘定だった。これはとりもなおさず、乾隆帝がいかに巨大な存在だったかを示すものであるが、中央がこれでは、官僚の綱紀のゆるみと賄賂行政が、末端まで及んでいたであろうことは想像に難くない。

建国以来、勤勉で有能な皇帝を代々戴き、官僚と軍隊を兼ねた八旗という、国家に忠節な支配層を持っていた大清帝国が、乾隆時代の後半からみるみる弛緩した理由は、康熙帝以来の懸案だった中央アジアのジューン・ガル帝国を滅ぼして、気が緩んだからに違いない。モンゴル系遊牧民の最後の帝国であるジューン・ガルは、北モンゴルやチベットや青海や新疆をめぐる、清朝の最大のライバルだった。一七五五年にイリのジューン・ガル帝国が滅ぼされ、反旗を翻したアムルサナーも一七五七年にシベリアで病没した。イリの人口が激減したことを知ったヴォルガ河畔の西モンゴル（オイラト）族のトルグート部は、一七七一年、七ヶ月におよぶ困難な逃避行の末イリに帰還した。乾隆帝は、トルグート部がロシアを離れて自発的に清朝に帰属したことをたいへん喜び、自らトルグートの来帰を題材とした三篇の詩文を作った。満・漢両文で書かれたこの御製で、尊敬する祖父康熙帝も果たせなかった全モンゴルの帰順という偉業を成し遂げたことを、乾隆帝は誇らしく詠いあげている。

一七九四年、イギリス国王ジョージ三世の使節として清を訪れたジョージ・マカートニーは、官僚との煩雑な折衝の末、ようやく熱河の離宮で乾隆帝に謁見することができたが、通商を求めるイギリス使節に対して、乾隆帝は、天朝は「地大物博」、清の土地は広く物産は豊かで、外国産のものに頼って補う必要などない、と返答し、マカートニーが提出した要望は何一つ実現しなかった。マカートニーが書いた訪問記の中に、大清帝国が「大きな図体と外観だけにものを言わせて、近隣諸国をなんとか畏怖させてきた、古びてボロボロに傷んだ戦闘艦に等しい」(『中国訪問使節日記』)という文章がある。乾隆帝の退位後すぐに始まった、南方のミャオ(苗)族の乱や、白蓮《びゃくれん》教徒の乱などを考えるとき、このマカートニーの言は、要望が充たされなかったせいの悪口とばかりは言えない。

5 アヘン戦争とロシアの進出

現代の中華人民共和国の公式の歴史では、一八四〇年のアヘン戦争によって「半植民地」の「近代」が始まり、それ以前は秦・漢帝国以来「封建社会」の「古代」だったと時代区分する。このような中国の近現代史観が創り出されたのは、一九三七年に始まる日本との戦争の最中で、中国の近代化に果たした日本の影響を認めたくない中国共産党指導部が、西欧の衝撃を受けて「近代」が始まったということにしたのである。

アヘンは十七世紀オランダ支配下のジャワ島から台湾に伝わり、初めマラリヤの特効薬としてタバコに混ぜて吸飲した。一七二九年雍正帝がアヘン禁止令を出したときには、ポルトガル商人が、年間百箱を清に売っていた。一箱六十キログラムのアヘンは、中毒者百人が一年間に吸飲する量に相当すると言われ、約一万人の中毒者がいたことになる。ところが十八世紀末になると、イギリスの東インド会社が取り扱うベンガル・アヘンの中国への年間流入量は四千箱となった。四十万人が中毒者という計算になる。イギリスでは中国茶が必需品となり、中国に対して輸入超過の片貿易となったイギリスが、禁制品であることを承知の上でインド産のアヘンを清に売っていたのである。

一八三八年には四万箱が清に輸入された。これは四百万人分で、当時の清朝の人口がほぼ四億人として、百人に一人が中毒者となる計算である。清の道光帝は、アヘン貿易の禁絶を断行しようとして、林則徐《りんそくじょ》を欽差大臣（特命全権大臣）に任命した。一八三九年に着任した林則徐は、広州の商人たちから二万箱のアヘンを没収し、二十日あまりかけて塩水・石灰と混ぜて焼却した。イギリスの貿易監督官チャールズ・エリオットは、イギリス人の生命と財産が危険にさらされていると外相に伝え、一八四〇年、彼のいとこのジョージ・エリオット率いる軍艦十六隻、輸送船・病院船三十二隻、陸兵四千で広東海口を封鎖し、廈門《アモイ》を攻撃したのが、アヘン戦争の始まりである。

道光帝は一八四一年一月、イギリスに対して宣戦布告の上諭を発した。イギリス軍は、一八四二年五月に軍艦二十五隻で上海を占領し、揚子江（長江）をさかのぼって鎮江を取り、南京城に向けて砲列を敷いた。ついに敗北を認めた清朝は、八月に南京条約を結んだ。全十三条の主な内容は、一、香港をイギリスに割譲、二、焼却したアヘンその他の賠償金として二千百万メキシコドルを支払う（これは清朝の年間歳入の三分の一以上であった）、三、広東《カントン》・廈門・揚州・寧波《ニンポー》・上海を開港する、というものである。

しかし実際には清朝は、この後もイギリスを「英夷」と呼び、朝貢国の一つと見なしていた。むしろアヘン戦争の影響を強く受けたのは実は幕末の日本の方だった。イギリスはその後、アロー号事件を発端として、一八五七年英・仏連合軍で広州を占領する第二次アヘン戦争を起こした。一八五八年清朝は英・仏・米・露との間に天津条約を結び、一八六〇年には英・仏連合軍が北京の円明園を廃墟にして、北京条約が結ばれた。

清朝がこのように南方でイギリスとフランスの圧力を受けていた間に、もっとも利益を得たのはロシアであった。一六八九年のネルチンスク条約で黒龍江（アムール河）から閉め出されたロシアは、カムチャッカから北アメリカに進出していった。十九世紀初めまでサハリン島は半島と考えられており、黒龍江の河口は浅瀬で、海へ出入りできないとされていた。

黒龍江にロシアの船を航行させたいという希望はすでに十八世紀からあったが、清に拒絶されていた。あきらめきれないロシア皇帝ニコライ一世は、一八四七年にムラビヨフを東シベリア総督に任命し、現地調査をさせた。軍用船バイカル号は、サハリンは半島ではなく島であり、黒龍江口も海から出入りできることを確認し、一八五〇年に河口から三十五露里さかのぼった地にニコラエフスク哨所を設けた。ロシア国内の反対意見に対して、ニコライ一世は「ひとたびロシア国旗を掲げた以上は、決してこれを撤去してはいけない」と勅語を下したのである。

一八五三年十一月ロシアとオスマン帝国が開戦すると、翌年三月英・仏がオスマン側に立ってロシアに宣戦布告し、クリミア戦争が始まった。英・仏海軍がアジアのロシア領を攻撃するかもしれないと考えたロシアは、軍隊輸送について清から許可のないまま、一千の兵を載せた船団をシルカ河から出発させ、黒龍江の下流まで航行し沿岸に植民を行なったが、一八五一年に始まった太平天国の乱に忙殺されていた清朝はこれを黙認してしまった。実際に一八五四年と五五年に英・仏艦隊はカムチャッカに上陸した。一八五六年にクリミア戦争が終結するとイギリスの脅威はなくなったが、ムラビヨフはさらに黒龍江占領の政策を推進していった。一八五五年には三千人、五六年には千六百人と黒龍江沿岸に植民を進め、一八五七年にはアムール州と沿海州を設置し、事実上この地域をロシア領にしてしまった。

一八五八年愛琿《アイグン》で清とロシアの国境画定会議が開かれたとき、ロシア側は黒龍江をイギリスから守るために、黒龍江左岸の地とウスリー江右岸の地をロシア領として認めるように要求した。停泊中のロシア軍艦からは銃砲が乱射され、調印しなければロシアは武力をもって黒龍江左岸の満洲人を追い払うと脅迫したので、ついに清朝側の満洲大臣奕山《イシャン》らは屈服した。こうしてロシアは黒龍江の北の六十万平方キロの地域を獲得したのである。ウスリー江東岸から日本海にいたる四十万平方キロの沿海州は、一八六〇年の北京条約でロシア領となった。

6　大清帝国の変質――同君連合から国民国家へ

もともと満洲人、モンゴル人、漢人、チベット人、イスラム教徒の五大種族の同君連合だった清帝国が、国民国家への衣替えを試み始めたのは、アヘン戦争ではなく、そのあと起こった太平天国の乱と、これが引き起こしたイスラム教徒の反乱からである。

一八四〇年のアヘン戦争後、清ではキリスト教の影響を受けた洪秀全《こうしゅうぜん》を指導者とする太平天国の乱が、一八五一年から十四年間も続いた。洪秀全は客家《ハッカ》出身で、プロテスタントの伝道書を読み、エホバ（天父上主皇上帝）の長子がキリスト（天兄）で、自分は次男であると称した。旗揚げしたとき一万〜一万五千人だった太平軍は、五一年末武昌《ぶしょう》を占領したときには兵員五十万人になっていた。一八五三年に南京を占領し、ここを首都と定めたときの兵員は、男百八十万人、女三十万人である。客家の女は纏足《てんそく》をしないので、女軍として活躍した。一八五四〜五五年には、太平天国は三百万人になっていた。

この太平天国の反乱に対して、不慣れな南方だったせいもあるが、清の八旗兵は役に立たず、漢人の緑営兵も無力であった。清朝政府は、南方の有力者である地方の郷紳たちに軍隊の組織を命じた。これがのちの中国の軍閥の起源となったのである。有名なものに曽国藩《そうこくはん》の湘軍《しょうぐん》、李鴻章《りこうしょう》の淮軍《わいぐん》、左《さ》宗棠《そうとう》の楚軍《そぐん》があり、彼らは郷勇《きょうゆう》と呼ばれた。

太平天国の乱自体は内紛によって弱体化し、一八六四年洪秀全は毒をあおいで自殺し、南京は陥落した。しかしその余党は、一八五三年に安徽《あんき》省で起こった白蓮教系の武装集団捻軍《ねんぐん》に合流した。清が捻軍を鎮圧できたのは一八六八年のことである。

太平天国の乱はまた、中央アジアのイスラム教徒の反乱も引き起こした。一八六二年、四川から陝西《せんせい》に侵入しようとした太平天国軍に備えるため、回民までもが動員された。回民は見た目は漢人と変わらないイスラム教徒であるが、これが引き金となって長年の感情的対立があった漢人と回民が衝突し、こんどは「洗回」と称する漢人の回民虐殺事件があちこちで発生した。漢人と回民の相互殺戮はやまず、一八六四年クチャの回民が清朝官署を襲撃し、反乱は新疆全土に及んだ。

新疆のイスラム教徒は回民ではなくトルコ系民族である。一八六五年に同じトルコ系のヤアクーブ・ベグがコーカンド（ウズベキスタン）からやって来て、新疆の実権を握った。一八六八年ロシア軍がタシュケントを占領すると、行き場を失ったコーカンドの武装勢力が新疆のヤアクーブ・ベグのもとに流入し、一八七〇年ヤアクーブ・ベグは天山以南のほぼ全域を支配下に置いて、カシュガルに独立王国を建てた。

清朝支配層の満洲人の中からは、遠方の新疆を放棄する案も出た。しかし、太平天国の鎮圧に功績を立てた漢人将軍左宗棠が、「新疆を取り返せなければモンゴルをつなぎとめられない。モンゴルをつなぎとめられなければ清朝はおしまいだ」と主張し、一八七五年に私兵の湘軍（曾国藩から引き継いだ湖南省の漢人義勇兵）を率いて平定に向かった。清軍は一八七七年にウルムチから天山南路へ向かう峠で勝利し、ヤアクーブ・ベグはコルラで急死して、十六年ぶりにイスラム教徒の反乱は鎮圧された。

清朝は、新疆平定に功のあった左宗棠の意見を入れ、一八八四年に新疆省を設置し、漢人に行政を担当させた。これは種族自治の原則を破って、漢人を中国以外の統治に参加させ、藩部を中国化するものであった。現在の中華人民共和国の新疆ウイグル自治区は、この清朝の新疆省に由来する。

新疆省の設置は、清朝の性格を根本から変える画期的なできごとだった。それまでの清朝は、満洲人とモンゴル人が連合して、漢人を統治し、チベット人、イスラム教徒を保護するのが基本的な構造であったのが、それからの満洲人は、連合の相手を漢人に切り替えて、「満漢一家」の国民国家への道に一歩を踏み出したことになる。それまで多種族の連合帝国だった清朝は、これで決定的に変質したわけで、モンゴル人やチベット人は、満洲人に裏切られたと感じた。モンゴルやチベットで、二十世紀の初めになって、清朝から独立しようという機運が動き出したのは、この不満が原因である。

7 大清帝国の日本化と辛亥革命

一八四〇〜四二年のアヘン戦争で、清朝はイギリス人に敗れて開港を余儀なくされたが、これは大清帝国の支配構造に打撃を与えるには至らなかった。何といってもイギリスは遠く、イギリス人は少数であり、香港は清の辺境であった。その後、一八五七〜六〇年の第二次アヘン戦争で、英仏連合軍に北京にまで攻め込まれ、円明園を廃墟にされた後は、漢人将軍たちの間に「洋務運動」と呼ばれる近代化が始まった。しかしこれもせいぜい、洋式の武器を採用し、西洋人の技師を雇った程度で、すべて私兵を強くするためであった。

ところが一八九四〜九五年の日清戦争の敗戦は、清国の支配層の満洲人ばかりでなく、その支配下の漢人にも深刻な打撃を与えた。わずか三十年前に西洋式のシステムを採用したばかりの日本、それも建国以来一貫して中国文化圏に属してきた日本が、当時最新の西洋式軍備を整えていた李鴻章《りこうしょう》の北洋軍を壊滅させたのである。

日清戦争に敗れた清国では、精神は中国のまま、物質面だけ西洋を摂取する「中体西用」の洋務運動に批判が生まれ、技術面だけでなく制度面でも、西洋式に改革しようとする「変法」論が台頭した。その中心人物である康有為《こうゆうい》は、日本の明治維新を手本として清朝を変法しようと論じたが、一八九八年、変法に着手した清の光緒帝が西太后に幽閉されて、改革は失敗した。それでも、日本を見ならって近代化をするという方針は変わらず、日清戦争の翌年の一八九六年の十三名から始まって、毎年多数の留学生が日本に派遣された。日露戦争の翌年の一九〇六年には、年間九千人にのぼる清国留学生が日本にやって来た。

日露戦争における日本の勝利がほぼ決まった一九〇五年九月、中国で一千年以上続いた科挙の試験が廃止され、一九〇六年には立憲政治の準備の詔勅が出て、伝統的な六部《りくぶ》も廃止された。一九〇八年には憲法大綱と憲政施行までのプログラムが発表されたが、これによると、一九一六年に憲法が発布され、翌年には議会が開かれることになっていた。しかし、これらはジェスチャーだけで、実際には満洲政権の延命策にすぎなかった。

大清帝国の実権は、すでに満洲人の手から、人口で圧倒的多数を占める漢人の手に移っていた。太平天国の乱とイスラム教徒の乱を鎮圧したのは、八旗兵ではなく中国南方の漢人将軍とその私兵だった。大清帝国の国軍である八旗兵は、南方や海から来る敵を想定した軍隊ではなかったのである。日露戦争後、清は初めて、満洲八旗ではなく漢軍八旗出身の趙爾巽《ちょうじそん》を奉天将軍に任命し、戦後処理に当たらせた。こうして一九〇七年、ついに満洲における軍政が放棄された。清は、奉天、吉林、黒龍江に中国内地と同じ省を設置し、各省に巡撫《じゅんぶ》という地方長官を置いた。そのうえに軍政と民政を総括する東三省総督を置いたが、これが現在の中国東北三省の起源である。

一九〇五年に科挙の試験が廃止されたあと、外国留学帰りの人々が清の官僚として採用されたが、留学生が最も多かった国は日本である。日本は一八六八年の明治維新以来、すでに三十年にわたって、欧米の新しい事物を表現するための文体と語彙を開発していた。江戸時代にはなかった術語を、日本人は漢字を新しく組み合わせることによって作り出した。この新しい漢語が、清国留学生によって学ばれ、摂取され、吸収された。欧米諸国に留学した中国人にとっても、新しい事物を伝える道具としては、やはり日本式の文体と語彙しかなかった。こうした新しい漢語は、中国全土におびただしく設立された新式教育の学校において、日本人教師と日本留学帰りの人々によってひろめられた。

日清戦争の直接の産物のもう一つは、清国の軍隊の日本化である。中国の近代化のために、まず強化されねばならなかったのが軍隊であった。清国留学生には、法律を学んで官僚になる文官の他に、日本の陸軍士官学校に留学した将校たちもたくさんいた。日本では、士官学校を受けたい留学生に配慮して、振武学校という予備校を陸軍の管轄でつくった。これに入って一年間、日本語を勉強し、それから各地の部隊に入隊して見習士官を一年間やる。このあと勤務状態がよければ、推薦で陸軍士官学校に入ることができた。士官学校を卒業して本国に戻った者たちを採用し、清朝では各省ごとに師団や旅団を編成し、急速な勢いで新式軍隊をつくった。

日露戦争以後、ロシアだけでなく日本でも革命思想が流行するようになるが、清国留学生の間でも、日本を見ならって清朝皇帝による立憲君主制にするか、清朝を打倒して共和制にいくかの大議論が、日夜戦わされた。結局、一九一一年の辛亥革命は、日本の陸軍士官学校に留学した、こうした将校たちに指導された新軍の反乱によって起こり、これによって、翌一九一二年、大清帝国の命運は尽きたのであった。そのあと政権を奪ったのは、結局、最大最強の新軍の兵力を指揮する軍閥、袁世凱《えんせいがい》だったのである。

参考文献

市古宙三『世界の歴史20　中国の近代』河出書房新社（河出文庫）、一九九〇年（初版一九六九年）。

岡田英弘「康熙帝・雍正帝・乾隆帝」『人物　中国の歴史9　激動の近代中国』集英社、一九八二年。

岡田英弘『中国文明の歴史』講談社（講談社現代新書）、二〇〇四年。

岡田英弘『日本人のための歴史学　こうして世界史は創られた！』ワック（WAC BUNKO）、二〇〇七年。

並木頼寿・井上裕正『世界の歴史19　中華帝国の危機』中央公論新社（中公文庫）、二〇〇八年（初版一九九七年）。

宮脇淳子『世界史のなかの満洲帝国』ＰＨＰ研究所（ＰＨＰ新書）、二〇〇六年。

康熙帝の手紙

中国の名君と草原の英雄

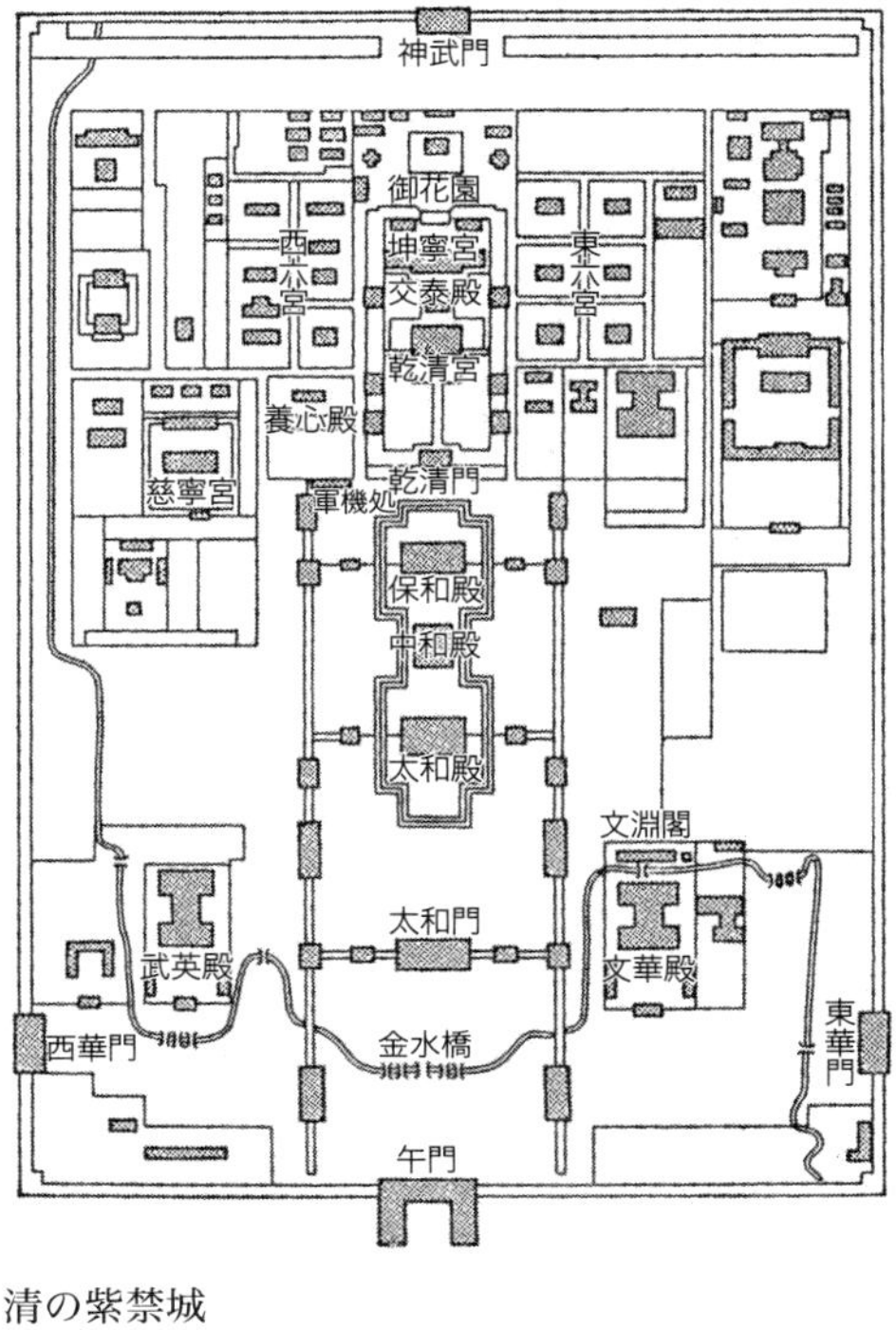

清の紫禁城

康熙帝の即位

一六六一年二月二日、北京の紫禁城《しきんじょう》の大奥では、清《しん》の世祖《せいそ》皇帝福臨《フリン》（順治《じゅんち》帝*1）が高熱を発して病の床に倒れた。翌日、皮膚に一面に赤い斑点が現われたので、天然痘であることがわかった。侍医の努力も高僧の読経もかいなく、病勢はどんどん進み、もはやこれまでと悟った皇帝は、五日の夜明け前に秘書官たちを病室に呼び入れて、苦しい息の下から詳細な遺言を口述して書き取らせ、清書した草稿に目を通しては訂正を指示した。三度目の草稿がやっと裁可を得たときには、もう日が暮れてしまっていた。その夜の午前零時過ぎ、皇帝は息を引きとった。まだ二十四歳の若さであった。

秘書官たちから皇帝の遺言状を受け取った皇太后は、その内容に修正を加えて、七日の夜の十時過ぎに遺詔として発表した。それによると、故皇帝の第三子で八歳の玄燁《げんよう》を皇太子に指名し、腹心の四人の大臣、ソニン*2、スクサハ*3、エビルン*4、オボーイ*5を後見人とすることになっていた。この発表を聞くために参内していた百官は、そのままの位置で新皇帝の即位を待つように命ぜられた。その夜は曇り空に寒風が吹き荒れて、骨まで凍るようであった。雲が切れると、中天に彗星が現われて、東北に尾を引いているのが見えた。

一夜明けると、八日は打って変わって風もおだやかに晴れ上がり、皇太子が太和殿《たいわでん》*6の玉座に登って新皇帝が誕生すると、百官はそのまま各自の役所に泊りこんで、九日間は毎朝毎晩、故皇帝の冥福のために泣き、二十七日の服喪期間中は家に帰ってはならぬと申し渡された。こうして即位した新皇帝

＊1　**世祖皇帝福臨（フリン、順治帝）**　一六三八―六一。清の第三代皇帝（在位一六四三―六一）。太宗ホンタイジの第九子で、母はモンゴル・ホルチン部出身の孝荘文皇后。数え年六歳で即位して叔父の摂政王ドルゴンの後見を受け、翌年、明が李自成の乱で自滅した機に乗じて北京に入った。ドルゴンの没後は親政し、ダライ・ラマ五世を招請して会見した。英明であったが、天然痘で倒れ二十四歳で没した。

＊2　**ソニン**　一六〇一―六七。康熙帝幼少時の四輔政《ほせい》大臣の長老格だった満洲正黄旗の重臣。名門ヘシェリ氏の出身で満・蒙・漢文に通じ、ヌルハチ時代から四代にわたって仕えた。孫娘が入内し、康熙帝最初の皇后である孝誠仁皇后（注＊72）となった。

＊3　**スクサハ**　?―一六六七。海西女直の王家イェヘ・ナラ氏の一族で、摂政王ドルゴン麾下《きか》の満洲正白旗に属したが、ドルゴンを没後に告発して順治政権で重用された。輔政大臣の一角を占めたが、オボーイと対立して政争に敗れ、殺された。

＊4　**エビルン**　一六一八―七三。満洲鑲黄旗《じょうこうき》の重臣で、建国の功臣のニオフル氏エイドゥの嗣子。輔政大臣の筆頭格であったがオボーイの専権を抑えられず、失脚した。娘が康熙帝二番目の皇后である孝昭仁皇后となった。

＊5　**オボーイ**　?―一六六九。満洲鑲黄旗の重臣で、建国の功臣のグワルギヤ氏フィオンドンの甥。たびたびの戦功でバトゥル（勇士の意）の称号を授けられた。輔政大臣の中で最も勢力が強く、専権をふるったが、成長した康熙帝によって逮捕され死んだ。

＊6　**太和殿**　紫禁城の正殿で、公的空間である外朝の中心。紫禁城最大の建築で、皇帝の即位をはじめとした国家の典礼が行なわれる。

が、俗にいう康熙帝《こうき》、正しくは清の聖祖仁皇帝で、中国史上、たぐいまれな名君として後世に名をのこす人になるのである。

のちに康熙帝の宮廷に仕えたフランスのイエズス会宣教師、ブーヴェ[*7]神父は、ルイ十四世に献上した『康熙帝伝』のなかで、この満洲人[*8]の皇帝の人となりを、次のように描写している。

「この皇帝は……堂々たる威風を備え、容姿は均斉が取れていて、人並以上であります。顔立はそれぞれよく整い、両眼は炯々《けいけい》として普通のシナ人の眼よりも大きくあります。鼻はやや鉤鼻《かぎばな》で、先の方になるにつれて膨らんでおります。少しばかり痘痕《あばた》が残っておりますが、そのために玉体から発する好い感じが毫《ごう》も損われてはおりません。

しかしながらこの皇帝の精神的美質の方が肉体的美質よりも遙かに優れております。この皇帝こそ最善の資性を生まれながら備えておられるのです。俊敏な、透察的な知性、立派な記憶力、驚くべき天分の広さ、如何なる事件にも堪えうるほど剛毅であり、大計画を立てて、これを指導し、これを完成するに適するほど鞏固《きょうこ》な意志力を持っておられます。その嗜好や趣味はいずれも高貴であり、大王たるに適《ふさ》わしいものであります。この皇帝の公正と正義とに対する尊敬、臣民に対する親愛、徳を愛し、理性の命令に服する性向、絶対に自己の情欲を抑える克己心、以上の至徳については、如何ほど激賞しても、その全幅を尽すに足りません。あれほど国務に多忙な国王の中から、美術に対する趣味と同じく、百般の学問に対する勤勉を見いだして、なおまた驚かざるをえないのであります。

そもそも韃靼人《タタル》（満洲人）は常に戦争を心がけておりますから、一切の武芸を尊んでおります。また漢人は、学問こそ自国の殆んど全価値だと見なしております。それ故、康熙帝は文武両道に精進して、自己の統治すべき韃靼人にも、漢人にも、好感を持たれようと努められたのでありま す。そして康熙帝は武術上ではこの皇帝に匹敵する王侯が一人もないほど、この道に熟達されました。……康熙帝は立射、騎射のいずれを問わず、また馬をとめて射られる場合でも、……左手でも右手でも殆んど同じほど上手に射られます。そして獲物が飛んでいても、止まっていても、殆んど一本の仇矢《あだや》もありません。……皇帝はヨーロッパの火器にも弓や弩《いしゆみ》と同様に馴れておられます。韃靼人は生れながら馬術家のように思われますが、この皇帝はこの武術にかけても、群を

＊7　**ブーヴェ**　一六五六―一七三〇。フランス・イエズス会士で、漢名は白進（白晋）。フランス王ルイ十四世が国家的事業として推進した中国布教のため、一六八八年に北京に来到した。宮廷に出仕して康熙帝に数学・医学を進講し、実測地図『皇輿全覧図《こうよぜんらんず》』作成にも尽力した。一六九七年に一時帰国した際にルイ十四世に献呈した康熙帝の評伝が、名著『康熙帝伝』である。

＊8　**満洲人**　満洲で畑作農耕と牧畜・狩猟を営むトゥングース系民族で、アルタイ系の満洲語を話し、モンゴル文字を改良した満洲文字を用いる。もともとジュシェン（女直・女真）といったが、一六三五年にマンジュ（満洲）と改称した。ヨーロッパ人や日本人からは「韃靼（タタル）」などとよばれた。

正装した康熙帝

抜くことが出来ました。この武芸では完璧の妙技に達しておられます。単に平地ばかりでなく、きわめて険阻《けんそ》な場所でも、これを上るにせよ、下るにせよ、頗《すこぶ》る馳走《しそう》に長じておられるのです。

康熙帝は武器の操縦や、百般の練武に精励されておられますが、それにも拘らず、音楽にも趣味をお持ちであります。就中《なかんずく》ヨーロッパ音楽の価値を認めていらっしゃいます。そして西洋音楽の原理や奏法や楽器を好まれます。(…)

康熙帝は一遍、御話し申し上げて、多少、気に留めてお聴きとりになったことなら、いかに些細な国務の事情でも、また、ただ行きずりに御覧になった人物の名すらも、永久に聖慮の中に印刻されているほど立派な記憶力を持っていらっしゃいます。御自身でお調べになる国務が、如何に多くとも、また如何に時間が経過しても、これらの国務を決してお忘れになることはないのであります。(…)

康熙帝が質素を愛されることは衣服調度の中にも認められます。……皇帝の召される御衣《ぎょい》について申し上げますと、冬中、黒貂《てん》と普通の貂の毛皮を二、三枚、お召しになりますが、かかる貂裘《ちょうきゅう》もこの朝廷ではきわめてありふれたものであります。その他はたいそう粗末な絹の御服《ぎょふく》でありますが、この絹物もシナではきわめて一般に用いられるもので、ただ細民だけが着ない程度のものであります。

雨の降り続く日には折々、羊毛羅紗《ラシャ》の外套を着ていらっしゃるのをお見かけいたしました。この外套もシナでは粗服と見なされております。そのほか夏の間は一種の蕁麻織《いらくさおり》の粗末な上着を纏われていたお姿に出逢ったことがありました。この麻織物も平民が家内で用いるものであります。（…）

康熙帝は孔子の著書を大半、暗記されておられますし、シナ人が聖書と仰いでいる原典も、あらかた暗誦されておられます。（…）

康熙帝は弁舌にも漢詩にもきわめて熟達されておられます。そして、漢文または韃靼文（満洲文）で書かれた文章には如何なる文章にも立派な判断を下されます。皇帝は韃靼語（満洲語）でも、漢語でも、優美な文章をお書きになり、如何なる在朝の王侯よりも巧みに両語を話されます。一言すれば皇帝の熟達されない漢文学上のジャンルは一つもないのであります。」

（ブーヴェ著・後藤末雄訳・矢沢利彦校注『康熙帝伝』平凡社東洋文庫155、一九七〇年、六〜八頁、二二頁、五七頁、七〇頁、七二頁）

中国の伝統的な学問だけではない。康熙帝はヨーロッパ科学にも強い興味を抱き、天文学、数学、幾何学、解剖学、化学など、多方面の分野について、宣教師たちに進講させ、自らも熱心に学習し、観測器械、測量器械を集めて、その操作に熱中した。これが十七世紀の、しかも極東の中国の、それも狩猟民の満洲人出身の君主なのだから、いかに超人的な天才であったかが知られるというものである。ただしブーヴェが描写しているのは、四十歳台の康熙帝の姿であって、八歳の即位の当時には、この少年皇帝がこれほど理想的な名君に成長しようとは、誰しも想像すべくもなかっただろう。

北モンゴルの動向

康熙帝が北京の紫禁城中の玉座についたころ、その西北方千二百キロメートル、ゴビ沙漠のかなたの北モンゴルの地には、二十七歳の青年僧が、東は大興安嶺《だいこうあんれい》山脈から、西はハンガイ山脈に及ぶ大草原に遊牧する、ハルハ[*9]・モンゴル族の戦士たちに君臨していた。称号をジェブツンダンバ・ホトクト[*10]という。ホトクトというのは、モンゴル語で「福ある者」を意味し、チベット仏教[*11]（ラマ教）で、あ

＊9　**ハルハ**　モンゴルの部族の一つで、十六世紀初めのモンゴル中興の祖ダヤン・ハーンの末子ゲレセンジェの子孫が率いる。北モンゴルに広がり、十七世紀には左翼（東方）のチェチェン・ハーンとトゥシェート・ハーン、右翼（西方）のジャサクト・ハーンの三部が割拠した。清に服属後は四部八十六旗に分かれ、その範囲・住民は、現在のモンゴル国にほぼ相当する。

＊10　**ジェブツンダンバ・ホトクト**　ハルハにおけるチベット仏教の化身僧（活仏）の法号で、歴代、北モンゴル最高位の仏教指導者であるだけでなく、ハルハ・モンゴルの精神的首長でもあった。三世以降はチベットに転生してハルハに迎えられることになったが権威は変らず、一九一一年のモンゴル独立に際しては八世が元首に推戴された。詳細は補3「チベット・モンゴル文ジェブツンダンバ伝記資料五種」参照のこと。

＊11　**チベット仏教**　チベットで発達した大乗仏教で、東南アジアに南伝した上座仏教、中央アジアから東アジアに伝わった北伝の大乗仏教に対し、インドから直接伝来して発展をとげた。十六世紀後半以降、モンゴル人・満洲人にも広がり、中央ユーラシア東半にチベット仏教世界を形成した。

る高僧の生まれ変わり、転生《てんしょう》と認められたラマ（上人）の称号である。[*12]

ジェブツンダンバ一世[*13]の父は、ハルハ左翼の指導者で、チンギス・ハーン[*14]の子孫の一人であるゴンボ・トゥシェート・ハーン[*15]であった。これより先、一六三四年、満洲人が南モンゴルに侵入して、ゴビ沙漠以南のモンゴル族をことごとく征服した。脅威を覚えたハルハ左翼の長老、ショロイ・チェチェン・ハーン[*16]は、本家のゴンボ・トゥシェート・ハーンと相談して、一族の団結を固めるために、共通の精神的首長を戴くことにした。

たまたまチベットで、ターラナータという高僧が亡くなった。この人は『インド仏教史』を書いた有名な学者で、また当時チベットに覇権を振るっていたシンシャク家のために法典を制定した人でもあった。

そこで翌一六三五年の十一月四日に、ゴンボの三男に生まれた赤ん坊が、ターラナータの転生と認定された。そのとき、初冬であるのに、ハンガイ山中のゴンボの陣営には、色とりどりの花が咲きみだれ、また一人の異国人の学僧が象にのって南から急いで来るのを見た人があったという。この男の

サキャ派、ゲルク派、カルマ派、ニンマ派などの教派・教団勢力に分かれ、十七世紀にゲルク派教主のダライ・ラマが最高指導者となった。ラマとは高徳の師をいう。

＊12 **転生**　チベット仏教では、菩薩の化身である高僧（化身僧、活仏）は、死後も別の人物として現世に転生して救済を続けるとされた。転生者は、先代の死去から一定期間に生まれた男子の中

から選定され、仏教教育を受けて先代の地位・財産を相続する。このため、幼少期には後見が必要であるという問題があるが、特定家系による教団・寺院の世襲化や相続争いを回避することができ、チベット仏教界に広まった。

*13 **ジェブツンダンバ一世**　一六三五―一七二三。ハルハの化身僧ジェブツンダンバ・ホトクトの初代で、幼名はイェシェドルジェ。僧名はロサン・テンピ・ギェンツェン。トゥシェート・ハーン家に生まれ、チベットのチョナン派の高僧ターラナータの転生と認定されて、左翼のトゥシェート、チェチェン両ハーン家共通の元首に推戴された。高僧ウェンサ・トゥルクから受戒して、ガルダンとの戦争を機に康熙帝とも親交を結び、帝の没後、弔問に訪れた北京で入寂した。自ら仏像を製作するなどモンゴル仏教美術の祖としても敬慕されている。

*14 **チンギス・ハーン**　?―一二二七。モンゴル帝国の初代皇帝（在位一二〇六―一二七）。モンゴル部族長のボルジギン氏の出身で、名はテムジン。トルコ系・モンゴル系の諸部族の統一をはたしてモンゴル帝国（大モンゴル国）を建て、チンギス・ハーンと称した。ユーラシア世界を統合した彼とその子孫の血統は神聖なものとされ、チンギスの男系子孫以外ハーンを称することはできないという不文律が長く伝統とされた。

*15 **トゥシェート・ハーン**　ハルハ・モンゴルの三ハーン家の一つで、トゥシェートとは補佐の意。左翼（東方）の宗主で、北モンゴル中央部を占めた。家系はゲレセンジェの孫アバダイ・サイン・ハーンに始まり、アバダイの孫ゴンボ以降トゥシェート・ハーンを称するようになった。

*16 **チェチェン・ハーン**　ハルハ・モンゴルの三ハーン家の一つで、左翼（東方）のハーンの称号。トゥシェート・ハーン家の始祖アバダイの従弟モーロ・ブイマの子ショロイが創始し、北モンゴル東部を占めた。

モンゴル諸部の分布図

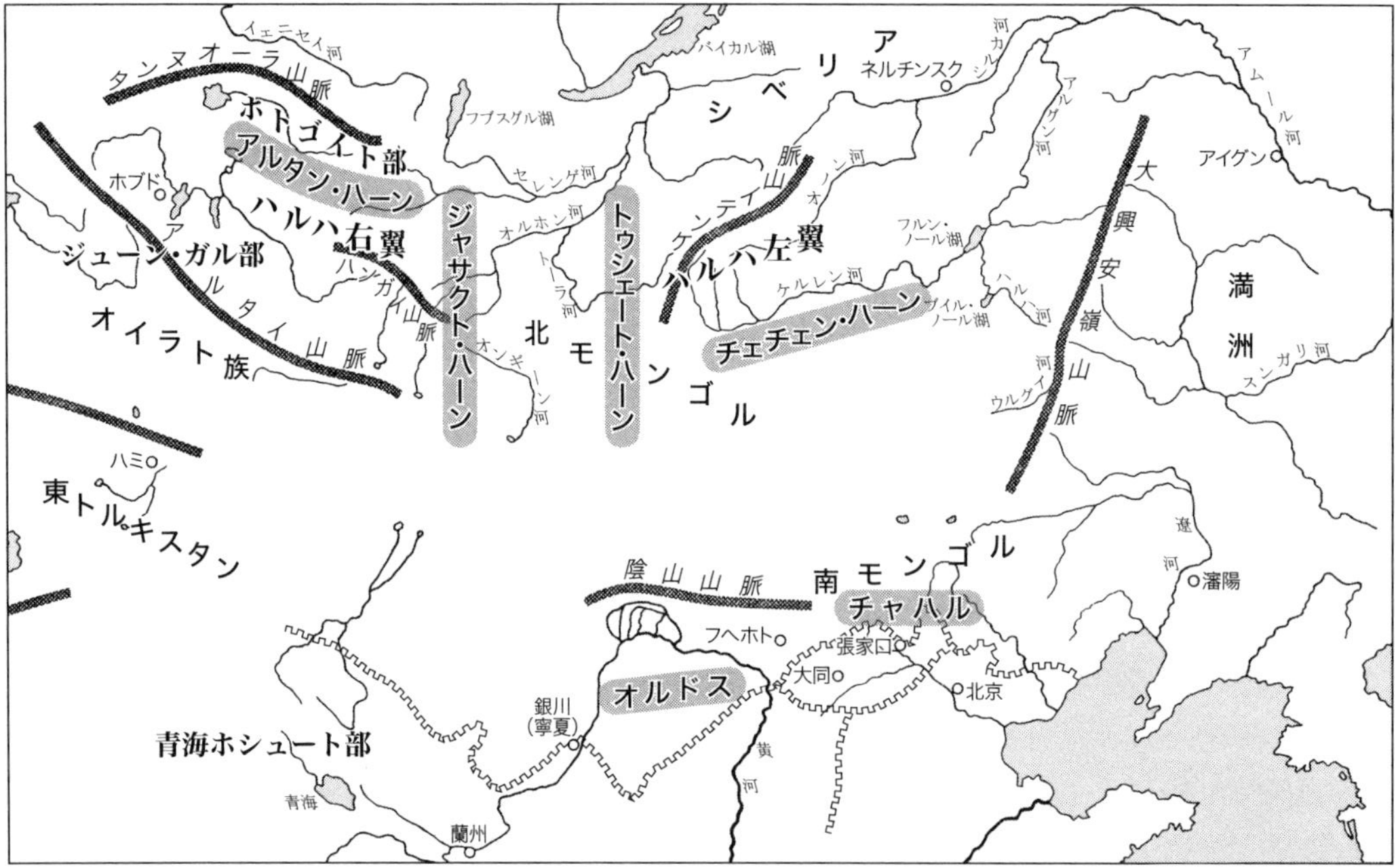
タンヌオーラ山脈
イェニセイ河
バイカル湖
シベリア
ネルチンスク
シルカ河
アムール河
アルグン河
アイグン
フブスグル湖
ホトゴイト部
アルタン・ハーン
ホブド
ハルハ右翼
ジューン・ガル部
アルタイ山脈
オイラト族
ハンガイ山脈
セレンゲ河
オルホン河
トーラ河
ジャサクト・ハーン
トゥシェート・ハーン
オンギーン河
北モンゴル
ケンテイ山脈
オノン河
ハルハ左翼
ケルレン河
フルン・ノール湖
ブイル・ノール湖
チェチェン・ハーン
ハルハ河
ウルグイ河
大興安嶺山脈
満洲
スンガリ河
ハミ
東トルキスタン
陰山山脈
南モンゴル
チャハル
フヘホト
張家口
大同
北京
遼河
瀋陽
オルドス
銀川
(寧夏)
黄河
青海ホシュート部
青海
蘭州

子が、ジェブツンダンバ・ホトクト一世である。

ジェブツンダンバは、満三歳になってやっと口がきけるようになったころ、チベット語で「我が師は三世の諸仏にして、法輪を転ずるに無上なり」と唱えたり、また数々の奇蹟を現わした。

四歳で剃髪し、一六三九年、五歳のときに、ウェンサ・トゥルクというチベット人のラマから比丘《びく》戒《かい》を受けて、一人前の僧になった。ハルハ左翼のモンゴル人たちは、シレート・チャガーン・ノールという湖のほとりに大会議《クリルタイ》[*17]を開き、この少年ラマを、自分たちの最高指導者に選挙した。

その三年後、チベットでは、シンシャク家に代わって、ダライ・ラマ五世[*18]という僧が支配権を握り、さらに二年後には、満洲人が中国を征服して、わずか七歳の清の順治帝が北京の玉座に坐った。これが康熙帝の父である。

＊17 **大会議（クリルタイ）**　モンゴル語で集会の意で、君主の推戴、対外戦争、法令の発布など重要事を決定する際に召集され、部族・氏族の代表者が集まって協議・決定する。中央ユーラシアの遊牧民に古くからみられる慣習で、モンゴル帝国時代のハーン選出が有名であるが、以後もたびたび開かれている。

＊18 **ダライ・ラマ五世**　一六一七―八二。チベット仏教ゲルク派最高位の化身僧の実質第三代（初代・二代は追号）で、名はガワン・ロサン・ギャツォ。類まれな政治的手腕をもち、ホシュート、ジューン・ガル、ハルハ、清など世俗の諸勢力をたくみにあやつって、チベット政教の最高指導者としての地位を確立した。ポタラ宮を建設し、「偉大な五世」とよばれる。

ハルハ系図

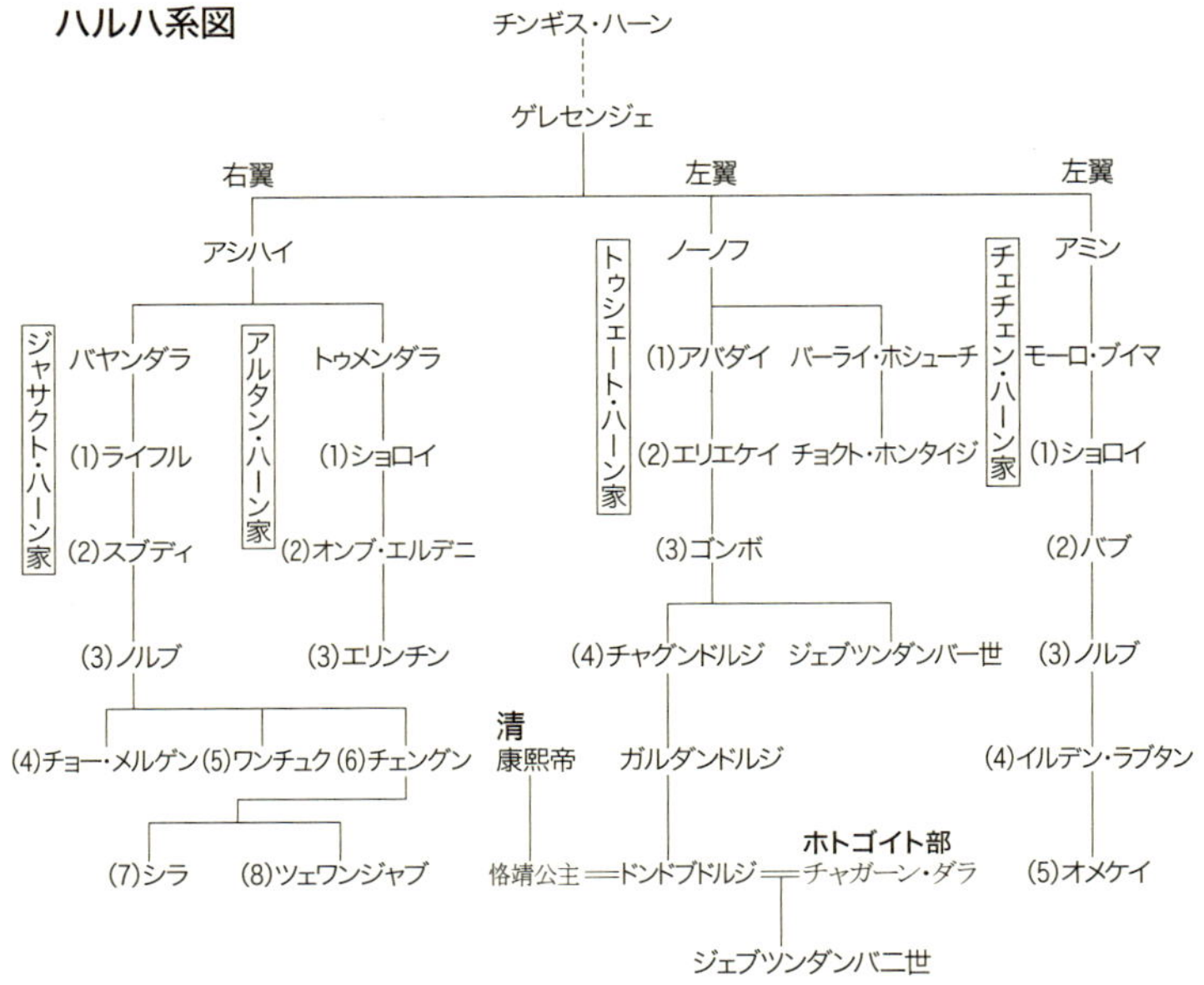

数字は各ハーン家継承順　明朝体は女　══ は結婚関係

オイラト系図

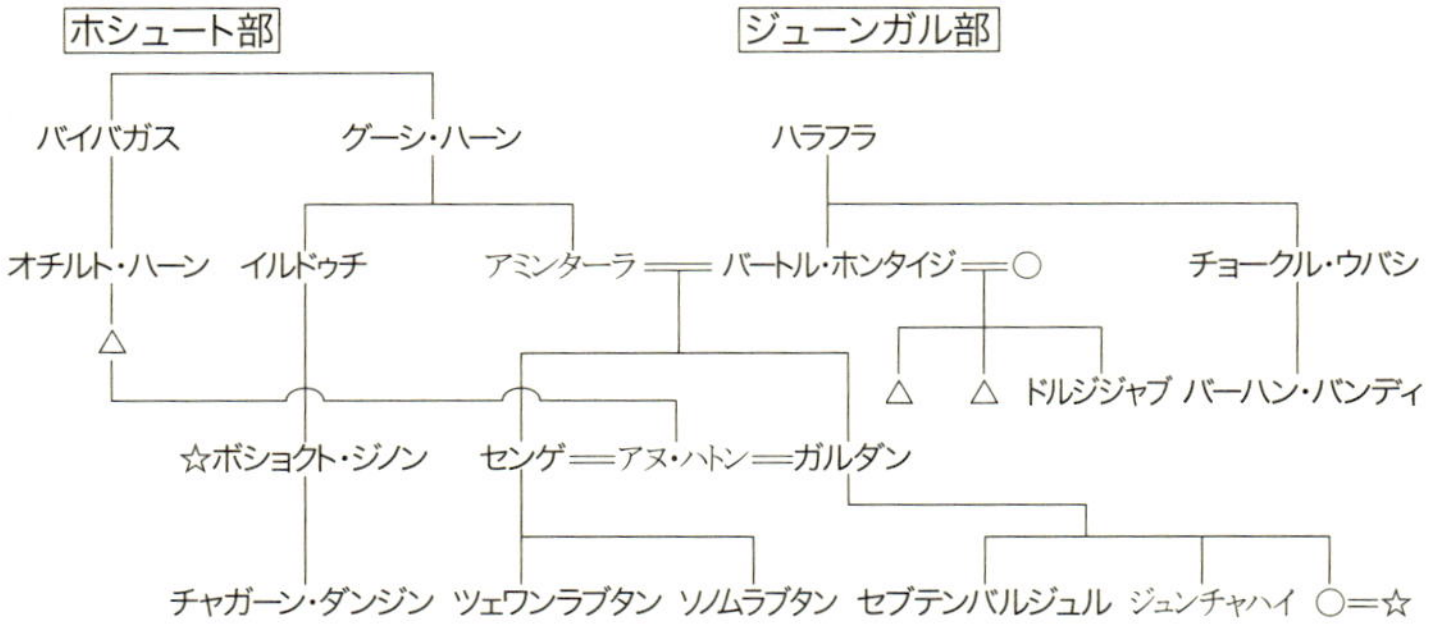

△は男、○は女　明朝体は女　══ は結婚関係

康熙帝の即位の当時、ダライ・ラマ五世は四十五歳になっていた。この人は、中央チベットのラサの町の西郊の、ゲルク派[*19]のデプン寺の座主《ざす》だったが、西チベットのシンシャク家のチベット支配に敵意を抱いていた。ことにシンシャク家は、ダライ・ラマのゲルク派ではなく、カルマ派[*20]という別の宗派の保護者だったからなおさらである。

そこへ一六三四年、満洲人の内モンゴル征服と時を同じくして、カルマ派の信者のチョクト・ホンタイジという首長が、北モンゴルのハルハ左翼の地からゴビ沙漠を越えて南下して、東北チベットの青海[*21]を占領した。青海の地は、華北やモンゴルからチベットに入る主な通路で、ここを他派に抑えら

＊19 **ゲルク派**　チベット仏教の一派で、黄帽派とも通称される。十四世紀後半にチベット仏教を改革・体系化したツォンカパの思想を奉じる宗派で、十六世紀に転生相続制度を取りいれて勢力を拡大した。十七世紀半ばに同派のダライ・ラマがチベットの政教を掌握し、最大宗派となった。

＊20 **カルマ派**　チベット仏教の宗派で紅帽派・黒帽派の二派があり、十四世紀に初めて転生相続制を取りいれた。モンゴルにも広まってゲルク派と勢力を争ったが、後ろ楯の世俗勢力がダライ・ラマ五世派に次々と敗れ、政治的な力は衰えた。現在は、一九九九年末に中国からインドへ亡命したカルマパ十七世が指導者である。

＊21 **青海**　東北チベット（アムド）の大半を占める高原地域で、今は中国青海省。省の名はモンゴル語でココ・ノール（青い海）とよばれる青海湖にちなむ。チベット本土とモンゴル高原や華北をつなぐ通路に位置し、住民はチベット系を中心に、モンゴル系やムスリムが混在する。

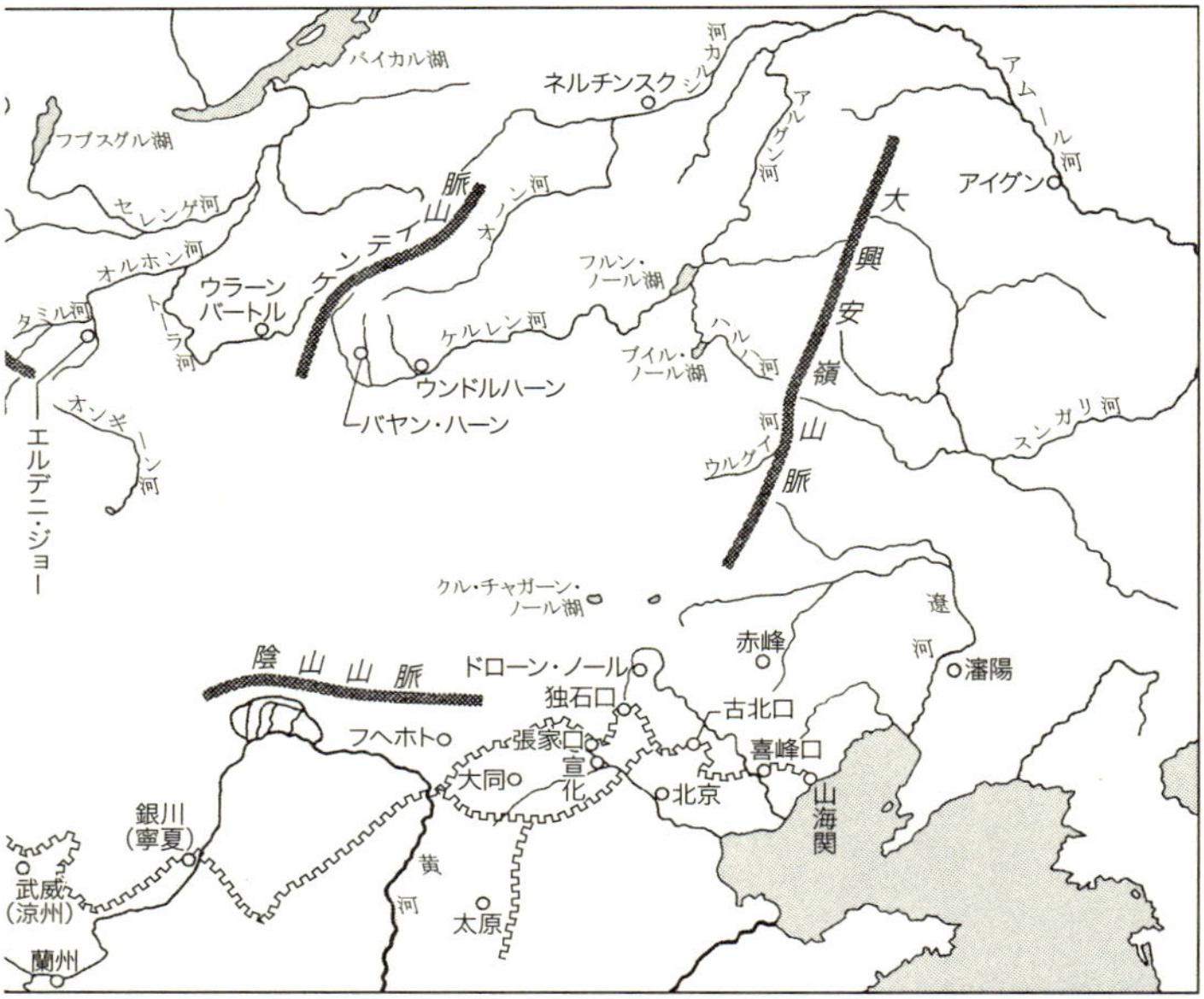
バイカル湖
フブスグル湖
ネルチンスク
シルカ河
アルグン河
アムール河
アイグン
セレンゲ河
オルホン河
ケンテイ山脈
オノン河
大興安嶺山脈
ウラーン
バートル
トーラ河
タミル河
ケルレン河
フルン・
ノール湖
ハルハ河
ブイル・
ノール湖
ウンドルハーン
バヤン・ハーン
エルデニ・ジョー
オンギーン河
ウルグイ河
スンガリ河
クル・チャガーン・
ノール湖
遼河
陰山山脈
ドローン・ノール
赤峰
瀋陽
独石口
古北口
フヘホト
張家口
宣化
喜峰口
大同
北京
山海関
銀川
（寧夏）
武威
（涼州）
黄河
太原
蘭州

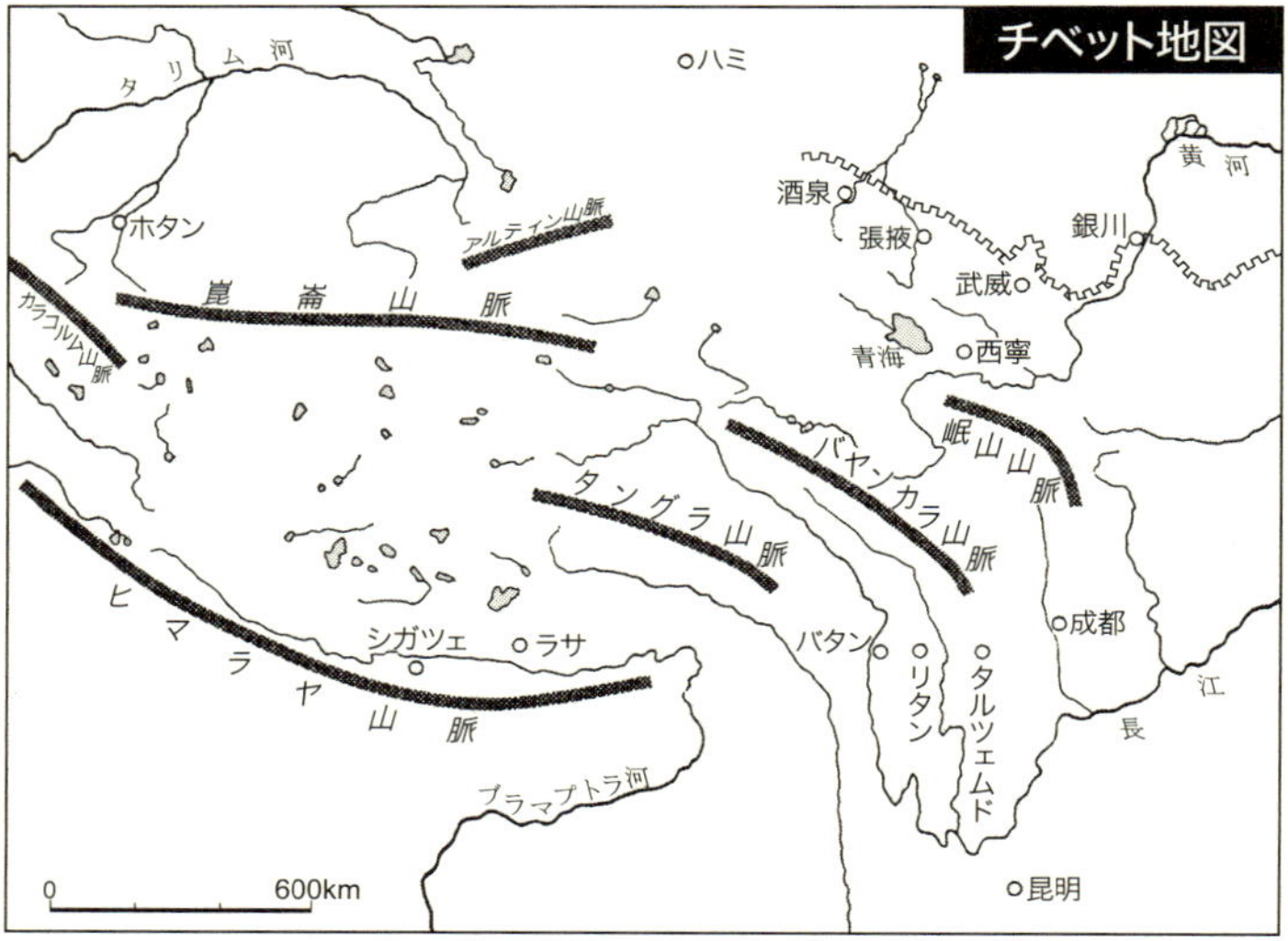
チベット地図
タリム河
ハミ
黄河
酒泉
張掖
銀川
ホタン
アルティン山脈
崑崙山脈
武威
カラコルム山脈
青海
西寧
岷山山脈
バヤンカラ山脈
タングラ山脈
成都
ヒマラヤ山脈
シガツェ
ラサ
バタン
リタン
タルツェムド
長江
ブラマプトラ河
0
600km
昆明

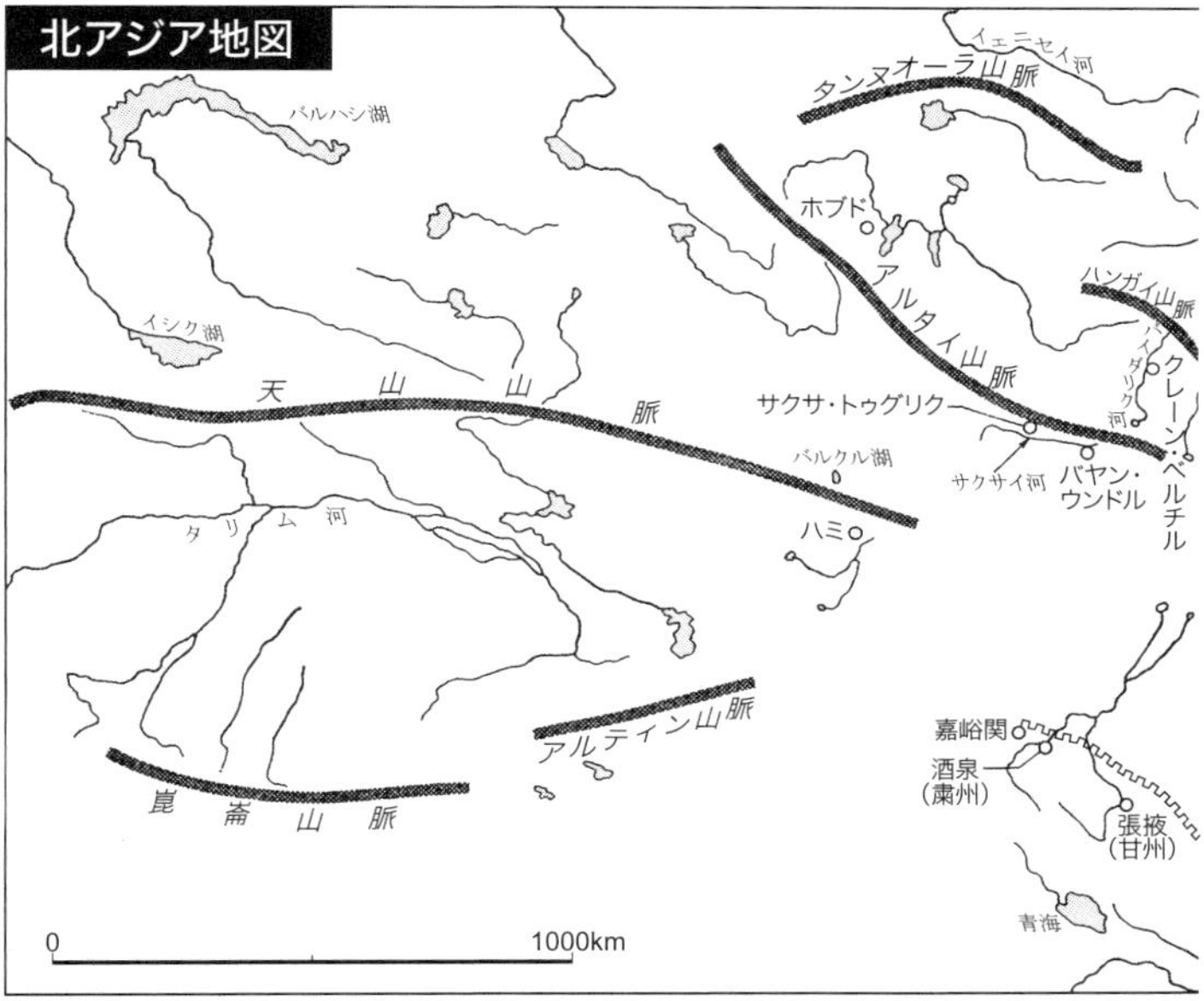

順治帝がダライ・ラマ五世に贈った印（西蔵博物館所蔵）の印影

れて、北アジアの自派の信徒との連絡を断たれると、物産の貧弱なチベットの教団は、たちまち経営が成り立たなくなる。この危機に、ダライ・ラマはオイラト族[*22]の信徒の武力を利用することにした。

オイラト族は、北モンゴルの西部から、今の新疆ウイグル自治区の北部にかけてひろがっている遊牧民で、モンゴル語に近い言葉を話す。十五世紀には北アジアに大帝国を築いたこともあったが、このころには衰えて、ハンガイ山脈の西部に本拠を置く、ハルハ右翼のジャサクト・ハーン家に臣従していた。いくつかの部族があって、その一つのホシュート部族の指導者がグーシ・ハーン[*23]といって、熱心な仏教信者であった。

ダライ・ラマの要請に応じて、グーシ・ハーンは、ジューン・ガル部族長のホトゴチン・バートル・ホンタイジ[*24]と共に青海に進軍して、一六三七年の戦いでチョクト・ホンタイジを殺し、つづいてチベット全土を平定してシンシャク家の支配をくつがえし、一六四二年四月、チベット仏教界の支配権をダライ・ラマに献上した。グーシ・ハーン自身は青海の草原に遊牧して、ダライ・ラマとゲルク派の保護者の地位についたのである。

それより先、すでに一六四〇年、ハルハ左右翼とオイラトの諸部族は大会議《クリルタイ》を開き、同盟条約を結んで団結を固めた。調印に立ち会ったのは、その前年に、ジェブツンダンバ・ホトクトに戒を授けたのと同じウェンサ・トゥルクであった。

その後、一六五二年末、ダライ・ラマは清の順治帝の招待を受けて北京を訪問し、盛大な歓迎を受け、その影響力は清の支配下の南モンゴル諸部族にも及んだ。ことに一六五五年にグーシ・ハーンが死んでからは、青海のホシュート部族も直接、ダライ・ラマの命令に従うようになった。ただジェブツンダンバ・ホトクトの支配下の北モンゴルのハルハ左翼には、ダライ・ラマの威令は及ばなかった。

そのころ、チベットに留学している、一人のオイラト族の少年ラマがあって、名をガルダンといった。グーシ・ハーンの青海征伐に随行したジューン・ガル部族長バートル・ホンタイジの子で、一六四四年、清の順治帝が北京に入城した年に生まれたが、直ちに前年に亡くなったチベットの高僧ウェ

＊22　**オイラト**　西モンゴルのモンゴル系遊牧民で、チンギス・ハーンの子孫ではない首長が率いる諸部族の連合である。ドルベン（四）・オイラトとよばれるが、構成部族の内訳は時期によって変遷があり、ホシュート、トルグート、ホイト、ドルボト、ジューン・ガルなどの諸部が知られる。ホシュート出身の高僧ザヤ・パンディタがモンゴル文字を改良してつくったトド（オイラト）文字を用いる。

＊23　**グーシ・ハーン**　一五八二―一六五五。オイラト部族連合の一つであるホシュート部族長で、名はトロ・バイフ。ゲルク派の要請を受けて青海に遠征し、カルマ派勢力を倒してダライ・ラマ五世をチベット仏教の教主に推戴し、国師（グーシ）・シャジン・バリクチ・ノミーン・ハーン（大国師持教法王）の称号を授けられた。自らは青海でチベット国王となり、その子孫が一七一七年まで代々チベットに君臨した。

＊24　**ホトゴチン・バートル・ホンタイジ**　?―一六五三。ジューン・ガルの初代部族長ハラフラの子で、グーシ・ハーンの娘をめとり、青海遠征に従軍した。バートル・ホンタイジの称号を授けられ、ジュンガル盆地に帰還して、ジューン・ガル部族長としてオイラト部族連合を主導した。

グーシ・ハーン

ンサ・トゥルクの転生と認定された。これは、ジェブツンダンバ・ホトクトに戒を授け、ハルハ＝オイラト同盟条約の調印に立ち会った、あのウェンサ・トゥルクである。つまりガルダンにとってみれば、ジェブツンダンバは、自分の前世の弟子なのである。このことが、あとで重大な意味をもつことになる。

ガルダンは十三歳のときに、はじめてチベットに行き、ラサでダライ・ラマに謁見した。しかし先代ウェンサ・トゥルクの財産は西チベットにあった。それでガルダンはそのまま西チベットの首都のシガツェにある、ゲルク派のタシルンポ寺に行き、座主のパンチェン・ラマ一世[*25]に弟子入りした。パンチェン・ラマは、ダライ・ラマの師となった高徳の僧である。ここで五年間、勉強したが、パンチェン・ラマ一世は一六六二年、九十四歳の高齢で亡くなった。そこで十九歳のガルダンは、こんどは中央チベットのラサに移って、ダライ・ラマ五世に師事した。清の康熙帝の即位の翌年のことである。このガルダンが、やがて康熙帝と、北アジアを二分する大戦争の敵味方になるのである。

三藩の乱と支配権の確立

さて、ここで話は中国にもどる。北京では、康熙帝が未成年のあいだ、政務はソニン、スクサハ、エビルン、オボーイの四人の合議による集団指導制によって執り行なわれることになった。ところが四大臣のうちではオボーイの勢力がもっとも強く、スクサハはそれに次いだ。しかしスクサハは次第にオボーイに圧倒されていって、オボーイの一党は政府の要職を独占し、反対派を容赦なく迫害して、往々死刑にまでした。

一六六七年にソニンが死んだ。いよいよ窮地におちいったことを自覚したスクサハは引退を請うた。その上奏文のなかに、

「臣が先帝の御陵をお守りにゆくことをお許しいただければ、線《いと》のごとき余《のこ》りの息《いのち》も、もって生存

＊25　**パンチェン・ラマ一世**　一五七〇—一六六二。西チベットのタシルンポ寺を本拠とするゲルク派化身僧の実質初代（四世と数えることもある）で、名はロサン・チョエキ・ギェンツェン。ダライ・ラマ五世の選定・授戒に当った高僧で、ゲルク派の権威確立後は、チベット第二位の高位僧として代々ダライ・ラマと並びたった。

若き日の康熙帝

することを得るでしょう」

という文句があった。これを読んだ康熙帝は、

「いったいどんな切迫した事情があって、ここでは生きられず、御陵を守れば生きられるというのか」

と怪しんだ。オボーイは、この機をとらえて敵をかたづけてしまおうとし、これはスクサハが帝に仕えることを潔しとしないのだと理屈をつけて、二十四箇条の大罪なるものをでっちあげた。そしてスクサハ自身と七人の子、一人の孫、二人の甥、及び一族の二人をすべて死刑にすることにし、帝の裁可を求めた。

帝はこれがオボーイの私怨から出たことを知っていたから、なかなか同意しなかったが、オボーイは腕まくりをして大声で帝をどなりつけ、数日ねばりつづけてとうとう帝を屈服させ、思いどおりにスクサハ一家を根だやしにしてしまった（以上、『大清聖祖仁皇帝実録』巻二三、康熙六年七月乙卯〜己未条）。

オボーイは帝をばかにしきっていたが、これは彼の油断であった。帝は感情をおさえてオボーイを信任するジェスチュアをおこたらない一方、身辺の世話にあたる侍衛《じえい》*26に腕力のすぐれた青年を集めて、

*26 **侍衛**　八旗（注*62）のうち皇帝直属の三旗（上三旗）の旗人で構成される皇帝親衛隊で、満洲語ではヒヤという。多くは満洲旗人の名門の子弟から選ばれ、身辺警護から政務の補助、使節や視察など、側近集団としての役割をはたした。ソニンやエビルン、ソンゴトなど、満洲貴族の多くは侍衛出身である。

モンゴル相撲

モンゴル相撲[*27]に熱中するふりをした。一六六九年六月十五日、オボーイが奏上すべき用事があって参内したとき、帝がちょっと目くばせをすると、たちまち侍衛たちはオボーイにおどりかかって組みふせ、縛りあげてしまった。ただちにオボーイの罪状三十箇条が公表され、オボーイは投獄されて死に、エビルンは公職から追放された。こうして十六歳の少年皇帝は、邪魔な大臣たちをかたづけて、自分が独自の意志をもった主権者であることを、はじめて廷臣たちに知らせたのである。

こうして康熙帝は、北京の中央政府の実権を手中に収めたが、それでもその支配力は、中国の南部には行きわたらなかった。それは「三藩」と呼ばれる勢力が華南に根を張っていたからである。

もともと、一六四四年の清朝の中国征服は、満洲人の軍隊の力だけでは不可能だった。むしろ主力は、自前の軍団を率いて清朝に投降した漢人の将軍たちであって、中国の平定が終わったのち、彼らはそのまま各地に駐屯して治安の維持に当たった。雲南省の昆明《こんめい》が平西王呉三桂《ごさんけい》[*28]、広東省の広州が平南王尚可喜《しょうかき》[*29]、福建省の福州が靖《せい》南王耿精忠《こうせいちゅう》[*30]である。これを三藩という。三藩は建て前上は、単なる駐屯軍司令官で、地方行政に対しては何の権限もなかった。しかしその実力と人脈で、華南を実質的に支配し、中央の四大臣と結び合って、さな

＊27　**モンゴル相撲**　立技・組技を主体とする格闘技で、競馬・弓射と並ぶモンゴルの代表的武芸である。清代には、武術訓練であるとともに宮中や式典での演芸でもあり、八旗にも力士をはじめとしたモンゴル武芸者で組織した善撲営《ぜんぼくえい》という部門が設けられていた。

＊28　**呉三桂**　一六一二—七八。明清交替期の武将。遼東で清軍と対峙《たいじ》する明軍司令官だったが、明が内乱で滅びると清に投降して北京入城を先導し、その功で平西王に封《ほう》じられた。中国平定後、そのまま雲南・貴州に駐屯して実質上の藩王国をきずいたが、康熙帝の撤収命令に反発して一六七三年に三藩の乱を起こした。

＊29　**尚可喜**　一六〇四—七六。明清交替期の武将。もと遼東の明軍の部将だったが、内紛で清（当時は後金《こうきん》）に降って厚遇され、中国平定後は平南王に封じられて広州に駐屯した。呉三桂が挙兵しても同調せず、広州で清側として抗戦したが、病没した。

＊30　**耿精忠**　?—一六八二。福建に拠った藩王の一人。もと明将で清（後金）に投降して厚遇された耿仲明の孫で、父の継茂の靖南王の爵を継ぎ、福州に駐屯して勢力をたくわえた。三藩の乱が起こると呉三桂に呼応したが、清軍の追討を受けて降伏し、乱後に処刑された。

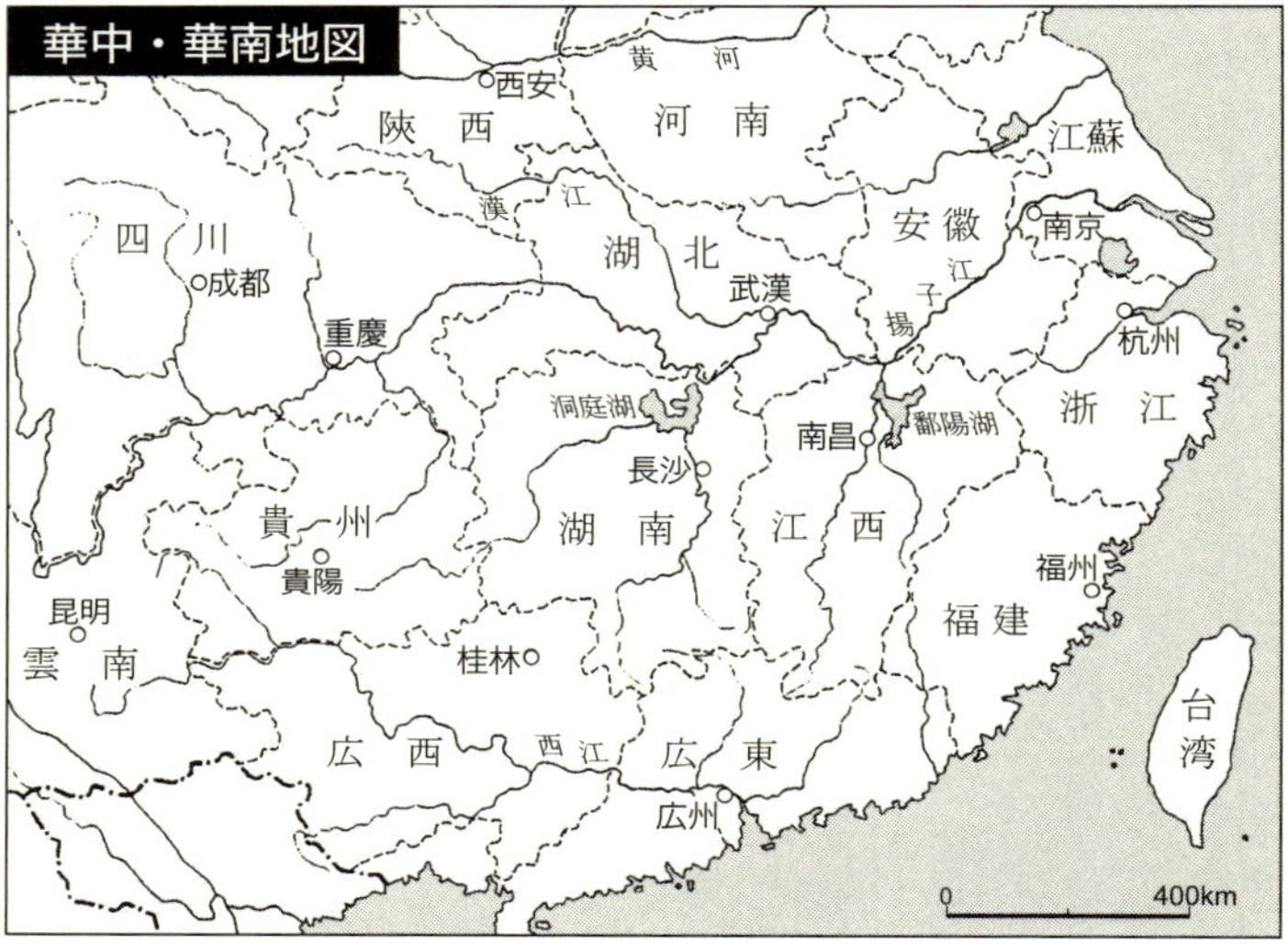

華中・華南地図

がら独立王国の観があった。ところがその四大臣が一挙に宮廷から姿を消したのであるから、三藩としては、中央政界における自分たちの保護者を失ったわけで、不安を感ずるのは当然である。三藩と北京との関係は、急に冷却した。

　このころ広州の平南王尚可喜はすでに老齢で、一六七一年、部下の軍隊の指揮を長男の尚之《しょうし》信《しん》[31]にゆだねた。ところがこの息子が酒癖の悪い乱暴者で、人を殺すことさえ何とも思わず、指揮権を握ると別に自分の宮殿を建てて子分を集め、横車の押し放題。父の尚可喜は軟禁同様の目にあって手も足も出ない。とうとうたまりかねた尚可喜は、一六七三年、北京に手紙を送って、尚之信に十三個佐領《さりょう》[32]（中隊）の軍隊を与えて広州に留め、自分は二個佐領だけを連れて、故郷の遼寧省に帰って隠居することをお許し下さい、と申し出た。

尚可喜のつもりでは、これを口実に広州を脱出し、北京に行って康熙帝に直接、実情を訴えよう、というのであった。これを受けた康熙帝は、父が帰郷するのに息子は残るというのは筋が通らない、といって、平南王の指揮下の全軍、十五個佐領、六千人に、広州から撤収して遼寧省に引き揚げるように命令した。これを聞いた雲南の平西王呉三桂と福建の靖南王耿精忠も、立場上やむを得ず、自分たちも撤兵を許されたい、と康熙帝に申し出た。もちろん慰留されることを期待してのことだった。ところが案に相違して、二十歳の康熙帝は平然としてこれを許可し、一刻も早く撤収するようせき立てた。康熙帝は、呉三桂と耿精忠の申し出が本心から出たものではないことを、ちゃんと読んでいたが、しかし独立王国に等しい軍団を南方にそのまま放置すれば、いずれは中央政府に反抗することは目に見えている。どうせ反乱が起こるのなら、相手が準備不足の早いうちがいい。こういう計算だったのである。果たして、窮した呉三桂は、部下の軍隊を動員して反乱を起こし、雲南省の本拠から北方に討って

＊31 **尚之信**　一六三六―八〇。平南王尚可喜の子。宮中に仕えた後、広州に赴いて平南藩の統治に当ったが、父とあわず、尚可喜引退のきっかけとなった。三藩の乱が起こると、一時呉三桂についたり清側の命令に応じなかったりと旗幟を明らかにせず、康熙帝の怒りを買って殺された。

＊32 **佐領**　清の軍事・行政組織である八旗制（注＊62）の基本単位で、満洲語ではニルという。兵役・労役に従事する数百人（数は時期によって変化がある）の成人男子を供出する規模で、行政組織としてはそれらの人丁とその家族・奴僕・資産も含んだ集団・集落をさし、軍事組織としてはそこから抽出して編成された部隊をさす。長官も佐領といった。

出て貴州省、湖南省、四川省、広西省を占領し、なおも江西省《こうせい》、陝西省《せんせい》に侵入した。福建省の耿精忠もこれに呼応して反乱を起こし、浙江省に侵入した。尚可喜だけは康熙帝に忠実で、広東省の本拠を守って呉三桂・耿精忠軍と戦った。これがこれから八年も続く三藩の乱の発端である。

こうして華中、華南の一帯は戦火の巷《ちまた》となり、さらに陝西省の政府軍にも呉三桂側に寝返る者が出てきて、最初のうち、康熙帝の旗色はひどく悪かった。これをチベットのダライ・ラマや、ダライ・ラマに従う青海のホシュート部族から見れば、いまにも北京の清朝政府は倒れるのではないか、と思えたにちがいない。ダライ・ラマは、最初、康熙帝に約束した、ホシュート軍の四川・雲南攻撃を実行しないばかりでなく、一六七五年、康熙帝に手紙を送って、呉三桂の独立を承認して和解するように勧めている。

しかし康熙帝の戦略家としての天才は、この難局において十二分に発揮された。臆病な皇族の将軍たちの尻を叩き、漢人の有能な指揮官たちを引き立てて、要領よく兵力を配分し、兵站線《へいたんせん》を確保して、敵を長江の線で食い止め、まず陝西の反乱をかたづけ、次に耿精忠を降服させて福建を回復した。広東では、尚之信が父の尚可喜を押しこめて呉三桂側に寝返り、尚可喜は憤慨のあまり死んだ。しかし福建が清軍の手にもどり、江西の戦況が清軍に有利になると、尚之信はふたたび康熙帝側についた。

呉三桂は情勢が思わしくないので、破れかぶれで一六七八年、湖南の前線で即位式を挙げて皇帝の称号を採用したが、その直後に死んだ。孫の呉世璠《ごせいはん》が跡を嗣いだが、これを境に反乱の勢いは衰えはじめ、一六八一年には清軍が昆明を包囲して、呉世璠は自殺し、八年間の内戦はここに終わった。こうして康熙帝は、二十八歳にして中国全土を支配下に収めたのである。

昆明が落城したとき、呉三桂・呉世璠がダライ・ラマと取りかわした手紙が清軍の手に入り、ダライ・ラマが二股をかけていたことが明らかになった。これが康熙帝の心証を大いに害したことは言うまでもない。これ以後、康熙帝は、ラサの影響力を警戒の目をもって見るようになる。

ガルダンの帝国建設

その翌年、一六八二年四月二日、ダライ・ラマ五世は六十六歳で亡くなった。チベットの前途を憂えたダライ・ラマは、遺言して、清朝に対して用心せよ、自分の死を秘密にせよ、死後の重要事項の決定にはタクディルと呼ばれるおみくじを用いること、デプン寺の近くのネチュンにあるペハル神社の託宣を自分の言葉と思うこと、を言いのこした。タクディルというのは、ツァンバ（チベット人の常食である、炒った大麦を粉にひいたもの）を練ったいくつかの団子に、答を書いた紙片を丸めこみ、椀に入れて、護法神の前で祈念をこらしつつ椀をふり回し、とび出した団子に入っている答を神のお告げとする方法である。

摂政のサンギェギャツォ[*33]は、ダライ・ラマは禅定《ぜんじょう》に入っているから人に会わないと宣伝しながら、

＊33 **サンギェギャツォ**　一六五三―一七〇五。ダライ・ラマ五世の摂政。権謀術数にたけた政治家で、五世の没後、その死を十数年にわたって秘匿し、清、ジューン・ガル、青海ホシュートの関係を

ダライ・ラマ六世

その転生者を探し求め、翌一六八三年、中央チベット南部のモンユルの地に生まれたダライ・ラマ六世[*34]を発見、秘密のうちに養育をはじめた。この六世は、成長ののちにすぐれた詩人となり、多くの美しい恋愛詩を書き、ついに国際政略の犠牲になって、悲劇の最期を遂げる人物である。

さて、話は少し前にもどって、一六六二年、パンチェン・ラマ一世が亡くなって、その弟子であったジューン・ガル人のガルダンは、あらためてダライ・ラマ五世に師事し、四年間ラサに留学したのち、一六六六年、二十三歳のとき、十年のチベット留学を終えて帰国した。このときダライ・ラマ五世はガルダンに長寿法の加持を施し、数々の贈り物を与え、仏教の政策に役立つように助力せよ、との指示を与えた。これに対してガルダンは、仏教の力になるために、何をするつもりか、当面、将来にわたっての利害関係について、くわしくダライ・ラマ五世に話した。[*35]

こうしてガルダンが故郷に帰ったころ、ジューン・ガル部族長はガルダンの同母兄のセンゲであった。ところが一六七〇年、センゲは、一族の内部の財産をめぐる争いの結果、二人の異母兄に暗殺された。ガルダンはただちに兄の仇を討ったが、こんどは部族長の地位をめぐって、叔父のチョークル・ウバシとその子のバーハン・バンディ父子との争いとなり、翌一六七一年、ガルダンはバーハン・バンディを撃破して、ジューン・ガル部族長となり、ダライ・ラマ五世の認可を得て、ガルダン・ホンタイジ[*36]と称した。センゲの未亡人アヌ・ダラ・ハトン[*37]は、ホシュート部族長オチルト・チェチェン・ハーン

*34 **ダライ・ラマ六世**　一六八三―一七〇六。名はツァンヤン・ギャツォ。ダライ・ラマ五世の転生として摂政サンギェギャツォのもとで密かに養育され、一六九七年にその存在が公表された。しかし、恋愛詩を詠み戒律を放棄するなど奔放な人物であり、一七〇五年にラサに侵攻して摂政を殺したラサン・ハーンによって廃位され、護送中に没した。チベットでは、今なおダライ・ラマにして恋愛詩人として敬愛されている。

たくみにあやつった。しかし、成長したダライ・ラマ六世の扱いをめぐって青海ホシュートのチベット国王ラサン・ハーンと対立し、殺された。

*35 詳細は補2「ガルダンはいつ、いかにして死んだか」の注を見よ。

*36 **ホンタイジ**　ジューン・ガルの君主の称号。語源は漢語の皇太子だが、後継予定者ではなくハーンの副王を意味する。ジューン・ガル部族長ホトゴチンがホシュートのグーシ・ハーンからバー

ンの孫娘であったが、ガルダンは遊牧民の習慣[*38]どおり、この嫂《あによめ》と結婚して、亡兄の遺産を相続したのである。

もともと野心家のガルダンは、ジューン・ガル部族長となるやいなや、オチルトと衝突した。そして一六七六年の冬、イリ河畔にホシュート軍を撃破して、オチルトを捕虜にした。もはやオイラトの指導権は名実ともにジューン・ガルのものとなり、ガルダンは一六七八年、ダライ・ラマ五世からボショクト・ハーン[*39]（「天命を受けた王」）の称号を授けられて、北アジアを打って一丸とする一大仏教帝国、ジューン・ガル帝国の建設にのりだすのである。

ガルダンはまず、天山山脈の南の東トルキスタンを征服した。この方面はチンギス・ハーンの第二子チャガタイの子孫である東チャガタイ・ハーン国[*40]の領土であったが、このころそのオアシス都市に住むウイグル人イスラム教徒の指導権をにぎっていたのは、ムハンマドの子孫と自称するホージャ家の一族で、これが白山党と黒山党[*41]という二派にわかれて激しい闘争をくりかえしていた。

当時この地方に君臨していたチャガタイ家のイスマイル・ハーンは熱心な黒山党の支持者で、白山党の首領アパク・ホージャを国外追放に処した。アパク・ホージャはカシミールを経てチベットに逃げこみ、ダライ・ラマ五世に援助を求めた。ダライ・ラマ五世はアパク・ホージャに手紙を持たせてガルダンのもとに送り、白山党を援助せんことを求めた。ここにおいてガルダンは、一六八〇年、東トルキスタンを征服し、イスマイル・ハーンの一族を捕え、かわりにアパク・ホージャを代官としてヤルカンドにすえて貢税の徴収に当たらせた。

トル・ホンタイジの称号を授けられて以来、代々のジューン・ガル部族長の称号となった。

＊37 **アヌ・ダラ・ハトン**　?―一六九六。ジューン・ガル部族長ガルダンの妃。名はアヌ・ダラ、ハトンは皇后の意で、アヌ・ハトンともよばれる。ホシュート部族長オチルト・ハーン（青海ホシュートのグーシ・ハーンの甥）の孫娘で、最初ガルダンの兄センゲに嫁いだが、センゲの死後ガルダンと再婚した。自らも騎乗して戦い、ジョーン・モドの戦で戦死した。

＊38 **遊牧民の習慣**　遊牧民社会では、夫の死後、未亡人が亡夫の息子や弟と再婚する慣習があり、これを嫂婚《そうこん》（レヴィレート婚）という。これは、成人男性の死にともなう家庭の混乱や未亡人の生計の困難を防ぐためにさまざまな社会で広くみられるものであるが、とくに遊牧君主の場合、他の有力部族出身の夫人は自分自身の財産を持っていたため、先代の未亡人と再婚することは後継者にとって非常に重要であった。

＊39 **ボショクト・ハーン**　ガルダンがダライ・ラマ五世から授けられた「持教受命王（テンジン・ボショクト・ハーン）」の称号。ジューン・ガル唯一のハーン号で、ジューン・ガル君主たるホンタイジ号を超えた、ゲルク派の擁護者としての全オイラトのハーンを意味する。

＊40 **東チャガタイ・ハーン国**　中央アジアを領し東西分裂したチャガタイ・ハーン国の東方王家の勢力をいい、モグーリスターン・ハーン国ともよばれる。もともとは遊牧国家であったが北方の草原地帯を失い、タリム盆地の各オアシスに割拠してトルコ系ムスリムを統治する政権となった。十七世紀には盆地西南部に中心があり、カシュガル（ヤルカンド）・ハーン国といわれる。

＊41 **白山党・黒山党**　いずれもイスラム神秘主義のナクシュバンディー教団の一派で、カシュガルのハーン家から尊崇されて影響力をのばした。教主は十六世紀後半の指導者ホージャ・イスハークの家系で、カシュガル・ホージャ家とよばれる。イスハークを始祖とする黒山党（イスハーキーヤ派）に対し、一族が十七世紀前半に別派の白山党（アーファーキーヤ派）を立て、教勢を争った。

ダライ・ラマ五世はその二年後、ガルダンが三十九歳のときに亡くなったが、摂政サンギェギャツォの極秘政策のおかげで、ガルダンは最後まで師の死を知らなかったようである。

清とロシアの衝突

さてこのころは、中国では三藩の乱が終わって、康熙帝がふたたび国境の外に注意を向けた時期であった。それはシベリアを通ってアムール河に姿を現わしたロシア人である。すでに一六四三年、順治帝の北京入りの前年に、ロシア人の先遣部隊がアムール河に達していたが、清軍の討伐を受けて、一度は姿を消した。ところが康熙帝の時代になると、ふたたびロシア人がアムール河に進出してきた。これを放置すれば、満洲人の故郷の安全がおびやかされることになる。

康熙帝は、三藩の乱が解決するやいなや、ロシア人対策として、アムール河畔にアイグン（現在の黒龍江省愛琿県）という軍事基地を建設し、慎重な準備ののち、一六八五年、ロシア人の前進基地であるアルバジン要塞を攻めてこれを破壊した。ところがアルバジンはすぐに再建されたので、翌一六八六年の夏から、清軍はふたたびアルバジンを攻めて、三年にわたる長期包囲戦となった。

しかし康熙帝にとって、戦争は問題解決の一手段にすぎない。これと並行して進められていた外交渉の結果、一六八九年に至って康熙帝とロシアのピョートル大帝[*42]との間にネルチンスク条約が成立し、清とロシアの国境は、アムール河の上流、シルカ河に注ぐゴルビツァ河の線と定められ、ロシア人はアムール本流の渓谷から閉め出された。

ハルハ右翼と左翼の紛争

そのころ、モンゴルのハルハ右翼の地では宗家のジャサクト・ハーン家[*43]と、その分家との間に内乱が起こっていた。ジャサクト・ハーン家の領地はハンガイ山脈の北部の、セレンゲ河の渓谷の肥沃《ひよく》な地帯にあった。それに対して、分家のアルタン・ハーン家[*44]はハンガイ山脈からアルタイ山脈にかけて領地をもち、オイラトの諸部族の上に君臨していた。康熙帝と同時代のアルタン・ハーンはエリンチ

---

*42 **ピョートル大帝**　ピョートル一世。一六七二—一七二五。ロシア・ロマノフ朝の第四代ツァーリ(在位一六八二—一七二五)。幼少で即位し、一六八九年のネルチンスク条約締結時は異母兄イワン五世との共同統治という変則的状態であったが、同年の政変でピョートル派が政権を握り、九四年以降親政した。西欧化改革を断行してロシアを強国に育て、「大帝」とよばれる。

*43 **ジャサクト・ハーン**　ハルハ・モンゴルの三ハーン家の一つで、右翼(西方)のハーンの称号。ジャサクトは「支配権を持つ」という意。トゥシェート・ハーン家の始祖アバダイの従弟の子ライフルに始まり、北モンゴル西部を占めてオイラト諸部を臣従させた。

*44 **アルタン・ハーン家**　ハルハ右翼のジャサクト・ハーン家の分家で、オイラト諸部を支配し、ロシアに対してアルタン・ハーン(アルトゥン・ツァーリ)を名のった。アルタンは「黄金」という意。ライフル・ジャサクト・ハーンの従弟ショロイ・ウバシ・ホンタイジに始まり、エリンチン・ロブザン・タイジは第三代に当る。十六世紀に活躍したトゥメト部のアルタン・ハーン(注*141)は個人名であり、これとは関係ない。

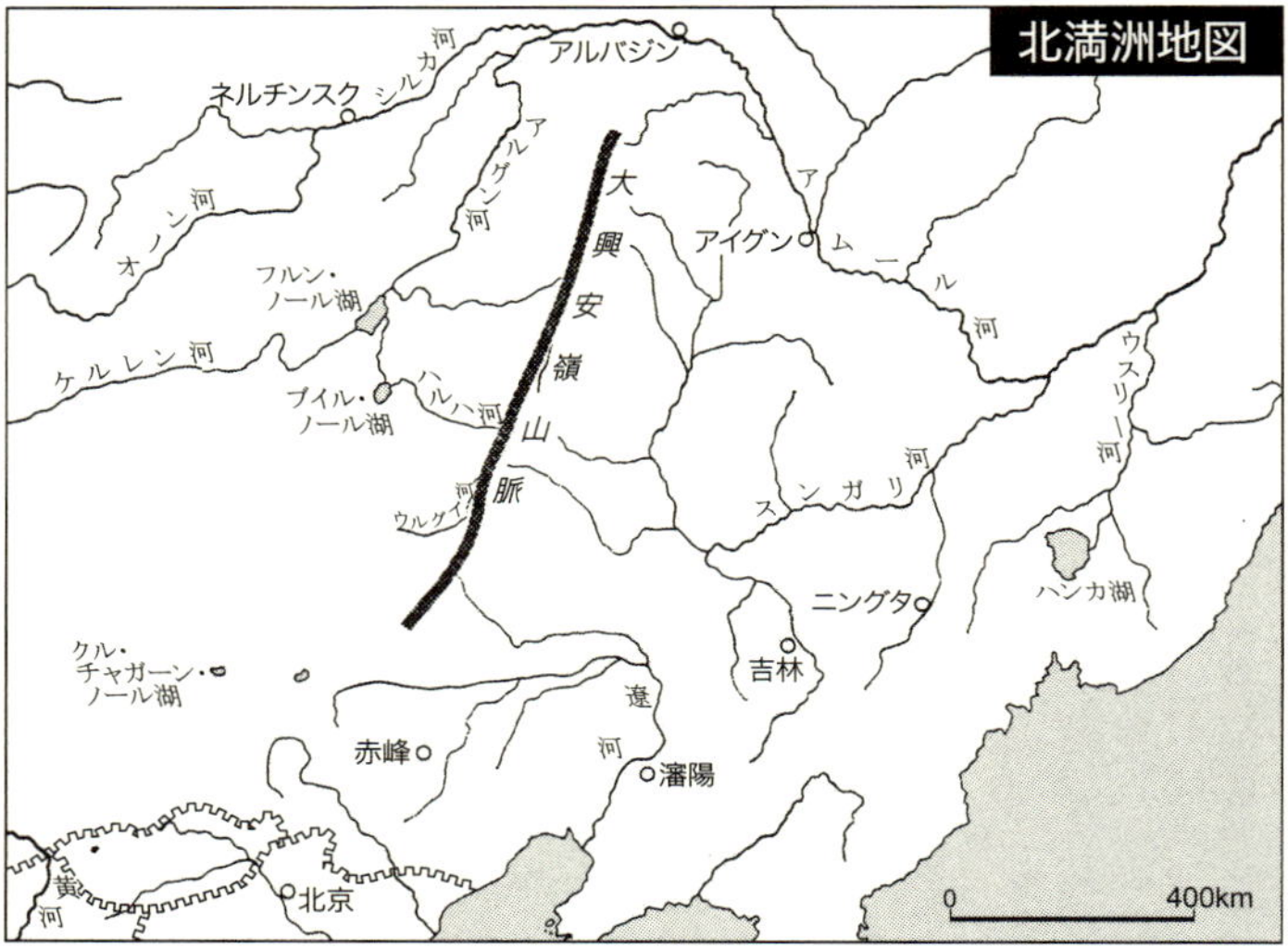

ン・ロブザン・タイジといい、気位の高い有能な指導者であったらしいが、このエリンチンは当時、清朝に近い左翼が中国貿易のおかげで日に日に繁栄におもむくのに反して、自分の属する右翼が中国から遠いために、次第に不利な状況に追いこまれてゆくのに焦りを感じていた。

とどのつまり、エリンチンは北モンゴル中央部に進出しようとして、一六六二年、通路に当たるジャサクト・ハーン家の地に侵入して、当主のワンチュク・メルゲン・ハーンを殺した。この危機に、左翼はただちに反応し、チャグンドルジ[*45]・トゥシェート・ハーンは自らジャサクト・ハーン家の救援におもむいてエリンチンの軍を撃破した。エリンチンは今のロシア連邦トゥワ共和国の、イェニセイ河上流の渓谷に逃れた。ハーンが殺されて大混乱に陥ったジャサクト・ハーン家では、ワンチュクの兄のチョー・メルゲンがハーン位についたが、実権はなく、人民の大部分は、いまや占領軍となったチャグンドルジ・トゥシェート・ハーンの手下についてしまった。

一方、これまでエリンチンを主と仰いできたオイラトの諸部族も、宗家の当主殺しの罪を犯したエリンチンにそむき、トゥシェート・ハーン家と連合した。一六六七年、ジューン・ガルのセンゲは遠征してエリンチンを捕えて連れ帰り、エリンチンの右手を手首から斬り落とし、喉に犬の肉を押しこませ、そしてその身柄をジャサクト・ハーン家に引き渡した。その三年後、チョー・メルゲン・ジャサクト・ハーンは、無力のゆえをもって廃位され、弟のチェングンが代わってジャサクト・ハーンとなった。これがチャグンドルジ・トゥシェート・ハーンの意向によるものであったことは言うまでもあるまい。チャグンドルジとしては、せっかく手に入れた右翼の支配権を手放す気はさらさらなかったのである。

ちょうどこのとき、ジューン・ガルではセンゲが殺されて、ガルダンが代わって部族長となった。

＊45　**チャグンドルジ**　?―一六九九。ゴンボ・トゥシェート・ハーンの子で、ジェブツンダンバ一世の兄。ハルハ左翼の宗主として右翼のジャサクト・ハーン家の内乱に介入したが、戦後も右翼の支配権を手放さず、本来ジャサクト・ハーン家を宗主と仰ぐジューン・ガルとの衝突を招いた。ガルダンに敗れて南モンゴルに亡命を余儀なくされ、一六九一年のドローン・ノール会議で康熙帝に臣従した。

ガルダンは、旧主のジャサクト・ハーン家が、傍系のチャグンドルジの言いなりになっている現状を不快に思い、チェングンを後押しして、エリンチンの乱のときにジャサクト・ハーン家からトゥシェート・ハーン家に寝返った旧人民の返還をチャグンドルジに向かって要求させた。その一方、ガルダンはラサのゲルク派本部とも連絡して、ダライ・ラマ五世の名義で使者を派遣させ、チャグンドルジとチェングンの間を調停させた。しかしチャグンドルジが聴くはずがない。談判は不調に終わり、片やハルハ左翼を代表するチャグンドルジ、片やハルハ右翼を代表するチェングンとそれを後援するガルダンの間の対立が一度に悪化した。

清朝の康熙帝は、ハルハ左翼に親近感をもち、チャグンドルジに同情的であったが、それでもこのハルハ左右翼の紛争を放置すれば、混乱が南モンゴルにも波及して、帝国の北方国境の安全をおびやかすことを憂慮した。それで康熙帝はラサのゲルク派本部と連絡して共同で調停にのりだし、一六八六年には、康熙帝の名代たる理藩院《りはんいん》*46尚書《しょうしょ》(モンゴル関係担当大臣)アラニの立ち会いのもとに、ハンガイ山脈の南面のバイダリク河の渓谷のクレーン・ベルチルの地において、講和会議が開かれた。右翼側からは、たまたまチェングンが死んだので、その子のシラがジャサクト・ハーン位を嗣いで出席し、これにダライ・ラマ五世の代表として、ラサのガンデン寺の座主《ざす》*47が付き添った。左翼側からは、チャグンドルジ・トゥシェート・ハーンと、その弟のジェブツンダンバ一世が出席した。ここで結ばれた和約によって、チャグンドルジはシラにジャサクト・ハーン家の旧人民を返還することに同意した。

ところがこのクレーン・ベルチルの講和会議では、ジェブツンダンバは、ダライ・ラマの名代であるガンデン寺の座主と同じ高さの座を占め、あらゆる点で対等に振舞った。これは康熙帝の指令ではなかったようであるが、この態度はガルダンをひどく怒らせた。前にも言ったとおり、ジェブツンダンバに具足戒を授けたのはウェンサ・トゥルク三世で、ガルダンはその転生である。ガルダンにして見れば、ジェブツンダンバは自分の前世の弟子にすぎない。そのジェブツンダンバが、事もあろうに、自分が師と仰ぐダライ・ラマ五世の名代と肩を並べようというのである。これはガルダンにとって、我慢のならないことであった。

＊46 **理藩院** 清朝の内陸アジア関係事務の担当官庁。もともと蒙古衙門《がもん》(モンゴル官署の意)といって、モンゴルの王公や遊牧集団の接遇・庶務を処理する機関で、版図の拡大にともないロシア・チベット・青海・東トルキスタンに関する外交や統治も管掌するようになった。ただしモンゴル王公の地位は高く、モンゴルのハーンたちにとって理藩院は世話係・儀典係のようなものである。

＊47 **ガンデン寺の座主** チベットの化身僧ガンデン・シレートゥ一世(一六三五―一八八)、名はガワン・ロドェ・ギャツォ。ガンデン寺はゲルク派の総本山に当る大僧院で、座主は寺内の二大学堂の学長が交代で務めた。ゲルク派最高の学僧である座主の権威はきわめて高く、もともとデプン、セラ両僧院の座主であるダライ・ラマをしのぐほどであった。彼はこのときすでに退任していたが、座主経験者としてガンデン・シレートゥ(ガンデン寺座主)と尊称され、以後彼を始祖とする転生僧の法号となった。

ガルダン、北モンゴルを制圧

さて、シラ・ジャサクト・ハーンは、和約の文言どおり、チャグンドルジに旧人民の返還を要求したが、チャグンドルジは半分しか返還しなかった。ガルダンはシラのために、チャグンドルジに手紙を送って和約の履行を要求し、もし応じなければ武力に訴える、と言った。これに対して、チャグンドルジは康熙帝に通告して開戦の了解を求めた。康熙帝は全力をあげて引き止めにかかったけれども、もはや手おくれであった。チャグンドルジは進撃してシラを殺し、ジャサクト・ハーン家は潰滅した。チャグンドルジはさらに進んでジューン・ガル軍と交戦し、ガルダンの弟ドルジジャブを斬った。一六八七年のことである。

翌一六八八年の春、復讐を求めるガルダン・ボショクト・ハーンは、三万のジューン・ガル軍を指揮してハンガイ山脈を越え、オルホン河の上流、タミル河の地に、チャグンドルジのハルハ軍と決戦を交えた。結果はハルハ軍の大敗に終わり、チャグンドルジの五千の兵のうち、わずか百名が生きのこったにすぎなかった。大混乱のうちに、チャグンドルジは単身、山を越えてオンギーン河に逃走した。ガルダンは軍を二手に分け、自分はそのまま東方に進んで、トーラ河からケンテイ山脈を越えて、ケルレン河のチェチェン・ハーン家の領地に侵入し、別動隊を送って、オルホン河のエルデニ・ジョー寺[*48]に居るジェブツンダンバを攻めさせた。エルデニ・ジョー寺は、一五八五年に創建された、ハルハ最古の名刹《めいさつ》であって、昔のモンゴル帝国の故都カラコルム城の廃墟の上に建っている。ジェブツンダンバは、兄チャグンドルジの家族を連れて、とるものもとりあえず南モンゴルに逃げこみ、清の康熙帝の保護を求めた。

その間、チャグンドルジは体勢の立て直しに必死で、ふたたび集めた全兵力をあげて、その秋にケルレン河からトーラ河にもどってきたガルダンの軍と、オロゴイ・ノール湖の地で戦ったが、三日にわたった激戦でまたも大敗し、やむを得ず自分もゴビ沙漠を越えて南モンゴルに逃げこみ、弟のジェブツンダンバともども、康熙帝に臣下として受け入れていただきたいと請願した。ハルハは潰滅した。ハルハの大衆は雪崩《なだれ》をうって南モンゴルに逃げこんだ。北モンゴルは完全にガルダンの手に落ちた。康熙帝は数十万人にのぼる亡命ハルハ人のために、南モンゴルにそれぞれ牧地を指定し、家畜を与え、中国内地から穀物を運んで救済につとめた。

しかし康熙帝にしてみれば、今回の事態は、もともとチャグンドルジがクレーン・ベルチルの和約を守らなかったために起こったのだから、ハルハがジューン・ガルのために潰滅したからといって、清朝には北モンゴルに介入すべき理由はない。またガルダンの方でも、清朝を敵に回したのでは、中国貿易のうまみがなくなる。だから清朝と開戦すべき理由はない。しかしトゥシェート・ハーンとジェ

＊48　**エルデニ・ジョー寺**　オルホン河畔にあるハルハ最古のチベット仏教寺院で、かつてのモンゴル帝国の古都カラコルムの地に、トゥシェート・ハーン家の始祖アバダイ・ハーンによって建てられた。その開基式は、カルマ派と関係の深かったサキャ派の僧によって行なわれた。

現代モンゴル人が描いた想像上のガルダンの肖像画

エルデニ・ジョー寺

ブツンダンバについては事情がちがう。チャグンドルジは和約を破って主君と弟を殺した犯人であり、ジェブツンダンバはダライ・ラマの権威をないがしろにした不とどき者である。それでガルダンは、くりかえし康熙帝に、チャグンドルジとジェブツンダンバの引き渡しを要求したが、康熙帝は清朝とハルハ左翼との間の古い友好関係をたてにこれを拒み、何とか交渉によってチャグンドルジとガルダンを和解させて、問題を平和裏に解決しようと努力した。しかし事態は一向に好転のきざしを見せなかった。

ウラーン・ブトンの戦い

そのころ、ガルダンの背後で、意外な事態が持ち上がった。それは甥のツェワンラブタン*49の離反である。これより先、一六七〇年にセンゲが兄たちに殺されたとき、センゲの長子ツェワンラブタンはまだ七歳の幼児で、もとより部族長の位を嗣ぐ資格はなかった。それで叔父のガルダンが仇を討って部族長となり、その後もずっとツェワンラブタンは叔父の保護下にあった。しかしツェワンラブタンが成

*49 **ツェワンラブタン**　一六六五—一七二七。ガルダンの兄センゲの子で、ジューン・ガルの君主(在位一六九四—一七二七)。父が横死して叔父ガルダンが部族長を継いだ時は幼少だったが、長じた後ガルダンと対立し、ガルダンのハルハ遠征中にジューン・ガル本国を掌握して、一六九四年にチベットのダライ・ラマ政権(実際にはサンギェギャツォ)からホンタイジ号を授与された。ガルダン死後も清と和戦を繰り返しながら勢力を拡大し、カザフ、東トルキスタンに支配を及ぼした。

長するにつれて、叔父との関係は微妙になっていった。

何と言っても、ツェワンラブタンは先代の部族長の嫡子である。いずれはガルダンが、その地位の返還をせまられる日がくる。ガルダンここまでは先手を打って、ある夜、暗殺者にツェワンラブタンの帳幕を襲撃させた。ところがツェワンラブタンはたまたま不在で、殺されたのは弟のソノムラブタンであった。帰宅してこの事件を知ったツェワンラブタンは、ただちにアルタイ山脈のなかのガルダンの本営を脱出し、父センゲの旧臣七人とともに南方に走って天山山脈に逃れ、そこから西方に向かって、センゲの旧領だったボロ・タラ河の渓谷に入った。たちまちジューン・ガルの国内は、ガルダン派とツェワンラブタン派に分裂して内戦状態となった。[*50]

これは一六八九年のはじめのことで、ガルダンのハルハ侵入の直後に起こったのである。そしてガルダンが東方で北モンゴル作戦や清朝との交渉に手を取られている間に、ツェワンラブタンは着々と地歩を固め、一六九一年までにほぼ国内と東トルキスタンを支配して、清の康熙帝と連絡をとった。こうしてガルダンは、本国との連絡を断ち切られ、アルタイ山脈以東に孤立してしまった。

一方、ラサでは、摂政サンギェギャツォは、永年ゲルク派と対立してきたジェブツンダンバの勢力の崩壊をおおいに喜び、高僧ジェドゥン・リンポチェ[*51]をガルダンのもとに派遣して、清朝に対するチャグンドルジ、ジェブツンダンバの身柄の引き渡し交渉を促進しようとした。ジェドゥン・リンポチェにせき立てられたガルダンは、気は進まないながら、清朝に対して実力をもって示威行動に出ることにした。

一六九〇年の夏の終わりに、ガルダンは二万の軍を率いてケルレン河から行動を起こし、ゴビ沙漠の東端を回って大興安嶺山脈の西側を南下した。南北モンゴルの境を分けるウルグイ河で、清の理藩院尚書アラニの指揮するモンゴル人部隊と接触し、交戦してこれを破った。これは清軍とジューン・ガル軍の最初の衝突だったが、康熙帝は衝突を回避するように訓令していたので、アラニ以下の将校たちを処罰し、そのむねガルダンに通告させた。ガルダンも、皇帝に対しては敵意をもたない、ただ仇敵のハルハ人たちを追うだけだ、と声明しながら、なおも南下を続けた。

ここに及んで康熙帝は軍隊に動員令を発し、兄の裕親王福全《ふくぜん》*52を撫遠《ぶえん》大将軍に任じて古北口《こほくこう》*53から、弟の

*50 出典はオイラトの高僧ザヤ・パンディタの伝記である。

*51 **ジェドゥン・リンポチェ** ?—一七〇七?。カム(東チベット)出身のゲルク派の化身僧で、名はガワン・クンチョク・ニマ。初代はツォンカパの弟子で第六代ガンデン座主のバソ・チョエキ・ギェンツェンとされ、クンチョク・ニマは六世または七世といわれる。ダライ・ラマ五世の名代としてガルダンに講和を促すも失敗して康熙帝の逆鱗《げきりん》に触れ、ガルダンに与《くみ》したとして非難された。康熙帝の命で一六九八年に北京に送致され、その後チベットに戻ることなく入寂《にゅうじゃく》した。

*52 **福全** 一六五三—一七〇三。順治帝の次子で、康熙帝の異母兄。裕親王として鑲白旗《じょうはくき》の旗王に封じられた。ガルダンの南モンゴル侵入時に撫遠大将軍としてウラーン・ブトンの戦を指揮し、その後もガルダン追討戦に従軍した。

*53 **古北口** 北京の東北約一三〇キロメートルに位置する万里の長城の関門で、南モンゴル東部に通じる重要な関口。清代には熱河《ねっか》の避暑山荘へ向かう交通路となった。

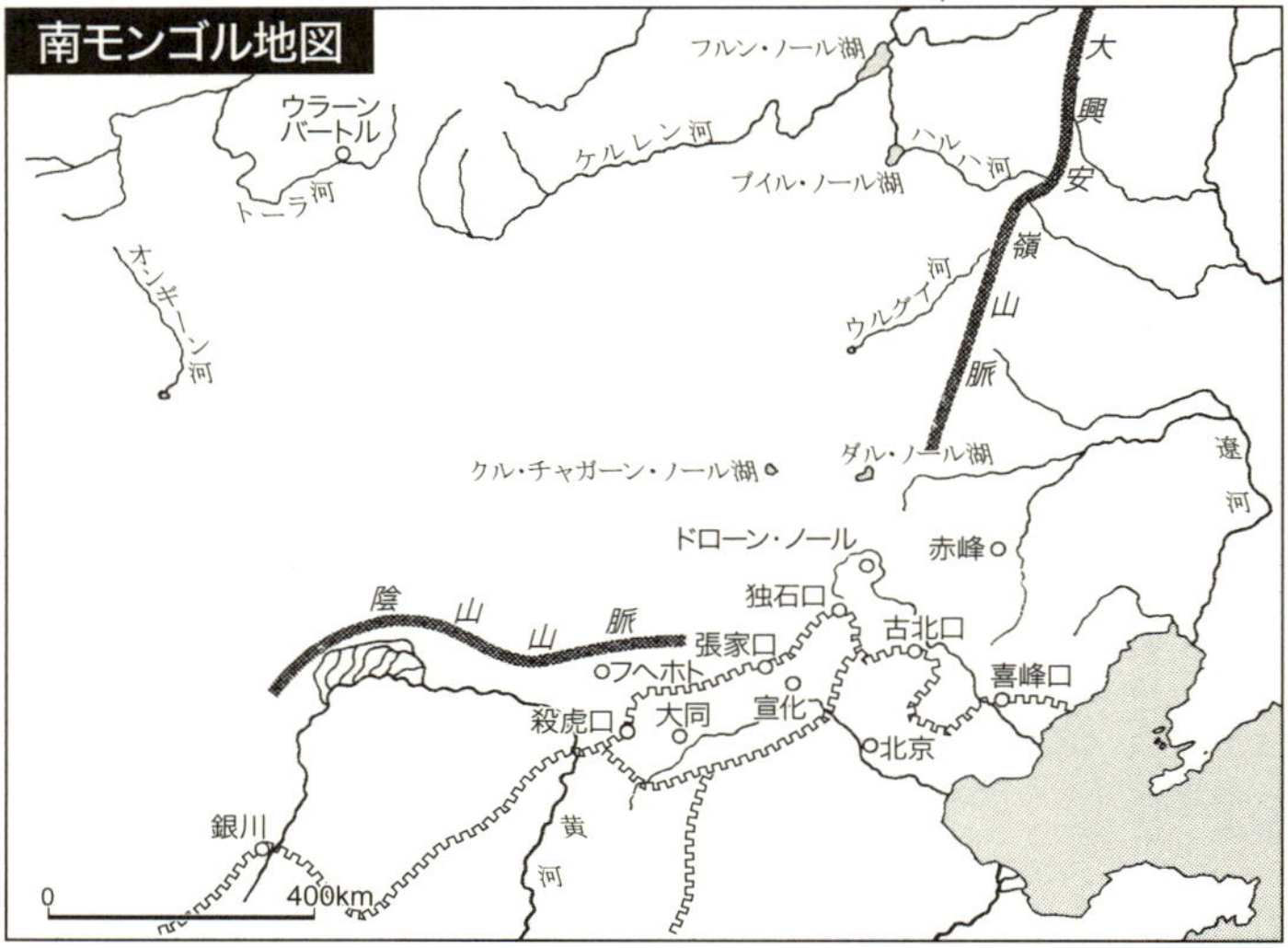

喜峰口の長城。現在は、一帯はダム湖になっている。

恭親王常寧《じょうねい》[*54]を安北大将軍に任じて喜峰口《きほうこう》[*55]から、それぞれ出撃させた。全面衝突の危機が刻々と迫った。

衝突は一六九〇年九月四日、北京の北方三百キロメートルのウラーン・ブトンの地において起こった。これは現在の遼寧省赤峰《せきほう》市のあたりで、大興安嶺の南側にある。

清軍がウラーン・ブトンに到着してみると、ジューン・ガル軍は沼地を前にした林のなかに布陣して、駱駝《らくだ》の脚をしばって地に坐らせ、その背にぬらしたフェルトをかけて弾よけにし、その陰から小銃の筒先をずらりと並べて待ち受けている。突撃の自由を奪われた清軍は、勢い火器の力にだけ頼らなければならない。日が暮れるまで激しい射撃が交換されたが、ジューン・ガル軍はロシア製の大砲を多数、装備していて、清軍の前線に多大の損害を与え、康熙帝の母方の伯父の内大臣[*56]佟国綱《とうこくこう》[*57]も、敵

---

*54 **常寧**　一六五七―一七〇三。順治帝の第五子で、康熙帝の異母弟。恭親王として正藍旗《せいらんき》の旗王に封じられ、ガルダンの南モンゴル侵入時には安北大将軍に任じられた。清末の有名な恭親王奕訢《えききん》と王号が同じだが、別家である。

*55 **喜峰口**　北京東方の万里の長城の関門で、灤河《らんが》が長城線を貫く隘路《あいろ》に設けられた。明代には薊州《けいしゅう》鎮《ちん》管下の重要な関口であったが、しばしば清軍に突破された。

*56 **内大臣**　八旗の皇帝親衛隊である侍衛を統率する大臣。首席の領侍衛内大臣、次席の内大臣がそれぞれ六名おり、交替で警備を統轄する。宮内大臣に当る内務府総管とともに、側近役をもつとめる。

*57 **佟国綱**　?―一六九〇。康熙帝の生母の孝康章皇后（注*86）の兄で、漢字名だが漢人ではな

ウラーン・ブトン古戦場

弾に当たって戦死した。

翌日、ガルダンの軍使が来て、意気沮《そ》喪《そう》した清軍に講和の申し入れをした。条件はチャグンドルジとジェブツンダンバの引き渡しであった。裕親王はこれを拒否した。さらに二日後、こんどはジェドゥン・リンポチェ自身が来て、条件を緩和して、チャグンドルジの身柄は求めず、ただジェブツンダンバを、ラサのダライ・ラマのもとに送ることを申し入れた。いかにジューン・ガル側が優勢であったか、ガルダンのこの高姿勢が物語っている。

しかし長居は無用、清軍の増援部隊が到着する前に、ガルダンは全軍を率いてさっとゴビの北に引き揚げていった。このウラーン・ブトンの戦いは、相手が南モンゴル深く侵入して、北京の目前でわがもの顔に振舞うのを許したもので、康熙帝の威信にとって大きな打撃であった。これによって南モンゴルの諸部族が清朝に不信の念を抱くようなことになれば、モンゴル人の武力の後援のもとに中国を支配している少数民族の満洲人の清朝としては、権力が根底からゆらぐことになる。そこで演出されたのが、翌一六九一年のドローン・ノール会議であった。

ドローン・ノール会議

ドローン・ノールは北京の真北、約三百六十キロメートルの灤河《らんが》の上流にあり、その昔、元の世祖フビライ・ハーン*58が上都《じょうと》という夏の帝都を建てたところである。康熙帝は命令を伝えて、南モンゴルの諸部族と新来のハルハの首領たちをことごとくこの地に集合させることとし、五月五日、北京を出発、古北口を経てドローン・ノールに向かった。そして三十日、同地において謁見式が挙行されたが、これにはチャグンドルジ・トゥシェート・ハーンとジェブツンダンバ・ホトクトだけでなく、亡命してきていたオメケイ・チェチェン・ハーンと、殺されたシラ・ジャサクト・ハーンの弟のツェワンジャ

く、明に仕えて漢化した満洲人の家系の出身。当初漢軍籍だったが、満洲系であることを上奏して満洲鑲黄旗に移った。ウラーン・ブトンの戦でジューン・ガル軍の銃弾を受け戦死した。

*58 **フビライ・ハーン**　一二一五―九四。モンゴル帝国の第五代皇帝（在位一二六〇―九四）。兄の皇帝モンケが没すると、自らの本拠地であった南モンゴルの開平府で即位し、一二七一年に国号を大元と定め新たな国家建設を進めた。現在の北京の地に大都を築いて新都にするとともに、開平府を夏の都の上都とし、遊牧君主として両都を季節移動しながら帝国を統治した。

ブも、ジャサクト・ハーンの格式で出席が許された。

式の当日、正装した清兵は二十七隊に分かれて整列し、円陣を作った。四頭の象の姿も見られた。円陣の中央には皇帝をはじめ皇族、大官たちの包《ゲル》*59（モンゴル式の組立家屋）が並ぶ。謁見用の黄色の大テントの正面には、玉座として六十センチメートルの高さの台が置かれ、フェルトの絨毯《じゅうたん》の上に黄色の錦のクッションをしいて皇帝が坐る。皇帝の左側には、皇長子胤禔《いんてい》*60、皇三子胤祉《いんち》*61をはじめとする諸王、満洲・蒙古・漢軍の八旗*62の大臣たちが、右側にはハルハの首領たちが侍立する。

用意が整うと、まずジェブツンダンバが導き入れられ、つづいてチャグンドルジ・トゥシェート・ハーンが入場する。二人が御前に進み出て跪《ひざまづ》こうとすると、皇帝は座を立ってこれをおしとどめ、彼らの手を握った。トゥシェート・ハーンが奏上する。

「陛下の御恵をもちまして、臣らは死ぬばかりでありましたのを、また生きることができました。お礼の申し上げようもございません。ただ陛下の御庇護のもとに、以後、安楽に暮らせることを願うばかりでございます」

ジェブツンダンバは奏上した。

「深い慈悲をもって衆生を救い、広く利益《りやく》を施すのが仏でありますが、臣らは陛下の御恩をもちまして特に救っていただきました。これこそ活仏《いきぼとけ》にめぐり会ったというものでございます。願わくは陛下の御寿命のいつまでも尽きざらんことを」（以上、『大清聖祖仁皇帝実録』巻一五一、康熙三十年五月丁亥条）

謁見は三十分ほどで終わった。皇帝は二人に茶を賜い、つづいて会場は別の大テントに移された。

玉座の左側に整列するのは満洲貴族と南モンゴルの首領たち、右側はジェブツンダンバと三ハーンをはじめとするハルハ人たちで、総計一千人ばかりが十数重の列を作る。皇帝が出御すると、全員は起立する。ハルハの三ハーンは御前に進み出る。役人が「跪け」と号令をかける。三ハーンは一斉に

---

*59 **包（ゲル）**　モンゴル遊牧民の組み立て式のテント家屋（帳幕）で、パオ（包）は満洲語ボーを起源とする漢語。円形の壁と円錐状の屋根の骨組みをフェルトで覆ったもので、移動に便利にできている。遊牧社会では君主もつねに移動生活を続けており、君主の大帳幕（オルド）は大型で華麗に装飾されていて、移動宮殿とよぶべきものであった。

*60 **胤禔**　一六七二—一七三四。康熙帝の長子で、恵妃ナラ氏の所生。大阿哥《アゲ》（長兄の意）とよばれ、直郡王として鑲藍旗《じょうらんき》の旗王に封じられた。次弟の皇太子を廃しようとする運動に加担して失脚し、幽閉されて没した。

*61 **胤祉**　一六七七—一七三二。康熙帝の第三子で、栄妃マギヤ氏の所生。誠郡王として鑲藍旗の旗王に封じられた。次兄の皇太子に近かったが、その後雍正帝の時代に皇八子胤禩らに与したとして幽閉されて没した。

*62 **八旗**　清の支配体制の根幹をなす組織で、建国期に創設され、王族・首長層から領民・奴僕までの全成員を八種類の軍旗で区別される八つの集団に組織したため、八旗とよばれる。八旗に属する者は旗人とよばれて兵役・労役などの義務を負い、中国征服後は、農工商業に従事せず官員・兵丁を出す特権階級とその領民となった。各旗には王族が分封されて領主として支配し、また兵制上は満洲・蒙古・漢軍の三隊に分かれた。

跪き、「叩頭《こうとう》せよ」と号令があると、額を三度、地面につける。「起立せよ」とあって、立ち上がる。これを三度くりかえして、三跪《き》九叩頭[*63]の礼が終わる。全員着席して茶果が供される。皇帝が茶碗を手に取ると、全員は跪いて叩頭する。それから出席者に茶が注がれる。各自、飲む前に片膝をついて頭を下げる。次に酒が出て、皇帝は手ずからジェブツンダンバ、三ハーン、および他のハルハの首領二十人ばかりに盃を与えた。みな跪いて盃を受け、叩頭してから口をつけた。余興には綱渡りと操り人形があった。ハルハ人たちはおおいに面白がったが、ジェブツンダンバのみは高僧らしく、まったく無関心を装っていた。宴が終わって、みなみな高価な引出物を下賜されて退出した。

翌三十一日、ハルハの首領たちに対する叙任の沙汰が発表され、彼らはすべて南モンゴルの首領たちと同様に、旗《グサ》、佐領《ニル》[*64]に編成され、清朝の爵位を受けることとなった。

六月一日、皇帝は甲冑を着け、馬に乗り、陣営を巡って閲兵式を行なった。終わって馬を下りると、皇帝は的を立てさせて、自ら強弓を引いて腕前を示す。十本の矢のうち九本までが命中する。列席したモンゴル人たちの間から驚嘆のどよめきがあがる。つづいて皇帝は演習の開始を命ずる。清軍は戦闘隊形をとって前進し、ラッパの音、鬨《とき》の声、小銃の音が丘にこだまする。ハルハ人たちがこの見せ物に強烈な感銘を受けたことは言うまでもない。

六月四日、この集会は解散し、康熙帝はドローン・ノールを発して北京に向かったが、このときを境にして、ハルハ人たちは独立を失って清朝の臣民となった。これによって康熙帝は、ハルハ人たちのために、ガルダンの手から北モンゴルを奪回する、正当な理由を得たのである。

遊牧民と農耕民の戦争

しかし、それは康熙帝にとって、自分の方から北モンゴルに出撃して、ガルダンと争う十分な理由にはならなかった。それは、ジューン・ガルのような遊牧国家との戦争では、中国は莫大な人命、物資の浪費を覚悟しなければならないからで、遊牧民と農耕民の戦術が本質的にちがうのがその原因である。遊牧民の軍隊の特徴は、きわめて安上がりなことである。だいたい俸給というものがなく、戦利品の十分の一を戦争指導者たるハーンの取り分としてさし出せば、残りは全部、個人の所得になる。補給も楽で、輜重隊《しちょうたい》がなくてすむ。出陣の際は、兵士はめいめい腰の革嚢《かわぶくろ》にチーズや乾肉を入れて出かけるが、それで約三箇月間は行動できるのである。

それに対して、農耕民の軍隊はひどく金がかかる。耕作を休んで出かけなければならないから、一

＊63　**三跪九叩頭**　清で最上級の敬礼の作法で、皇帝や天に対し行なわれる。起立した状態から跪いて額を地面につける動作（叩頭）を三回行ない、この一連の動作を一跪三叩頭として、これを三度くりかえす。西洋人にとっては屈辱的な礼法とみなされ、この礼を行なうかどうかでたびたびトラブルが生じることとなる。

＊64　**旗、佐領**　旗は八旗の最大単位で、満洲語でグサといい、前出（注32）の佐領は基本単位でニルという。清に従ったモンゴル諸集団もこの体系に準じて編成され、佐領を基本単位として旗を構成させた。モンゴル語では旗をホシューン、佐領をスムンという。

回の出動でてきめんに収穫が減る。そこで政府の方では、それに見合った補償、すなわち給与を支払わねばならない。それに補給は常に最大の難問題である。農耕民の軍隊が遊牧地帯で作戦をするとき、現地で食糧を徴発することができないので、軍隊の行軍ルート上に、前もって食糧を内地から運んで集積しておかなければならない。ところがこれでは輜重隊が戦闘部隊の前を進むことになって、敵の襲撃を避ける方法がない。そこで戦闘部隊が自分で食糧を運ばなければならないが、そうすると戦闘員の人数の何倍にも達する多数の牛車なり駱駝を連れて行かなければならないので、勢い行軍の速度は極端にのろのろしたものになる。そうして大部隊になればなるほど、補給は困難になるし、行軍のスピードも落ちる。

そのうえ農耕民の軍隊は歩兵が主で、密集隊形をとって行動しなければならないが、遊牧民の軍隊は全員が騎兵で、行動が迅速で奇襲をかけやすい。だから農耕民の軍隊は、遊牧民の軍隊とでは太刀打ちができないのであるが、ただ装備が敵より優秀である場合だけは勝つこともある。しかしそうした利点があるときでさえ、農耕民の兵士は、遊牧地帯のきびしい自然条件に耐えて生きのびる訓練がないから、ばたばたと落伍して死んでゆくわけで、勝利は常に莫大な犠牲を払わなければ手に入らない。しかもいくら中国が豊かで漢族の数が多くとも、このような人命と物資の消耗を毎年毎年くりかえすことは不可能である。

遊牧民の軍隊が騎兵隊で、行動半径が長く移動のスピードが速いことは、農耕民の軍隊にとって、敵の捕捉が事実上、不可能なことを意味する。たまたま敵軍と遭遇できたとしても、敵は不利と見るや、フル・スピードで反転、離脱してしまうから、決定的な打撃を与えることはできない。だから農耕民の軍隊が遊牧地帯に進攻するのは、沙漠で蜃気楼《しんきろう》を追うようなものである。

ガルダンの本営は、アルタイ山脈の東麓のホブド[*65]の地にあった。ここは北京から三千キロメートルほどもあり、中国の辺境を離れることあまりにも遠く、とうてい清軍の行動半径には入らない。康熙帝としては、敵がもっと接近して、攻撃圏内に入るのを辛抱づよく待つしか方法がなかった。

皇太子への朱筆の手紙

待つこと四年、好機はついに一六九五年の秋に到来した。このときガルダンはモンゴル高原を東に進んでケンテイ山脈を越え、ケルレン河の上流のバヤン・ウラーンの地に本営を置いたのである。ここならば北京から一千キロメートルほどで、どうにか清軍にも手がとどく。ただし奇襲が成功して、作戦が短期間に終われればの話である。もしもうまくガルダン軍を捕捉できず、食糧がつきて引き揚げるところを敵のゲリラ作戦によって退路を断たれれば、清軍がいかに大軍であっても、みすみす敵の術中に陥って自滅しなければならない。これはきわめて危険な賭けであったが、康熙帝は決然として

＊65　**ホブド**　北モンゴル北西部、アルタイ山脈東麓に位置し、モンゴル高原・ジュンガル盆地・トゥルファン方面などをつなぐ要衝。清のハルハ支配後はホブド参賛大臣が駐留し、西部モンゴル統治の拠点となった。

ゴビ沙漠[*66]横断作戦に踏み切った。

三個軍団が編成された。黒龍江将軍[*67]サブス[*68]の率いる東路軍は三万五千四百三十名、瀋陽から出発して東回りでケルレン河に向かう。撫遠大将軍・伯フィヤング[*69]の率いる西路軍も同じく三万五千六百名、南モンゴル西部から陰山山脈を越えて、ゴビ沙漠の西部を横断してオンギーン河に出、西回りでトーラ河方面に向かう。そして康熙帝自身の指揮する中路軍は三万七千名、北京から出発して、現在の内モンゴル自治区のスニト左旗[*70]の地から、ゴビ沙漠の真ん中を西北に突っ切って、バヤン・ウラーンのガルダンの本営を目指す。これは現在の集寧―ウラーンバートル鉄道の東方二百キロメートルをほぼ平行に走るルートである。

清軍がいよいよ北モンゴル遠征の冒険に出発したのは翌年の春であったが、この一六九六年の前後九十八日間にわたった大作戦を第一回として、康熙帝は同年の秋から冬にかけて第二回、翌一六九七年の春から夏にかけて第三回と、すべて三回、モンゴル高原の前線に出陣している。そしてこれら三回の親征のたびごとに、北京に残って帝国の政務を代行したのが皇太子胤礽《いんじょう》[*71]で、康熙帝の第二子だった。この皇太子の母[*72]は、康熙帝の最初の正皇后で、皇太子を生んだ産褥で死んだ。それもあって、康熙帝はこの眉目秀麗な皇太子をことのほか寵愛し、自ら天文学や数学を教えたことをブーヴェ神父

＊66　**ゴビ沙漠**　モンゴル高原南部に広がる沙漠で、砂地ではなく荒地の礫《れき》沙漠。水源のある交通路

が限られるため通過が難しく、北モンゴル（漠北）と南モンゴル（漠南）を分かつ自然の境界となっている。

＊67 **黒龍江将軍**　清が満洲においた三将軍の一つで、黒龍江上流地方一帯と大興安嶺地域を管轄した。管轄地域の統治だけでなく、対ロシア外交とモンゴル対策も重要な任務とし、ジューン・ガルとの戦争に当っては常に遠征や後方支援を担当した。

＊68 **サブス**　?—一七〇一。初代黒龍江将軍で、ガルダン討伐時の東路軍司令官。有力氏族フチャ氏の出身で満洲鑲黄旗に属し、吉林の駐屯部隊長から累進して一六八三年に将軍となってロシア対策を担った。ネルチンスク条約締結後はジューン・ガル対策に当ったが、ガルダン討伐戦時は進軍が間に合わず、作戦から脱落した。

＊69 **フィヤング**　一六四五—一七〇一。満洲正白旗の重臣で、かつての建州女直王家のドンゴ氏の出身。順治帝の寵妃の弟で、父の伯爵を継ぎ、ガルダン討伐時には撫遠大将軍に任じられて西路軍を率い、ジョーン・モドの戦で清軍に勝利をもたらした。

＊70 **スニト左旗**　南モンゴルの部族で、ダヤン・ハーンの系統をひく。清代には、北京から西北方のシリーンゴル盟のスニト部二旗となり、中路軍の進路に位置した。

＊71 **胤礽**　一六七四—一七二五。康熙帝の第二子で、二歳で清朝初めての皇太子に立てられ、康熙帝の親征時につねに北京に残って政務を代行した。「康熙帝の手紙」の受け取り人である。しかし、弟たちが長じると、皇太子の座から引きずり下ろそうとする宮中の陰謀の標的となり、二度にわたって廃太子され、幽閉されて没した。

＊72 **皇太子の母**　一六五三—七四。康熙帝最初の正皇后で、皇太子となる第二子胤礽を産んだが、産褥で若くして没し、孝誠仁皇后と諡《おくりな》される。輔政大臣ソニンの長子ガブラの娘で、権臣ソンゴト（注＊95）は叔父に当る。

が記している。

康熙帝は、三回の親征のたびごとに、多忙な軍務の暇をみては、陣中の日々の出来事を、北京の皇太子にあててこまごまと書き送った。その自筆の手紙の原本は、現在、台北の国立故宮博物院に保存されている。中国の皇帝の特権で、墨ではなく、すべて朱で書かれ、言葉は漢文ではなく、満洲文である。

満洲語は語順が日本語や韓国語に近く、文字も独得のアルファベットを使って縦書きにする。これが清帝国の公用語として、一六四四年から一九一二年まで、中国でもっとも重要な言語だった。現在の中国では、満洲語を日常に話す人びととしては、新疆ウイグル自治区のイリ河の渓谷に、シベ族と呼ばれる人びとが数万人、残っているだけで、内地の満洲族は漢語しか話さなくなったが、それでも満洲語の重要性は変わらない。というのは、清朝時代に帝政ロシアとの間に締結された条約の正文は、いずれも満洲文だったからで、現代でも国境問題の交渉に満洲語の知識が欠かせないのである。

それはともかく、康熙帝の手紙は、歴史家にとっては、まことに稀有の材料である。大体、皇帝はその地位の関係から、臣下とのやり取りを記録に残すことはあるが、それは主として政治上の問題についての意見の交換であって、皇帝個人の生活や感情を反映したものではないのが普通である。ところが康熙帝の朱筆の手紙は、目の中に入れても痛くないほど寵愛し、自分の後継者として特別に注意して教育してきた皇太子にあてたものであり、私信の性質をもつものである。そこには日々の作戦の進展についてばかりでなく、進軍の途上に目に触れたモンゴルの自然の観察や、情勢につれて一喜一憂する感情の反映がこまごまと記され、この不世出の天才政治家、中国史上に屈指の名皇帝の人間性をなまなましく伝えてくれる。

それでは以下に、康熙帝の手紙を満洲語の原文から訳出しつつ、三回のモンゴル親征の経過を語ることにしよう。

ゴビ沙漠を越えて——第一次親征

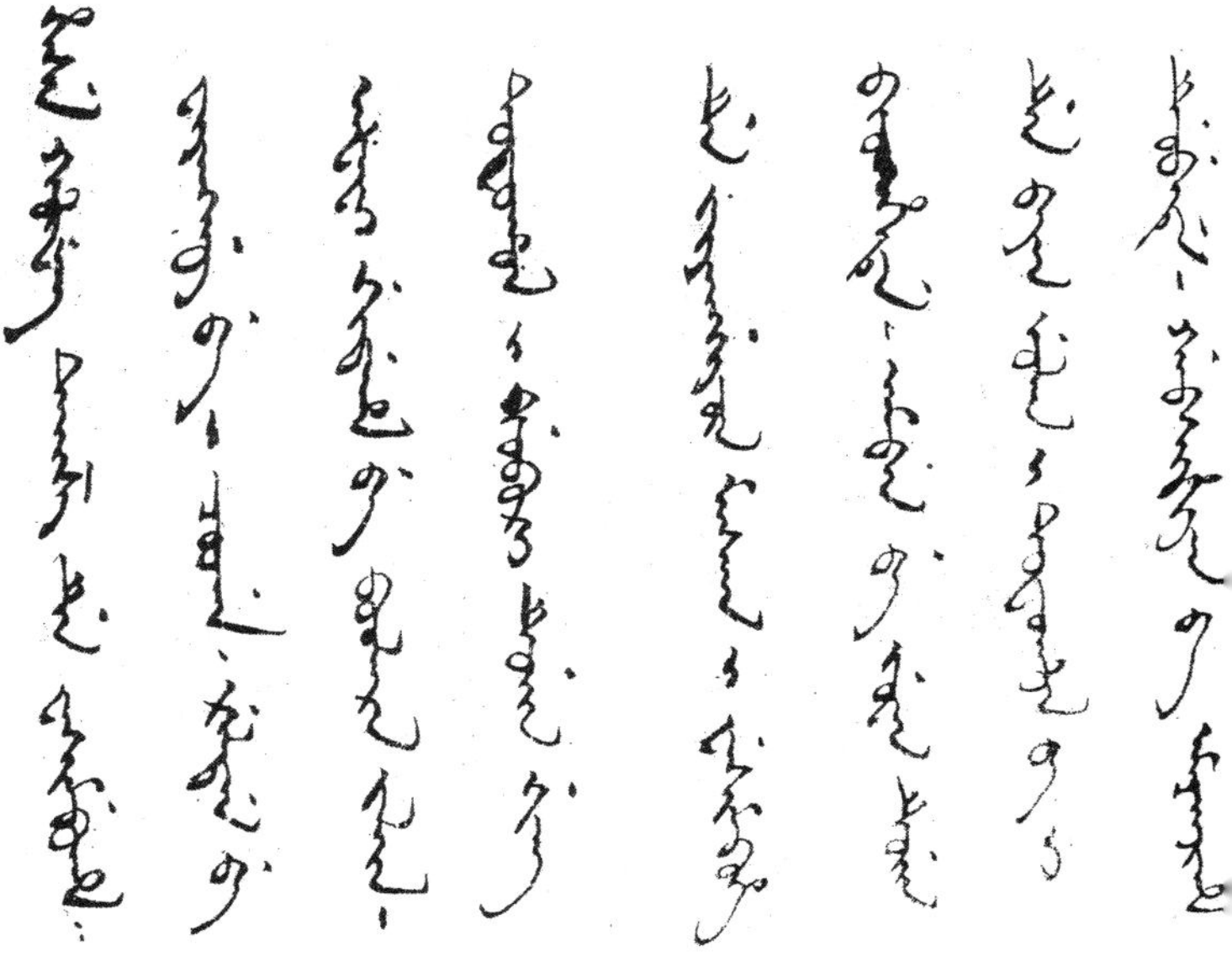

康熙帝の筆蹟（ジョーン・モドの勝利の第一報）

きびしい進軍と楽観的な手紙

一六九六年四月一日、陰暦で言うと二月三十日、皇帝は中路軍を指揮して北京城を出発した。中路軍は十六個部隊に分かれていたが、何せ軍需物資を運ぶおびただしい数の牛車隊に伴われた大部隊のこととて、全軍が進発し終わって最後尾が北京城を離れたのは、五日後の四月六日のことであった。このことを報じた皇太子からの手紙を受け取った皇帝は、その末尾の余白に、朱筆で次のように書きこんで北京に送り返したが、これが康熙帝の手紙の第一号ということになる。

「私は元気だ。今月（三月）十日（四月十一日）に独石《どくせき》*73に着いた。十一日（十二日）に長城を出て行く。兵士も馬も私の部隊のものは整然として良好だ。後続部隊のものはまだ見えないが、聞けば良好ということだ。ただ私の部隊の後《あと》に随《したが》う馬は、上駟院《じょうしいん》*74（宮内省主馬寮）の千頭、兵部《へいぶ》*75（国防省）の千頭しかない。フィヤング伯の部隊には七千頭の馬、三千頭の駱駝がある。そこで私は相談して、肥えた馬を三千頭とっておこうと、取りに行かせた。全くほかには事柄はない」

（四月十一日、『宮中檔康熙朝奏摺』第八輯、四九～五二頁、皇太子の奏摺《そうしょう》*76に記した硃批*77）

これとは別に、皇帝は側近の宦官《かんがん》*78を派遣して、口頭で皇太子にメッセージを伝えさせたらしい。四月十二日付の皇太子の手紙に、「出発以来、夜に二回雨が降った。昼間はすっかり晴れた。行軍に全く埃《ほこり》が立たない。また連れて行った厩《うまや》の馬、犬、鷹を、途中で楽しみながら行った」と引用されている。

この皇太子の手紙の奥に、皇帝は次のように書きこんでいる。

＊73 **独石**　河北省西北部にある万里の長城の関門。河北〜山西の長城は内外二重になっており、そのうち外長城の関門に当る。長城内からモンゴル高原へ向かう出口の一つ。

＊74 **上駟院**　皇帝御用の馬匹を飼育・管理する機関で、皇帝の家政機関である内務府の一部門。国用のための兵部の系統と違い、皇帝に直属して随従も務めるとともに、牧馬を通じてモンゴルとも関係のある組織であった。

＊75 **兵部**　実務を担う中央官庁である六部《りくぶ》の一つで、軍隊の人事、給養、法務など軍政を掌る。ただし、作戦などの軍令を担うものではない。また、建国以来の軍事集団である八旗は独自の組織を構成していて、兵部の管轄下にはなかった。

＊76 **奏摺**　上奏文の形式の一つで、関係諸官庁を経由する公式の上奏文書と異なり、臣下から皇帝に対する個人的な親展状に当る。上奏者から密封されたまま届けられ、皇帝が直接開封・閲読し、回答・指示を書き込んで上奏者に返送する。

＊77 **硃批**　奏摺に皇帝自身が朱筆で書き加えた返事。

＊78 **宦官**　宮中に仕える去勢された男性で、身分はきわめて低いが、皇帝の私生活や后妃の世話を担うため、その立場を利用して多くの王朝で権勢をふるった。清では、皇帝の家政や宮中の庶務の多くは八旗の宮廷部門である内務府（注＊124）が担当したため、宦官が跋扈《ばっこ》する余地はほとんどなくなり、日常の世話や私的な使いなどに限られた。

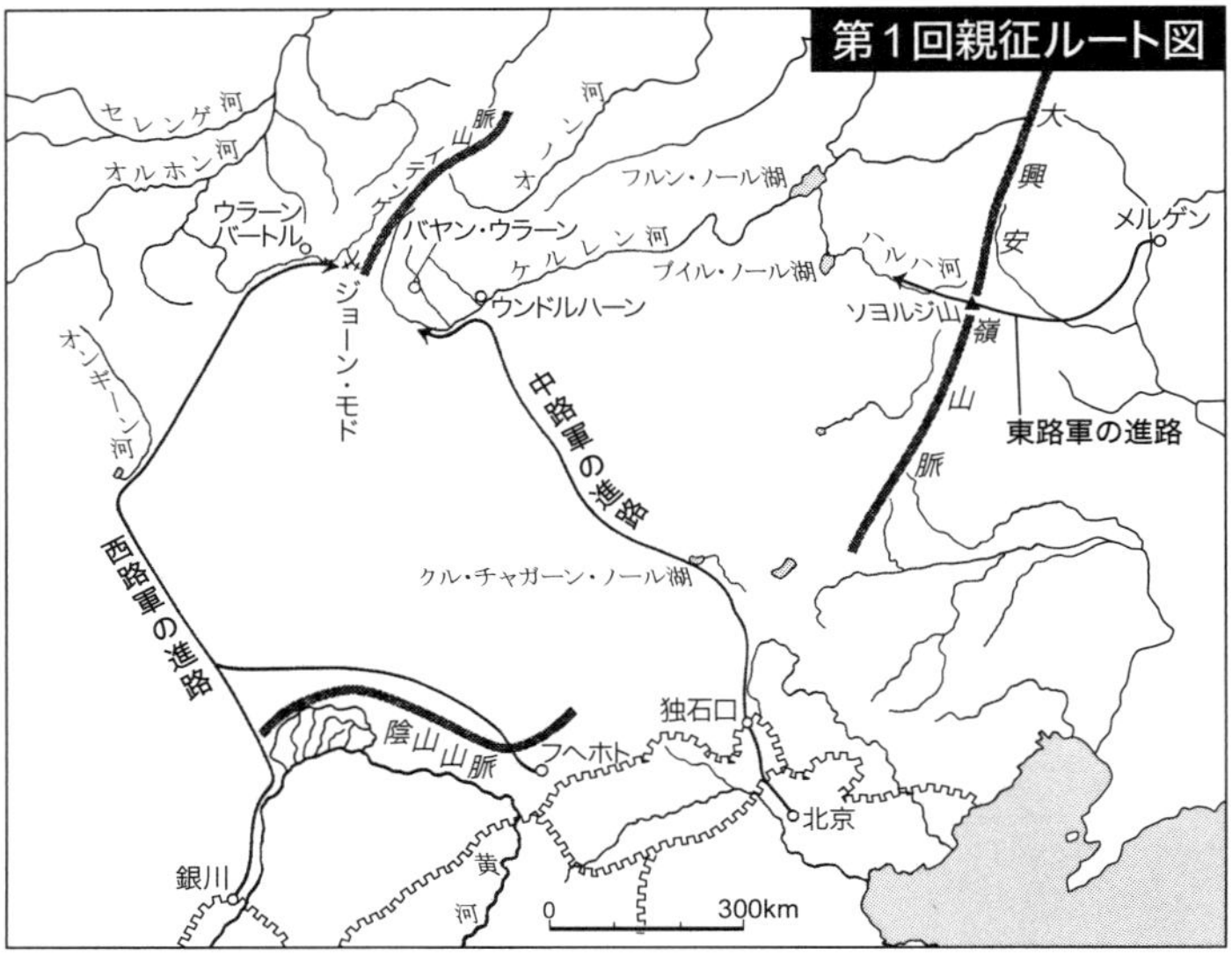

「今回は出発以来、思いどおりに何もかもうまく行くので、この上なく嬉しく、健康も顔色もみなよい。また地形がよく水がよくて事もないので、はなはだ気が楽だ。ただ祈ることは、天の恵みにより思いを達することを心から望む。

この手紙を十四日（四月十五日）に書いた。十五日（十六日）の朝早く出発して、半道ほど行ったところが、たちまち東南の風が吹き、大雨がどしゃ降りに降り、つづいて大きな雪片が吹雪《ふぶ》いて寒く、はなはだ恐ろしかった。その夜はそのまま泊り、十六日（十七日）の朝に調べてみたが、家畜はみな無事だった。幸いに装備が厳重だったし、大して長引かなかったのだ。これを皇太子は承知すればよろしい」

（四月十七日、以上、『宮中檔康熙朝奏摺』第八輯、

五四～五六頁、皇太子の奏摺とそれに記した硃批）

皇帝軍の進路は、四月十二日に独石口で長城を出てから、ほぼ真北に向かっていた。皇帝の通信では天候についてのみ語っているが、現実ははるかにきびしかった。独石口を出て南モンゴルの地に入ると同時に、皇帝は命令を発して、行軍の能率を上げるため、毎日の出発は日の出前、正午になったら停止してキャンプを張り、それからはじめて炊事を許し、食事は一日一回と定めた。そして皇帝自ら、率先してこのきびしい規律を実行したのである。こうした実情については、皇帝は全く触れず、ただ皇太子を安心させるように、つとめて楽観的な調子で語っている。これはそれから後も、ずっとそうである。

「私がこのたび遠く出て、モンゴルの地を行きながら見ると、聞いたのとは大ちがいである。水も牧地もよいし、燃料もたくさんある。たとえ獣糞は湿っていても、種々のウヘル・ハルガナ[*79]、

＊79　**ウヘル・ハルガナ**　マメ科ムレスズメ属コバノムレスズメ（*Caragana micropylla* Lam.）。以下、種の同定は劉媖心主編『中国沙漠植物志』（北京、科学出版社、一九八五―九二）、内蒙古植物志編輯委員会『内蒙古植物志』第二版（呼和浩特、内蒙古人民出版社、一九八九―九〇）にほぼしたがう。

シバク[*80]、デレス[*81]、ブドルガナ[*82]、ハイラース、ブルガナ、その他の草はみな燃やせる。水は国境の内では掘ったところはない。いくらわが軍がことごとく一所に行軍したとて、牧地や水や燃料は決して欠乏しない。ただ心配なのは天候が不定なことで、不意に悪化するのではなはだ心配だ。ただ旱天《かんてん》でさえあれば大いに幸いなのだが。〔長城線を〕出てから何度か雨と雪まじりに遭ったが、大したことはない。春の青草に羊は飽食し、馬は枯草とともに食べられるようになった。ただ祈るのは、上天のお蔭をもって雨や雪がなければ、わが事がはやく成るだろうということだ。

皇太后[*83]の御機嫌をつつしんで伺う。私自身、皇子たち、王たち、大臣たち、将校たち、兵士たちに至るまでみな元気だ。皇太子は元気か……」

（四月二十日、『宮中檔康熙朝奏摺』第八輯、七六〜七七頁、皇太子への上諭[*84]）

ここで「たとえ獣糞は湿っていても……」というのは、モンゴルは空気が乾燥しているから、家畜の落とした糞はすぐにかわいて植物の繊維だけになってしまう。これをモンゴル式の組立家屋（ゲル）の真ん中に切った炉で燃やして暖を取り、煮炊きをする、その習慣を指している。ところが皇帝軍の進路に当たる南モンゴルの地には、ここに挙げてあるような灌木《かんぼく》や草が豊富で、燃料に不自由しない、というのである。

また、皇帝が安否を問うている皇太后とは、ホルチン部[*85]族の出身のモンゴル婦人で、皇帝の父の順治帝の皇后だった人で、時に五十六歳だったが、康熙帝の生母ではない。康熙帝の生母の佟《とう》皇后[*86]はすでに一六六三年、康熙帝が十歳のときに、二十四歳の若さで亡くなった。それ以来、康熙帝はこのモンゴル人の皇太后に育てられ、大きくなってからも、毎月何度かは皇太后の宮殿を訪問して御機嫌伺いを絶やさなかった。

＊80 **シバク**　ゴビ地帯のヨモギ類の総称。

＊81 **デレス**　イネ科ハネガヤ属ラクダガヤ（*Stipa splendens* Trin.）。あるいは *Achnaterum splendens* (Trin.) Nevski または *Lasiagrotis splendens* (Trin.) Kunth とも呼ばれる）。涼帽の素材。

＊82 **ブドルガナ**　満洲名「ブドルフナ」budurhūna、漢名「万年蒿」。キク科ヨモギ属のイワヨモギ（*Artemisia Sacrorum* Ledeb.）やウラジロヒメヨモギ（*A. gmelinii* Web. ex Stechm.）であろう。

＊83 **皇太后**　一六四一―一七一七。順治帝の皇后で、諡は孝恵章皇后。モンゴル・ホルチン部の出身で、順治帝の生母の孝荘文皇后は大伯母に当る。康熙帝の即位後、孝荘太皇太后とともに幼帝を後見し、太皇太后没後も長く帝の孝養を受けた。

＊84 **上諭**　皇帝の詔《みことのり》。また、皇帝から臣下に宛てた指示・訓示などの書簡。

＊85 **ホルチン部**　モンゴルの部族の一つで、チンギス・ハーンの弟ジョチ・ハサルの後裔とされ、大興安嶺方面で遊牧していた。清朝と最も早く通好して婚姻関係を結び、清一代を通じて最高の外戚となった。順治帝の生母も皇后もホルチン部の出身である。

＊86 **佟皇后**　一六四〇―一六三。順治帝の妃で、康熙帝の生母。康熙帝の即位からほどなく若くして没し、孝康章皇后と諡される。満洲系の漢軍旗人の佟トゥライ（図頼）の娘で、弟の国綱・国維兄弟（注＊57）も宮中で重きをなした。

孝恵章皇后

この皇帝の手紙に対して皇太后は、

「私は全く元気です。またこのお手紙を見ると、陛下はお元気、皇子たちはみな元気、兵士に至るまでみな元気で、わが軍の牧地も水も、燃料も決して欠乏しない、とあるのを見て、私はまことに心嬉しく存じます。陛下の御機嫌を伺っておくれ。皇子たちの健康をたずねておくれ」

（『宮中檔康熙朝奏摺』第八輯、八一〜八四頁、皇太子の奏摺）

と言ったと、四月二十二日付の皇太子の手紙にある。

またここで皇子たちというのは、二十五歳の皇長子胤禔《いんてい》、二十歳の皇三子胤祉《いんち》、十九歳の皇四子胤禛《いんしん》*87（のちの雍正帝）、十八歳の皇五子胤祺《いんき》*88、十七歳の皇七子胤祐《いんゆう》*89、十六歳の皇八子胤禩《いんし》*90であり、留守番の皇太子を除いて、成年に達した息子たちみんなを、皇帝は陣中に連れて行っていたのである。こ

---

*87 **胤禛**　一六七八―一七三五。清朝の第五代皇帝（在位一七二二―三五）、廟号《びょうごう》は世宗《せいそう》。年号にちなんで雍正帝とよばれる。康熙帝の第四子で、母は孝恭仁皇后ウヤ氏。雍親王として鑲白旗《じょうはくき》の旗王に封じられ、康熙帝の遺言で後継者に指名され四十五歳の壮年で即位した。ジューン・ガルとの戦争・外交を指揮するとともに政治改革・綱紀粛正につとめた。

*88 **胤祺**　一六八〇―一七三二。康熙帝の第五子で、宜妃ゴロロ氏の所生。穏和な人物で、鑲白旗の旗王に封じられ、恒親王に進んだ。

*89 **胤祐**　一六八〇―一七三〇。康熙帝の第七子で、成妃ダイギヤ氏の所生。鑲白旗の旗王に封じられ、淳親王に進んだ。慎重な性格で、書にたくみであった。

*90 **胤禩**　一六八一―一七二六。康熙帝の第八子で、良妃衛氏の所生。廃太子運動の中心人物で、胤礽に代わって皇太子の座をねらい、処罰された。正藍旗に旗王として入封し、廉親王に進んだが、雍正帝に粛清され、宗室籍を剝奪された上で幽閉されて没した。

のことが、のちに皇太子の運命に影響してくることになる。

「私は無事だ。皇太子は元気か。皇子たちはみな元気である。大臣たち、将校たち、兵士たちに至るまでみな元気である。ただ雨や雪が、いくら大したことはないとはいえ、ほとんど間断がない。それで私の心に多少心配だ。土地のモンゴル人たちは喜んで、私どもの所は毎年、旱天で、草が生えないので、貧乏のどん底に落ちこみましたが、陛下がおいでになると雨や雪があって、草がよくなりました、と言う。旅行する者と定住する者とでは、考えが大いにちがうものだ。草を見れば、羊は満腹する。馬は砂のなかの古い草ごと食べるが、満腹とまではいかない。草の様子はよく、水は豊富だ。私の通った所は、いくら遠くまで出ても、軍が一所に進むのにさしつかえはない。焚くものは豊富だ。これから先はどうかわからないが」

（四月二十三日、『宮中檔康熙朝奏摺』第八輯、六一～七五頁、皇太子の奏摺に記した硃批）

北京の皇太子からは、政務の連絡の手紙ばかりが送られたのではない。陣中にある皇帝の労苦をいたわる種々の品物もとどいたのである。四月二十八日付の皇太子の手紙には、次の一節がある。

「また臣《わたくし》が送った卵はみな割れた、さらに堅牢にして送れ、と仰せられたのを承りまして、もともと柳籠に盛っておいて、内では動かないけれども、籠がやわらかいので、外から圧されたときに、ひしゃげる余地を残しておくことに思い至りませんでした。いま変えて板で小箱を作って、糠《ぬか》の代わりに籾殻《もみがら》を敷いて〔卵を〕盛って送りました。臣の不手際でいつも割れたりこわれたりするのです。どうして送ったらよいか、お父上がお教え賜わりましょうか」

（『宮中檔康熙朝奏摺』第八輯、八四～八七頁、皇太子の奏摺）

これに皇帝は朱筆で、「卵は食べるに十分ある。またついでがあれば送れ。なければやめよ」と書き入れている。

東路軍の脱落

五月六日、立夏の日、皇帝軍は南北モンゴルを距てるゴビ沙漠の中の国境線に近づきつつあった。

「皇太子に諭す。私が国境に近づきながら見ると、草は次第に大いによくなる。四月一日（五月一日）から馬は満腹しはじめた。羊はほぼ完全に肉がついた。水が豊富なので、三旗（三個師団）が集結して行軍する。いくら八旗が一所に居ても不自由なことはない。焚くものは多い。以前に聞いたのとは大いに異なる。三月（四月）中は雨や雪がやや多かったので、思いどおりにならないと焦っていた。今はやや安心した。古北口を出た火器営（砲兵隊）の漢軍を待ちながらたっぷり休んだ。到着する日をあらかじめ指定するわけにはいかない。

七日（五月七日）、ガルダンのもとに遣わしてあった二団の使者たちがみなもどって来た。ガルダンはトーラ河に居る。三月十七日（四月十八日）にこの者どもを徒歩で帰したのだ。私あての手紙は、大体これまでどおり愛想がいい。家畜はひどく痩せていて、人の食べるものも少ない、ということだ。〔私は〕わが軍の先頭の哨兵を、ことごとく指示を与えて出発させた。トーラの地は国境から大体、十八日程ある。

二十日（四月二十一日）に出発させた三千頭の馬は、みな無事に到着した。肥えてよろしい。ただ兵部の馬は遅れている。

土地に産するアルタガナの木[*91]、シバク、ブドルガナ、ターナ[*92]、マンギル[*93]、ソンギナ[*94]を見せてやろうと思って送る。これを皇太后にお目にかけよ。妃らにもみな見せよ。

私は無事だ。皇子たち、王たち、大臣たち、兵士に至るまでみな元気だ。草や水は大いによろしい」

（五月七日、『宮中檔康熙朝奏摺』第八輯、一〇〇〜一〇四頁、皇太子への上諭）

知識欲の旺盛な皇帝は、大軍を指揮する繁忙な軍務のかたわらにも植物採集をして、標本を北京に送っているのである。ここで皇太后とともに、珍しい異境の草木を見るように、とある「妃ら」は、康熙帝の後宮の婦人たちである。この皇帝は子福者で、一生の間に四十一人の后妃に皇子三十五人、皇女二十人を生ませたが、皇后運は薄くて、三人の正皇后をたてつづけになくしたので、この当時の宮中には皇后はなく、女官《にょかん》の称号で言えば妃《ひ》が四人、嬪《ひん》が四人、貴人《きじん》が四人、その他というところだった。

こうした皇帝のやさしい心遣いに応えた皇太后の言葉は、五月十二日付の皇太子からの手紙に次のように記されている。

「陛下がお出かけになったのは春の季節で、モンゴル高原は寒い土地ですから、私は草や水のことについてとても気がかりでした。陛下のお送りになったお手紙を見ると、玉体も安康、皇子たちもみな元気、草や水は次第に大いによろしく、焚くものも豊富、というのを聞いてすっかり喜びました。また送って下さったアルタガナの木、シバク、ブドルガナ、ターナ、マンギル、ソンギナは、私はみな見ました。また妃らにも見せました。みな『陛下はご無事で、皇子たちは元気、またこうした物はみな長城外に産するものなのに、陛下のおん稜威《みいつ》のお蔭で、見たことのない物をみな見ることができました』とすっかり喜び珍しがっております」

(『宮中檔康熙朝奏摺』第八輯、一〇五〜一一二頁、皇太子の奏摺)

＊91　**アルタガナの木**　マメ科ムレスズメ属コバノムレスズメ(*Caragana micropylla* Lam.)。灌木。開花期は康熙帝の親征と同時期の陽暦五〜六月で、黄色い花をつける。

＊92　**ターナ**　ユリ科(ネギ科)ネギ属の *Allium polyrhizum* Turcz. ex Regel.。

＊93　**マンギル**　ユリ科(ネギ科)ネギ属セッカヤマネギ(*Allium senescens* L.)。

＊94　**ソンギナ**　ユリ科(ネギ科)ネギ属アルタイネギ(*Allium altaicum* Pall.)。栽培ネギの祖先種。

しかし、皇帝の手紙の冷静な調子のかげに、司令部では不安がみなぎっていた。これより先、四月二十日に西路軍の撫遠大将軍フィャング伯からとどいた報告によると、西路軍は四月十六日に進軍を開始し、五月三日にオンギーン河、二十三日にトーラ河、二十七日にバヤン・ウラーンに到着する予定、とあった。そこで皇帝は五月三日、東路軍の黒龍江将軍サブスに対し、中路軍は五月二十五日より後にバヤン・ウラーンに到達する予定であるから、もし東路軍がそれまでにバヤン・ウラーンに到達できる見込みがあればよいが、無理なら兵馬を苦しめてまで強行軍をするには及ばぬ、と指令を送った。すると五月九日、サブスから報告があって、東路軍は六日に出発してケルレン河に向かう、という。皇帝は、それではとても中路軍、西路軍のバヤン・ウラーン到着には間に合わないから、ハルハ河の線で進軍を中止して待機するように、と再び指令した。

声涙下る大演説

こうして清軍の三個軍団は二個軍団に減った。これだけでも士気に影響するのに、翌五月十日、皇帝の中路軍が南北モンゴルを距てる国境線のコトゥの地に至ったとき、オチルという使者がガルダンのもとから帰って来て、「ガルダン軍は二万名いる。ロシアから請うて連れてきた火器の兵が六万名いる」と報告した。これを聞いて衝撃を受けた内大臣ソンゴト、[*95] 大学士（枢密顧問官）イサン[*96]がらは結束して、陛下はここからお引き返しになり、西路軍だけを前進させたらいいでしょう、と強く進言した。皇帝は大臣たちをテントに集めて、次のように声涙ともに下る演説をした。

「ガルダンがハルハ人や外藩のモンゴル人の財産を奪ったり苦しめたりするので、私は今回、馬を肥やし、各種の兵器を準備し、兵士を訓練して、食糧の輸送や、各路の進軍の道筋をことごとく計画して、天地、宗廟、社稷《しゃしょく》に申し上げて、ガルダンをかならず滅ぼそうと出征した。兵士や馬丁に至るまで、奮闘しよう、ガルダンを滅ぼそうと思わない者はない。大臣たちの内には、臆病風に吹かれて、一心に進んで奮闘しようと思わない者がある。ある者は軍務に精励しようとしない。ある者は出身がいやしいので、大臣たちを憚《はばか》って調子を合わせている。私はただ、前進しよう、ガルダンを滅ぼそうとだけ思っているのだ。それればかりではない。大臣たち自身も、みな奮闘するといって志願して参加したのであるぞ。変わらず一心に奮励せず、ぐずぐず尻ごみす

＊95　**ソンゴト**　?―一七〇三。輔政大臣ソニンの第三子で、康熙帝の孝誠皇后の叔父に当る。オボーイ排除に与って台頭し、ネルチンスク条約締結に当っては全権大使となり、ガルダン追討でも活躍した。孝誠皇后所生の皇太子胤礽の大叔父として後見役をつとめたが、皇太子をめぐる政争が激化すると、皇太子をそそのかしたとして罪に問われ、失脚した。

＊96　**イサンガ**　?―一七〇三。満洲正黄旗の重臣で、大族イルゲン・ギョロ氏の出身。順治年間の科挙で出仕した文人系の満洲旗人で、大学士に陞り康熙帝を支えた。

るならば、私はかならず殺す。ソンゴト、イサンガらよ、私を何だと思っているのか。わが祖先の太祖高皇帝（ヌルハチ）[*97]、太宗文皇帝（ホンタイジ）[*98]は自ら剣を揮《ふる》って国を建てた。私が御先祖さまに見ならって行なわないわけにゆくか。ガルダンをいまや殺すべく捕えるべきなのに、かえっておじ気づいて、ここまで来ながら臆病風に吹かれて尻ごみをするとは何事だ。大将軍フィヤングの軍は、わが軍と時日を打ち合わせて夾攻することになっていた。今われわれが約束を破ってこのまま引き返せば、西路軍は不測の事態に陥る。これをどうするのか。京師《けいし》（北京）にもどって行くぞ。天地、太廟、社稷に何と申し上げる」

皇帝が感情を昂ぶらせて泣きながらこう言うと、大臣たちは脱帽して平伏し、「陛下のお言葉はまことにもっともでございます。臣らがおめおめと臆病風に吹かれて申し上げたことは、死んでも死にきれないことでございました」と言った（以上、『親征平定朔漠方略』巻二一、康熙三十五年四月乙未条）。

国境を越えて北モンゴルへ

こうした劇的なシーンが司令部で展開されていたにもかかわらず、皇帝の手紙の筆致はあくまでも冷静である。皇帝軍は五月十三日、円陣を作って行進しながら国境線を越え、いよいよ北モンゴルの敵地に足を踏み入れたが、同日の皇太子への手紙にはこうある。

「皇太子に諭す。国境を出ながら見ると、草も水もますますよい。地勢は平野がなくて、みななだらかな山であり、ところどころに砂丘がある。途中、国境を出るまで、走る獣、飛ぶ鳥もない。ただ黄羊《ジェーリン》、長尾黄羊《スールティ》、野驢《チキテイ》がいるだけだ。烏《からす》、スーネヘイという小鳥、雲雀《ひばり》がときどき見える。家畜を飼う以外、何のよいところもない。

われらの輜重《しちょう》は到着した。全く不自由はない。見れば砂上を行くのは、泥中よりも容易である。独石城から国境まで測量すると八百里（三六〇キロメートル）ある。先行した者どもの測量の結果より、毎日すくない。京師から独石まで、見たところ距離はそれほど遠くなさそうだ。おそらく四百二十三里（一九〇キロメートル）はない。皇太子は一人を出して測量させてみよ。国境で観測器械を使って北極星の高度を測ると、京師よりも五度高い。これから里数を算出すると、一千二百五十里（五六二・五キロメートル）になる。

*97 **太祖高皇帝（ヌルハチ）**　一五五九—一六二六。清朝の前身である後金国の建国者で、清朝初代皇帝（在位一六一六—二六）とされる。建州女直王家につながるアイシン・ギョロ氏の一領主で、類まれなる軍事的才能と政治的手腕をもち、一代で全満洲を統合してハンとなった。八旗制度を創設し、モンゴル文字から満洲文字をつくるなど、国づくりの基盤をかためた。

*98 **太宗文皇帝（ホンタイジ）**　一五九二—一六四三。清朝の第二代皇帝（在位一六二六—四三）。ヌルハチの第八子で後金国の第二代ハンに選出され、一六三六年に国号を大清と改め、皇帝となった。政治・外交に手腕を発揮し、南モンゴル・朝鮮を服属させ、支配体制の整備を進めた。

私の通過したスニト、アバガ、アバガナル*99などの旗（部族）はそれぞれ精励して井戸を掘ったり、道路を修理したり、橋を架けたり、石を取り除いたりしたことは、内地よりはるかにすぐれ、まことに誠意の限りを尽くしている。実《まこと》に嘉《よみ》すべきである。

だんだん北へ行くほど、だんだん寒くなる。国境を出て見ると、去年の氷や雪がまだ少しある。朝早く鬚《ひげ》が凍る日もある。しかし草が伸びるのには全くさしつかえがない。これも一つの不思議である。それでもモンゴル人たちは、今年はとても暑い、という。

わが部隊が国境に近づいたので、護軍《ごぐん》*100参領《さんりょう》（近衛大隊長）チェクチュ、前鋒《ぜんぽう》*101侍衛（副大隊長）キサム、プンスク・ベイセの侍衛ムジャハル、アバガナルのブジョー・ベイレの道案内ソノム、チャハルの護軍領催《りょうさい》（近衛下士官）三名、理藩院の領催一名、これらに上駟院の良馬三頭ずつを乗用として与えて、ケルレン河方面の敵情を偵察に遣わしておいた。四月十二日（五月十二日）にチェクチュ、キサムが帰って来て報告するには、『われわれは九日（五月九日）にイジャル・エルギネという所に到って、ガルダンの哨兵二箇所の間を潜入して様子を見た。おそらく全部で、〔人と〕家畜といっしょで二千余が見える。それ以外にさらにどれくらいいるかは、山にさえぎられて見えないでいると、ガルダンの哨兵が足跡を発見して〔われわれを〕探しはじめたが、その隙にわれわれは入れちがいに脱出して帰ってくる途中、十日（五月十日）にシャジン王の遣わした佐領（中隊長）オチルら十五人に出会った。彼らの言うところでは、《ガルダンは今月の初めにトーラ河からケルレン河を下りながら遊牧し、三日目にわれわれを放って行かせた。ガルダンはダルハン・

オーラ山に到着した。お前たちはわれわれと行動を共にするな。ガルダンは人に後をつけさせている。もしも怪しまれたら弁解がめんどうだ。お前は急いで脱出するがよろしい》。そう言って別れた』

これで見ると、ガルダンはわが軍を距てること八日程である。隊形を組む、哨戒線を張る、作戦命令を与えるのを入れて、おそらく十日以内に遭遇するだろう。これは重要な事柄で、筋合では最初に書くべきだったが、先の事を思い出すままに書いたものだから、これを最後に書いた。特に諭す」

（五月十三日、『宮中檔康熙朝奏摺』第八輯、一二九～一三六頁、皇太子への上諭）

＊99 **アバガ、アバガナル**　いずれも南モンゴルの部族で、北京から西北方の、中路軍の進路に当る。清代にはシリーンゴル盟のアバガ部二旗、アバガナル部二旗を構成した。アバガはモンゴル語で叔父、アバガナルは叔父たちの意で、チンギス・ハーンの異母弟ベルグテイの系統をひく。

＊100 **護軍**　軍事組織としての八旗のうち、主力の騎兵部隊と別に組織される精鋭部隊の一つ。皇帝・旗王の直衛や予備兵力に当る精兵で、満洲・蒙古のみで構成された。各旗の護軍統領が指揮し、護軍参領・護軍校などの将校がおかれた。

＊101 **前鋒**　護軍と同じく、主力の騎兵部隊と別に組織される精鋭部隊で、前方警戒・斥候や威力偵察、さらには強襲をも任とする。同じく満洲・蒙古のみで構成され、左翼四旗・右翼四旗各一人の前鋒統領が指揮し、前鋒参領・前鋒侍衛・前鋒校などの将校がおかれた。

擒胡山の刻銘

五月十四日、皇帝軍はフルスタイ・チャガーン・ノール（「葦の生えた白い湖」）に達し、ここで高さ一メートル半ほどの白い石英岩に、次のような漢字が刻みつけてあるのを見た。

擒胡山　靈濟泉
維永楽八年歳次庚寅四月丁酉朔十六日壬子
大明皇帝征討胡寇将六軍過此
御製銘
瀚海為鐔天山為鍔一掃胡塵永清沙漠

擒胡山《きんこざん》　靈濟泉《れいさいせん》
維《こ》れ永楽《えいらく》八年、歳《とし》は庚寅《こういん》に次《や》どる、四月丁酉朔、十六日壬子、
大明皇帝は胡寇《ここう》を征討し、六軍を将《ひき》いて此《ここ》を過ぐ。
御製銘
瀚海《かんかい》を鐔《つば》と為し、天山を鍔《は》と為す。一たび胡塵《こじん》を掃《はら》いて、永《とこしな》えに沙漠を清《きよ》む。

これはそれより二百八十六年前の一四一〇年、明の成祖永楽帝《せいそえいらく》[*102]がやはり自ら大軍を指揮して北モンゴルに遠征した時の記念の銘文であって、ゴビ沙漠の横断には、水脈の関係上、どうしてもダリガンガ地方のここを通ることになるのである。

康熙帝はこの日の皇太子あての手紙でこう言っている。

「われわれは引き続き哨兵を散開させて情報を集めながら、後続部隊を集結させている。ガルダンが今なおチェクチュが偵察して来た場所に居るならば、われらにとって大いに幸いだ。万一ケルレン河を下って行くようならば、東方のモンゴル人たちを動揺させては困ると思って、盛京（瀋陽）、黒龍江の兵を動員して、ソヨルジ山に集結せよと手紙を送った。汝らも努めて何くれとなく情報を集めて報告せよ」

（五月十四日、『宮中檔康熙朝奏摺』第八輯、一〇五〜一一二頁、皇太子の奏摺に記した硃批）

＊102 **成祖永楽帝**　一三六〇―一四二五。明朝の第三代皇帝（在位一四〇二―一四二四）、名は棣《てい》。朱元璋（太祖洪武帝）の第四子で、燕王として北平（北京）に封じられたが、甥の建文帝と対立して反乱し、皇帝となった。活発な対外政策を展開し、五回にわたってモンゴル遠征を敢行、第五次遠征の帰途病没した。

そして皇帝は別紙に永楽帝の銘文を写し、「朕《わたし》が此処《ここ》を過ぎたのは乃《すなわ》ち四月十四日（五月十四日）」と漢文で書き加えている。

偵察隊、敵兵に遭遇

五月十八日、皇帝はシラ・ブリド（「黄色い水溜り」）に達し、ここから皇長子の指揮下に前衛部隊を、最後の前進基地になるトゥリン・ブラクの泉に向かって先発させた。トゥリン・ブラクに達すれば、あとはフィヤング伯の西路軍の合流を待つばかりである。皇帝は行軍の速度を落として、ゆるゆると前進した。この日の皇帝の手紙には、作戦の成功を信じたい気持が溢れている。

「皇太子に諭す。わが部隊の兵の隊伍を整えて、ケルレン河のケレという所に向かって進んで行く。休止せず遅滞しなければ、六、七日中に敵に遭遇するだろう。最初に〔敵情を〕聞いたときには、一、二個営をもって先導させていた。今は水が大いに豊富なので、この数日中に編成したところでは、先陣に前鋒兵、八旗の火器営、二地（宣化府と古北口）の緑旗兵[103]（外様《とざま》の漢人部隊）、チャハル兵[104]（モンゴル人部隊）を一団、第二陣に私の大営・鑲黄・正黄・正白の四営を一団、第三陣に正紅・鑲白・鑲紅・正藍・鑲藍の五旗を一団とした。先頭を進む前鋒兵から鑲藍旗の後尾まで百里（四五キロメートル）ほどある。

四月十七日（五月十七日）に八旗、緑旗、火器営をみな集合させた。見れば兵士の顔色は整い、馬の肉づきはよい。ケルレン河に到達する前日に全軍を集結させてから進軍する。ただその間に〔敵が〕気がついて逃走しても、われわれに包囲されてしまったも同然だ。しかしケルレン河を下って行ったら、おそらく日数が少し余計にかかるだろう。このことを承知するがよいと、ついでに書き送る。特に諭す」（五月十八日、『宮中檔康熙朝奏摺』第八輯、一四一～一五〇頁、皇太子への上諭）

しかし待つことは神経を消耗するものである。さしも沈着に風景を描写する皇帝の筆端にも、沙漠の圧迫感がにじみ出てくる。

「われわれが通ったところは大きな沙漠《ゴビ》ではない。西方の沙漠は大きいということだ。見れば、

＊103　**緑旗**　漢人で編成した清の軍隊で、緑営ともいう。明の滅亡後に投降した旧明軍が主な母体で、八旗の補助兵力として各地の拠点におかれるとともに、分散配置されて警察としての役割も担った。

＊104　**チャハル**　モンゴルの部族の一つで、北元ハーンの宗家の所領だった。南モンゴル東部で遊牧していたが、十七世紀前半のリンダン・ハーン（注＊144）の死後清朝に降り、リンダンの孫ブルニが三藩の乱の際に挙兵に失敗して断絶させられた。部民は北京西北方の宣府・大同辺外に移されて王公を戴かないチャハル八旗に再編成され、清中央に直属した。

また平地でもなく、みな丘陵で石や砂が混ざったものである。国境を出てから、ずっと一塊の土さえ見なかった。砂もかちかちに固くて、足を取られるようなことはない。沙漠の石や砂を見せようと思って送る。

井戸を掘るのははなはだ容易で、一人で二十、三十を掘れる。陣中の者どもは、湖の水を汲むのは遠いといって、みなテントの側で掘る。掘るべきところを見わけるのははなはだわかりやすい。シャンダというのは、地面が窪んでいて少し湿っており、二尺足らずですぐ水が見つかる。サイルというのは、山から下りてきた溝で、一尺余りで水が見つかる。ブリドというのは叢《くさむら》のあるところで、水がよいのは少ない。コイブルというのは、地下を水が流れていて、手で掘ればすぐ見つかる。野驢《チキテイ》も蹄《ひづめ》で蹴り掘って飲むくらいである。

地勢は少しもよいところはない。地上に立って弓を射れるようなところさえ少ない。みな細かい石である。われわれが馬を馳せたり馬上から射たりしないとしても、見るにもはなはだ悪い。草でさえ叢ごとに生えていて、馬の足場が悪い。そのうえ野鼠《オゴトノ》やキチョーリ（?）などの掘った穴が、わが興安嶺の上の地鼠の穴よりもっと深くて、大いに不都合である。

草の名ははなはだ多い。そのうちでユルフ[*105]という草は、四種類の家畜（羊、牛、馬、駱駝）にみなよい第一級の草だという。内（ジャサク）[*106]のモンゴル人たちは見たことがない。またスリ[*107]という草は丈が高く伸びる。この二種類をも見せようと思って送る。

今回は行軍の日数が、火器営のために大いに余計にかかった。今でも待ち待ちしながらゆっくり進んでいる。天候はよい。

ガルダンがケルレン河を下って遠く行ってしまっては困ると思って、ナムジャル王の長史〔別当〕クチヘンに一等侍衛ボロホイ、三等侍衛エリンチェン、理藩院の領催ノルブ、チェムチュク・ナムジャル旗の道案内チワン、アバガナルの道案内ソノン、この六人に馬を三頭ずつ乗用として与えて、ケルレン河のエグデ・ハールガから偵察せよと四月十四日〔五月十四日〕に派遣しておいた。二十一日〔五月二十一日〕に朝早く帰って来て報告するには、『われわれはエグデからケルレン河を渡って上流へ百里〔四十五キロメートル〕ほど行って、タルギルジという所で一人を見た。それからその者を捕えて訊問しようと思って追って行くうちに、突然、尾根の向こうから三十人がこちらへやって来て、〔われわれを〕追跡して五十里ばかりになった。次第次第に近づいて来るうちに、彼我の中間に真っ暗な大旋風が起こってわれわれが見えなくなったので、〔追跡を〕中止

*105 **ユルフ**　イネ科カモジグサ属コムギダマシ（*Agropyron cristatum* Gaert.）。モンゴル名「ユルフグ」（yörküg, epxøг）が訛ったとみられる。
*106 **ジャサク**　清朝治下に入ったモンゴルの首長に清が与えた称号。旗（ホシューン）の長をさし、ジャサクが支配する旗をジャサク旗という。
*107 **スリ**　イネ科の *Psammochloa villosa*（Trin）Bor（ダンチク属 *Arundo villosa* Trin. とも呼ばれる）。『内蒙古植物志』第二版によれば、草高は一〜一・五メートル。

した。それからわれわれは河を渡って帰って来た。ガルダンがケルレン河に居ることはまちがいない』という。

わが軍の大営からガルダンの居るところまでは五日程である。ガルダンは全く気がつかず油断しているようだ。われわれの側の山は高く、哨兵を置くのに容易である。哨兵をグルバン・トゥルハン、バル・タイガに進出させた」

（五月二十一日、『宮中檔康熙朝奏摺』第八輯、一四一〜一五〇頁、皇太子への上諭）

ここで清軍の偵察隊がガルダン軍の哨兵に遭遇したというタルギルジは、現在のウンドルハーン市のあたりで、ケルレン河の北岸にある。これは一九七一年九月十三日の午前二時半ごろ、北京を脱出した林彪《りんぴょう》の乗ったトライデント・ジェット機が墜落したところでもある。

中路軍、敵地に孤立す

ところがその夕方、とんでもない凶報がとびこんできて、皇帝は進退に窮することとなった。これまでずっと連絡のつかなかった西路軍の撫遠大将軍フィヤング伯からの報告がとどいたが、それによると、西路軍の前進は雨雪のために予定より大幅に遅れ、五月八日になってやっとオンギーン河に着いた。トーラ河に達するのは六月二日になる見込み、というのである。当初の予定では、トーラ河到着は五月二十三日だったから、ちょうど十日間の遅延である。皇帝の中路軍は敵地のまっただなかに孤立していることになる。しかも作戦が十日間も延びれば、大軍が消費する食糧の補給は大問題になる。中路軍だけで攻撃に出れば、敵を捕捉、撃滅できる見込みは薄い。といって攻撃をあきらめて引き揚げれば、西路軍を見殺しにすることになる。いずれにしても作戦は失敗に終わり、皇帝の威信は大打撃を受けるのである。皇帝は苦悶した。

「皇太子に諭す。わが軍が速度を落とすことを知らせようと思う。

先に何度も、敵に近づいたことについて諭しておいた。二十一日（五月二十一日）の酉の刻（午後六時）に、将軍フィヤングが近道から送ってきた報告書に、五月三日（六月二日）にトーラ河に到着する、と言っている。同人が前に送ってきた報告書には、四月二十四日（五月二十四日）にトーラ河に到着する、とあったので、私は日程を合わせて、四月二十五日（五月二十五日）ごろケルレン河に到着するように行軍してきたのに、それが何日も連絡がなくて、急に日程が変わるものだから、わが方はどうしようもない。そこで八旗の王たち、議政大臣[*108]たちをみな集めて相談した

＊108　**議政大臣**　国政の重要事項の合議・決定に参与する大臣で、宗室・旗人の有力者から多数任命される。満洲人は伝統的に政権を一族郎党の共有物と観念しており、八旗制下でも各旗に議政大臣ポストが割り振られて、共同で国政に関与した。制度上、皇帝の決定権を制限するものではなかったが、合議の伝統と八旗の分立体制に支えられて、清前半期においては重要な役割をはたした。

が、意見が一致しない。ある者はこのまま前進しよう、と言い、ある者は、最初に両路の軍が合流して作戦しようということになっていたのは大事だから、しばらく速度を緩めて様子を見よう、と言う。私はあれこれと考え抜いたが、これというよい考えも思いつかない。何にせよしばらく休止して暇を稼ぎ、様子を見ようということにした。先に進撃すると言っておいたから、少々遅れることを、皇太子に知らせるように手紙を送らなければ、汝らが日ごとに待ち遠しがって心配するといけないと思って、手紙を書いてことづける。

ガルダンの様子では、この道筋を進軍してくるとは万に一つも思っていない。今も相変わらず油断している。ただ気がかりなことに、彼我の距離が極めて近く、ガルダンが聞きつければ直ちに逃走するだろう。まことに惜しい。もし逃走したとしても、どうやってみな脱出できようか。このことについて手紙を書いて特に諭す。フィヤングからの報告書の写しをいっしょに送る。この手紙の内容を皇太后に申し上げよ。大学士、尚書たちに告げよ。

四月二十三日（五月二十三日）」（『宮中檔康熙朝奏摺』第八輯、一三七～一四一頁、皇太子への上諭）

最後の前進基地へ

それから一週間、皇帝の本営はチャガーン・ブラク（「白い泉」）にキャンプを張って、休養を取りつつ、時機を待ったのだが、自制心の強い皇帝も、さすがにいらいらしてくる。

「皇太子に諭す。父なる私が本軍を率いてチャガーン・ブラクに設営した日、フィヤングが日程を知らせに遣わしたシャンナン・ドルジ・ラマ[*109]が四月二十六日（五月二十六日）の晩に到着した。来る途中でオーロト（オイラト）[*110]人二人に出会って、情報源として捕えて連れて来たので、訊問すると、ガルダンはケルレン河を下って遊牧している、という。フィヤングらがいつ到着するかを問うと、五月六日（六月五日）前後にバヤン・ウラーンに達する、という。こういうことなので、われわれは引き続き少し進軍の速度を落としている。チャガーン・ブラクからケルレン河まで三百里前後ある。測量したわけではないので確かではない。

このところ何日も、お前からの便りもなく、皇太后の御平安も伺わないので、気持ちが重くてたまらない。先日、サブスに関する報告を送ってきたときも、ついでに私の健康をたずねるお前の手紙がなかったので、気持ちがますます重くなった。私は無事だ。皇子たちはみな元気だ。皇太子は元気か。……」（五月二十七日、『宮中檔康熙朝奏摺』第八輯、一六六～一六九頁、皇太子への上諭）

＊109　**シャンナン・ドルジ・ラマ**　一六四一—?。清に仕えたモンゴル人のチベット仏教僧。チベット語ではチャクナ・ドルジェ。南モンゴルのフヘホト（帰化城、注＊125）出身で、幼時から宮中で養育され、康熙帝の側近としてモンゴル・青海・チベット問題で情報活動などに活躍した。

＊110　**オーロト（オイラト）**　満洲語でオイラト（西モンゴル）をオーロトと呼ぶ。漢字では「額魯特」「厄魯特」と写す。

五月三十一日、皇帝はチャガーン・ブラクを出発して、いよいよ最後の前進基地トゥリン・ブラクに入った。

「皇太子に諭す。このところお前の機嫌伺いの手紙が間遠《まどお》なので、私の心中は落ち着かなかった。今とどいた手紙によって皇太后の御平安を伺うことができたので非常に嬉しい。

このところフィヤングの軍を待ちながら居るので、馬はいくらか体力を回復した。地勢や水、草は、みな先に知らせたのと変わらない。敵に気づかれないようにと、わが哨兵を散開させず、手もとに置いたままでいる。こうしている間に向こうが聞きつけたかどうかは知らない。

私は無事だ。ただ昼となく夜となく心配するのは、まことに苦痛である。皇子たち、王たち、大臣たち、将校たち、兵士に至るまでみな元気だ。皇太子は元気か。留守居の皇子たちはみな元気か。

こちらには全く何もない。ただ砂と石があるだけだ。休止していた際に小宦官に石を採集させて、水でゆすいで選んで、種々の色をした石を一箱送る。

四月三十日（五月三十日）チェリンジャブら七人のタイジ[*111]（モンゴル貴族）がやって来た。彼らはナムジャル・トインらと一所に居たが、ガルダンの侵略のときに逃走してケルレン河を渡り、オノン河のあたりに居た。家畜が痩せてきたので、今はじめて内地に移住しようとやって来るので、そのことを知らせ、かつ情報源のオーロト人二人を京師《けいし》に送るために遣わされた者が、私がウルグイ河の地に遣わした者と出会ったので、わが軍の跡を慕ってやって来たのであった。私は格段に賞賜して、『ガルダンはすぐ近くである。汝らは急いで国境に入れ』と言って行かせたが、チェリンジャブは『陛下の御機嫌を伺いたい。お役に立ちたい』と言って、自分の妻子を国境の内に送る一方、自分はここにやって来た。

ハルハのチェチェン・ハーン[*112]もやって来る。まだ着いてはいない。

養心殿《ようしんでん》[*113]（皇帝の私宅）で調製した西洋のジュレベ・ベラルド[*114]という御用の薬を注意して封をして十両、なまのよい生薑《しょうが》四斤を、この手紙の用件といっしょに送ってくれ。

京師から送ってきた手紙は、五月二日（六月一日）の辰の刻（午前八時）に着いた。われわれは

＊111　**タイジ**　モンゴル貴族の称号で、チンギス・ハーンの男系子孫だけが名乗ることができる。語源は漢語の太子だが、清代には「台吉」と写した。王子ていどの意で、多数いる。

＊112　**チェチェン・ハーン**　第五代チェチェン・ハーンのオメケイ（?—一七〇九）を指す。一六八八年、ガルダンの南モンゴル侵攻の混乱の中で幼くしてハーン位継承を認められ、長じてガルダン追討戦に従軍した。

＊113　**養心殿**　北京・紫禁城内にある皇帝の私邸の一つ。公的部分である紫禁城南半部の外朝に対し、私的空間である北半部の内廷の中にある。内廷の中心的宮殿である乾清宮《けんせいきゅう》の西隣に位置し、のち雍正帝はこちらで起居した。

＊114　**ジュレベ・ベラルド**　本書補4「康熙帝の満文書簡に見るイエズス会士の影響」の注を見よ。

養心殿内部

ここで兵を整えて、四日に進軍する。敵の在不在はまだ聞こえない。彼我の距離は二百三十里（一〇〇キロメートル）ほどある。今は全く近くなった。大体の様子はきまった。

四月二十九日（五月二十九日）に米を積んだ車の第一隊が到着したので、八旗、緑旗、内府兵、モンゴル兵、執事人たちに、それぞれ適当に加給した。米を配給するときに、営門の外に山のように積み上げたので、見物人で一杯になって、ハルハ人たちが言うことには、満洲人はこれほどの勢いではとても来られないだろうと思っていたが、今見ると、皇帝陛下はどこに行くにも、北京をそっくり持って移動するのだ、まことに恐ろしい、と、口を押えて驚嘆して話している。

将兵の意気は平時に変わらず、奮い立つ様子は筆舌に尽くしがたいが、私の心境は平時のようではない。事は重大である。ただ全うすることだけを思い、僥倖を求めるわけにはいかないので、心を悩ましながら、天に祈りつつ行動するのである」

（六月一日、『宮中檔康熙朝奏摺』第八輯、一八五～一九二頁、皇太子への上諭）

皇帝は皇太子の心配を恐れて、これまでわざと書かなかったが、米の配給風景を描いた一節によって、皇帝軍の食糧の輸送が困難を極めていたことが明らかである。

戦闘隊形で最後の前進

フィヤングの西路軍からの連絡は五月二十六日以後、ふたたび途絶えていたが、六月五日ごろにバヤン・ウラーンに到達するということだったので、それに合わせて、皇帝の中路軍も六月四日にトゥリン・ブラクから進軍を開始した。

「皇太子に諭す。わが部隊の兵は四日に進軍することになっていた。雨天になったので、五日に進軍した。兵士の馬は体力を回復している。最初に京師で支給した馬がそろっている者もあるし、四頭ずつ、三頭ずつ、二頭ずつ残っている者もある。大体において陣容は整っている。今回、ハルハ人、内（ジャサク）のモンゴル人（南モンゴル人）たちが大いに役に立った。偵察、立哨、単身で派遣することには、みな彼らを使った。一つ一つ書くのは煩わしい。帰京してからあらためて話そう。

私が派遣したロブザン・エルデニ・タイジが帰って来た。彼の話では、オノン河の下流のタブナングト部族の千騎、フルン・ブイル湖[*115]のトゥルヒムの地のチブチヌト部族の数百戸、これらを多分、アリヤ・ジャサクのアルサラン・ウェイ・ジャイサンらがことごとく集めて、国境に向かって移住して来る様子である。これらが帰順すれば、ほかにはバルグ人もハルハ人も居なくなる。これも大変よい事である。

ケルレン河にだんだん近くなった。モンゴル人たちの馬も元気なので、五日に野驢《チキテイ》、黄羊《ジェーリン》の巻狩をした。モンゴル人、ハルハ人たちがだんだんに集まってきて、二千人を超えている。使うのに便利なので、心得書を与え、ジャンギン（中隊長）やジュワン・ダ（小隊長）を任命し、隊伍に編成した。

チェチェン・ハーンがやって来た。見れば以前よりずっと大人になっている。好漢である。

われわれの方面の沙漠《ゴビ》の通過は終わった。山や谷の景色は同じだけれども、草がだんだん茂ってきた。

六日にココ・チェール（「青い湿地」）湖に宿営する。ここは去年、ガルダンがナムジャル・トインを掠奪したところである。ケルレン河から一百七十里（七六キロメートル）になる」

（六月五日、『宮中檔康熙朝奏摺』第八輯、二二七〜二三〇頁、皇太子への上諭）


六月六日、中路軍はいよいよ全軍、戦闘隊形を組んで、最後の前進を開始した。

前鋒兵の精鋭を率いて、全軍の先頭に立って馬を進めるのは、皇帝自身。つづいて八旗の前鋒兵が横陣を作って進む。つづいて緑旗兵が鹿角《さかもぎ》を持って展開する。鹿角のうしろには八旗の満洲兵が、それぞれ王たち、皇子たち、大臣たちに率いられて進む。その次には漢軍の火器営の大砲・小銃が横陣を作る。火器営の次には八旗の満洲兵の騎兵砲隊が、所属ごとに横陣を作る。その勢いは山野に満ち溢れ、果てが見えないほどである。

＊115　**フルン・ブイル湖**　モンゴル高原東北、大興安嶺西方の湖で、一帯は大草原地帯をなしており、古来モンゴル東北方の遊牧勢力の根拠地となってきた。

進軍の途中、先行した哨兵から、敵の哨兵十名ほどと接触したとの報告があったが、そのまま進軍を続けて、宿営地に予定していたヤント・クリエトの地に到着した。ところがそこにあったはずの淡水湖がすっかり干上がって消失している。全軍は不安になり、道案内たちはあわてて四方に馳せ散って水を探す。それを見て、皇帝は女婿のハラチン部[*116]族のガルザン[*117]に言った。

「ここはもともと水のある所だった。いま水がないのは、おそらく上天がわれわれを真っ直ぐケルレン河に到らせようとしているのかも知れない。しかし歩兵は五十里以上も行軍した。いま四十里以上も水のない所を行軍すれば、敵に遭遇したときどうやって戦えようか。それればかりでなく、後尾の兵の到着はかならず夜に入る。お前は今すぐ行って、お前の父ドゥレン王ジャシと、彼の千余名の兵を率いて、ヤント山の高みに立って、全軍の後尾が通過するまで警戒せよ。何か起きれば、戦う一方で報告せよ。何事もなければ、暗くなってから、後から追いついて来い。決して敵に気づかれるな」(『親征平定朔漠方略』巻二三、康熙三十五年五月壬戌条)

その一方、皇帝は御前侍衛《ごぜんじえい》ウシを、道案内たちを連れて、水のある所を探しにやった。ウシは馬を走らせて行って、一つの丘を越えると、ちょうどそこに一つの泉が見つかった。西へ六、七里流れ出ている水は甘く、かつ豊富である。全軍の兵士と馬の一夜の必要に十分である。このむね報告があると、皇帝は喜んで急いで先行し、各旗が宿営すべき位置、掘るべき濠の位置をそれぞれ指定した。こうしてこのシバルタイ(「泥のある所」)の地にキャンプを張ったのである。

皇帝はまた命令を発して、翌日の食事はこれまでの例を破って、朝の白々明けに炊事をして食事をすませ、それから出発させることにした。もちろん、いつ戦闘が始まってもよいように、兵士の体力を保つためである。

ケルレン河をおさえる

同日、使者がケルレン河から帰って来て、ガルダンの部将ダンジラ[*118]に会って皇帝の親征を通告したことを報告した。翌六月七日、皇帝自身もケルレン河に達した。

「皇太子に諭す。わが軍はトゥリンの地から五日に出発して進軍した。

＊116 **ハラチン部**　モンゴルの部族の一つで、南モンゴルでも最も北京に近い地域に位置する。もともとは元代にカフカスから連れ帰られたキプチャク軍団を祖とするが、ダヤン・ハーンの再編やリンダン・ハーンの侵攻で系統は混乱している。チンギス・ハーン家ではないため、首長はハーンやタイジを称さず、タブナン（塔布嚢、チンギス家の婿の意）と称する。

＊117 **ガルザン**　?—一七二二。ハラチンの王公で、康熙帝の第五女の端静公主を降嫁され、ガルダン追討戦には父ジャシとともに従軍した。一七〇四年に父を継いで多羅ドゥレン郡王となったが、のち解任された。

＊118 **ダンジラ**　?—一七〇八。ジューン・ガルの部将で、ガルダンの甥。ガルダンの腹心としてハルハ遠征で活躍したが、ジョーン・モドの敗戦後康熙帝に投降し、ジャサクを授けられた。

北征　行軍中の一場面

四日に公主《ひめ》[*119]の長史ドチャン、中書アビダに詔書を持たせてガルダンのもとへ遣わし、彼らの護送のためにアラブタン、カワルダに二百人を付けて、『汝らはケルレン河までは行くな。地勢を見れば、グルバン・トゥルハン、バル・タイガには敵が引き続き哨兵を置いていそうである。汝らがケルレン河に行けば、いくらか遠回りになるので、きっと退路を断たれるだろう。ただヤント・クリエトからそのままこの者ども（使者）を行かせよ。行かせる前に、わが方に捕まった四人のオーロト人を釈放して行かせて、事情を知らせるようにせよ。そのあとからわが使者を行かせよ』と訓示しておいた。この者どもは五日にケルレン河に着いて、敵の哨兵が見えなかったので、おそらく敵は去ったのだと、あまり警戒せずに居ると、オーロト人は山の上からこれを発見して、六日の朝早く闇にまぎれて千余のオーロト人が、馬群を〔営地から〕遮断して追い立てようとやって来たのを、馬群についていた護軍や馬丁たちがオーロト人を射殺して馬群をわが営地に連れて来たので、わが軍は陣を整えて応戦し、小銃を放って数人のオーロト人を殺した。わが方の者はオーロトの小銃に何人か当たったが、棉入《わた》れの鎧[*120]をみな貫かず、ただ一人だけが軽傷を

*119 **公主** 漢語で皇帝の皇女をいう。皇子・皇女には側用人・付家老として長史がおかれ、皇女が嫁ぐ場合も嫁ぎ先に随従した。

*120 **棉入れの鎧** 棉甲。棉入れに鉄片を綴じ合わせて装甲した甲冑で、清軍の標準軍装であった。棉（木綿）は、寒冷な満洲・モンゴルにおいて保温に適しているだけでなく、矢・銃弾に対する

負った。それからカワルダはわが方の者に『手を出すな。陛下の詔書が大事だ。かならず届けるのがよい』と言って、侍読学士インジャナにオーロト人のオチルという者を付けて行かせた。〔インジャナは〕直ちにダンジラの馬をつかまえて、『皇帝陛下の使者である。汝はみだりに無礼を働いてはならない』。それからオチルも、自分が殺されず、賞賜して送り返されたこと、皇帝陛下が御自身で来ておられること、将軍フィヤングがオルホン河、トーラ河を下って来ることを話すと、ダンジラは叫び声を立ててすっかり驚き、すぐに詔書を受け取って、兵を収めて急いで引き揚げて行った。カワルダらも兵を収めてもどって来て、六日の申の刻（午後四時）に帰って来た。

七日、クリエト・シバルタイ・ブラクに宿営した日、中書アビダがオーロトの陣営からもどって来た。オーロトは、『皇帝陛下には、兵をしばらく止めてはいただけまいか。そのまま来られれば、われらオーロト人は恐怖する。わがハーン（ガルダン）はトーラ河の方面に居る。連絡には数日かかるので、少し行軍を緩やかにしていただきたい』と言ってよこした。

八日の朝早く、一方ではケルレン河に向かって進みながら、一方では同じアビダ、プンスク・ゲルンらを遣わして、『汝らは恐怖するな。ただ平和について話し合うだけだ。われわれはケルレン河に行って宿営しなければ水が足りない』と言わせ、一方でケルレン河に着いた。

見れば河の両側はみな山で、山の様子は険しい所が多く、平らな所は少ない。河は小さくて、〔北京の〕南苑の河よりちょっと大きい。この日、オーロトの哨兵がところどころに見えたが、実際にどこに居るのかはわからない。今わが軍は状況に対応しつつ前進を続けている。本来なら〔敵は〕

われわれがケルレン河に到着する日に、迎え撃って河を明け渡さずに戦うべきところだった。河をわれわれにそのまま明け渡したところを見ると、無能なのが本当のようだ。いずれにせよ、後でまた知らせよう。

将兵の意気は大いに盛んである。お前たちが家で心を痛めているといけないと思って、急いで知らせる。これを皇太后に申し上げよ。大学士、満洲人の尚書[*121]たちに見せよ」

（六月七日、『宮中檔康熙朝奏摺』第八輯、一九二〜二〇〇頁、皇太子への上諭）

この日、手紙でも言うように、皇帝はケルレン河畔での決戦を覚悟して、全軍に厳重警戒を命令し、自ら先頭に立って進みながら、高い所に登って西洋製の望遠鏡で眺め渡したが、河が見えるだけで、人影は認められなかった。本軍の到着を待ちながら眺めると、東方にはエルデニ・トロガイ（「宝石の頭」）山が見え、西方では山裾《すそ》がバル・タイガから下って河岸に達している。そのあたりの様子がよ

緩衝材の役割をはたした。

＊121　**大学士・尚書**　大学士は皇帝の上級顧問官で、複数人で内閣を構成して皇帝の政務処理を補助し、尚書は実務官庁である六部の長官。清代では、大学士・尚書をはじめとする主要ポストは旗人枠・漢人枠がそれぞれ設定されており、「満洲の」とある場合は、旗人の大学士・尚書だけを指している。

く見えないので、皇帝は小部隊を送って敵の存否を探らせたが、手応えがない。かえってアビダからの連絡で、北岸に敵の足跡があるが、落とした馬糞の状態から見て、立ち去ってから二日経っている、ということであった。

皇帝は左右の者に向かって言った。

「ガルダンは戦争に老練であり、西方のイスラム教徒の千余の町を攻め取り、四オーロトを統一し、自分の兄弟をみな殺し、七旗のハルハをことごとく破り、向かうところ敵がないということだった。ケルレン河で迎え撃って戦わなかったところを見ると、彼の臆病は明らかになった。ロシアの兵六万人が居るというのも嘘である。今われわれは戦闘を期待する理由はなくなった。ただ追撃が重要だと考えよう」

そのうちに各部隊が到着して、集まって来た指揮官たちに皇帝はこう言った。

「ガルダンがケルレン河で迎え撃ったのであれば、われわれは河を奪い合って戦うのにかなり苦労するところだった。ここで迎え撃たずに逃走したことを見れば、ガルダンは用兵の術を全く知らない。自分の門戸をわれわれに明け渡したのである。ここ以外に、他所でわが軍を迎え撃つのは、決してできないことだ。この様子ではどんな他の場所に止まろうか。かならず夜通し逃走する。われわれは身軽になって急追撃しよう」

すると指揮官たちは、「陛下が疾《と》くからお見通しでいらっしゃったとおり、ぴったりと当たりました」と答えた（以上、『親征平定朔漠方略』巻二三、康熙三十五年五月癸亥条）。この皇帝の演説から、五月十日以来、清軍の上下にみなぎっていた不安と緊張がいかに強いものだったかがうかがわれる。

この日、皇帝軍は、エルデニ・トロガイ山下のケルレン河畔のブルンの地に宿営し、四方に哨兵を放って警戒しつつ夜を過ごした。

ガルダンの逃走と追撃

六月八日、ガルダンが決戦を避けて逃げ去ったことが判明した。

「ガルダンの逃走の知らせ。

皇太子に諭す。ガルダンが逃走したことを知らせる。九日の朝早く私が人を捕えて情報を取るようにと遣わした新満洲人[*122]が、オーロト人を捕えたので訊問すると、『私の馬は疲労していた。皆は私を捨てて行く。そこで《お前たちは私を連れて行かないのか。私は食べるものがない。馬を殺して食べる》と言うと、皆は《お前は馬を殺すな。ただはやくわれわれの跡をつけて来い》と言って去った』という。そこで私はまた賞賜して、わが方のラマ（プンスク・ゲルン）、中書アビダとともに遣わした。

辰の刻（午前八時）、オーロト人の逃亡者が来て言うには、『ガルダンは陛下が御自身で軍隊を

＊122 **新満洲人**　ホンタイジ時代以降に八旗に組み込まれた松花江（スンガリ河）下流・黒龍江下流方面の満洲系部族で、故地である満洲の防衛やモンゴル方面に対する後詰めを担った。

率いて来られたことを信じようとしなかった。昨日、ケルレン河を目指して隊形を組んで前進するのに、哨兵たちはそこここで駆逐されて、ばらばらに敗走した。ケルレン河に進入して来る軍は三個部隊で、何万人か知らないが、ケルレン河に到着した、ということになって、たちまち浮き足立った。自分たちの間の話では、康熙皇帝は殺すことを好まず、戦争で捕えた者に衣服を与えて行かせる、われわれはガルダンに従って、いつの日に終わることやら、と大いに不平を言い合い、こちらに来たい者がはなはだ多い』という。

これで見ると、ガルダンが逃走したことは確かである。フィヤングの軍が行く手を遮っている。わが軍はだんだんに追う。事は天のお恵みにより大勢が定まったようなので、家で承知するようにと知らせる。これを皇太后に申し上げよ。宮中にあまねく触れるがよい。まだ戦場なので忙しく、あまり詳しくは書くわけにはいかない。特に諭す。

五月九日（六月八日）」（『宮中檔康熙朝奏摺』第九輯、七四〜七七頁、皇太子への上諭）

皇帝軍はただちに追撃に移った。

「皇太子に諭す。九日の夕刻、軍に隊形を組ませて追撃に入った。十日にガルダンの営地に到って見ると、形跡はあまり多人数というのではない。馬はまだあるようだが、多くはない。牛の足跡は非常に少ない。羊は一、二頭分しか足跡がない。モンゴル家屋、仏像、鍋、釜、小児の着物、靴、婦人用品、揺籃《ゆりかご》、金物、槍の柄、網、釣針、モンゴル家屋の木組、鍋にスープを煮たままなどを、みな棄てて去っている。馬丁《ばてい》の子どもたちが並んで拾い取ったものがはなはだ多い。生活状態を見ると、困窮の極に至っている。引き続き道を行くと、オーロト側から逃げて来た連中がつぎつぎに来て話すには、『ガルダンはここに居た。アラブタンはバヤン・ウラーンに居た。ガルダンは陛下が御自身で軍隊を率いて来られたことを信じようとせず、陛下が釈放された四人のオーロト人に、《こんな水もない沙漠をどうやって来たのか》と問うたとき、自分たちは答えて、《われわれが〔清軍に〕ついて行きながら聞くと、水を探すことはない。陛下が場所を選んで、〞ここに水がある〟と言われると、一斉に掘る。掘り終える前に水が湧き出る。水に不自由することはない》と言った。また〔清軍が〕ケルレン河に進軍する日、馬丁が失火してグルバン・トゥルハンの方へ燃えひろがったのを、オーロト人たちが見て、《康熙皇帝は進むときに火を放って、軍隊とともどもに進む。これに誰が敵対できようか。モンゴル家屋、重い荷物をみな燃やせ》と布告して、自分が先に立って棄てて逃げた。多くのオーロト人は《本土から来るときに何と言って来たのか。いま逃げるのはいったい何のためだ》と言って嘲笑する』という。

また逃亡者がアラブタンの所から逃げて来て話すには、『アラブタンはバヤン・ウラーンに居た。ガルダンが夜のうちにひそかに呼んで来させて、陛下が来られる状況を告げると、アラブタンは《あなたのもとに居るのは女、子ども、家畜のない人びとであり、私のもとに居るのは女、子ども、家畜のある人びとだ。満洲人をいったい見たことがないのか。私は何があっても戦わない》と言って、無二無三に引き返して行ったが、〔バヤン・ウラーンに〕着く前にアラブタンの手の者の半ばは叛き去った。間もなく西の大道の兵がやって来て大砲を放つ音が聞こえた。オーロト人はことごとく狼狽、動揺して、どうしてよいかわからず、はなはだ混乱している。今あなたがたの追撃する兵に、後尾の羊や牛は明日の日中に追いつかれるだろう』という。

そこで私は十分に計画を立てて、万全を期して行動している。何としても僥倖《ぎょうこう》は求めない。わが軍の兵士は誰もかれもみな規律正しく元気で、馬は肥えている。オーロトの馬を見ると、わが方の最低の馬の肉づきと同じである。私がケルレン河に着く前は旱天《かんてん》で草がなかったが、この数日の間に伸びたという話だ。本当か嘘かは知らない。われわれは敵に接近しながら、毎日を機嫌よく、上の者も下の者も、馬丁に至るまで機嫌がよいことは話し尽くせない。

ハルハ人たちはみな勇敢になって、言うには『私たちが以前にオーロトを見ると、人も馬もずっと強かった。いま私たちが陛下の軍隊を率いて行かれるのを拝見すると、オーロトの旗色や振舞いを見れば、私たちの奴隷の奴隷、馬丁にも及ばない』と、偵察や哨戒に人を出すときには、夢中になって訴え、張幕をくぐって飛びこんで来て、行きたいと涙ながらにかきくどく。これを見ると、士気を高めるのは指導次第だというのは本当だ。

京師に居る者どもは、われわれのこの喜びを何として知ろう。そこでわずかの暇に事態の実情をあらまし書いて送る。これを皇太后、宮中にみな耳に入れよ。満洲人の大学士、尚書らに、内大臣ら、侍衛らに聞かせよ。〔大学士〕イサンガもおそらく報告するだろう。特に諭す」

（六月十日、『宮中檔康熙朝奏摺』第八輯、二〇〇〜二〇八頁、皇太子への上諭）

しかし皇帝の楽観的な言葉とはうらはらに、食糧の問題が深刻になってきていた。出発のときに各兵士に携帯させた八十日分の食糧は、作戦の開始から七十二日経った現在、ほぼ尽きようとしている。このままでは前進の続行はおろか、撤退すら危うくなる。しかも敵の退路を断つはずのフィヤングの西路軍からは、いまだに何の連絡もない。六月十一日、皇帝はトーノ・オーラ（「煙出し山」）で決断を下して、平北大将軍マスカ[*123]に少数の精鋭をつけ、二十日分の食糧を持たせて追撃を続けさせる一方、その他の全軍はトゥリン・ブラクの前進基地にもどるのに必要な五日分の食糧だけを携えて帰途につくことにした。ガルダン軍の捕捉と撃滅という、この大作戦は、完全な失敗に終わったかに見えた。このときの皇帝の失望と、皇太子に対する優しい愛情を表わしたのが次の手紙である。

「皇太子に諭す。私は軍隊を率いて前進する間は、全く一心不乱だった。今ガルダンを敗走させて、窮状をこの目でしかと見て、相応に兵を出して追撃させた。今めでたく帰途につくので、

＊123 **マスカ**　?―一七〇四。満洲鑲黄旗の重臣で、有力氏族フチャ氏の出身。侍衛や内務府のトップを歴任し、ガルダン討伐戦では平北大将軍として一隊を率いた。弟の大学士マチ（注＊134）とともに政界で重きをなし、俗に「二頭の馬（馬思喀《マスカ》・馬斉《マチ》）が天下の草を喰む」とうたわれた。

お前がたまらなく懐かしい。今は気候が暑くなった。お前が着ている棉紗、棉布の長衣四着、胴着四着を送れ。かならず古いのを送れ。父がお前を懐かしむ時に着たい。私の居るここには羊の肉よりほかには何もない。十二日に皇太子が送ってきたいくつかの物（松花江の鱒《ます》の唐揚げ）を見て、嬉しく食べた。皇太子は内務府[*124]の有能な役人一人、男の児一人を出して、駅馬に乗らせて、肥えた鵞鳥《がちょう》、鶏、豚、仔豚を三台の車で上都の牧場まで持って来させよ。私は前進するのだったら、決してこんな注文をするはずがない。ガルダンの様子を見ると、何としても止まりそうもない。ただフィヤング伯の軍は、これまで消息がない。もしもフィヤング伯の軍がやって来れば、ガルダンはそれでおしまいだ。万一すり抜けおおせたとしても、二度と立ち上がれなくなった。いずれにしても済んだ。

私はトーノ山からバヤン・ウラーンを眺めた。何の要害もない。天の下、地の上に、このハルハの地のような所はない。草よりほかには、万に一つ、千に一つのよい所もない」

（六月十一日、『宮中檔康熙朝奏摺』第八輯、二七三〜二七六頁、皇太子への上諭）

皇帝はこのあとに漢文で「真に是《こ》れ陰山の背後」と書き加えている。心楽しまなかったのである。

西路軍、敵に接近

ここで話は、撫遠大将軍フィヤングの指揮する西路軍の上に移る。フィヤングの西路軍の本隊は、皇帝の中路軍より早く、三月十九日に帰化城（フヘホト）*125を出発してオンギーン河に向かった。別に振武《しんぶ》将軍孫思克《そんしこく》*126の指揮する一隊は、五日おくれて三月二十四日に寧夏《ねいか》（銀川《ぎんせん》市）を出発した。この部隊に従軍した寧夏総兵官殷化行《いんかこう》*127の手記によると、寧夏から黄河と賀蘭《がらん》山脈の間を、一日四、五十里、または五、六十里の速度で北上すること十数日、黄河を離れて沙漠に入り、二百余里で「両郎山」と刻んだ石碑の立っている峠で陰山山脈を越え、五月四日にゴドリ・バルガスン（「鏑矢《かぶらや》の城」）という

---

*124 **内務府**　皇帝の家政機関で、宮廷事務を掌る。八旗各旗で皇帝・旗王に直属する家政部門をボーイ（包衣、注*181）といい、このうち皇帝直属の上三旗のボーイで組織したものである。宦官は、内務府の一部門に縮小された。長官は内務府総管（総管内務府大臣）で、宮内大臣に相当する。

*125 **帰化城（フヘホト）**　現在の中国・内モンゴル自治区の区都。十六世紀にトゥメト部のアルタン・ハーン（注*141）が明から逃亡・投降してきた漢人を住まわせて都市をつくらせたことに始まり、内陸貿易の拠点として繁栄した。帰化城の名は、アルタンが明と講和した際に明がつけたもので、モンゴル語名のフヘホト（ココ・ホトン）は「青い城」の意。清代も南モンゴルの政治・経済・宗教の中心地として栄えた。

*126 **孫思克**　一六二八―一七〇〇。漢軍正白旗の大臣で甘粛方面に駐留し、三藩の乱では西北戦線で鎮圧に活躍した。ガルダン討伐戦でも振武将軍として西路軍の一隊を指揮し、ジョーン・モドの戦勝に貢献した。息子は康熙帝の第十四女をめとった。

*127 **殷化行**　一六四四―一七一〇。陝西出身の清の武将。ガルダン討伐戦時は寧夏総兵官として西路軍に加わり、ジョーン・モドの戦で清軍に勝利をもたらした。従軍記『西征紀略』を残した。

ジョーン・モド

所に着いた。当初の予定では、ここで帰化城から来る本隊と合流することになっていたが、フィヤングはすでにここを通過して前進していた。そこで孫思克の部隊は行軍の速度を上げ、十六日かかってオンギーン河に達した。フィヤングの本隊はすでに五月六日に着いていたのである。

オンギーン河で、孫思克の軍は兵士の数を減らすことにした。何しろ長城線の外での作戦は初めての経験で、準備が十分でなく、沙漠に入ると馬や駄畜はばたばたと倒れて死んだ。進めば進むほど水も草も乏しくなる。それに激しい風雨が数日数夜にわたったので、兵士は寒さと空腹に次々と倒れ、食糧や装備は路傍に置き去りになる。だんだん脱走兵が多くなって、追いかけて斬っても止まらない。そこで孫思克の命令で、各将は部下の精鋭を少数ずつ選んで率い、残りはオンギーン河のほとりに留め、急行すること数日にして、やっとフィヤングの本隊に追いついた。

すでに敵地のまっただなかなので、西路軍は全員、甲冑をつけ、完全武装で進軍するのだが、このあたりは山地で気候が寒く、五月というのに若草の芽も出ていない。去年からの枯草は敵があらかじめ焼いておいたので、数百里にわたって一面の灰で、風に吹かれると顔が真っ黒になる。フィヤングの本隊の疲労もその極に達し、馬が倒れて食糧は遺棄され、兵士は次々と路傍に倒れ伏す。見かねて孫思克部隊は携帯していた食糧を本隊に提供せねばならなかった。しかしついに六月三日、西路軍はトーラ河畔のケレー・ホショー(「烏の嘴《からすくちばし》」)の地に達し、ここから東方へ、トーラ河沿いに溯って、バヤン・ウラーンに向かった。

六月十二日、西路軍は明け方に営地を進発したが、間もなく哨兵が敵の接近を報告した。全軍は停止し、戦闘隊形をとって待ち受けたが、かなり待っても敵は現われない。撫遠大将軍フィヤングは命令を下して、戦闘隊形のまま前進を再開させた。二十里(九キロメートル)ほどでぬかるみを通り過ぎてジョーン・モド(「百本の樹」)という所に達した。これは現在のウラーンバートル市の東方三〇キロメートルのところにある、ゴルヒ・テレルジ国立公園の入口あたりである。北側には高い山々が屏風のようにそそり立って連なり、その下は広さ数里の平らな川原で、林が茂っており、そこをトーラ河がうねりくねって流れている。河の南岸に突き出した馬の鞍のような形の小山があって、南側の山に連なっている。陣地としては絶好の小山だ。

ガルダン軍潰滅す

このときすでに西路軍の前鋒は、山向こうのテレルジ河がトーラ河に流れこむ地点で敵と接触し、敗走するふりをして敵を誘《おび》き寄せ、敵は勝ちに乗じて前進して来たのだが、殷化行の部隊は小山の陰になって敵が見えなかった。たまたま副都統[*128]アナンダ[*129]が前鋒兵を指揮して前を通って南へ向かおうとしたので、殷化行が敵の所在を問うと、アナンダは鞭を上げて指して、「この山の向こうは敵軍だ。登って視たらどうだ」と言った。殷化行が急いで山に登ろうとするところへ、振武将軍孫思克の部隊が到着した。

殷化行は大将軍フィヤングに言った。

「この山を早く占領しなければいけません」

フィヤングは言った。

「日が暮れそうだ。明日、戦うことにしよう。敵はすぐ近くだ。山の上は夜は守りにくい」

殷化行が言った。

「戦は明日でもいいが、この山は占領しなければいけません。もし敵が上を占領して、わが軍が下に宿営するようなことになったら危険です。もし夜に守りにくいのが心配なら、山の下に移って、全軍が陣を張って守ったらどうですか」

フィヤングが言った。

「日が暮れそうになってから陣営を移すのは大変だ。もし敵が山を占領したら、明日、砲で攻撃しよう」

殷化行が言った。

「昔から、兵法では、高地を敵の手に渡してはいけないことになっています」

フィヤングが言った。

「そういうことなら、君がすぐに兵を移して山上を守りたまえ」

殷化行は直ちに馬を飛ばして山の下にもどり、鞭で兵に合図をして山に登らせた。頂上に達して見ると、敵も中腹まで登って来たところだったが、清軍が先に頂上に達したのを見て、東側の崖の下に止まり、崖に身を隠して小銃を撃ち上げてくる。大将軍フィヤングは、全軍に殷化行に続いて山に登るように命令し、山上に陣を張った。清軍の後続部隊は山の下で、トーラ河の南岸に沿って、山の西から北へかけて陣を張り、林の中から敵が出てくるのを警戒した。

敵は全力を挙げて小山を清軍の手から奪おうとし、主力を山上の清軍の陣の中央部に投入して激し

＊128 **副都統**　八旗の官職で、旗の長官である都統に次ぐ副司令官。

＊129 **アナンダ**　?—一七〇一。蒙古正黄旗に属し、祖父はチャハルのリンダン・ハーンの重臣だった。侍衛として康熙帝に近侍し、シャンナン・ドルジ・ラマとともにモンゴル関係に重用され、副都統に陞ってガルダン追討戦で活躍した。

い戦闘が展開される。清兵はみな馬から下り、砲兵の掩護《えんご》のもとに歩兵戦となる。敵軍の方でも、ガルダンとその妻アヌ・ハトンも自ら弾雨を冒し、徒歩《かち》立ちになって必死の戦いぶりである。双方とも死傷者は増える一方で、日が沈みかけても勝負は決しない。

殷化行はフィヤングに進言した。

「河岸の部隊に、林の中を抜けて左側から敵の横腹を攻撃させなさい。敵は混乱するでしょう。また敵陣の後方に多数の人馬が見えますが、前進して戦闘に加わろうとしません。きっと家畜や婦女子なのでしょう。一個部隊を送って南回りで右側に出て襲撃させなさい。敵はかならず振り返って動揺するでしょう。そこで山上のわが軍が正面から総攻撃をかければ、容易に撃破できます」（以上、殷化行『西征紀略』康熙三十五年五月十三日戊辰条）

フィヤングがこの進言を採用して、左右の両部隊が敵の側面に接近したころ、殷化行が部下の兵の先頭に立って大声を挙げて突撃すると、敵は浮き足立って崖から転落し、死体は川原を埋め、武器は散乱して草を倒したようである。殷化行は勝ちに乗じて急追撃に移り、部下に戦利品を拾うのを禁じて、馬上から矢を射まくりながら疾駆し、月明かりの下を追撃すること三十余里、敵はみな散り散りになった。殷化行が振り返って見ると、つき従う兵は三、四百人しかいない。そこへフィヤングからの伝令で引き返せとのこと。陣営に帰り着いたのはもう白々明けのころだった。

この一六九六年六月十二日のジョーン・モドの戦いで、ガルダンの妃アヌ・ハトンは戦死し、ガルダン軍の主力は潰滅した。ガルダン自身は少数の部下とともに脱出したが、もはや二度とこの痛手から立ち直れなくなった。すべては撫遠大将軍フィヤングの西路軍が、ゴビ沙漠横断の絶大な困苦に耐えて、予定どおりにトーラ河に達したおかげであった。

大勝利の報

しかし皇帝が、この大勝利の報に接するのは、二日後の十四日のことである。まず十三日、トゥリン・ブラクへの引き揚げの途中、タルグン・チャイダム（「肥えた塩気の土地」）で、皇帝は待ちに待った西路軍の消息をはじめて受け取って狂喜する。

「皇太子に諭す。フィヤング伯の軍がトーラ河を通過して、ガルダンの行く手という行く手をことごとく遮断したことを知らせる。

十四日、私が派遣してあった力士インジャナ、新満洲人の護軍キヤチュ、道案内ボロらが帰って来て報告するところでは、伯フィヤングの軍は三日にトーラ河を通過し、ガルダンがかならず通るはずの道を厳重に遮断して待ち構えている。到着した精鋭の兵は一万四千人で、後からさらに次々と到着している。馬の肉づきはわが軍の部隊には及ばないが、それでもよい方である、ということだ。これを聞いて、合掌して天に向かって叩頭した。私が少しばかり心残りだったのは、このことだけだった。もう何もかも済んだ。この次に、ガルダンがどうなったかを知らせよう。敵の様子をわが眼ではっきり見たので、私は今ただ喜んで食糧の補給に努力している。

お前の父に何たる福運があって、思ったとおりになったのか。これはみな父祖が蔭ながらお助けになり、天地がお恵み下さったからできたことだ。私はこちらで躍り上がって喜んでどうにかなりそうだ。いま二、三日のうちに直ぐ事の結果を知らせる。これを皇太后、宮中、また満洲人の大臣ら、内務府の侍衛らにみな聞かせよ。特に諭す」

（六月十三日、『宮中檔康熙朝奏摺』第九輯、八二～八五頁、皇太子への上諭）

そしてジョーン・モドの大勝利の第一報は、十三日にマスカの軍に投降したジューン・ガル人の口から伝えられ、翌十四日の夜半過ぎになって、グトル・ブラク（「長靴の泉」）の皇帝のキャンプにとどいた。皇帝が興奮したことは言うまでもない。

「皇太子に諭す。フィヤング伯の軍がガルダンを撃破したことを知らせる。

十五日の夜、四更（午前二時）、将軍マスカからとどいた手紙に、『臣らは十四日にバヤン・ウラーンから十五里のところで、前鋒に追いついてから哨兵に出たカワルダが、オーロト人ブンディを連れて来たのを訊問すると、その話では、ガルダンはテレルジの地で大将軍・伯フィヤングの軍に出会って戦った。ガルダンは敗れて後退し、あらためて陣を作って迎え撃ったのを、わが軍は徒歩立《かち》ちになって攻めこんだ。両軍が戦っている最中に、見るとガルダンの軍は総崩れになって敗走する様子である。脱走して私は陛下を慕って逃げて来た、という』といい、ブンディをいっしょに送ってきた。

ブンディを訊問すると、その話では、ガルダンは私が自分で軍隊を率いて来たことを信じないながら驚き怖れ、毎日、仏に祈るばかりで、皆を安心させることが全然できず、大いに動揺した。陛下の軍勢が現われると、多くのオーロト人は内々で『康熙皇帝がはやく来てわれわれを捕まえてくれればいいのに。こんな暮らしがいつ終わるやら』と言い合っている。戦場ではガルダン軍は五千名足らずだった。馬はひどく痩せているうえに、陛下の追撃が急なので、あらゆる物をみな失った。今たとえ脱走したとしても、どうやって生きるのか、という。

さようなので、聞いたままを五更（午前四時）に書いて、急いで知らせる。これを皇太后、宮中、また多くの大臣たちにみな聞かせよ。いま間もなく続いて知らせが来るが、そのときにはすぐ送る。特に諭す。

十六日の早朝、五更に書いた」

（六月十五日、『宮中檔康熙朝奏摺』第九輯、七八〜八一頁、皇太子への上諭）

「吉報。

皇太子に諭す。私が十六日にグトル・ブラクの地で休止して、帰還する人畜の処理をしているときに、正午過ぎに将軍マスカからの、伯フィヤングの軍が大いにガルダン軍を破ったこと、ガルダンの腹心ダンバ・ハシハらが衆を率いてわが軍に降ったことなどの報告がとどいた。これを写して送る。
いま大事は終わった。私はただ大将軍・伯フィヤングの報告を待って、天に向かって叩頭する。特に諭す。これを皇太后に、宮中に、またすべての大臣らに聞かせよ」

（六月十五日、『宮中檔康熙朝奏摺』第八輯、二四二〜二四四頁、皇太子への上諭）

喜びの帰途

フィヤングからの正式の戦勝報告は、十七日の正午になって、トゥリン・ブラクに居る皇帝のもとにとどいた。皇帝は幔幕《まんまく》の外に出て、自ら報告書を読み上げると、衆人はどっと歓声を挙げ、南モンゴルの王公やハルハのハーン、貴族たちは、みな躍《おど》り上がって喜んだ。それから皇帝の本営の南門の前に祭壇を設け、皇帝自身、皇族たち、文武の諸大臣、高官たち、モンゴルの首領たちがランクに従って整列して、三跪九叩頭の礼を行なって天に謝して、盛大な祝賀式を挙げた。

「皇太子に諭す。侍読学士ラシがダンバ・ハシハらを連れて十七日に到着した。私はこの者（ダンバ・ハシハ）を以前から知っている。呼んで近くに坐らせて、ひとつひとつ問い訊すと、もともと高貴な生まれの者なので、話は明確である。彼の話では、ガルダンは元来、有能なうえに人心を得ている。ウラーン・ブトンに深入りして戦ったことを悔い、ケルレン河、トーラ河などのところに間近に居て、ハルハ人や南モンゴル人たちを宣伝によって動揺させ、手が回りきらないようにしておいて、その機に大事を成しとげよう、満洲人がこれを聞いて少数で来れば戦おう、多数ならば避けて後退しよう、満洲人が引き返せば、後尾に食いさがって攻めこもう、こうすれば何年も経たず、自ずと食糧や費用が尽きてかならず疲弊するだろう、と計算してやって来た。彼の志はもともと大きかった。いま意外にも陛下がこれほどの大軍を率いて、人の通れない沙漠を渡って突然に到来して兵勢を示すので、全オーロト人は胆を潰して、七日の朝からたちまち浮き足立った。それから夜を徹して、あらゆる物を打ち捨て、後方からの追撃が急なので、度を失って逃げて行くうちに、十三日にテレルジの地で西路軍にばったりと出会った。そのときに自分たちの兵力は五千余名で、小銃は二千梃足らずだった。ケルレン河のバヤン・ウラーンから西はずっと旱天つづきで一本の草もない。五日五晩、草のないところを疾駆するうちに次々と落伍して、ここまで来た者は少なかった。見ると西路軍は高地を占領して地の利を得ている。オーロト側はある小さな尾根を占領して、徒歩立ちになって待ち受けた。〔清〕軍は徒歩立ちになって、砲や小銃を放ちながら、極めて整然と、極めてゆっくりと前進し、前に何か知らないが木を掲げ、また円い赤い物で身を蔽って進んで来るうちに、十歩の距離に達して、それから射る矢は雨あられのように飛んで来、ガルダンの持ち場から真っ先に浮き足立った。その次にダンジラ、ダンジン・オンブが浮き足立った。アラブタンの手の者はまだ支えていた。それから満洲の騎兵が自分たちの輜重をすっかり包囲して、女、子どもをすべて、駱駝、馬をはなはだ多数、牛を二万余頭、羊を四万余頭、みな奪った。自分の見たところでは、アヌ・ハトンは銃弾に当たって死んだ。ダイ・

バートル・ジャイサンは砲弾に当たって、続けざまに四人を貫通したので死んだ。ボラト・ホージャは矢で死んだ。それから〔清軍は〕槍先で突き立てながら攻めこんだ。また見ると、一団が、槍というのでもなく、刀というのでもないが、突入すると、到るところで人がみな倒れる。これでおそらく多数が死んだ。自分が思うに、主人（ガルダン）は誓を破って陛下に罪を得るので、天罰が降ってこの破局に至った。自分たちは以前から人を殺し、人の妻子を引き離して暮らしていて、今や禍《わざわい》が自分たちに降りかかった。つらつら考えれば民が憐れなので、主人を棄てて助かろうと思ってやって来た。生かすも殺すも皇帝陛下の御意のまま、という。

満洲軍をどう思うか、と問うと、自分たちはウラーン・ブトンで直ちに知った。このたびケルレン河、トーラ河に来たのを、自分たちは国を挙げて滅亡をみな予感した。ただガルダンはひとり聞き入れず、相変わらず強気で言い張るのだった。これはすべて天運で、何ともしようのないことである。自分たちは多くの国々を征伐し、向かうところ敵がなかった。満洲に敵する者は天下にないのに、自分たちオーロトは滅びるほかはない、という。

ガルダンは逃げおおせたか、捕まるだろうか、と問うと、話すには、ガルダンは四、五十人を連れて脱出したと聞いた。大混乱のなかで、自分で見たのではない。たとえ脱出したとしても、餓え死にするばかりだ。何を食べて生きるだろうか、という。

この手紙を書いて送ろうとしているところへ、十八日の正午に副都統アナンダがオーロトを滅ぼした報告を持って来た。そこで報告に添えて送る。特に諭す。

つぎつぎに投降したオーロト人は二千人を超えるという。女、子ども、家畜をことごとく得た。オーロト問題は解決した。

これを皇太后に申し上げよ。宮中に聞かせよ。満洲人の大学士、尚書、内大臣に聞かせよ。われわれはこちらで天に向かって叩頭した。成功を祝して儀式を行なった。

バヤン・ウラーンから西、トーラ河に至るまで、草が全く生えていないという」

（六月十七日、『宮中檔康熙朝奏摺』第八輯、二四四～二五四頁、皇太子への上諭）

皇帝はまた、皇太后に手紙を書いて、七月八日までに帰京することを約束し、スピードを速めて帰途についた。その途中、六月二十一日にウラーン・エルギ・ブラク（「赤い岸の泉」）で皇帝は、皇太子からの手紙を受け取ったが、これは先に古着を送れと言ったのの返事で、「父上が賊を滅ぼして機嫌よくお帰りになるうえに、さらにこのようなお言葉を下さいましたので、臣は、決して敢えて心を傷めたというのではございませんけれども、ただお言葉の優しさに、たまらなくなって涙がこぼれました」という文句があり、また衣料と食物を送ったことと、「五月（六月）の末には父上をお出迎えに参ります」と書いてあった。これに対して皇帝は次のように答えている。

「皇太子の言葉はもっともだ。しかし国家の事務は大事である。五月（六月）の末ならば、かならず長城の外に着いている。皇太子が出迎える場所は別に指示しよう。

私は二十二日にウラーン・エルギ・ブラクに着いた。二十五日に国境を入って宿る。われわれが行きに留めておいた馬はみな大いに肥えている。草は、行きになくなった牧地が、雨水が順調なのではなはだ状態がよい。モンゴル人たちの話では、このところ何年もこうしたことに会わなかったという。まことに不思議である。食糧の輸送を見ると、ちょうど国境を出たところだ。家畜の状態はよい。これを見れば、彼らが恐れ入るのももっともだ」

（六月二十一日、『宮中檔康熙朝奏摺』第八輯、二三一～二三六頁、皇太子の奏摺に記した硃批）

ここで「食糧の輸送」というのは、フィヤングの西路軍も、皇帝の中路軍と同じルートを通って引き揚げることになったので、そのための食糧の輸送であり、両軍の引き揚げを監督するために、皇長子胤禔《いんてい》がトゥリン・ブラクに残っていた。

六月二十三日、皇帝は国境線を過ぎて、南モンゴルに入った。

「私は砂丘で二晩を過ごして、クイス（「臍」）に二日（六月三十日）に着いた。大して暑いことはない。ある者どもは、早朝にはまだ毛皮の胴着を着ている。正午にやっと棉紗を着られるようになる。沙漠よりはるかにましだ。五日（七月三日）に長城を入る」

（六月三十日、『宮中檔康熙朝奏摺』第八輯、二七七～二八二頁、皇太子の奏摺に記した硃批）

こうして皇帝は七月三日、予定どおり独石口の長城に着き、ここで皇太子の出迎えを受け、七日に北京に帰って、直ちに皇太后に挨拶をした。九十八日間の大冒険はここに終わった。

狩猟絵巻——第二次親征

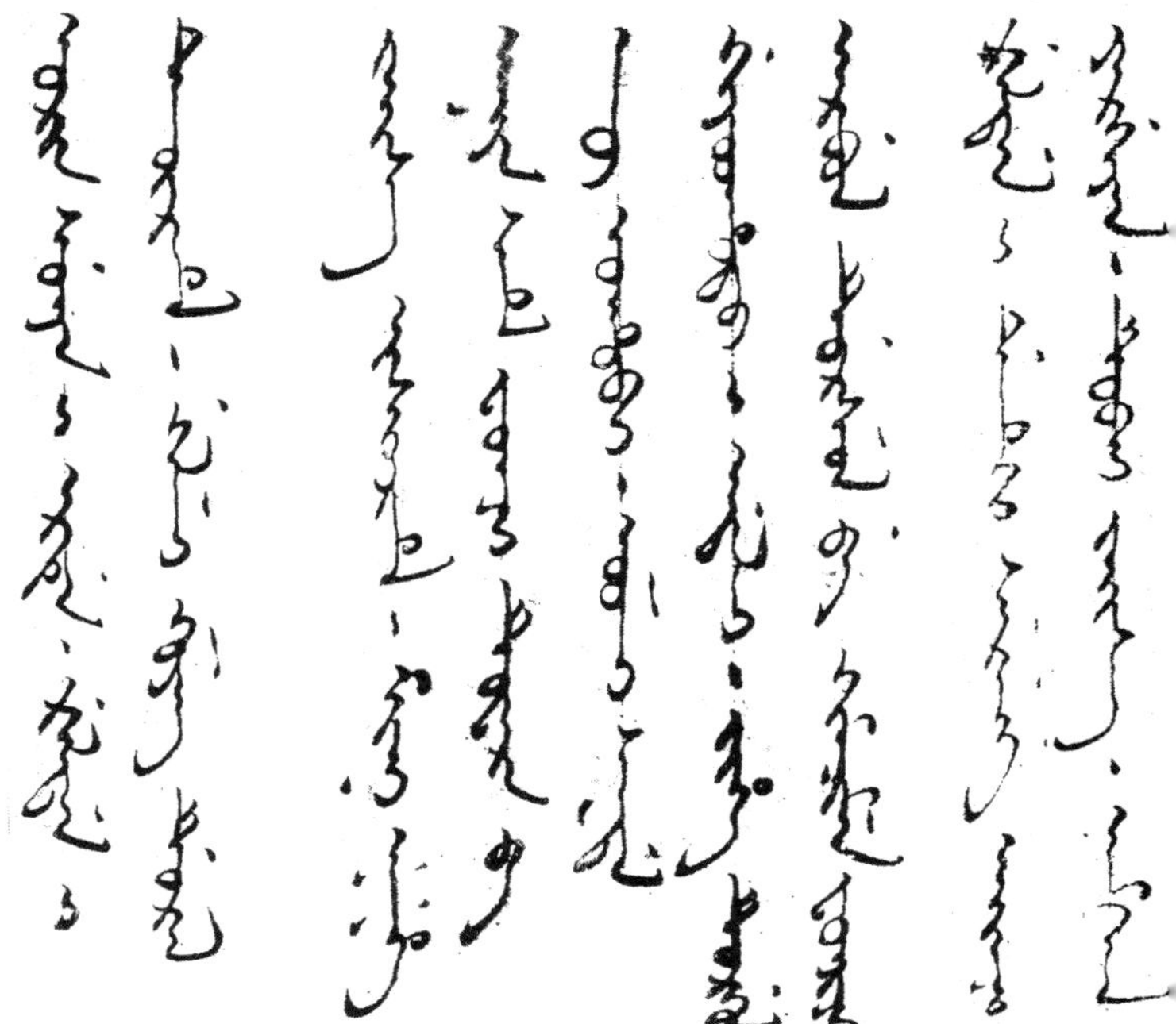

康熙帝の筆蹟（皇太子の手紙への書き入れ）

再びガルダン討伐へ

ジョーン・モドの戦いでは、ガルダン・ハーンは痛手を受けたものの、彼自身は生き残って、五千余人とともにハンガイ山中のタミル河のほとりに居た。皇帝は、ガルダンがハミ[*130]を通って青海を経、チベットに入ることを心配した。ハミはガルダンの旧領で、青海のホシュート部族のボショクト・ジノン[*131]の息子の嫁はガルダンの娘であり、西チベットにはウェンサ・トゥルクとしてのガルダンの領民が居る。さらに投降したジューン・ガル人の口から、このころダライ・ラマ五世は遷化《せんげ》してすでに九年になる、という噂が広まっていることが判明した。そこで皇帝はラサに使いを送って、ダライ・ラマの死の真相を公表すること、パンチェン・ラマを北京に派遣すること、ジェドゥン・リンポチェを引き渡すこと、ガルダンの娘を送ってくること、の四箇条を要求する一方、ジューン・ガル本国のツェワンラブタンにも連絡して、ガルダンの逮捕に協力を申し入れた。

このころ、ガルダン軍が七月二十六日にタミル河を出発し、オンギーン河に向かって南進を開始したという情報が伝わった。オンギーン河には、清の西路軍が残した食糧の集積所がある。これが敵の手に落ちれば、ガルダン問題の解決はむずかしくなる。皇帝は再び自ら前線に出て作戦を指揮することにし、帰京から三箇月しか経たない一六九六年十月十四日、皇長子胤禔《いんてい》、皇三子胤祉《いんち》、皇八子胤禩《いんし》を連れて北京を出発、南モンゴルのココ・ホトン（「青い城」、現在のフヘホト）に向かった。今回の経路は北京から西北に、居庸関《きょようかん》[*132]を通って、張家口《ちょうかこう》[*133]で長城を出て、南モンゴルを西に進むのである。この

第二回の親征でも、皇帝は北京に留守居する皇太子にせっせと手紙を書き送っている。

「私は無事だ。今回は前回のようではなく、あらゆる物は豊富なうえに気候がよいので、毎日機嫌よく進んでいる。聞けば、長城の外は今年は暖かいという。〔戸部尚書〕マチ[*134]に問うと、沿路

---

*130 **ハミ**　トゥルファン盆地の東端、天山南麓に位置するオアシスで、甘粛と天山方面、またモンゴル高原と青海方面を結ぶ交通の要衝。十六世紀にはイスラム化していたが、政治的には当時ジューン・ガルの支配下にあった。

*131 **ボショクト・ジノン**　?—一六九七。青海ホシュートの有力首長の一人で、グーシ・ハーンの第五子イルドゥチの次子。名はタルギェー。第四子ゲンテルにガルダンの娘が嫁いでいた。一六九七年に清に帰順したが間もなく没し、その実権は第三子チャガーン・ダンジンが継いだ。

*132 **居庸関**　北京の西北に位置する内長城の関門で、山海関、嘉峪関《かよくかん》と並ぶ長城三関の一つとして名高い。北京とモンゴル高原を結ぶ交通の要衝として歴代重視され、元代に建てられた関門の内壁にサンスクリット、チベット、モンゴル（パクパ文字）、ウイグル、西夏、漢字の六体の文字が刻まれていることで知られる。八達嶺長城の手前にある内関である。

*133 **張家口**　河北省西北部にある外長城の関門。長城内からモンゴル高原へ向かう重要な関口の一つで、清代は八旗の駐屯部隊がおかれた。

*134 **マチ**　一六五二—一七三九。満洲鑲黄旗の重臣で、フチャ氏の出身でマスカの次弟。理藩院や六部の尚書を歴任して大学士に陞り、ロシア外交でも手腕を振るった。皇八子胤禩を支持したた

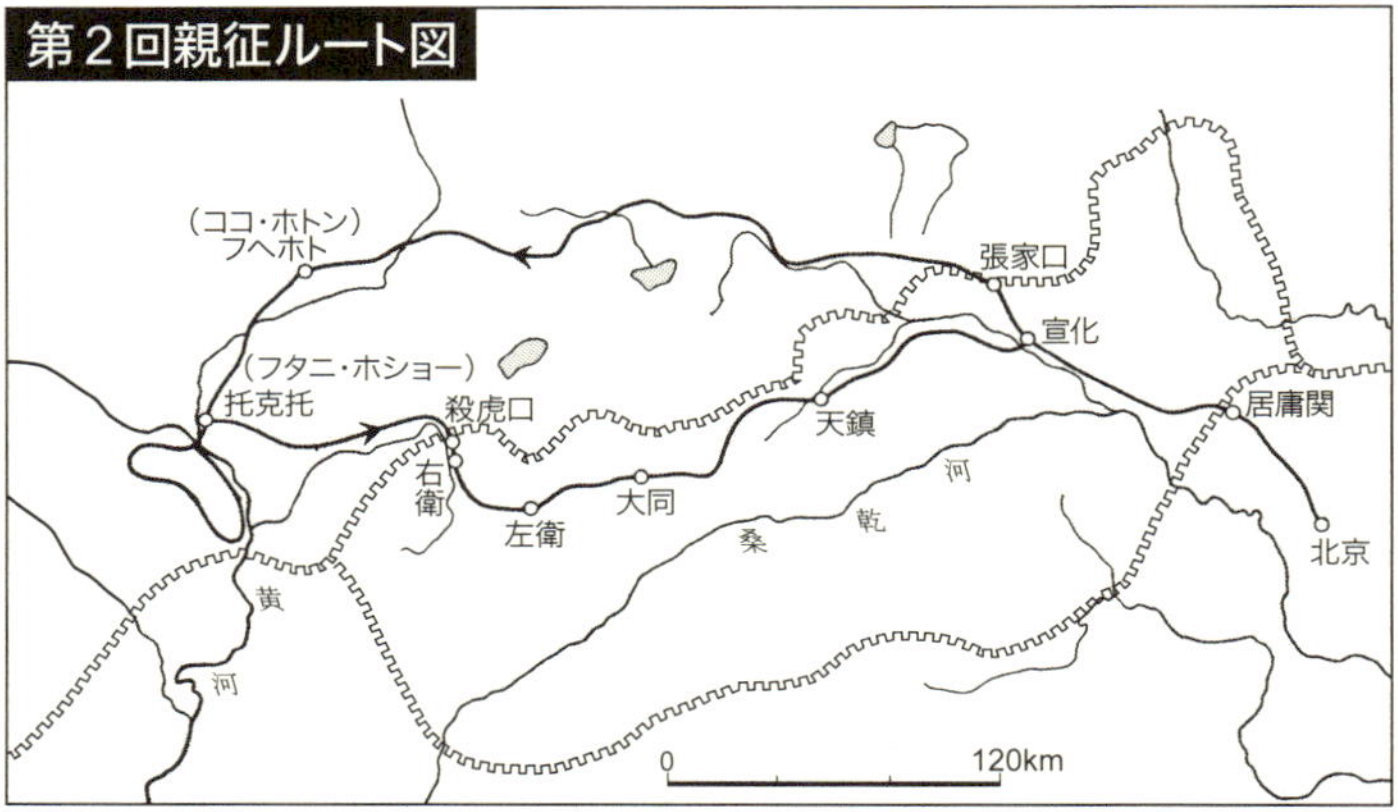
第2回親征ルート図
（ココ・ホトン）
フヘホト
張家口
宣化
（フタニ・ホショー）
托克托
殺虎口
右衛
左衛
大同
天鎮
居庸関
北京
桑
乾
河
黄
河
0
120km

張家口

の水と牧地はよく、兎が多い。山には獣も居るという。おそらく心配することはない。また毎年きまって皇太后にさし上げる物を、三日（十月二十八日、皇太后の誕生日）にお前が自ら送れ。私も引き続いて宦官を遣わして、草原の産物を何種類か送ってさし上げる」

（十月二十二日、『宮中檔康熙朝奏摺』第八輯、三〇三〜三〇七頁、皇太子の奏摺に記した硃批）

「私は無事だ。お前は元気か。私は二十八日（十月二十三日）に長城を出た。見れば長城の内と同じで、あまり寒いというのでもない。兎は多くて肥えている。また聞けば、ココ・ホトンの手前のジェールデ・モドンという所から先は非常に多いという。私の居る所では鷹が少し足りない。京師の飼いならした鷹や海青《かいせい》[*135]にすぐれたのがあれば四、五羽、若い鷹を四、五羽、すべて十羽を、鷹や海青の係の侍衛に持たせて、自力で来られる者には自分の馬、来られない者には上駟院の馬を三頭、乗用に与えて送らせせよ。到着してから私が乗馬を与えよう」

（十月二十三日、『宮中檔康熙朝奏摺』第八輯、三一一〜三一三頁、皇太子の奏摺に記した硃批）

そこへ撫遠大将軍フィヤングから報告があって、投降してきたジューン・ガル人のアユシという者

め失脚したが、のち復活し、政界の長老として長く要職を担った。

＊135 **海青** 海東青。鷹狩りに用いられるハヤブサの一種で、満洲の名産。

の口から、十月四日、ガルダンの部将ダンジラが、オンギーン河の食糧集積所を始末して引き揚げようとする清軍を襲撃して、かえって撃破されたことが明らかになった。皇帝はその報告書の末尾に次のように書きこんで皇太子に送った。

「この報告書とともに本人が二十八日（十月二十三日）の夕刻に着いたので、アユシに問うと、この米を奪いに行くことに、ダンジラは気が進まなかった。多くの部下が『今オンギーン河に米があるという。餓死するよりは米を取って食おう』と言うので行って、一日程のところでわが方（清）の哨兵に出会って、三人のハルハ人を捕えた。それからある丘の陰にかくれて、わが方の引き揚げてくる兵士をおびきよせてから、中央で分断するように突入した。それから米を運ぶ兵士は鎧を着けずに、法螺貝《ほらがい》を吹き鳴らして、先頭と後尾の両方から挾んで、砲を四度放つと、自分たち（ジューン・ガル人）はたちまち逃走した。自分が脱出した通り道で十人以上のオーロト人が死んでいるのを見た。他はわからない。

わが方の兵士は損害を受けたか、と問うと、ダンジラは命令を下して、『人を殺すな。ただ米の荷駄を取れ』と言っていた。人を殺すどころか、かえってオーロトの馬が多く失われたという。ダンジラは脱出して、大いに嘆き、『澄んだ水で魚を捕えようとしていて、水を濁したけれども魚は取れなかった。今どうしよう』と苦悶している。馬の肉づきが悪くなって、徒歩の者が多い。自分の後から投降してくる者は数多い、という。以上は大要である。あとで到着してから知らせよう」

（十月二十三日、『宮中檔康熙朝奏摺』第八輯、二九三〜二九七頁、撫遠大将軍フィヤングの奏摺に記した硃批）

地震と吉凶の迷信

この皇帝の手紙は、二日後に北京に着いたらしい。十月二十五日付の皇太子の手紙はその返事だが、そのなかに二十三日に北京に微震のあったことを知らせている。

「また欽天監《きんてんかん》*136（天文台）の言上に、今年九月二十八日（十月二十三日）辛巳《かのとみ》の日の丑の刻（午前二時）に、一度地震があり、東北の艮《うしとら》の方角から来た、と申しました。臣らが謹んで占いの書を見ますと、『九月に地震があれば、民に不安がある。艮の方角から坤《ひつじさる》（西南）の方角へ揺れれば、秦の地（陝西省）が乱れる』とあります。丑の刻なので、臣は全く気が付きませんでした。宿直の宦官たち、物のわかった連中に問いますと、今年の正月の地震よりはましで、ただ一度、強目の風が吹いたように、天棚の木組や窓の紙が少し音を立ててすぐ通り過ぎた、と申します」

---

*136 **欽天監**　国立天文台で、天体観測と暦の作成、暦日の吉凶選定などを掌る。西洋暦法を採用した清代には、長官（監正）や属官にアダム・シャールらイエズス会宣教師も任じられた。

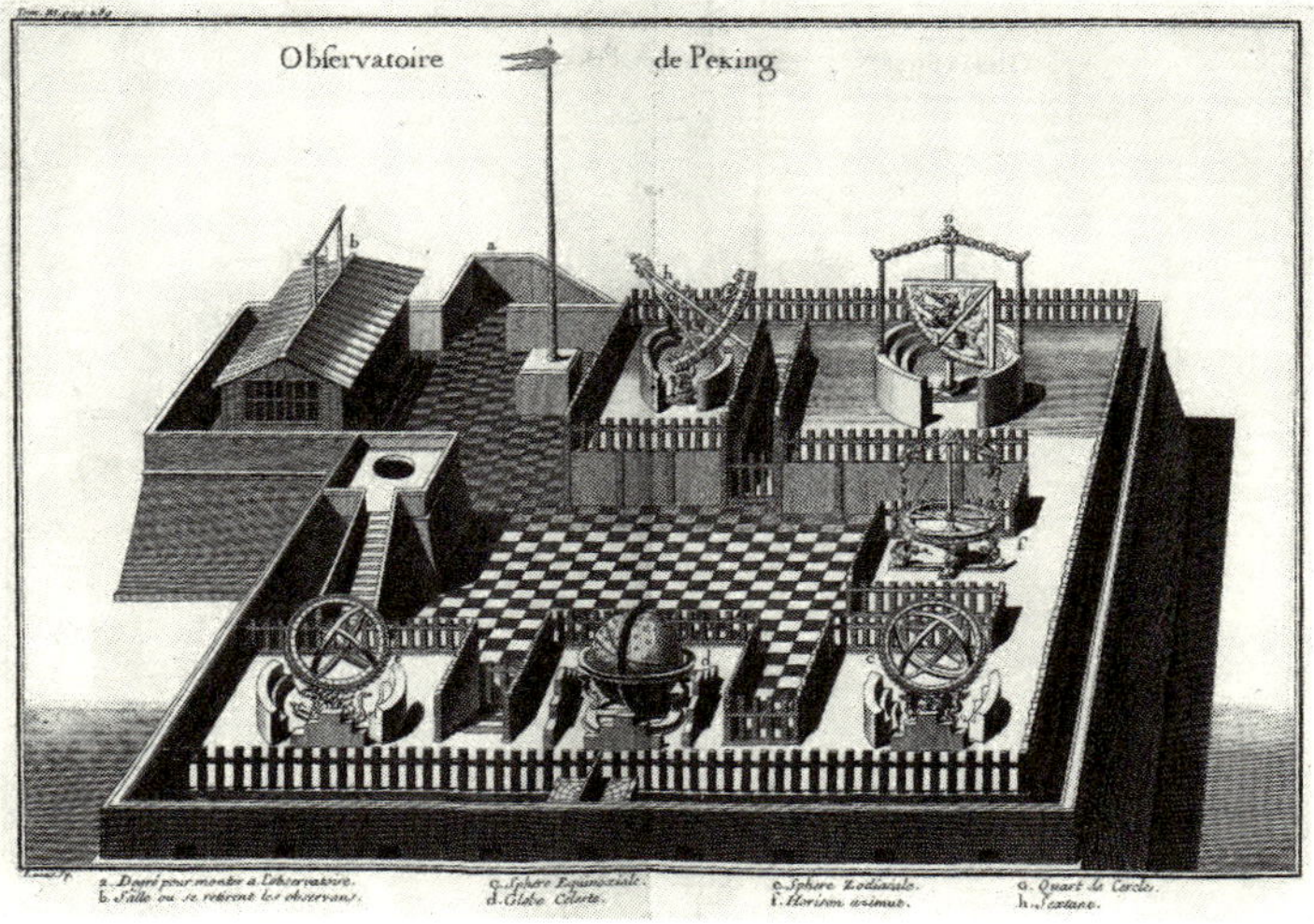

欽天監の観象台

これに対する皇帝の書きこみは、吉凶の迷信に懐疑的な性格を示していて面白い。

「承知した。以前、欽天監というものは、歩軍の排槍《バイチャン》（火縄銃）を初めて発射するとき、天鼓（雷鳴）が西北から響いたと申し上げにやって来たが、私が遣わして見に行かせた者どもが帰って来て実情を報告すると、彼らは驚き拝謝して帰って行った。また一度は正午に地震があったと申し上げたので、私が『全国民がみな気が付かない。どうして一人も気が付かないのか』と言うと、彼らは窮して、私どもの台だけが揺れましたと申し上げたが、私は不問に付した。この役所の者どもは変わり者で、みないやらしく卑しい連中である。私が外に出ている際に人心を動揺させようとして嘘をついたのかも知れない。もしも多人数が気が付けば確かだが、全国民が気が付かないならば、関係は重大である。取り調べずにはおけない。宿直の宦官たちは凡庸な者どもで、欽天監が申し上げたといえば、彼らはそのまま追従して言うだけだ。宿直の場所は多いのだ。なぜ宦官だけに問うのか」

（『宮中檔康熙朝奏摺』第八輯、三一六〜三二一頁、皇太子の奏摺に記した硃批）

何しろブーヴェ神父の記すところによると、「皇帝は政策上、欽天監に対してその職能を行使させておかれます。しかしその観測に何等の信をおかれない趣《おもむき》を私どもに対して色々の機会にお洩《も》らしになりました。実際、上《しょう》御一人に関する事柄については、欽天監に御意向をハッキリ通達した上で、万事、御自分ひとりで御決定になります。それで第一王子（皇長子胤禔《いんてい》）を結婚させられました時の話でありますが、推薦された候補者全部の中で王子の妻として誰が最も適当であるかを決定することは慣例上、欽天監の権能に属しております。ところが欽天監は、皇帝御自身が予定されておいた姫君の名をあげよという御下命に接したのであります。皇帝が何処かに行幸されようとする時も、同じ処置を取られます。欽天監の適当と認めた日は皇帝が出御を決定しておかれた日とまさに同一であります」（前掲、ブーヴェ『康熙帝伝』一二一頁）というわけで、欽天監の役人たちが皇帝に対して、面白くない感情を抱いていたことは十分に考えられる。

遊び楽しみながらの進軍

「皇太子に諭す。私は今回は〔長城を〕出てから機嫌よく進んでいる。全く心配はない。土地も独石の方面より上等である。長城の外は大いによいという。兎が豊富で、長城沿いに獣が多いので、新満洲人を選んで捕りに行かせた。お前は馬を、口頭で指示してよく飼養させよ。衆人の馬を、私は分けて大同に飼養に送った。兎が豊富なために、私の乗馬が足りなくなるかも知れない。その場合は家に伝言して取りに行かせる。足りればそのままでよい。

ゲンドゥン・ダイチン・ベイレが五月より前に手に入れた白毛まじりの黒狐皮一枚、貂皮一枚、大山猫皮一枚をお前に送る。二百枚の白栗鼠《りす》皮を皇太后にさし上げる。特に諭す」

（『宮中檔康熙朝奏摺』第八輯、三二二～三二五頁、皇太子への上諭）

この最後の手紙は日付がわからないが、十月二十七日の朝に北京に到着しているから、その二、三日前に書かれたのであろう。これに応えた皇太子の手紙に、皇帝は「日付を落としている」（実は十月二十八日）と書き入れ、つづけて次のように記している。

「二日（十月二十七日）にココ・エルギ（「青い岸」）に宿った。牧群のモンゴル人たちを率いて巻狩に行った。兎が豊富にいた。私は五十八頭殺した。

三日（十月二十八日）、皇太后の御降誕遊ばされた良き日なので、休止した。

四日（十月二十九日）、ジョーハ（「かまど」）に宿った。兎は普通で、ノロ鹿が三頭いたが逃した。雉《きじ》が三羽いた。

五日（十月三十日）、ホヨル・ノール（「二つの湖」）に宿った。兎は少ない。雉が三羽いた。ノロ鹿は二頭いたが逃した。

六日（十月三十一日）、バルーン・ゴル（「西の河」）に宿った。兎は数限りなくいた。雉は二羽いた。狐がいた。鶉《うずら》がいた。私は飛び立つのを射てたくさん取って食べた。

毎日モンゴル人たちの男女、老若が迎えに来るものが全く数えきれない。乳の皮《ウルム》*137、乳、酸乳、乳酒、乳焼酒などの物を食べてすっかり満足した。毛を取った羊は毎日、百頭ばかり送られて来る。私はみな銀を与えて受け取って、馬丁に至るまで食べきれないほど与えている。今は牧群の地は終わりになって、正黄旗のチャハル、正紅旗のチャハルの地に達した。生活状態はよい。モンゴル人の王やタイジたちは、『牧群のモンゴル人たちや八旗のチャハルの甲士（騎兵）の生活状態は、われわれのような旗のタイジたちよりも上だ』という。見ればこの季節は旅行に楽である。家畜は肥えて水や牧地に不自由しない。今でもまだ暖かい。湖の水は夜に少し凍るが、風が吹け

---

*137 **乳の皮（ウルム）** 未脱脂・未発酵の乳をゆっくり加熱すると、上層部分が固まって得られる、固形濃縮乳。乳脂肪に富み、極めて美味。

ばすぐ溶ける。毛皮の上衣を着た者もあり、着ない者もある。ジョーハからは急に山がちになり、木はなく石が多い。私が分遣した新満洲人たちは毎日ノロ鹿四、五頭、ときどき大鹿を手に入れる。たくさん取って食べた。私の居るこちらでは、進軍しながら遊び楽しみ、手当たり次第に馬に乗って進むのであり、従軍の者どもはたっぷりうまい物を食べて食べきれない。フィヤング伯のもとに居る兵士も私の兵士だが、彼らに誰が羊や牛を毎日食べさせるだろうか。そこで大いに同情して、五千両の銀を支出して、フィヤングのもとに送らせて、牛や羊を買って食べさせるように、と遣わした。

お前はこれらの事を書き写して、皇太后に申し上げよ。グ太監（宦官）に託して妃らにも聞かせるがよい。

ジャン・フン・シュイが六日（十月三十一日）の晩に着いたので、そのまま書いていっしょに送る。皇太后に乳の皮《ウルム》一箱を送らせる。

仏像をできる限り作って送れ。古い大型の仏像をも送れ。

私の兎を馬上から射る弓をしっかり包んで送れ」

（十月三十一日、以上『宮中檔康熙朝奏摺』第八輯、五一九～五二七頁、皇太子の奏摺に記した硃批）

「七日（十一月一日）、フルスタイ（「葦の生えた」）河に宿った。兎がいた。私は三十頭殺した。

八日（十一月二日）、モガイト（「蛇のいる所」）に宿った。兎は少なく、狐を五頭取った。

九日（十一月三日）、ハラ・ウス（「黒い水」）に宿った。ノロ鹿がたくさんいた。三頭殺した。兎は少なく、狐がいた。雉が何羽かいた。

十日（十一月四日）、チャガーン・ブラク（「白い泉」）に宿った。ダイハの廟が道から南へ三十里の先にあるので、ドゥッテ・ダバガン峠を越えて見に行った。廟は全く平凡である。ダイハ湖の北岸に温泉が一つある。ぬるい。ハルハのセレン・アハイ王の一族がここに住んでいる。今年は穀物の収穫が多かったので、生活は以前よりずっと楽だという。見れば相変わらず貧乏である。人柄が立派なので、家畜五百頭を賞賜した。引き返してウルト・ダバガン峠を越えて宿営にもどった。ここからは木は豊富で、平地にも山の北側にも林がある。山は足場がいいが谷は悪い。

十一日（十一月五日）、ジェールデ・モドン・ダバガン峠を過ぎてハラ・ホショー（「黒い嘴」）に宿った。雉がはなはだ豊富である。谷は狭くて両側の山が険しいので、進軍がはかどらなかった。見ればムラン[*138]の地（皇帝の狩猟地）のように、各種の獣がみないる。豊富ということはない。

十二日（十一月六日）、ココ・ホトンの手前四十里の白い塔の南に宿った。兎は少々いた。雉は

---

*138 **ムラン**　河北省北端の長城線外、熱河の近くに設けられた広大な帝室狩猟場で、もともとハラチン部などのモンゴル人が放牧していた草原を囲ったもの。漢語では木蘭囲場という。康熙年間以降、八旗の軍事訓練やモンゴル王公との会盟のため、皇帝は夏季に熱河の離宮とこのムラン囲場に行幸し、大規模な巻狩りを行なった。

豊富である。狐は何頭かいた。地勢は険しく地鼠の穴がいっぱいで、地面は平らでない。

　十三日（十一月七日）、巻狩はせずにココ・ホトンに着いた。城の老若、婦人、子ども、数万人が香を捧げて門前街の外れまで出迎えて、しきりに叩頭しつつ、『われら両トゥメト[139]〔部族〕は、太宗皇帝（皇帝の祖父ホンタイジ）以来五十九年間、貢賦として取る定額が二百頭近い馬、理藩院の役人が来れば二頭の馬、領催には一頭の馬、夏には生きた鹿の仔を捕まえる、秋には雛の鷹を取る、夏には石青[140]を掘る、冬には野猪《やちょ》を捕る、狐の毛皮を取る、貢賦が重いので次第に窮乏のどん底に落ちこんでいたのを、陛下がお見通しになって、各種の貢賦をみな免除して下さって六年経ちました。この御恩は天地に等しく高く深い、何とか陛下に目のあたり叩頭したいと思っておりました。思いがけなく私どものこんなむさくるしい所に行幸遊ばされるので、むさくるしい所のこの上ない光栄でございます。私どもにも天顔を仰ぎ見る日があったのですねえ』と、歓声が満ち満ちている。私が牛や羊を受け取ろうとしないので、殺して毛を取って、鶏、鴨、鵞鳥、豚を煮て、頭の上に載せて無理やりに勧める。こうした事柄はヒュン・チェン・グンが見ている。これを持って行かせようと思ったが、日数がかかるので、ココ・ホトンに着いたことを知らせるについて、皇太后に乳の皮《ウルム》一箱、肥えた雉十羽、ノロ鹿一頭、炒った黍一袋を送る。またほかにさし上げる物は、私の宦官がヒュン・チェン・グンとともに行く。特に諭す。

　十三日晩（この四字は漢文）」

（十一月七日、『宮中檔康熙朝奏摺』第八輯、三三五～三四一頁、皇太子への上諭）

ココ・ホトンの大本営

こうして南モンゴルで快適な旅行を続けた皇帝が、大本営を置いたココ・ホトンの町は、今も昔も南モンゴルの政治の中心で、現在も内モンゴル自治区人民政府の所在地である。この町が建設されたのは十六世紀のことであった。当時、モンゴル高原の覇権を握っていたのは、トゥメト部族のアルタン・ハーン[*141]であって、チンギス・ハーンの子孫としては傍系だったが、実力をもって直系のチャハル部族のダライスン・ハーンを大興安嶺山脈の東方に追放し、明朝政府の治下にあった中国の北辺に毎年のように侵入しては掠奪をくりかえし、一方では西方のオイラトの諸部族を攻めて制圧し、その軍

＊139 **トゥメト**　モンゴルの部族の一つで、ダヤン・ハーンの孫のアルタン・ハーンの所領。南モンゴルの陰山山脈地帯を遊牧地とし、フヘホト（ココ・ホトン）を拠点として栄えたが、チャハルの攻撃で壊滅した。清代も南モンゴルの中心地とされたが、部民は王公を戴かない帰化城トゥメト旗とされ、清中央に直属した。

＊140 **石青**　青色の岩絵具。扁青とも言う。

＊141 **アルタン・ハーン**　一五〇七―八一。ダヤン・ハーンの第三子で右翼（西方）を統轄したバルス・ボラトの次子で、トゥメト部長。有能な指導者で、右翼勢力をたばねて左翼（東方）を直轄する宗家のダライスン・ハーンを圧迫し、一五五一年に宗家の当主以外で初めてハーンの称号を授けられた。晩年にチベット仏教に帰依し、仏教が全モンゴルに普及するきっかけとなった。

1585年創建のココ・ホトン（フヘホト）のシレート・ジョー

隊は遠く中央アジアを横断して西トルキスタンにまで進出し、シル・ダリヤ河のほとりにカザフ王の軍を撃破した。さらにその軍隊はチベットにも進出し、当時のチベットでもっとも学徳の高かったラサのデプン寺の座主ソェナムギャツォは、一五七八年アルタン・ハーンの招請を受けて青海に赴き、アルタンからダライ・ラマの称号をはじめて授けられた。これがダライ・ラマ三世[*142]で、実質上は初代であり、ダライ・ラマ五世の先々代に当たる。

アルタン・ハーンの猛威に恐れた明朝政府は、一五七一年、講和条約を結び、これ以後モンゴル＝中国貿易が盛況を呈して、平和のおかげで中国側では万暦《ばんれき》時代の繁栄がやってくるが、モンゴル側では国境貿易の中心地となって繁栄したのがココ・ホトンであった。

この町の住民は漢人で、明朝政府のもとの弾圧を逃れて亡命した白蓮教《びゃくれんきょう》[*143]という秘密結社員を中核とし、その郊外には広大な農園が拡がって、同じく明朝政府の重税を逃れた農民や、アルタン・ハーンが中国侵攻のたびに連れ帰った人びとが耕作に従事していて、生活は中国におけるよりもはるかに楽であった。

アルタン・ハーンの死後も、トゥメトの歴代のハーンたちの都はココ・ホトンであったが、一六二八年、大興安嶺の向こうから突然、チャハルのリンダン・ハーン[*144]の軍隊が姿を現わして、またたく間

＊142 **ダライ・ラマ三世**　一五四三―八八。ゲルク派最高位の化身僧であるダライ・ラマの実質初代で、名はソェナムギャツォ。カルマ派に倣った転生制度によってゲルク派で初めて生まれながらにして化身僧としてデプン寺座主に選出され、長じて高徳の僧として声望をえた。一五七一年にアルタン・ハーンを帰依させることに成功し、一五七八年に青海でアルタンと会見して、ダライ・ラマの称号を授けられた。

＊143 **白蓮教**　浄土宗の一派とされる宗派で、現世で衆生を救済するという弥勒信仰を掲げる。弥勒の降臨と救済を待望することがしばしば世直しや王朝交替と結びつけられたため、危険分子として歴代の王朝から警戒・禁止された。

＊144 **リンダン・ハーン**　一五九二―一六三四。モンゴルの宗家であるチャハル部の長で、モンゴル最後の大ハーン。多くの勢力に分立していたモンゴルの再統一をめざし、南北モンゴルで遠征をくりかえして勢力を広げたが、青海遠征中に天然痘で急死し、指導者を失ったチャハル・ハーン家の勢力は瓦解して清に服属することとなった。

に南モンゴルを席巻し、トゥメト部族を粉砕してココ・ホトンを占領した。それからしばらくはこの町はチャハル・ハーンの都であったが、一六三四年にはホンタイジ〔清の太宗〕の率いる満洲軍がココ・ホトンを占領して、リンダン・ハーンは滅亡した。それからはこの町は清朝と北モンゴルとの接触点になったのである。

これより先、食糧の奪取に失敗したダンジラはガルダンのもとへ帰って行ったが、その情報が十一月十五日、ココ・ホトンに居る皇帝のもとへもたらされた。

「二十一日（十一月十五日）の朝、ガルダンのもとから二人のオーロト人が投降して来た。正午にまた二人のオーロト人が投降して来た。この者どもを私は呼んで賞賜したが、その中の一人の妻一人を私が得ていたのであった。着くやいなやすぐ会わせてやると、二人は抱き合って共に泣き、モンゴル人の王たち以下、涙を流さなかった者はなく、みな、よい事だ、という。詳しく問い訊すと、ダンジラはもどって行って、十九日（十一月十三日）にクレーン・ベルチルでガルダンに会って、『〔清〕軍が各地で道を遮《さえぎ》っているので、私は投降すると嘘をついてだまして帰って来た』と告げると、ガルダンは大いに嘆いて、『われわれはお前たちに大いに望みをかけていた。今どうして生きのびよう。〔清〕軍に道も遮られている。ここに居るわけには行かない。ハミに行って米を取って食べよう』と、二十一日（十一月十五日）に出発した。自分たちは一、二日行ってからこちらへ来た。賊は多く互いに殺し合い奪っているという。実際にハミに行くならば事は簡単で、ガルダンはかならず捕まる。その方面の道路の遮断は完了している。全く懸念はない。これから投降してくる者がたぶん多くなるだろう。引き続き知らせよう。

二十一日（十一月十五日）は休止した。二十二日（十一月十六日）は休止する。二十三日（十一月十七日）に黄河の岸の方へ出発する。われわれの馬の肉づきはよい」

（十一月十五日、『宮中檔康熙朝奏摺』第八輯、三四四～三五三頁、皇太子の奏摺に記した硃批）

皇帝は十一月十八日、予定より一日おくれて、十一日間滞在したココ・ホトンを離れ、西南方に向かって出発した。

「私は無事だ。お前は元気か。こちらは相変わらず暖かく、河もまだ凍っていない。棉の上衣を着ている者が多い。商売や荷担ぎの者どもは、いまだに着物を着ず裸でやっている。ここの者どもや老人たちは大いに不思議がり、『私どもの父祖以来、現在に至るまで、河が凍らず、風や雲や雪のないよい年は聞いたことがありません』という。私の見るところでは、京師と同様である。私が薄い羊皮の上衣と棉の胴着を着て兎を馬上から射るとき、暑くて汗が出る」

（月日不明、『宮中檔康熙朝奏摺』第八輯、三五四～三五八頁、皇太子の奏摺に記した硃批）

黄河のほとりの滞在

十一月二十二日、皇帝は、黄河の岸のフタニ・ホショーの町に着いて、そこにしばらく滞在する。これもココ・ホトンと同じころからの漢人町で、現在の托克托《トクト》県である。

「皇太子に諭す。

二十七日(十一月二十一日)、リス・バイシンに宿った。この日は兎がいた。豊富ではない。

二十八日(十一月二十二日)、フタニ・ホショーに宿った。漢人たちはこれを脱脱城《トトチェン》という。兎はいた。豊富ではない。ここはすなわち黄河の岸である。河越しに遠矢を射てみると、新満洲人、私自身、皇長子、弓矢にすぐれた者どもは楽に越す。流れもゆるやかで、南方の黄河とは比べものにならない。天津の海に流れこむ河のもっとも狭い所よりさらに狭い。

二十九日(十一月二十三日)は休止した。朝、オルドス*145〔部族〕の王、ベイレ、ベイセ*146、公、タイジ(いずれも爵位)たちが河を渡って来て会いに来た。私は黄河の岸に行って、河の広さを測った。一百六十尋《ひろ》。遠矢を射て越えること五十歩余りである。それから船に乗って、私自身、新満洲人たちとともに河を溯って漕いでみた。やはり可能である。船と道具が悪いので、手に力が入らない。多くのモンゴル人たちは感嘆して、『私どものこのハトン・ゴル(黄河のモンゴル名)を上流の方へ船が行ったのを、祖先の代から聞いたことがありません』という。あちらこちらと渡ってみると、下流に船をのり上げる場所がない。今は氷片が流れている。多人数で渡河を強行することはできないので、凍結が待ち遠しい。古来、十月二十日（十一月十四日）を過ぎて凍らなかった年はない、ということだ。京師で池（中南海、北海）が凍った日を記録して知らせよ。

ココ・ホトンから黄河の岸までは一百七十里、黄河の岸からシュルゲイ（殺虎口）[*147]の長城の門までは一百七十里という。まだ測量してはいない。

黄河に着いた日から寒さを感じはじめた。京師の氷が張るころのようである。こちらでは栗鼠皮や羊皮の上衣、腹皮の胴着を着ている。年をとった者どもは、これよりも厚着をしている。

われわれに投降して来たオーロト人のドゥワは、鞍や小銃の台尻の細工が上手なうえに漆塗り

＊145　**オルドス**　黄河の彎曲部に囲まれた地域で、かつてモンゴル高原でチンギス・ハーンの霊を祀っていたオルド（帳幕）が十五世紀頃この地に移り、その複数形でオルドスとよばれるようになった。ダヤン・ハーンの孫でアルタン・ハーンの長兄であるグン・ビリクの子孫が領したが、ホンタイジの勢力が南モンゴルに及ぶと清に降った。

＊146　**ベイレ、ベイセ**　清の爵位で、親王、郡王に次ぐ第三・第四の位。八旗の宗室王公と外藩のモンゴル王公とで共通。

＊147　**シュルゲイ（殺虎口）**　山西省西北部の万里の長城の関門で、ココ・ホトン（フヘホト）へ向かう交通の要地。明代には「殺胡口」（えびすを殺す関門）とよばれたが、清代に入って殺虎口と改字された。

殺虎口の城壁（明代）

もできる。技が巧みである。シャンバ王が送って来たオーロト人の鎖帷子《くさりかたびら》を鍛えるタブキは、鎖帷子のたぐいに驚くほど上手である。ココ・ホトンで探して見つけたオーロト人の鍛冶屋ウセイは、打つのが速くてきれいである。

われわれはこちらで、試みにオーロト式の鞍を一つ作った。ただ黄金がないので象嵌《ぞうがん》しなかった。オーロトの赤毛馬一頭とともに皇太子に送る。馬はガオ・ユイ・キンが連れて行った。馬は大いによい。脚がしっかりしていて脚なみがある。全く馴れている。馬糧で体力が回復してから、一体どうなるかがわかるだろう。鞍掛け蒲団、皮の鞍掛け、泥障《あおり》、轡《くつわ》、鞦《しりがい》はみなオーロトの女たちが一昼夜で作り上げた。捕えたオーロトの子どもたちに、われわれの式の着物や外套を作らせてみると、皮を接《つ》ぎ合わせたり、表を裁《た》ったりするしごとに、一日に一着が可能である。はなはだ巧みである。ただし少々粗末である。この鞍を皇太后にかならずお目にかけよ。

また私がこちらでハルハ人の羊を食べてみると、あるいは水がよいからなのか、あるいは土地のせいか知らないが、驚くほど味がよい。さようなので私が自分で監督して水で煮て、河が凍るのを待っている間は私には用事もないので、自分で小刀を持って骨から肉をそぎ落として、箱に入れて送る。これを皇太后に謹んでさし上げよ。また上書きのとおりにグ太監（宦官）に渡せ。

三十日（十一月二十四日）は休止した。一日（十一月二十五日）は休止した。二日（十一月二十六日）の朝、モンゴル人たちが報告して、『ここから五十里のシルガという所に、今夜、氷が二箇所に張った。それぞれの箇所は一里を越える。われらの将校は驚いて、私をまず遣わした。彼らがみんなで行って試みて、渡れるようならば申し上げに来る』と言ってきたので、道案内の将校テグスらを遣わして見に行かせた。

また私の宿営から東南へ十五里の先の、ボロルジという小さな砂丘の所に、兎が豊富であると聞いて、徒歩に耐える者どもを選んで、われわれとともに来た緑旗兵をみな徒歩立ちにして巻狩をした。兎は豊富にいた。私は皇太子が送ってくれた兎用の矢をもって四十頭ばかり殺した。全員で三百頭ばかり殺した。

またオルドスの者どもの話では、河を渡ってからは、草の一株ごとに四、五十頭の兎が出る、はなはだ豊富だ、という。今われわれの良馬が一杯で、品定めの暇がない。オルドスの良馬を河を渡して持って来てはいない。

いまどきもしも盛京《せいけい》（瀋陽《しんよう》）*148の方から何か送って来れば駅伝に負担がかかる。われわれの居るこちらには種々の食物がみなある。何か送りたいならば、ただ鹿の尾五十本、舌五十枚、あいなめ、鮒《ふな》、鱒《ます》の到来物があれば少しだけ送れ。他の大魚や蝶鮫《ちょうざめ》は私は食べない。雉を送って来るな。こちらには豊富で肥えている。橘子《みかん》、柑子《オレンジ》などの物は、たとえ到来物があっても送って来るな。果物や小麦粉のたぐいの物は、われわれはこちらでは寧夏（銀川）から取り寄せて食べている。小麦粉は大いによい。いくら御用の上等の小麦粉で餅を作って比べてみても、われわれの小麦粉は黒くて固い。寧夏の小麦粉は真っ白で軟かく細かく、いくらたくさん食べても消化がよい。葡萄《ぶどう》も大いによい。葡萄の名を公領孫《グンリンスン》*149という。大きい葡萄の周りの根もとに、みな小さな梭子《ソズ》葡萄がある。以前に梭子《ソズ》葡萄をいつも食べたけれども、このように生えることは知らずにいた。まことに奇怪である。梨《なし》もよい。グ太監が報国寺で買ったよい梨はここで産する。

三日（十一月二十七日）の朝に河を渡って人を遣わして、オルドスの王、ベイレ、ベイセ、公らの控え馬一百二十二頭の内の四十頭、控え馬でない三百頭の内の一百二十頭を、河の向こう岸に連れて来させて、われわれの鞍を船に載せて河を渡った。渡るときに見ると、氷片はみな両岸に打ち上げられている。河の水は私が到着した日のようではなく、全く流れなくなっている。それから〔北京の〕暢春園《ちょうしゅんえん》*150（離宮）の河を渡るようにして真っ直ぐに渡った。両岸のモンゴル人たちはみな合掌して叩頭をくりかえしながら、『この土地は私どもが代々住んで参りました土地でございます。この河でさえこのように御意に合わせるのですから、われらの皇帝陛下に誰が悪心を抱くことができましょう』と誓いの言葉を述べる。それからすぐに彼らの馬に乗って、一刻（四時間）、小規模な巻狩を三回した。まことにオルドスの地は話に違わず、巻狩に慣れている。兎は非常に豊富で、雉も豊富である。私は五十ばかり殺した。皇子たちはみな二十殺した。良馬が多いうえに、場慣れがしているので大いに快適である。土地は砂丘ではあるが、平らで固い。草は一叢《むら》一叢生えている。馬を馳せるのに心配はない。幼少から『オルドスの兎』と聞いていた。いま見ることを得た。巻狩を終え申の刻（午後四時）に、先のとおりにして河を渡って宿営にもどった。

夕方、テグスらが帰って来て、シルガという所から上流は河がみな氷が張っている、渡ってみ

＊148 **盛京（瀋陽）**　遼寧省の中心都市で、北京遷都以前の都。遷都後も陪都（副都）として重要視された。都市名としては瀋陽だが、都としては盛京と名づけられ、満洲語ではムクデンという。奉天府は、行政機関の名。

＊149 **公領孫（グン・リン・スン）**　生え方を、成年男性（公）が孫を連れているさまに喩えた名称。『佩文斎広群芳譜』巻五七や『康熙幾暇格物編』上之中「葡萄」条でも言及される。親征時における自然観察は、康熙帝の科学知識の来源のひとつでもあった。

＊150 **暢春園**　北京の西北郊外にある離宮で、一六九〇年に造営して以来、康熙帝はこの離宮に滞在して執務することを好んだ。帝が没したのもこの離宮であった。

て不都合はない、と報告した。私は四日（十一月二十八日）は一日休止して、五日（十一月二十九日）にシルガの渡し場の方へ移動してみる。輜重が渡れるようならばすぐに渡る。少し不安定ならば何日か休止する。

これらのことをみな皇太后に書き写して申し上げよ。宮中にも聞かせよ。別に書こうとしたが、何もかも重複する。お前にすっかり諭せば、あるいは聞こえることだろう。外部の者どもに話すな。特に諭す」（十一月二十七日、『宮中檔康熙朝奏摺』第八輯、三七四〜三八七頁、皇太子への上諭）

オルドスで大いに狩を楽しむ

黄河の東岸にもどった皇帝のところに、ガルダンの動静について新しい情報がとどいた。それによると、ガルダンは窮乏の極に達し、ハンガイ山とアルタイ山の間を放浪しているというのである。

「皇太子に諭す。四日（十一月二十八日）の夕刻に到着した投降オーロト人ブダリの話では、自分は十月四日（十月二十九日）に来た。ガルダンのもとには数百の兵士がいるが、食べる物がないうえに寒いので、人の散り散りに逃げる者が多く、死ぬ者もある、という。自分の大ジャイサン[*151]（宰相）トゥシェート・ノルブが衆を率いて来降したがまだ到着していない、という。ガルダンはハミに向かうとはいうものの、地理に詳しい者ども、ハルハ人たちに問うと、チチク・ホンゴル・アジルガンという所はクレーン・ベルチルから三日程で、同じ所をぐるぐる回っているのである。この様子では、どの方向にも動けなくなっている。これからどこへ行けようか。いずれにしても安心になった。さらに詳しく問うと、小銃の火薬と弾丸が尽きてなくなっている。槍はない。現在、それぞれ群を作ってこちらに投降して来る者について話すことがはなはだはっきりしている。ここのところオーロトの投降者は十日間とだえていた。そのうえにこのブダリの妻はオヒンの家に居るということだ。この者の妻をこの者といっしょにしてやれ。皇太子は大臣らとともにこの者に詳しく問え。これも一つの心喜ぶべきことである。トゥシェート・ノルブはオーロトの大物である。この者が来たならば、オーロトがどうなるかを決定的に知ることができる。来たときに急いで知らせよう。

これを皇太后に申し上げよ。皇太后の御平安を謹んで伺う。

四日（十一月二十八日）は休止した。五日（十一月二十九日）に河の上流へ、凍結した渡し場に向かって移動する。特に諭す」

（十一月二十八日、『宮中檔康熙朝奏摺』第八輯、三九四〜三九七頁、皇太子への上諭）

十一月三十日、皇帝は結氷した黄河を渡ってオルドスの地に入り、それから一箇月近く滞在した。

＊151　**ジャイサン**　モンゴル、オイラトの重臣の称号で、漢語の「宰相」が語源。

北征　宿営の様子

「皇太子に諭す。先に諭したところでは、五日（十一月二十九日）に出発して、五十里余のシルガの凍結した渡し場で渡る、といっておいた。五日に黄河の上流へ十八里行って、ハライン・トホイという所に到ってみると、黄河が凍っている。それからそこに宿って、氷を切ってみると、一尺になっている。全く丈夫なので、三旗を三道に編成して、道に敷き物をして、六日（十一月三十日）に輜重がみな渡った。ここの上流六里から先は凍っていない。下流三里から先も凍っていない。すべてのモンゴル人たちは不思議がって、もともと黄河が凍るときには、北の寒い方から凍りはじめるもので、このように暖かくて河が凍らないときに真ん中から厚く凍ったのを見たことがないばかりか、聞いたこともない、と話す。河を渡った後、すぐ巻狩をした。兎や雉が大いに豊富であった。雉を射ようとすると兎がおろそかになる。兎を射ようとすると雉がおろそかになる。板ばさみになって十分に殺せなかった。兎は四十頭ばかり、雉は十羽あまり殺した。雉は肥えていた。

夕方、宿営に下馬した後、王、ベイレ、ベイセ、公らの母や妻たちがみなやって来た。私がオルドスの地に着くやいなや、オルドス人の生活が立派で、礼儀が昔のモンゴルの伝統を少しも失っていないのを知った。〔オルドス〕六旗の王、ベイレ、ベイセ、公、タイジらはみな仲がよく一身のようで、お前のもの、自分のものということがない。盗賊がなく、駱駝、馬、牛、羊を見張るということがない。馬が暴走して行く方がわからなくなって二、三年経ったものでも、他人が見つければ隠さず、ジャサク（旗長）のもとに送って持ち主に確認させるという。王の母も実の母ではなく、ベイレの母も実の母ではないが、彼らが自分たちの母を大切にすることは実の母にもまさり、この上なく尊敬している。他のモンゴル人たちがこれを見れば恥じて死ぬべきである。オルドス人の生活状態は整然としている。家畜は豊富で、良馬が多い。チャハル人の生活状態には少々及ばないけれども、他のモンゴル人たちよりはるかに富んでいる。兎を馬上から射るのは見事ではないけれども、全く慣れたものである。当てるのはうまい。いま私の乗用の良馬を十頭あまり手に入れた。まだ品定めをしていない馬は百頭を超える。

こちらでは黄河の石花魚《せきかぎょ》がはなはだ豊富である。長城内からも送って来る。モンゴル人たちも送って来る。全く新鮮なので肥えて味がよい。皇太后は大きい魚を召し上がらないので送らない。

われわれはここに長いこと居ながら、慣れてそれとも感じない。水も土もはなはだよく、食べる物は豊富で、燃料も豊富である。人びとはみな元気だ。そのうえにあまり寒くない。今でさえ、私がケルレン河で四月（五月）に着た服を着ることがない。京師では少し涼しくなると冷え冷えとして襟をかき合わす。ここでは全くそういうことはない。これも一つの不思議である。これから涼しくなるのを何として知ろう。

ドゥンスハイという駅站《えきたん》のところに宿った。七日（十二月一日）は休止した。この日、オルドス人が献上した馬や駱駝などのものを処理した。

八日（十二月二日）は休止して、西南方の砂丘で巻狩をした。兎や雉が大いに豊富であった。

私は六十ばかり殺した。われわれは馬を大切にして、馬を多く持っている大臣や侍衛、全員で六十人ばかりが行ったのであった。合計三百あまり殺した。これから先はますます豊富になるということだ。地勢ははなはだよい。砂丘はあちこちに少しあるが小さく、地面は固い。

われわれの旅行の楽しみを、ずっと省略して書いた。すっかり書こうとすれば、皇太子や皇子たち、留守番の者どもがあまりうらやみはしないかと思う。休止して居るところへ、兎が幔幕《まんまく》の中へ走りこんで来ることが多い。輜重が停止したとき、居ながらにして捕まえる者どもも多い。

九日(十二月三日)に十四里移動して、チャガーン・ブラク(「白い泉」)という所に宿った。この日、兎や雉が大いに豊富だったという話なので、新満洲人、若い執事人たち、緑旗の志願者で徒歩に耐える者どもを出して、巻狩競技のようにして、オルドス人の騎馬の勢子《せこ》の外側を二重に囲んだ。まことに兎や雉が豊富で、私は九十ばかり殺した。勢子たちは六百あまり殺した。

この数日間、オルドスの馬はいまだに品定めが終わらない。御用に指定した馬は四十頭を超え、みな飛び切りの良馬である。皇子たちは今、みな七、八頭ずつ乗用にしている。馬ははなはだよくて馴れている。オルドスの習慣で、馬をつかまえるのに捕馬竿《ウルガ》を使わず、走り寄ってどこでもつかめばすぐ止まる。跳ね回る馬を一頭も見なかった。小さい皇子たちの乗用に適した馬も手に入れた。

十日(十二月四日)、十九里移動してフスタイに宿った。この日も二重の囲みで巻狩をした。兎は大いに豊富で、雉は普通にいた。私は一百十あまり殺した。勢子の者どもは六百あまり殺した。

人はみな射るのに疲れはてている。さようなので十一日（十二月五日）は骨休めに休止した。私は出征に当たって、進軍する機会のあることをずっと望みながら来たのである。いま安楽にしていて気候も寒くなく、所々に牧地と水を求めて移りながら、ガルダンが死ぬか窮する知らせを待ち、投降して来る者を収容している。こうだとわかっていたならば、みんなを連れて来て、この馬の豊富な土地で兎狩をするところだった。これから先は兎がさらに大いに豊富だという。お前の送った手紙は、十一日（十二月五日）の朝早く、夜明け前に到着した。文面を見終わってすぐ、送る物を処理しおえて送り返した。われわれが手に入れた肥えた雉三十羽、乳の皮《ウルム》一箱を皇太后にさし上げよ。それ以外は書いたとおりに渡せ。肥えた雉は多くある。たくさん送ろうと思ったが、駅馬を要するので送らない。こうした事柄は以前のとおりに触れよ。特に諭す」

（十二月五日、『宮中檔康熙朝奏摺』第八輯、四一五〜四二五頁、皇太子への上諭）

困窮するガルダン

同じ十二月五日、オルドスのフスタイに居る皇帝のもとに、ガルダンが使者を派遣して来て和平を交渉するという情報が入った。

「皇太子に諭す。十一日（十二月五日）、報告を送って来たナマシャンと、オーロトの投降者ウシャンタイが到着した。〔ウシャンタイに〕詳しく問うと、彼は十月六日（十月三十一日）に脱走して来たのである。その話すところは、私が京師に送った者（ブダリ）と異ならない。ただ『ガルダンはチャガーン・グエン・ジャイサンを遣わして奏上に来る。家畜を集めようとしていた。もしも本当ならば、もうすぐである』という。ちょうど訊問がまだ終わっていないところへ、ガルダンの大ジャイサン・トゥシェート・ノルブが到着した。これは指導的な立場の者なので、事情に極めて精通している。詳しく問うと、ガルダンが困窮していることは確かである、今月にも結果が出るだろう、という。その他の事は大体、先ごろの者のとおりである。先にハミの方へ行くことに決まっていたが、副都統アナンダが兵を率いて道を遮ったのを聞いて、多分行くことをあきらめて、サクサ・トゥグリクに居る様子である、という。見れば人柄は大いに立派で、また男らしい。投降のときに連れて来たものは八十口である。

ガルダンが人を遣わして来れば、われわれはその場合に応じて人を遣わそう。私はここに居るだけで、おそらくガルダンを困窮させるだろう。道がないうえに、いま聞けば大いに寒くなっているという。徒歩の者が多いのに、どこへ行けよう。譬《たと》えれば檻《おり》に閉じこめられた獣のようなもので、自分から滅びるだろう。このことについてお前たちが承知するようにと、急いで知らせてやる。特に諭す。

これを皇太后に申し上げよ。宮中に告げよ。また満洲人の大臣たちにも告げよ。聞かせたい」

（十二月五日、『宮中檔康熙朝奏摺』第八輯、四一一〜四一四頁、皇太子への上諭）

先に皇帝が北京に送った投降者のブダリは十二月三日に着き、皇太子はブダリを訊問して、詳細な調書を作成して翌四日に皇帝に送った。これは十日になって皇帝の手もとにとどいたが、その出来栄えに皇帝は大いに満足して、次のような褒め言葉を書き入れている。

「私は無事だ。お前は元気か。ガオ・ユイ・キンは十六日（十二月十日）の朝に到着して、どの用件もみな明らかに伝えた。

皇太子の訊問は全く詳密を極めている。事情を明らかにしようという気持ちはそのまま私の気持ちと同様で、私はこの上なく嬉しい。そればかりでなく、お前が家に泰山のようにがんばって居て用事を処理してくれるので、私は外で心を楽にして用事もなく、これほどの日数を安心して過ごせたこと、これをかりそめに思えようか。私の幸福は、おそらく善行から生じたのであろう。私はこちらで知った限りの者どもに告げないことはない。お前がこのように父に孝を尽くし、あらゆる用事を誠意をもって行なうとき、私もお前が寿命は無窮で、子孫はお前のように孝行な性質で、このとおりにお前を大切にすることを祈る。お前があらゆることに良心的であることを明らかに知ったので、そのように書いて送る。

皇太子に一つ欠けているのは、このように豊富な兎を見られないことで、残念だ。兎は大いに豊富、雉ははなはだ多く、地は大体に平らである」

（十二月十日、『宮中檔康熙朝奏摺』第八輯、三九八〜四〇二頁、皇太子の奏摺に記した硃批）

皇帝はその後も、ガルダンから使者の来るのを待ちながら、オルドスの草原で狩猟を楽しむ。

「皇太子に諭す。十二日（十二月六日）、ホワ・トロガイに宿った。同じく二重の囲みで巻狩をした。兎や雉の豊富なことは言葉に表わせないほどだ。私はこの四十歳を過ぎて行かなかった所はないが、このように兎が豊富なのを見たことがない。巻狩をすると、主人も奴隷もなく、ただ射るばかりで全く暇がない。私は一百三十八殺した。皇長子は五十九殺した。皇三子は五十五殺した。皇八子は五十殺した。裕王（福全）は二十ばかり殺した。この巻狩で五つ殺した者は非常に少ないほうである。数を算えれば、すべて巻狩で殺した獲物は一千五百五十六。営地でも一杯になって、殺したものが非常に多いという。数は算えてない。われわれの食べる米は豊富だが、このとおりで、もしも食糧の補給が絶えたとしても、決して餓えるようなことにはならない。オルドスの者どもは、兎を自分たちの飯だという。どこに行っても兎のない所はない。また巻狩をして通り過ぎた所を見れば、以前のとおり豊富である。昔、オルドスの兎を長城の漢人たちに売るときには、銅銭二枚で兎一頭の値段だった。今は銅銭六、七枚で兎一頭の値段である。以前より三倍も高くなっているという話だ。いったい以前の豊富だった時代はどんなだったのだろうか。私がこんな事をお前たちに書いてやってうらやましがらせるべきではないが、内輪に嘘をついて書くこともできなくて、しかたがない。

十三日（十二月七日）は休止して、同じく二重の囲みで巻狩をした。雉は少なく、兎は十二日のとおりである。私自身から勢子の者に至るまで、前日に兎を殺し疲れて、手も親指もみな腫れてよく射られない。私は八十三殺した。皇長子は四十一殺した。皇三子は四十三殺した。皇八子は三十九殺した。すべて勢子の者は一千四百四十二殺した。オルドスの勢子の者の殺した数は算えてない。この日、最初の囲みが終わるころ、上駟院侍衛ワセ、アサナがやって来た。彼らは驚嘆して、こんなに豊富な兎もあるものか、といった。それから彼らに、巻狩のあとで射よ、と、二人はかなり殺した。夕刻に巻狩が終わった後、馬を検閲した。みな肥えている。われわれが連れて来て日数を隔てて乗った馬と同等である。われわれの馬はそれほどひどく衰弱していることはない。ある馬など、肥えて肉がたるんだままである。見れば、この季節は馬や駱駝に大いに適している。

十四日（十二月八日）、巻狩もできなくて休息のために休止した。オルドスの馬を品定めしてやっと終わった。京師から出てから御用に指定した馬は八十一頭、そのうち大いによいのは三十頭である。宮中で飼う馬は四十二頭で、肥えた後ものになる望みがある。皇子たちに与えた馬は三十九頭、上駟院に与えた馬は七十一頭、太僕寺[*152]に与えた馬は六百十一頭、駱駝は一百四十三頭である。こちらでは兎が豊富なので、各馬、十頭や十五頭の兎を殺さなかったものはない。みな詳細に調べて品定めした。あとで変わるかどうかは知らないが。

オルドスの土地ははなはだよく、とりわけ若い子どもたちが練習に騎射をするには適した所である。冬眠の兎が豊富で、巻狩の囲みの両翼が合うと、冬眠していた兎で一杯になる。誰の方に来たら誰が射るのか。ひとたび弓を引きしぼったら、どの兎を狙うべきかも知れず、二頭、三頭、四頭、五頭が同時にやって来る。馬を走らせることすらできず、止まったままぐるぐる回るうちに疲れてしまう馬すらある。

十五日（十二月九日）、巻狩の完全な翼を組むには足りないので、また休止した。この日、用事がない暇に、われわれの笛吹きの者ども、オルドスの笛吹きの者ども、オーロトの笛吹き、琴弾き二人をみな呼んで、一日中演奏させた。オーロトの笛吹きヤクシの言うことには、『私は六十五歳になりました。四オーロトの君主たちをみな知っています。いま皇帝陛下を拝見すると、あらゆる徳を具えていらっしゃる。仁慈は及ばぬところはなく、衆に恩を施し、すべてのモンゴル人にやさしく、貧賤をいやしまなくていらっしゃる。われわれの君主たちはこうではありませんで、一切の人に会わず、自分を極めて尊大にするのでした。これを拝見しますと、興国の君主たちはみな天の運命を与えられた人なのですねえ』といって、またおどけて『この巻狩で見ますと、

＊152　**太僕寺**　隋唐以来、国家の軍・馬などを管掌する官庁のこと。宮廷の厩舎、牧場、車庫を管理し、行幸に供奉する。清代の牧場は、モンゴルの宗家チャハル親王ブルニの乱の後、満洲式の八旗に改編したチャハルの四牧群の二つが当てられ、張家口の北からドローン・ノールの間で放牧した。

地上を走る兎どころか、飛ぶ雉でさえあちこちで待ち受けて、こちらから鷹を放ってそちらで捕える。そちらから鷹を放ってこちらで捕える。この待ち受けて捕えるのを見ると、全く逃げられない。あなたがたがガルダンを意のままにするのは、これよりもっと厳しいですよ。どうして逃げ出られましょう。私の気持ちでは、どこかの隅で命を永らえてほしいと思いますが、これは老人の昔を忘れないほんの気持ちです』といったので、衆人はみな笑った。私ははなはだ気に入った。これはわれわれがくつろいで居るときの楽しみだが、これをそのまま書いた。

十六日（十二月十日）、ジゲスタイに宿った。二重の囲みで巻狩をした。雉は普通にいた。兎はこれまでのとおりである。私は一百二十二殺した。皇長子は五十九殺した。皇三子は五十五殺した。皇八子は五十四殺した。裕王は二十二殺した。勢子の者どもは一千二百十五殺した。モンゴル人の勢子の分は算えてない。

十七日（十二月十一日）はどうにもならず休止した。この日、報告が着いたので送り返した。われわれの行ける場所はすべて終わった。オルドスの勢子の馬も弱っている。もっと行けば、冬を越すのがモンゴル人たちの馬には困難になるかも知れないと思ってやめた。われわれは黄河の岸に沿って、馬を飼いながら情報を待っている。特に諭す。

こうした事柄を、これまでどおり皇太后に申し上げよ。宮中に聞かせよ。皇子たちにも聞かせよ。外部に話すな」　（十二月十一日、『宮中檔康熙朝奏摺』第八輯、四三七〜四四七頁、皇太子への上諭）

耳を掩って鈴を盗む

皇帝が待ちに待った情報は、その二日後にとどいた。撫遠大将軍フィャングからの急報で、ガルダンが講和を申し入れに遣わしたゲレイ・グエン以下二十人の使節団が国境に到着した、というのである。

「皇太子に諭す。十九日（十二月十三日）、われわれが休止していたとき、朝の巳の刻（午前十時）に、フィャング伯の緊急の報告書が着いた。見ると、ガルダンが投降しようとして人を遣わしてきているという。そこでフィャングの報告書の原本を、急いで知らせようと思って送る。このことを皇太后に申し上げ、御平安を伺え。宮中に聞かせよ。満洲人の大臣たちに告げよ。事態はたとえまだ明確ではなくても、私には方針がある。お前は心配するな。私は最初から、ガルダンはおしまいだ、と言っていた。いまおそらく私が言ったとおりになるだろう。特に諭す。

康熙三十五年十一月十九日」

（十二月十三日、『宮中檔康熙朝奏摺』第八輯、四四七〜四四八頁、皇太子への上諭）

皇帝がこの手紙を発送した直後、さらに意外な発展があった。ガルダンが青海・チベットに派遣した使節団の一行百六十人が清軍に逮捕され、ダライ・ラマ、摂政サンギェギャツォらに宛てたガルダンの手紙十四通が手に落ちたのである。

「皇太子に諭す。十九日（十二月十三日）に手紙を発送するのと同時に、御前侍衛アナンダの報告がとどいた。ガルダンがダライ・ラマ、ココ・ノール（青海）に遣わした、ガルダンの腹心のラマ・ソノムラシらの者どもを、私が命じて待ち伏せさせた所でことごとく捕えた。そこで報書を書き写して送る。

全部で人は一百六十口、馬は八十頭あまり、駱駝は百頭あまりである。駱駝と馬は痩せていて、食べるものはない。ガルダンの居場所から一箇月行って、スル河という所で捕えられたという。ガルダンがチベットに送った手紙十四封を、みな翻訳させて、事情がわかってから知らせようと思って、すぐには送らなかった。十九日、二十日（十二月十四日）の両日に翻訳が終わった。見ると、自分の敗北、窮乏をみな隠している。面目を失って伏目になるようなところはない。譬《たと》えれば耳を掩《おお》って鈴を盗むようなものである。ダライ・ラマ、ココ・ノール地方ではもうすでに聞いていることを知っていない。十四通の手紙は役には立たないが、みな書き写して送る。これを書き取って皇太后に申し上げよ。宮中に聞かせよ。満洲人の大臣たちに見せよ。十四通の手紙は、内に見せるべきところはない。特に諭す」

（十二月十四日、『宮中檔康熙朝奏摺』第八輯、四五七～四六〇頁、皇太子への上諭）

皇帝の言うように、ガルダンの手紙はすべて強気の楽観的な調子で書かれ、九月二十九日の日付がある。チベットへ亡命する伏線であったことが察せられる。

こうして事態が新たな発展を見せはじめたので、そろそろ巻狩にも飽きてきた皇帝は、ふたたび黄河の東岸にもどる準備をすることにした。

「皇太子に諭す。十八日（十二月十二日）、行くべき場所が終わったので、気の毒に思って本営は動かさず、もう一度これまでどおりに巻狩をした。雉は少ないが、兎はこれまでの数日よりもさらに豊富である。私は一百三十二殺した。皇長子は五十九殺した。皇三子は五十四殺した。皇八子は五十二殺した。裕王は十五殺した。われわれの殺したのと勢子の殺したのは合計二千六十一である。全部で小規模な囲みを四回行なった。最後の囲みのときには私の側づきの侍衛たちを散開させて、思う存分、射させた。

十九日（十二月十三日）は休止した。

二十日（十二月十四日）も本営は動かさず、もう一度これまでどおりに巻狩をした。雉は少なく、兎はこれまでどおりである。私は一百三十殺した。皇長子は五十八殺した。皇三子は六十殺した。皇八子は五十九殺した。裕王は十殺した。われわれの殺したのと勢子の殺したのは合計一千五百三十である。これで巻狩はやめた。黄河を渡ってから八十里も移動していないのに、これほどの日数を巻狩して、すっかり満足したうえに、つぎつぎと吉報が来るようになったので、前のようにフタニ・ホショーに行って待機することにする。

オルドスの地を見ると、われわれの〔北京の〕南苑の南のように、砂丘が散在している。木も豊富で、塵埃も同様である。ただし水は不足で、黄河に沿って行く以外は、勝手な所へそれて行くと水に困る。兎や雉のない所はない。土地が長城に近いのではなはだ暑く、京師よりさえ暖かいようだ。何か年のせいだろうか、ココ・ホトンもフタニ・ホショーもここより寒かった。

二十一日（十二月十五日）は休止した。私は大いに元気だ。これほど巻狩に行っても、馬でさえ一度も膝を折ったことがない。こうしたことを皇太后に申し上げよ。宮中に聞かせよ。皇子たちに告げよ。外部に話すべきではない。特に諭す」

（十二月十五日、『宮中檔康熙朝奏摺』第八輯、四五三～四五七頁、皇太子への上諭）

この手紙が示すように、さすがの皇帝も疲れてきていた。それがちょっとしたことで爆発して、気の毒な皇太子に当たることになる。

「私は無事だ。皇太子は元気か。私は皇太子が遠くから心配しているといけないと思って、われわれがこちらで元気でいることを、くりかえしくりかえし念を入れて書いて送ってきた。何故、私への返事に一言も言わないのか。これほど何通もの手紙を書くだけでも多少は苦労でないはずがあるか。これからは私は余分に書くのをやめる。

二十二日（十二月十六日）は休止して、オルドスの者どものために酒宴を張って、品級に応じて賞賜した。

二十三日（十二月十七日）に帰途について、フスタイに宿った。二十四日（十二月十八日）は休止する。フタニ・ホショーに着いて滞在する。フタニ・ホショーはここから八十里ある。

将軍サブスが病気になったので、私の手もとにあったジュレベ・ベラルドという水薬をことごとく送ってやった。一昨日、京師から来た副都統バリンがひどく衰弱して病態である。彼にやりたいがなくなってしまった。これを多少、準備しておかなければいけない。この手紙が着いたら、いくつか小さなガラス瓶に盛って送れ。

バリンの病状は重い。どうして家に帰れようか。今後は、こうした遠方から来た者どもに後を追って来させるのは理に合わないので、来させるな。それだけではない、重病人を車に載せて送る例をもともと聞いたことがない。途中で死んだらどうするのだ。

シュワイ・ジンの植えた種痘はみなうまくついた。

私がこちらで打たせた小刀一梃《ちょう》、毛抜き一梃を送る。今後こちらに送る物は何でもていねいに包んで皇太子が監督すればよろしい。鹿の尾は包み方がぞんざいだったので、見るかげもなく砕けていた。私が京師に送る物は、みな私が自分で監督して包ませている。包んだ飯局（皇帝の台所）の者どもにそう言え。恥知らずの小人どもは全くいいかげんだ」

（十二月十七日、『宮中檔康熙朝奏摺』第八輯、四四九〜四五三頁、皇太子の奏摺に記した硃批）

ここに記された「種痘」については、月日は不明だが、まだココ・ホトンに滞在中の皇帝の手紙に、「オーロトの小児たちで私の手に入ったものがはなはだ多い。ある者はこの上なく美しい。まだ疱瘡《ほうそう》が済んでいないので、気がかりでもあり、かわいそうだ。お前は種痘医を一人送れ。痘苗を多い目に求めて、まちがいなく託して来させるように」と言っており（『宮中檔康熙朝奏摺』第八輯、三四二～三四三頁、皇太子の奏摺に記した硃批）、これに答えた十一月十九日付の皇太子の手紙は、種痘医シュワイ・ジンが同日出発したことを伝えている（『宮中檔康熙朝奏摺』第八輯、三五四～三五八頁、皇太子の奏摺に記した硃批）。

ガルダンの使者を引見

さて、ガルダンの使者は十二月十九日、オルドスのフスタイから移動中の皇帝の一行に途中で出会った。皇帝は高い砂丘の上に座を占めて、使者ゲレイ・グエンをすぐ間近に坐らせ、茶を勧めて語り合った。

「皇太后の御平安を謹んで伺う。私は無事だ。皇太子は元気か。

二十五日（十二月十九日）の朝、ガルダンの遣わしたゲレイ・グエン・ドラール・ジャイサンが到着した。私が先年に会ったときより、見るもむざんになっている。そのまま老いた乞食のようである。来た理由と事情を詳しく問うと、ガルダンが投降しようとしているのは、おそらく本当である。あちらのジャイサンや位の高いほうの者どもからの伝言も多い。この事はダンジラが言い出して、強く勧めたという。また重大な事なので、徹底的に話し合った。ガルダンの意向の話、生活の窮乏などの事の話がこみいっているので、長くは書かない。ただガルダンの投降が確実なことを大体書いて送る。これをこれまでどおり〔皇太后に〕申し上げよ。〔ほかの人びとに〕告げよ」（十二月十九日、『宮中檔康熙朝奏摺』第八輯、四六〇〜四六三頁、皇太子の奏摺に記した硃批）

ゲレイ・グエンは二日間、ドゥンスハイの皇帝の本営に滞在して、十二月二十日に出発した。そのとき皇帝はこう言った。

「お前は行って、ガルダンに言え。いかなる事もかならず顔を合わせて話し合うのがよい。そうしなければ決着がつかない。彼がこちらへ来なければ、私はかならず雪を食っても彼を探しに行く。何としてもやめはしない。私はここで狩猟をしながらお前を待っている。お前は七十日以内に知らせを持って帰って来い。その日が過ぎれば、わが軍はかならず進攻する」

皇帝がそう言って、ゲレイ・グエンの一行がまさに出発しようとしているとき、管領ダドゥフが「陛下の召し上がる米がなくなりそうです。引き揚げるのが宜しゅうございます」と言い出した。皇帝は激怒して、

「ダドゥフよ、衆人の気持ちを動揺させるような発言は、即座に首をはねて殺すべきである。米が

なくなれば、フタニ・ホショーから運んで食べるだけのことだ。どうして困るというのだ。もしも米がなくなったとしても、私は雪を食べながら、かならずガルダンを追いつめるだけである。何が起こっても引き返さない」（以上、『親征平定朔漢方略』第三三、康熙三十五年十一月庚辰条）

そう言った皇帝は、これからマイダリ廟[*153]を見物に行く、と言って、道案内たちを選んで、道路の整備に送った。これを聞いて、清軍の兵士たちは、ぶつぶつ言い出す。ゲレイ・グエンの一行が出発すると、皇帝は人にあとをつけさせて、二十里へだたって一行の後尾が見えなくなったことを確認した。そこで皇帝は、あらためて引き揚げの命令を下す。清軍の全員はどっと歓声を挙げて喜んだ。

「ゲレイらが、われわれの引き揚げを知ると困ると思って、三日（十二月二十六日）にマイダリの方へ移動すると言い触らしておいて、そのまま帰途についた。八日（十二月三十一日）に右衛[*154]に到着した。

帰途につくとすぐひどく寒くなった。われわれが向こうへ行くときでさえ、ずっと凍傷が出ていたのだから、引き揚げる者どもは行軍に耐えない。皇長子は顔も下顎もみな凍傷にかかった。少し無理をした者どもはみな凍傷にかかった。新満洲人、ソロン人[*155]、ハルハ人、オーロト人にも凍傷にかかった者がある。この者どもの話でも、ひどい寒さだという。私自身は幸いに凍傷にかかった箇所はない。無理をしている者どもの間で、いつも面目が立つ。このような寒さを、私は一度も見たことがない。毎晩、商売に来ている漢人たちや馬丁が凍死しないようにと、種々手を尽くしていたわったので、不都合は全くなかった。寒さにはやはり満洲人が強い。

私が長城を入ったとて、皇太子は勝手に迎えに来てはいけない。私からそう言おう。家では寒さはどうか。こうした事をこれまでどおり、申し上げよ。告げよ。外部に告げるな。

この手紙を右衛将軍の家で書いた。事項ごとに書けば長くて面倒だし、紙面もなくなった」

（十二月三十一日、『宮中檔康熙朝奏摺』第八輯、四九八～五〇七頁、皇太子の奏摺に記した硃批）

皇帝はフタニ・ホショーの南で黄河を東に渡って、殺虎口で長城を入り、右衛（山西省右玉《うぎょく》県）、左衛（左雲県）、大同（大同市）、天城（天鎮県）、宣化（河北省宣化県）と東に進んで北京に向かった。

＊153 **マイダリ廟** 現在の内モンゴル自治区包頭市にあるチベット仏教の古刹。マイダリ・ジョー、美岱召ともいう。アルタン・ハーンの離宮の故地といわれ、十七世紀初めにチベットから来た高僧マイダリ・ホトクトが開いたとされる。

＊154 **右衛** 山西省西北部の軍事拠点で、長城線の殺虎口の内側に位置する。フヘホトやモンゴル高原に対する後詰めの任を担い、八旗が駐屯して右衛将軍が指揮した。

＊155 **ソロン人** 黒龍江上・中流域方面にいた狩猟・牧畜民で、ロシアの黒龍江進出によって大興安嶺・嫩《ノン》江流域に南遷していた。黒龍江将軍管下で八旗組織に編成され、対ジューン・ガル戦争にも動員された。

大同　鼓楼

宣化　清遠楼

「私は無事だ。皇太子は元気か。左衛に宿った日（一月二日）、高山に宿った日（一月三日）、大同に宿った日（一月四日）は暖かかった。十三日（一月五日）、途中で少し雪が降った。皇太子は皇十子（胤䄉《いんが》、*156 十四歳）以上を連れて、十八日（一月十日）に出発して、ゆっくり迎えに来い。お前たちの旅行は手間がかかってしかも忙しいので、馬を夕方にちゃんと汗を乾かさなくて、出かけるたびに馬が多く死ぬ。来年、馬や駱駝が必要になるかも知れないので、大切にするべきである。各佐領《ニル》（中隊）が飼っている馬を勝手に徴発してはいけない。来るときに、ダンバ・ハシハ、ハンド・タイジ、マム・グエン・ジャイサン、その子アムグランを連れて来い。私の馬は肉づきがそのままよい。家にある馬を連れて来るな。私の上駟院の全部の馬で死んだり失せたりしたものは八頭、太僕寺の馬と佐領の馬で死んだり失せたりしたものは三十三頭で、それ以外はみな健康である。大同で飼うときにかえって死んだものが七十頭を超える。これでわれわれの旅行のしかたがわかるだろう。

家から勝手に遠くまで出迎えに来るのはやめてほしい」

（一月五日、『宮中檔康熙朝奏摺』第八輯、五〇九～五一六頁、皇太子の奏摺に記した硃批）

＊156 **胤䄉**　一六八三―一七四一。康熙帝の第十子で、母の温僖貴妃ニオフル氏は輔政大臣エビルンの娘で孝昭皇后の妹。敦郡王として正紅旗に封じられた。皇八子胤禩を支持したため、雍正帝が即位すると爵位を剥奪されて幽閉された。

こうして一六九七年一月十二日、皇帝は皇太子、諸皇子、在京の文武の大臣らの出迎えを受けて、午後二時に徳勝門（内城の北門）から北京に入り、神武門（北門）から紫禁城に入って、直ちに皇太后に帰京の挨拶をした。出発以来、九十一日が経っていた。

活仏たちの運命——第三次親征

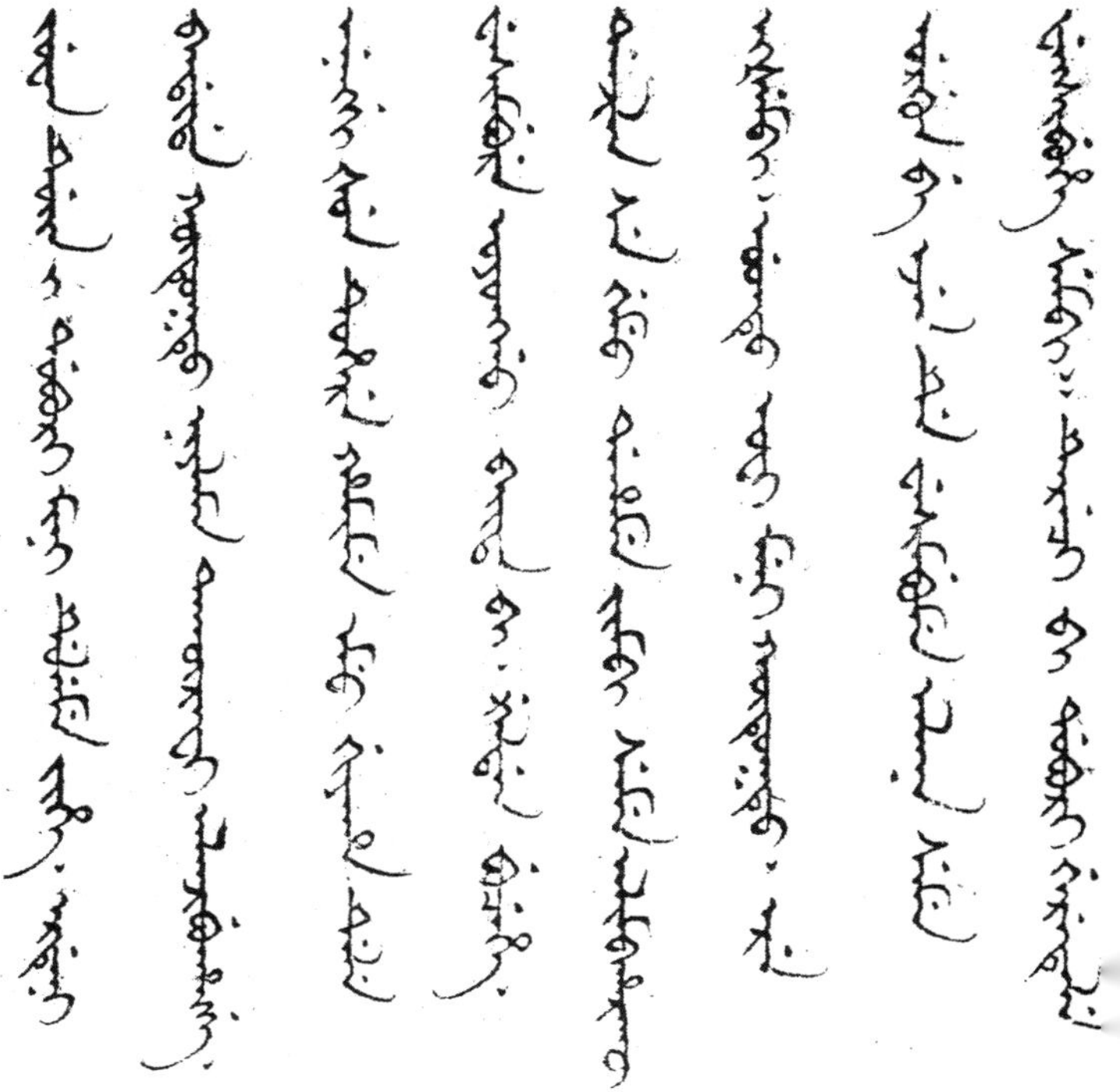

康熙帝の筆蹟（ガルダンの死の第一報）

摂政サンギェギャツォ

ガルダンが居るというサクサ・トゥグリクの地は、アルタイ山脈の南側のサクサイ河の渓谷で、ここからゴビ沙漠を西南に越えればすぐハミの町である。ガルダンがハミから青海経由でチベットに亡命することはかねて予想されていたので、皇帝は副都統アナンダを粛州に駐在させて、この方面に警戒線を張らせていた。

一六九七年二月七日、旧正月の上元節の祝いとて、北京の西北郊の暢春園《ちょうしゅんえん》離宮の西門で燈籠を飾り、花火を上げていた皇帝以下、モンゴル人の王公、投降ジューン・ガル人の集まりの席に、ガルダンの息子セブテンバルジュルをハミ方面で捕えたというアナンダからの報告がとびこんで来た。モンゴル人たちは大いに喜んだ。

セブテンバルジュルを実際に捕えたのは、ハミの頭目ウバイドゥッラー・ベク*157の手兵であって、それをアナンダに引き渡したのである。この知らせを受けて、皇帝は、ガルダン自身が動き出すのも間近い、と判断し、殺虎口の長城に近い右衛の町に自ら出張して作戦の指揮を取る、と発表した。前回の帰京から一月ちょっとしか経たないこととて、この第三回の親征には、内外から少なからぬ反対があったが、皇帝はそれを押し切って、二月二十六日、皇長子胤禔《いんてい》を伴って北京を出発した。実は皇三子胤祉《いんち》をも連れて行く予定であったが、病気のため北京に残したのである。

皇帝の一行が八達嶺《はったつれい》の長城の近くの岔道《さどう》に達したとき、前年にラサに派遣した使者からの報告がとどいた。

「皇太子に諭す。私が岔道に宿った日、八日（二月二十八日）の朝、摂政のもとへ遣わした主事ボージュの報告書が着いたので、書き写して、チェクチュらからの報告書の写しとともに送る。議政大臣たちに見せよ。手紙を送るついでに、皇太后の御平安を謹んで伺う」

（二月二十八日、『宮中檔康熙朝奏摺』第八輯、六二五頁、皇太子への上諭）

前年のジョーン・モドの戦いのあと、九月にチベットに派遣された理藩院主事ボージュは、ジンパギャツォ、ソェナムサンポという二人のラマとともに、十二月十六日にラサに着き、一月二日まで滞在したのである。この使節団の来訪を受けた摂政サンギェギャツォが自ら記すところによると、チベットに迫り来る国際情勢の暗雲を憂えた摂政は、禅定《ぜんじょう》に入って国難の打開を祈っていた。禅定が終わりきらないとき、清の使節三人は直接、宮殿に至り、その日のうちに詔書を手渡したい、とせき立て

＊157 **ウバイドゥッラー・ベク**　?—一七〇九。ハミ（注＊130）のトルコ系ムスリムの首長で、東チャガタイ・ハーン家との関係は明らかではない。ジューン・ガルに服属してダルハン・ベクの称号を授けられ、ガルダンに貢納していたが、ガルダンが敗れると清朝に帰順し、一六九七年にジャサク旗に編成されてジャサク（旗長）となった。

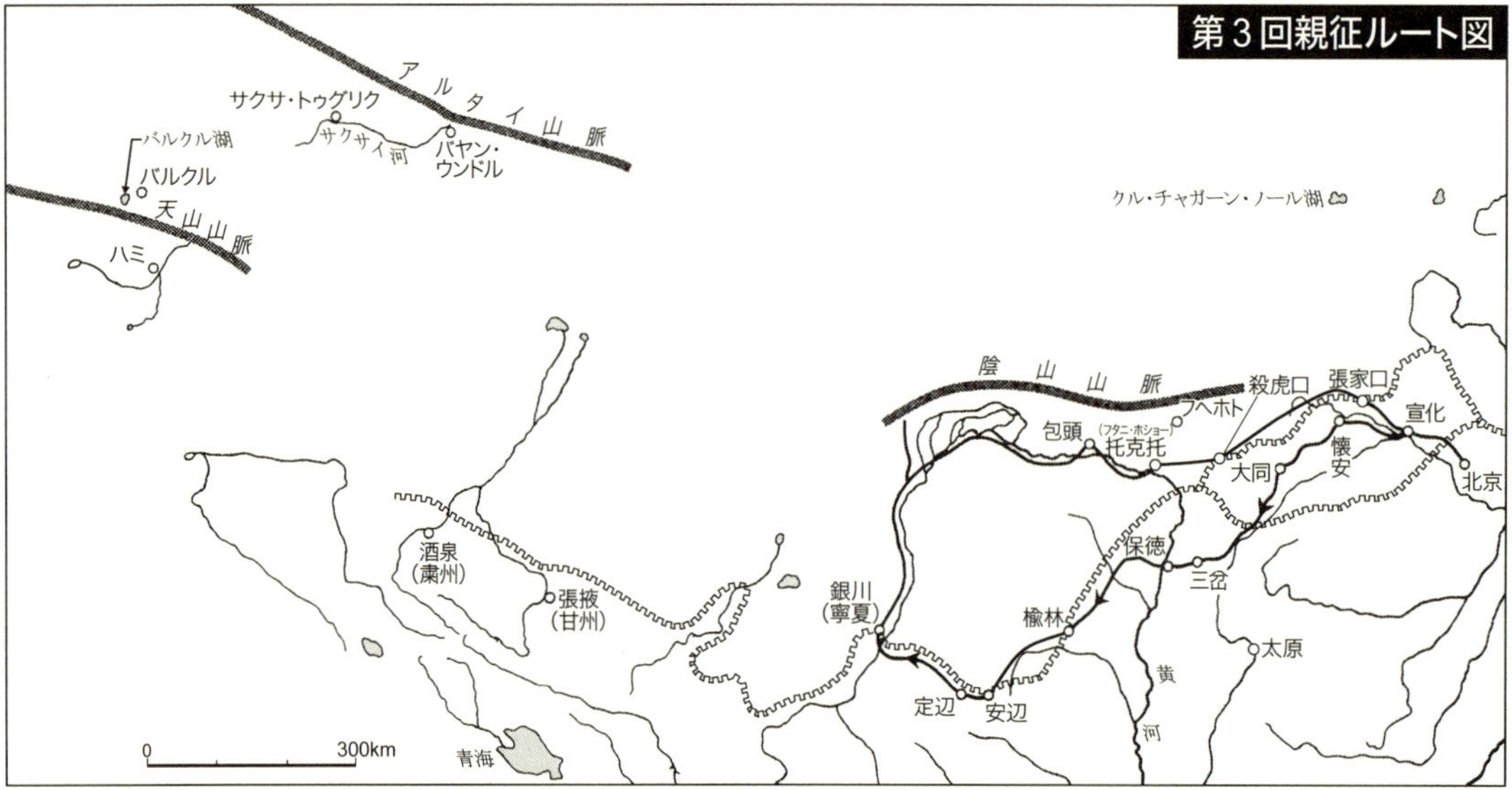
アルタイ山脈
サクサ・トゥグリク
サクサイ河
バヤン・ウンドル
バルクル湖
バルクル
天山山脈
ハミ
クル・チャガーン・ノール湖
陰山山脈
殺虎口
張家口
フヘホト
包頭
(フタニ・ホショー)
托克托
宣化
懐安
大同
北京
保徳
三岔
酒泉
(粛州)
張掖
(甘州)
銀川
(寧夏)
楡林
太原
黄
河
定辺
安辺
0
300km
青海
第3回親征ルート図

たが、なんとかなだめすかして禅定が終わるまで待たせた。内禅定が終わった当日も、詔書を持って宮殿に至り、せき立てて、摂政が会いに出ないなら食物など要らぬ、と皿を投げ、われわれが誓いを立てるときはこうするのだ、といって刀を抜いて見せるなど、大変な荒れ方であった。外禅定期がまだ終わっていなかったが、あまりにせきこんだ振舞いが数々あったので、翌日、摂政はモンゴルの使者もまじえて、清の使節団と会見した。席上、清の使者は詔書と布六段の副《そ》え物をよこし、モンゴルの六箇所に配った詔書の一つでアヌのもとにあったというものを見せ、トルコ製の刀をガルダン・ボショクト・ハーンのものだといって示し、ガルダンと摂政を同一視した叱責の詔書と、同様の勅語をたくさん伝えた。結局、言うところは、ダライ・ラマ五世がまだ在世するかどうかを、これら二人のラマに調べさせること、パンチェン・ラマを招きに応じて送り出すこと、ジェドゥン・リンポチェと、ボショクト・ジノンのもとに居るガルダンの娘を捕えて北京に送り届けること、これを実行しなければ、皇帝自身が軍隊を率いて来るか、軍隊をさし向ける、というのであった。ボージュも、清が強力な大軍を準備していることや、ブータン[*158]が清帝に誼《よしみ》を通じているむねを付け加えた。ジンパギャツォとソェナムサンポの二人は、ダライ・ラマ五世あての詔書を持って、五世との会見を待ってラサに留

*158 **ブータン**　チベット文化圏の仏教国家で、ヒマラヤ東南部に位置する。十七世紀初めにチベット出身のシャブドゥン・ガワン・ナムゲルによって統一され、ドゥク派の化身僧が君臨した。のち群雄割拠の状態を経て二十世紀初めに再統一され、王国となった。

まり、ボージュには、皇帝の詰問に対するチベット側の弁明のためと、祝勝の贈り物をとどけるために使者をつけて、送り出した。以上が摂政の記述である。

これに対して、ボージュの報告書は、摂政サンギェギャツォの煮ても焼いても食えないしたたかさをまざまざと描き出して、まことに面白い。それによると、ボージュが皇帝の言葉を伝え終わると、摂政はこう言った。

「私というものは、全く下等のつまらぬ者でありますのに、神々しい文殊《マンジュ》皇帝*159は、ダライ・ラマをお恵み下さり、私を抜擢してチベット国王になされました。これに対して私は、何としても、報恩に努めようと思うばかりで、敢えて文殊皇帝、ダライ・ラマのお言葉に背いておりまする叛逆人のガルダンに加担するはずがどうしてありましょうか。陛下は文殊菩薩《もんじゅぼさつ》であられまするからには、事情を諒とせられないはずがございません。私がこのように尊貴、安楽に暮らしておりますのは、みな文殊皇帝、ダライ・ラマの御恩でありながら、私がもしも文殊皇帝に背き奉り、他人に加担すれば、私の寿命が短くなるというばかりでなく、文殊皇帝、ダライ・ラマに対して少しでも異心を抱きますならば、私もろくな最期は遂げられますまい。何に致しましても、お言葉に謹んで従いますという以外に、私には別に申し上げることはございません」

摂政はこう言って、合掌して頭を下げた。また、皇帝の四箇条の要求に対しては、摂政はこう言った。

「陛下は聖明にあらせられますので、何事も前もってご存じでいらっしゃいますから、すなわち来年、ダライ・ラマが禅定から出ることをお知りになって、この二人のラマを確認のために遣わされたので、私にとって大いに喜ばしいことでございます。このオンチュン・ラマ（ジンパギャッツォ）は、もともとダライ・ラマの側に十年も居りましたこととて、見誤るはずはございません。この二人のラマが、ダライ・ラマが禅定から出るのを待って、はっきりと見て帰って陛下に申し上げますならば、陛下はそこで私の誠実がおわかりになるし、衆人の疑念も晴れますでしょう。実際にダライ・ラマが遷化しておりますならば、私が敢えて、ダライ・ラマはおります、禅定から出ますと、ニマタン・ホトクト[*160]を遣わして陛下に申し上げますでしょうか。ダライ・ラマの以前の本身がおりますことは、全く本当でございます。またパンチェン・ホトクト（パンチェン・ラマ）を、先に陛下はネイチ・トイン・ホトクト[*161]らを遣わして招待なさいましたが、そのときダライ・ラマ以下私どもはみな、かならず陛下のお心

＊159　**文殊皇帝**　文殊師利大皇帝。チベット仏教世界における清皇帝の美称。満洲人の清皇帝は、文殊菩薩の化身にして転輪聖王（仏法を奉じて国土に安寧をもたらす理想的な王）であり、観音菩薩の化身であるダライ・ラマ、阿弥陀仏の化身であるパンチェン・ラマと並び立つものとされた。

＊160　**ニマタン・ホトクト**　チベットの摂政サンギェギャツォが派遣した使者。ゲルク派の高僧のようであるが、詳細は不明。

＊161　**ネイチ・トイン・ホトクト**　一六七一―一七〇三。ホルチン部の王公の子で、十七世紀前半に東モンゴルでチベット仏教ゲルク派を布教したネイチ・トイン・ラマの転生者としてフヘホトに迎えられていた。バガ・ジョー寺の建立者で、フヘホトを代表する化身僧の一人であった。

に従って、行くようにと勧めて使者を遣わしたのでございます。パンチェン・ホトクトは最初は、行くと申しましたが、あとで来た使者たちがおどかして不当な言を吐きましたとき、考えて、行かないと申しました。あとで来た使者が帰ったあとで、パンチェン・ホトクトは、はじめて理由を手紙に書いて、ダライ・ラマに送りました。パンチェン・ホトクトが行かないと言い出してから、そのあとでガルダンの使者がやって参りました。私は決してガルダンにかこつけて言い逃れをするのではございません。そうは申しましても、パンチェン・ホトクトがガルダンの言葉を聴き入れるということが一体ありえましょうか。いま文殊皇帝がパンチェンをかならず送れとおっしゃるのに、私はたとえ無能ではございましても、どうして敢えてお言葉に背きましょうか。私はできる限りダライ・ラマに申しまして、かならずうまくパンチェンが何年に行くか約束させて、あとから帰るラマ・ジンパギャツォらに託してはっきり申し上げましょう。その場合、陛下は嘉し賜うてお使者を下されることと存じまする。またジェドゥン・ホトクト（ジェドゥン・リンポチェ）が、ウラーン・ブトンの事件で、文殊皇帝、ダライ・ラマのお言葉に従わず、使命を果たさなかったので、かえってガルダンが尚書アラニと戦ったり、後にガルダンをそそのかして、祝いとしてガルダンに白いスカーフを献じたり致しましたので、私はその財産を没収して、カム（東チベット）[*162]という所に流罪に致しました。いま主事《ジャルグチ》（ボージュ）と一緒に送ろうにも、居る場所が遠くて、連絡に二、三箇月は要りますので、日数がかかります。また文殊皇帝の御仁慈、遠きを懐《なつ》け近きを撫《な》で、生を好むお心を、われわれチベット国民ばかりか、天下に知らぬ者はございません。ジェドゥン・ホトクトを陛下が殺さず罪されないことは、私にははっきりわかっております。さようではございましても、ジェドゥン・ホトクトという者は、七世の転生者でありますので、私がどうして敢えてそれを逮捕できましょうか。そうは申しましても、かならずうまく呼び寄せて、あとで帰るラマ・ジンパギャッォと一緒に、陛下の御意向どおりに送りましょう。またボショクト・ジノンがガルダンと姻戚になったという件は、ハルハとオーロトが不和になる以前、アヌがツェワンラブタンのもとに居たころに縁を結びましたものでございます。そうは申しましても、他人のことは私は敢えて保証いたしませんけれども、ココ・ノール（青海）の八人のタイジはみなダライ・ラマの弟子でございますから、できますならば、文殊皇帝のお力になり、お役に立つばかりで、異なる心や事を起こして文殊皇帝、ダライ・ラマに背かないことは私が保証いたしましょう。文殊皇帝は天下の黎民《れいみん》をみな赤子《せきし》のようにお恵みになるのですから、この一女子をお送りしたところで、どれほど国に益のありますことでしょうか。ただガルダンが政道と仏法を破って横行するので陛下がその子孫を絶やそうとなさるだけのことでございます。そうは申しましても、これは一女子に過ぎませんので、その夫妻を引き離さず、もとのままにしておいて下さいませ。この一事につきましては、私、摂政は跪《ひざまず》いて叩頭してお願い申し上げます。またわれらチベット国の者どもは道理を知りませんので、

＊162　**カム（東チベット）**　チベットの東部地域で、現在のチベット自治区東部と四川省西半部に相当する。清代末期、行政上は四川省に編入が進んだが、チベット文化圏の核となる重要な地域の一つである。

知らずに陛下の御意を損じ、罪を得たまでございまして、私、摂政が知りながら罪を犯しはしませんでした。何にいたしましても、私が知らずに犯した罪は、主事殿が陛下に御説明申し上げて、罪を寛大に免除されて、以前のとおりに仁慈のお言葉をいただけませんでしょうか」（以上、『宮中檔康熙朝奏摺』第八輯、六〇五〜六一三頁、主事ボージュの奏摺）

要するに摂政は、皇帝の四箇条の要求のうち三箇条をやんわりと拒否し、ただガルダンの娘を北京に送るよう、青海ホシュート部族の説得を試みることを約束しただけである。しかしここで、ダライ・ラマが禅定から出て再び俗界に姿を現わす日が近い、と言明したことは重要で、摂政が、もはや五世の死をこれ以上隠し通すことは困難だ、と判断したことを示している。

大同から寧夏に向かう

次に皇帝は、宣化府へ向かう途上で、北モンゴルのセレンゲ河の渓谷に残っていたアルタン・ハーン家の当主ゲンドゥン[*163]の消息と、ガルダンに関する最新の情報を受け取った。ゲンドゥンはすでに死に、ガルダンは依然としてサクサ・トゥグリクに居るというのである。

「九日（三月一日）、ゲンドゥン・ダイチン・ベイレのもとに遣わしてあった理藩院主事ノルブ、書記心得オリが帰って来て報告した。彼らは十一月二十九日（十二月二十三日）に向こうに着いた。ゲンドゥン・ダイチンは、彼らが着く前に、十一月三日（十一月二十七日）に病死していた。詔書を伝え終わって、十二月三十日（一月二十二日）に帰途につき、二月九日（三月一日）に帰り着いた。あの者ども（アルタン・ハーン家）には移住の能力はない、という。これを大臣たちに見せよ。

十日（三月二日）、大将軍フィヤングのもとから送って来た、オーロトの投降者アユシが着いた。十二月九日（一月一日）にこちらへ来た、という。ガルダンはサクサ・トゥグリクに居る。ただ三百人が残っている、という。これを大臣たちに見せよ。大要を抜き書きして、見やすいようにと思って送る。

私が送る手紙はどれもみな自筆である。暇のないときなどは二、三更（午後十時、午前零時）までかかる。私あての手紙はどれもあまり長くはないのだから、皇太子は自筆で書いてくれないか」

（三月二日、『宮中檔康熙朝奏摺』第八輯、六二一〜六二四頁、皇太子の奏摺に記した硃批）

アユシの話によると、一月一日当時、ガルダンはゲレイ・グエンの帰るのを待っているところだったが、その部下は馬を二頭持つ者は少なく、一頭しかない者や、一頭もない者が大部分で、住む家も食べる物もなく、弾薬も尽きて、泥棒が多くなり、窮乏の極に達していた、という。

＊163 **ゲンドゥン**　?—一六九七。かつてハルハ右翼の内乱を起したエリンチン・ロブザン・タイジの甥。エリンチンの没落後、アルタン・ハーン家（注＊44）の指導者となった。ガルダンの侵攻後もハルハに踏みとどまって対抗し、康熙帝からベイレに封じられた。

右衛の城壁。城内から城外を望む。

三月三日、皇帝は宣化府の町に着いた。この日、北京の内務府の武備院[*164]に命じてモンゴル式の組立家屋を送らせる手紙に、皇帝は次のように書き加えている。

「私が持って来たモンゴル家屋は造作が失敗で、風のあるときには非常に危なっかしい。この手紙が着き次第、三台の車に載せて、駅站《えきたん》に託して転送させよ。

康熙三十六年二月十一日に諭す」

（『宮中檔康熙朝奏摺』第八輯、六三三〜六三四頁、武備院への上諭）

皇帝のあとを追って北京を出発するはずだった皇三子胤祉は、意外におくれることになった。その手配について報じた皇太子の手紙に、皇帝は次のように書き入れている。

「皇三子が来るときには、供の者、飯、茶、その他の執事人、馬丁も含めて六十人以上にならないようにして、皇子には騾馬《らば》と轎《かご》、みんなには駅馬に乗らせてやれば、おそらく追いつきそうだ。そうでなければ追いつくのはむずかしい。これをお前たちは詳しく相談するべきである。私は一日に一駅を行きながら、二十日（三月十二日）に右衛に着く。

この手紙は十二日（三月四日）の朝、宣化府から出発するときに着いた。正午に左衛に宿った。用事を見終わって、みな封をして発送しようとしていると、アナンダの報告書が着いたので、もう一度開封して、アナンダの報告書を書き写して送る。これまでどおりに〔人に〕見せよ。これ以後は、見せよといった手紙は、裕王にも見せよ。

私の居るこちらには賞賜すべき貂皮がない。いま糸織使庫《ししょくしこ》に一百四十枚の貂皮がある。ちょうどこのとおりの下等の貂皮を加えて四百枚、これより少し上等の貂皮百枚、合計五百枚。御用の緞子《どんす》、蟒緞《ぼうたん》、粧緞《しょうたん》、倭緞《わたん》、合計百疋〔を送れ〕。

黄河の結氷が溶ければ、河を渡るのに綱が必要である。長さ百丈以上の極めて太い新しい綱三本、百丈以上の細い新しい綱十本を、すべて二台の車に積んで、二十日（三月十二日）に右衛に

＊164 **武備院** 内務府管下の一部局で、武器・弾薬の製造・管理を掌る。国用のための兵部の系統と異なり、皇帝に直属して上三旗の武具・軍需物資を担当した。

着くように送らせよ。銅鑼《どら》、打つばちをいっしょに送れ」

（三月四日、『宮中檔康熙朝奏摺』第八輯、六三九〜六四四頁、皇太子の奏摺に記した硃批）

左衛からは、皇帝の一行は懐安県、天城、陽和城、聚楽城と、一路西に進んで、三月九日、大同の町に入った。この道中、皇帝は右衛に行く予定を変えて、よりガルダンの居るアルタイ山に近い寧夏の町まで足を伸ばすことを決意した。

「私は十七日（三月九日）に大同に着いた。医者たちの報告を見ると、皇三子は今月中は出発してはいけない、といっている。追いついて来るのは極めてむずかしい。大同から京師までは、駅站がどうにかとどく。大同から寧夏方面へは駅站がとどかない。いま駅站を利用するのをやめて、人手を全部で百人にして、各佐領で飼っている馬を三頭ずつ乗用としたならば、一箇月の旅行で寧夏に着ける。もしも三月十日（四月一日）までに旅行が不可能ならばやめるがよい。いくら来たとて役に立たない」

（三月九日、『宮中檔康熙朝奏摺』第八輯、六五〇〜六五七頁、皇太子の奏摺に記した硃批）

「われわれはこちらで合議して、寧夏の地はいずれの方向に兵を動かすにも容易なので、私が自分で寧夏に行って、時機を見て行動を起こそうと決定して、大将軍・伯フィヤングに諮問した。

大将軍・伯フィヤングも、行く方がよい、と言って来たので、決定が一致して、本隊の兵馬は長城外を行かせた。私自身は小人数を率いて、尚書マチが駅站を置いた道を行く。十九日（三月十一日）に大同から出発する。

康熙三十六年二月十八日」

（三月十日、『宮中檔康熙朝奏摺』第八輯、六四六～六五〇頁、皇太子の奏摺に記した硃批）

こうして皇帝軍の兵力の大部分は、殺虎口から南モンゴルに出て、黄河の左岸に沿って寧夏に向かい、皇帝自身は、陝西省の北境を成す長城の内側を通って寧夏に行くことになった。

「摂政のもとに遣わした主事ボージュが、摂政の使者とともに二十日（三月十二日）の朝に帰って来た。そこで摂政とダライ・ハーンが言うところの四箇条を書き写して送る。満洲人の大臣たちに見せよ。

以前から聞いたところでは、大同から西方は土地が痩せていて、長城沿いの民は貧しいということだ。大同から出て以来、懐仁県《かいじんけん》、馬邑県《ばゆうけん》、朔州《さくしゅう》などのところを見れば、民の暮らしはよく、耕地は肥え、牛、羊は豊富で、耕作しているところばかりでなく、山の牧地も長城外のよい牧地に匹敵する。われわれは馬をいたわって巻狩はしなかったが、見れば兎もいる。

われわれの居るこちらは暖かいので、果物が食べたいと思う。これからは手紙をよこすごとに、文旦《ぶんたん》、九頭柑《きゅうとうかん》、蜜筩《みっとう》、シャンチャン（?）、春橘《しゅんきつ》、石榴《ざくろ》などの物を籠に盛って、馬二頭以内で、封をして送れ。無事に着けばよいが、腐ればそれからはやめさせよう」*165
（三月十四日、『宮中檔康熙朝奏摺』第八輯、六六〇～六六五頁、皇太子の奏摺に記した硃批）

黄河の渡し場

皇帝の一行は、大同から山西省の高原を西南に向かっていた。

「私は無事だ。皇太子は元気か。私は大同から出発して以来、見れば民の暮らしは以前に聞いていたのとちがい、それほどひどく貧乏だということはない。穀物も草もはなはだ豊富である。あとから来る駱駝や騾馬にとって、全く不自由はない。大水溝《だいすいこう》から三岔《さんさ》に至るまで、民はどうにか足りている。

皇三子は今どうか。皇子が、私が寧夏に向かって出発したことを知らないならば、そう言うな。ただ右衛に留まって、ガルダンの消息を待っている、と言え。

三岔から李家溝《りかこう》に宿る日（三月十八日）、水がないので、先行して道を調べる道案内たちは、三百缸《かめ》の水を準備していた。道を進んでいるとき大雪が降っていたが、李家溝から来る民の話では、岢嵐《からん》州から来る小村河の涸れ河に水が来て三日になったが、土地の役人たちは、陛下のお通りになる道がぬかるんではいけないと、堤でせき止めて塞いである。三岔の涸れ河の水は今朝早く流れて韓家楼《かんかろう》に至ったが、それも堤でせき止めてある、としきりに話す。私は韓家楼に着いて見ると、水勢ははなはだ強く、小村河の水をせき止めた場所で深さ六、七尺になっている。それからその二箇所の堤をみな開いて放水すると、申の刻（午後四時）に水が李家溝の営地に着いた。深さは鐙《あぶみ》に及ぶほどである。李家溝から輦鄢《れんえん》村に至るまでは五十三里ある。同じく水がないので、水を準備させたことは先に同じだったうえに、山も峠道も険しく足場が悪くて、全く見るべきところはない。前日、雪が降って風に吹き寄せられて、所々にたまって積み上げたようになって、車を御する者どもはみなこれを食べて苦労せずに到着した。宿るべき場所がないので、山の上に宿った。宿った山の南、一里のところに河が一つ見つかった。この河を、先に行った者どもは気がつかず、民も隠していた。この道はマチが行った道なので、マチに問えばすぐにはっきりわかるだろう。私は手紙に書かないところだったのだが、将兵も民もすべてが見た事を、あとでお前たちが聞けば、なぜ手紙に書かなかったのか、と思うといけないと思って、書いてやる。これこそ幸運にもたまたまそうなっただけで、決して不思議なことはない。

二十八日（三月二十日）に保徳州に着いた。黄河の水の流れは遅くおだやかで、フタニ・ホショーよりもさらにおだやかである。水はあまり深くはない。船の棹《さお》が底にとどく。

＊165 **蜜筩**　柑橘類。『佩文斎広群芳譜』巻六五では、小型のブンタン類。華南の地方志ではスウィート・オレンジの品種を指すことも多い。

こうした事を皇太后に申し上げよ。満洲人の大臣たちにも告げよ。
ハミから捕えて送って来た、ガルダンの息子セブテンバルジュルを京師に送らせる。大同・宣府経由で送ろうとしても、長城が近いので、私は大いに心配だ。こうしたものは、容易に手に入るものではない。さようなので、保徳州に着いてから、太原府に送らせて、太原府から京師にとどける。大同経由よりも三百里以上の迂回にはならない。皇太子は大臣たちと相談して、部院の有能な大臣や将校を出して、迎えて来て京師にとどけるように。この者どもは、自分で騾馬をやとって行くように。三月五、六日（三月二十七、八日）ごろに私のもとに着く。京師に着いたあとでどうするかは、別に指令しよう」

（三月二十日、『宮中檔康熙朝奏摺』第八輯、六八二〜六九〇頁、皇太子の奏摺に記した硃批）

この手紙にもあるように、山西省の保徳州は黄河の渡し場で、対岸は陝西省の府谷《ふこく》県である。常に好奇心の強い皇帝は、ここで魚捕りを試みている。

「私は保徳州に着いて、黄河で魚を捕ってみると、われわれの曳き網は石や砂に始終ひっかかる。以前、ウラ（松花江）に行ったときに、荒目の網が非常に役に立った。いま内務府にある荒目の網のとおりに、目を指三本の幅とし、高さは四尋《ひろ》、長さは八十尋、糸の太さを増してはいけないが、皇太子が自分で監督して急いで作らせて、網の縁綱《へりづな》、浮き、おもりを、前の荒目の網のとおりに注意して取り付けて、しっかりと包んで送らせよ。網以外の綱などの物はこちらにみなあるので送るな。おそらく馬は二駄で足りるだろう」
（月日不明、『宮中檔康熙朝奏摺』第八輯、六九一頁、皇太子への上諭）

先に果物を送れといったのに対し、皇太子は早速、いろいろ盛り合わせて送ったが、その返事に、皇帝は次のように記している。

「私は無事だ。皇太子は元気か。山河が遠く距たっているので、お前の自筆の手紙を見てこの上なく愉快だった。

石花魚を、皇太子が食べるようにと送る。この魚を皇太后は召し上がらないのでさし上げない。われわれの居るこちらには、ほかには何もさし上げるようなよい物はない」
（月日不明、『宮中檔康熙朝奏摺』第八輯、六九二～六九三頁、皇太子の奏摺に記した硃批）

また皇太子が、南モンゴルの慶豊司《けいほうし》の牧場で野火があって、羊が多数焼死した事件を知らせた手紙に、皇帝は次のように書き入れている。

「これは普通の事件で、いつもあることだ。牧群の地の草ははなはだまばらなのに、それでもこうである。ムラン（帝室狩猟場）などの茂ったところは気を付けなければいけない。

私は二十八日（三月二十日）の巳の刻（午前十時）に保徳州に着いて、直ちにそれぞれ黄河を渡る手配をした。

二十九日（三月二十一日）の朝、私は将校たちに与える覚え書を書くのに少し手間どって、同じく巳の刻に行って見ると、ちっともはかどっていない。それから私は自分で小船に乗って、太い綱を河を横切って張って、行きつもどりつ渡るのにははなはだ速くなった。満洲人も漢人も感嘆しない者はなく、大いに役に立った。皇太子が送った綱は大変よく丈夫で、全く切れたり傷がついたりすることはない。一日（三月二十三日）に渡り終わる。二日（三月二十四日）に出発して行く。すばらしく役に立ったことを、皇太子に喜んでもらいたいと思って書き送る。

またオモクト・ハシハが着いた。セブテンバルジュルは続いて到着する。

われわれはこちらで黄河の新鮮な魚を食べて全く満足した。まことに美味である。私がお前に送った魚がうまければ、うまいとついでに書いてくれ」

（三月二十一日、『宮中檔康熙朝奏摺』第八輯、六九四〜六九九頁、皇太子の奏摺に記した硃批）

捕えられたガルダンの息子

陝西省に入った皇帝の一行が、長城の内側に沿って西南に向かっているころ、北京では皇太后の仰せで、皇五子胤祺、皇七子胤祐の婚礼の準備が進められていた。これについて報じた皇太子の手紙によると、皇太后は今年の陰暦十月中の吉日を求めるよう命じたのだが、欽天監は今年の陰暦四月、十月、来年の陰暦四月、十月の不将日《ふしょう》（陰陽説の吉日）を書き出し、それぞれの禁忌を付記したうえ、不将日以外は、どんな吉日でも絶対にいけないと主張した。それに対して皇太后は、再来年を待つのでは先過ぎる。今年の陰暦閏《うるう》三月十八日（五月八日）以後は四月と見なしてもよい。閏月だっていいではないか。この日にしよう。十五日（五月五日）に定婚の宴を開こう、と言ったのである。欽天監の抵抗も、皇太后にあえなく押し切られたわけで、この手紙に皇帝は次のように書き入れている。

「私は無事だ。皇太子は元気か。皇太后の御平安を謹んで伺う。すなわちお言葉のとおりに閏三月十五日にすることは全く理に適《かな》っている。またこの女子の祖父ブヤヌは人柄が立派で堂々としており、これの父は平《ひら》の書記である。今ブヤヌを、フタニ・ホショーの第一駅に駐在させてある。彼の駅を内務府の者、将校や書記にまかせて、急いで京師に連れて来い。もしかして私の記憶が誤っているかも知れないから、詳しく尋ねよ。

この件は全く急な重大な用事でもないのに、普通の件よりも急行便で送って、しかも上書きに『密封』とあるので、非常に驚いた。二重の封を一度にあわてて開けると、紅い紙（吉事の用紙）が見えたので、やっと安心した」

（月日不明、『宮中檔康熙朝奏摺』第八輯、六九九〜七〇四頁、皇太子の奏摺に記した硃批）

陝西省の風物は、皇帝の眼に珍しく映った。

「皇太子に諭す。黄河を渡って陝西の境に入りつつ見ると、山河、土地の様子は大いに異なる。私が行ったいかなる土地にも比較しようがない。城堡はみな山の頂に作ってある。村や家は一つも見えない。河岸の下に洞窟の家が作ってある。平地は少なく、山の上で耕してない所はない。民の性質は純朴に近く、兵士は優秀である。野獣は多いが、一歩も行くことはできない。山は平らだが、谷が極めて険しい。水と土はよく、人にはあまり病気がない。

神木《しんぼく》県から長城の入口は四里ある。オルドスのモンゴル人たちが長城を入って多数、出迎えに来ていた。ドンルブ王の母、王、王妃がみな来て機嫌を伺った。

今日、四日（三月二十六日）の夕暮近く、ガルダンの息子セブテンバルジュルが着いた。見れば本人ははなはだ小さく、人柄も平凡である。これを五日（三月二十七日）にすぐ出発させて京師に送る。京師に着いてから、しばらくは処分するな。この者の父ガルダンの消息を少し待ちたい。この者が着いた日、どのように衆人を集めて見せるかを、皇太子は満洲人、漢人の大臣たちと会って詳しく相談して、私に上言してよこして、それから詔に従って行なえ。特に諭す。

皇太后の御平安を謹んで伺う。これを申し上げよ。宮中にも聞かせよ。

康熙三十六年三月四日」

（三月二十六日、『宮中檔康熙朝奏摺』第八輯、七一〇～七一三頁、皇太子への上諭）

三月二十六日付の皇太子の手紙は、皇帝のあとを追うはずだった皇三子の容態を報じているが、それによると、病気はよくなったものの、体力が衰えて、歩くにも人に支えられなければならない、といい、また皇帝から送られた石花魚がはなはだ美味であること、などを述べていた。これに応えた皇帝の書き入れは次のとおりであった。

「私は無事だ。皇太子は元気か。

神木県から楡林《ゆりん》に行く道は、みな大きな砂山で、ひどく悪い。軍隊の行くべき所ではない。これを見たとき、古人が領土を拡張し、兵を用い、長城を築いて天下の膏血《こうけつ》を西北に窮《きわ》めたのも無理ではない。今人のよくするところではない。仁者の行なうことではない。私に随行する大臣、侍衛、護軍、執事人は四百人を超えないのに、それでもこの上なく苦労するのに、数万の兵を率いてどうやって通ったのか。谷が多いうえに砂も深いので、楡林から長城を出てオルドスの地を近道して寧夏に行く。

また陝西の巡撫《じゅんぶ》＊166と按察使《あんさつし》＊167が私を迎えに来ている。見れば山西の巡撫ウェレンには大いに及ば

＊166　**巡撫**　省の長官。主に複数省を統轄する総督に次ぐ地方長官であるが、それぞれ皇帝に直属していて統属関係にはなく、協同して統治に当った。行財政・司法のほか、監察権や緑営の指揮権ももつ。

＊167　**按察使**　省の司法長官。財務長官の布政使と並んで、巡撫に次ぐ省の長官。布政・按察両使

ず、老いていて衰えている。

趙良棟[*168]が三月四日（三月二十六日）に亡くなった、と将軍マスカが知らせてきた。この者の息子は天津の道員である。これに急いで知らせて、速く来させるように。これの後任には、宣化府の知府范時崇《はんじすう》が成績もよく素行も立派なので、これを天津の道員に任命せよ。宣化府の地も重要である。捕盗同知祖延泰《そえんたい》は覇州《はしゅう》の知州だったときに成績がよく、素行も立派であった。これを任命せよ。みな任地に急行するように。

私の来た所が遠いので、手紙が非常に間遠になっている。今後は私がこちらから送った手紙を、翌日のうちに送り返してはくれないか。その間に何か勅諭を下せば、用事ごとの返事を同じく翌日のうちに送り返してはくれないか。

各地から〔北京に〕来た者どもに、今年の春耕の様子はどうか、雨水はどうかを問うて知らせよ。私の身はいくら戦場にあっても、思いは天下のために、一刻たりとも忘れられない。この思い、この心はいつの日に終わるのだろうか。

この手紙は、七日（三月二十九日）の正午過ぎに着いた。着くなり急いで太后にさし上げる物を自分で監督して包んだり、書類をすべて見たり、報告にみな書き入れをしたり、夢中になって書いているうちに、灯が点《つ》いてから書き終えて、すぐ送り返した。これからは手紙の着いた日と時刻を本文に書いてくれるか。

私は山西、陝西などの所に行くのに、ただ万人に批難されないように、素行に何かくだらぬところがないようにと、毎日身を謹み、南方に行幸するときのとおりにしている。決して体面を辱《はずか》しめない。幸いに両省の軍民は、私が年久しく情をかけたことを思い、みな集まって来るだけで、避ける者はない。自分に何の徳もないのに、またこせこせした行ないがあれば、万人の耳目をどうして掩《おお》えよう。皇太子は私のために心配するな。明《みん》朝の武宗《ぶそう》*169（有名な暴君）のような行ないがあれば、何としても家に帰れないだろう」

（三月二十九日、『宮中檔康熙朝奏摺』第八輯、八一六〜八二八頁、皇太子の奏摺に記した硃批）

長城に沿って進軍

こうして四月一日、楡林の町に着いた皇帝は、翌日、長城を出て、オルドスの沙漠を横断し、六日後に再び長城を入って安辺《あんぺん》の町に着いた。その前日、トンガラク・ノール湖畔の皇帝の宿営にとどい

の下に道員（道台）があり、その下の府に知府、州・県に知州・知県がおかれた。

*168 **趙良棟**　一六二一—九七。寧夏出身の漢人武将で、清の中国進入時に清軍に加わった。寧夏提督、雲貴総督として南明征討や三藩の乱鎮圧に活躍し、ガルダン追討戦中に病没した。

*169 **武宗**　一四九一—一五二一。明朝の第十一代皇帝（在位一五〇五—二一）。政務を怠って宦官の跋扈を放任し、自らは歓楽にふけって若くして没した。武将を気取ってたびたび長城外へ無用の「出陣」をくりかえしたことでも知られ、康熙帝の言葉はそのことを指している。

た皇太子の手紙は、セブテンバルジュルを皇太后および宮中にも見せるかどうかについて皇帝の判断を仰ぎ、荒目の曳き網が出来上がって発送したこと、皇帝から送ってきた乾したメロンを水に浸してもどして食べたが、極めて甘かったこと、皇三子の健康がはかばかしく回復しないので、旅行は無理であること、などが書いてあった。これに対して皇帝はこう書いている。

「私は無事だ。皇太子は元気か。

その者（セブテンバルジュル）は殺すべき賊の仔なのに、何で宮中に入らせてよろしかろう。宦官たちが出て見ればそれまでだ。

十七日（四月八日）、安辺の長城を入って、寧夏に行く。

セブテンバルジュルを送って行った三等侍衛ケシトを、宣化府から駅馬に乗らせて中衛に迎えにやって連れて来た。この者にずっと送らせたのである。他の二人の侍衛、ナルフンダイとチャルフダは、ちっともはかばかしく役に立たない者どもなので、付けてやった。これらは帰って来るまでもない。皇太子がこの事情を知らず、もしも賞賜するといけない。ただケシトにのみ賞賜せよ。他はよい。

また大将軍・伯フィヤングの所から送って来た投降者、ガルダンの部下のオーロト人一人、アラブタンの部下のオーロト人一人が、駅馬に乗って到着したので、この者どもに問うた話を写していっしょに送る。

十三日（四月四日）、副都統アナンダの所から、送るように言ってあったボロト・ジャイサン・ホショーチが着いた。この者の供述をも書いて送る。

楡林の長城を出ると、地勢はずっとましでしかも近道である。この道を、もしも私が聞き出して来なかったならば、寧夏に着くのに大いに苦労するところであった。

また四日（三月二十六日）に、神木県の地からガルダンの息子セブテンバルジュルのことについて手紙を送っておいたが、十六日（四月七日）になっても着いていない。何で遅れているのかわからない。未の刻（午後二時）にやっと着いた。

また十五日（四月六日）の朝、京師から送った網が着いた。布でしっかり包まなかったので、網の真ん中が荷縄に圧されて一、二箇所切れて穴があいている。私はこちらで繕って使う。さしつかえはない。われわれの所には種々の網があるが使い道がない。もう送るな。それどころか、私は軍事を処理して、どうにかしてガルダンを捕えて、後日、辺境に事がないようにしたいと思っているのに、何の暇があって魚を捕って遊ぼうか」

（四月七日、『宮中檔康熙朝奏摺』第八輯、七一三〜七一九頁、皇太子の奏摺に記した硃批）

安辺で長城を入った皇帝は、再び長城の内側に沿って西北に向かい、現在の寧夏回族自治区の地に入る。

「皇太子に諭す。皇太后の御平安を謹んで伺う。

十七日（四月八日）、安辺の長城を入って宿った。先にマチが視察したところでは、井戸が四つと書いてあった。民は私が来るのを聞いて、自分たちが隠していた井戸、城の内外二十余を出した。長城の入口に近く湖が二つ、営地の南に湖が一つあって、水は豊富である。この日、朝からよい雨が降って、十八日（四月九日）の夜半まで十分に降ったので、一日休止した。

定辺でマチが視察したところでは、井戸が四つと書いてあった。いま泉から水が湧いて小河を成して流れている。長城の外の近くに、一連の三つの湖が現われている。水は豊富である。

花馬池でマチは井戸が九箇所と書いていた。三十余りの井戸がある。長城の外、五里のところに大きな湖が一つある。水は豊富である。

安定には古い井戸、新しい井戸が三十三ある。水は豊富である。

十九日（四月十日）にニマタン・ホトクト（チベットの使者）をアルビトフが連れて到着して、事の次第をすべて言上した。同日、大将軍・伯フィヤングが、オーロトから投降して来た二人のラマの事情を報告した。本人たちはまだ着いていない。事態がよいので書き写して送る。本人たちが着いたら、詳しく訊問してまた送ろう。

私は三月四日（三月二十六日）にセブテンバルジュルを見るとすぐ手紙を書いて諮問してやった。この手紙は四日以内に着けば、七日（三月二十九日）に京師にとどくはずだ。急いで相談を終えて、八日（三月三十日）に発送すれば、十一日（四月二日）に私のもとに着く。その日に送り返せば、十六日（四月七日）ごろにとどく。セブテンバルジュルが京師に着く、ちょうどそのころになるはずだった。ところが次の便を待って、十一日(四月二日)に発送したので、十六日(四月七日)にやっとこちらに着いた。同日に送り返したから、二十一日(四月十二日)ごろそちらにとどく。セブテンバルジュルが〔北京に〕着いて、しばらく日が経つことになる。

手紙を十六日(四月七日)に送ったので、その間に手紙が間遠になれば、皇太后が何故おそいのかとお思いになるといけないので、二十一日(四月十二日)に朝早く書いて送る。この手紙を満洲人の大臣たちに見せよ」(四月十二日、『宮中檔康熙朝奏摺』第八輯、七八五〜七八九頁、皇太子への上諭)

清使、ガルダンに会う

四月十七日、皇帝は寧夏の町に着いた。ここは黄河の左岸の肥沃な平原にあり、十世紀から十三世紀にかけてはタングート人の西夏王国の都であった。現在でも寧夏回族自治区の政府所在地として、銀川市と呼ばれている。これから皇帝は、寧夏に十八日間滞在するのであるが、到着後の最初の皇太子への手紙で、皇帝は、南モンゴル経由の方が近道で楽だった、と後悔している。

「私は無事だ。皇太子は元気か。

二十一日(四月十二日)、安定に宿った。二十二日(四月十三日)、興武営に宿った。水は豊富である。私は楡林に着いて以来、ずっと現地の緑旗兵を率いて兎を巻狩していた。毎日豊富だったが、しかしこの日は特に豊富で、オルドスの地よりもさらに多かった。私は長尾黄羊《スールテイ》二頭、兎三百余頭を殺した。沿道の長城のもとに駐屯する緑旗兵は、男らしさは全く非の打ち所がなく、隊伍は整然として、巻狩にははなはだ熟練している。以前から聞いていたことは少しも嘘ではない。二十三日（四月十四日）、清水堡《せいすいほ》に宿った。河がある。二十四日（四月十五日）、横城に宿った。黄河の河岸に宿って、二十五日（四月十六日）は一日休止して、私が自分で監督して渡らせ、日没前に終わって、二十六日（四月十七日）に寧夏に着いた。

寧夏の土地はよい。物資は豊富で、兵は紀律がよい。馬の肉づきは肥えている。マスカらが率いて来た兵の馬は肉づきがよい。私の乗馬はみな元気に到着した。あるものは八分通りの肉づきである。大多数の者の馬や駱駝はやっとのことで到着した。この理由は、道に牧地がなく、塵埃《じんあい》が多く、山野はみな砂だったので、進むのに大いに苦労である。古来、この道を行軍したものはない。尚書マチが京師から寧夏に至る里数を報告したところによると、二千七百二十里（一二二四キロメートル）である。道案内ブダらが京師から楡林を経由し、楡林から長城の外を通って安辺で入り、寧夏に至る里数を報告したところによると、二千六百里（一一七〇キロメートル）である。学士ヤンシュが京師から楡林を経由し、楡林から長城の外を通って安辺で入り、寧夏に至るまでを測量したところによると、二千一百五十里（九六七・五キロメートル）である。各地で休止した六日間をさし引いて、四十四日間で到着した。寧夏からココ・ホトンを経て京師に至るまでを測量すれば、決して一千八百里（八一〇キロメートル）を越えない。近道のうえに通行が楽である。水や牧草はよい。われわれの来た道は大変よくない回り道だった。

私は寧夏に着いて、すぐ宦官パン・リャン・ドン、ジャン・フンを遣わした。三月二十八日」

（四月十九日、『宮中檔康熙朝奏摺』第八輯、八八〜九五頁、皇太子の奏摺に記した硃批）

皇帝が寧夏に着いた三日後、情勢に大きな進展があった。サクサ・トゥグリクのガルダンのもとに派遣してあった清の使者が帰って来て、四箇月ぶりに皇帝とガルダンとの間に交渉が開けたのである。

「皇太子に諭す。三月二十九日（四月二十日）の晩、大将軍フィヤングからの、われらの使者員外郎ボシヒらが帰って来たことと、問答の内容の報告がとどいた。本人（ボシヒ）はまだ私のもとに着いていない。着き次第、詳しく問うてまた知らせよう。京師の大臣たちは、こちらの消息を、この上なく急いで聞きたいと望んでいるだろう。そこで報告書を写し終わるやいなや、閏三月一日（四月二十一日）の辰の刻（午前八時）に送った。

ツェワンラブタンのもとに遣わしてあった司務イングが帰って来た。話は主事チャンミンと同じである。この手紙のついでに皇太后の御平安を謹んで伺う。この事を留守居の議政大臣が集まって、意を尽くして相談して言上せよ。特に諭す。

京師では日食は何分だったか、どうであったかをはっきり書いて送れ」

（四月二十一日、『宮中檔康熙朝奏摺』第八輯、八四一〜八四三頁、皇太子への上諭）

この最後の一句は、この四月二十一日には日食があることになっていたからである。

さてボシヒの報告によると、清使の一行は二月二十日、ガルダンの居るサクサ・トゥグリクの手前、二日程のところで止められた。翌日、ゲレイ・グエン・ドラールが、清使の到着をガルダンに知らせに行った。さらに二日後、チョシヒ・バートルという者がやって来て、清使にこう言った。

「われらのハーン・ガルダンに遣わされました。『ゲレイ・グエン・ドラールが着いて、皇帝陛下が詔書を下されたことを聞いたので、私は大いに喜んだ。今日は吉日なので、皇帝陛下の詔書を受け取って持って行きたい。他日、員外郎《ジャルグチ》たちに会おう』と言って、私を遣わしました」と言い、ボシヒが詔書を授けると、チョシヒ・バートルは跪いて、両手で大切に受け取って持って行った。

それから十一日後、三月六日になってチョシヒ・バートルがもどって来て、ガルダンが会うと言っている、といい、正使ボシヒ一人だけを連れてその日の正午に出発した。徹夜で進んで、翌七日の正午にガルダンの居る所に着いたが、少し待て、今すぐ会う、といいながら一寸延ばしにして、日が落ちてからガルダンは野外に出て来て、岩の頂に座を占めた。ボシヒは離れた所に坐らされて、両傍に二人の人が膝を並べて坐って前へ進めないようにしていた。ボシヒには一枚の大皿、ガルダンには別に一枚の大皿に獣肉を盛って捧げ、たがいに取り次ぎの人を通じて話し合うのだった。

ボシヒが「私は使者として来た者である。ガルダンの側に寄って話し合いたい」と言うと、両傍の二人が止めて立ち上がらせない。そこで皇帝からの伝言を伝え終わると、ガルダンは言った。「ジェブツンダンバとトゥシェート・ハーンを追いかけるといって、皇帝陛下に御迷惑をかけた。いま皇帝陛下が親切に賜わったお言葉を聞いて、私ガルダンは大いに嬉しく信頼する。いま皇帝陛下がどのような親切なお言葉を賜わっても、お言葉に謹んで従って行ないたい。私の言葉はさし上げる手紙に書いてある。私の気持ちは遣わした使者に言った。使者が向こうに着いてから、口頭で申し上げる」(以上、『親征平定朔漠方略』巻三九、康熙三十六年三月庚辰条)

そう言い終わるやいなや、ガルダンは立ち上がって、馬に乗って去り、ボシヒは宿にもどった。

三月十六日、ガルダンの部将ダンジラのもとから部下が来て、ダンジラは皇帝に投降したいと思い、すでにゲレイ・グエン・ドラールにもこの意を洩らしてある、とひそかに清使に伝えた。同日、チョシヒ・バートルが、ラマチャブら十人を連れて来て、皇帝への使者にはゲレイ・グエン・ドラールが選ばれていたが、妻子を連れて逃亡してしまったので、代わりにラマチャブが使者に立つことになった、と言った。翌十七日、清使の一行はサクサ・トゥグリクを出発して帰途についた。その途中、ハダト・ブラクの泉でゲレイ・グエン・ドラールに出会った。ゲレイは六十余人、馬百余頭、駱駝四十余頭を連れてガルダンのもとから脱走し、途中で清使を待って合流しようとしているところへ、突然、ガルダンの別の部将イラグクサン・ホトクト[*170]が百余人を率いて襲いかかって全財産を奪われ、ゲレイ

---

*170 **イラグクサン・ホトクト**　?―一六九七。フヘホト、北京でチベット仏教の要職を歴任し、ガルダンのハルハ侵攻時には清側の使者として交渉に派遣された。しかし、成果を上げられず、一

自身も負傷し、妻子十三人だけが助かったのであった。こうしてボシヒらは、ゲレイを連れて四月十三日、タラ・ブラクの泉の清軍の前線に帰り着いたのである。

ダライ・ラマ五世の死の公表

実は皇帝には、これまで皇太子にも知らせずにいた秘密があった。皇帝が寧夏に着く七日前、定辺においてラサの摂政サンギェギャッォの使者から、ダライ・ラマ五世が十六年前に遷化し、十五歳のダライ・ラマ六世が近く姿を現わして即位することを告げられていたのである。皇帝が秘密を守ったのは、摂政の要請によってであったが、秘密がほかの所から洩れはじめたため、皇帝は激怒して、ここに一場のドラマが展開することとなった。皇帝自身の記すところは次のとおりである。

「三月十九日（四月十日）にニマタン・ホトクト、キョルモルン・ケンポ*171がやって来たことは前に知らせたが、事情を彼らがあまりに秘密にするので、みな書かずにおいた。いま事件がすっかり明らかになって、あまりに奇怪なので、煩雑《はんざつ》とも思わず、皇太子に知らせたいと、顛末《てんまつ》を詳しく書いて送る。よく読んでくれ。

ニマタン・ホトクトが着いた後、私はダライ・ラマが以前から友好的であったことを思い、彼らの秘密にしたい意向に副《そ》って、ニマタン・ホトクト、キョルモルン・ケンポを間近に進ませて、私の側には一等侍衛グワンボー、ハイチン、三等侍衛ラシがいただけで、他には誰もいなかった。

この者どもの申し上げるには、『老ダライ・ラマは戌の年（一六八二年）に亡くなりました。小ダライ・ラマは生まれて今年で十五歳になりました。私どもの存立は、ダライ・ラマに頼っておりました。ダライ・ラマが亡くなったときに、すぐ申し上げようと思いましたが、何か変事が起きるかも知れませんし、それにまた、ダライ・ラマの遺言に、デプンのネチュンの託宣がまちがいなく合う年歳に至ってから、はじめて皇帝陛下やもろもろの檀越《だんおち》たちにお聞かせせよ、とございますものですから、今年の十月二十五日（一六九七年十二月八日）に、はじめて禅定から出て衆人の拝礼を受けます。この事で摂政が私どもを遣わすとき、仏前で誓わせて、陛下に直接お目にかかって内密に申し上げよ、と申しました。それ以外の所にはみな、ダライ・ラマが禅定から出る、と言ってやりましたが、事情は洩らしてはございません』。こう申し上げたので、私は彼の上奏文と、献上したダライ・ラマの像とに、彼らの面前で元の封のままさらに封をして花押を書き、諭して言った。『私はこの何年もの間、ダライ・ラマの遷化を知って長いことになる。本当にダ

六九二年にガルダン側に亡命して部将として活動した。ガルダンの死後ツェワンラブタンによって清側に引き渡され、北京の黄寺で処刑された。

＊171 **キョルモルン・ケンポ**　ニマタン・ホトクトと同じくチベットの摂政サンギェギャツォが派遣した使者。チベットのトゥールン・デチェン県にあるカダム派の古刹キョルモルン寺（一一六九年建立）の僧と思われる。

ダライ・ラマ五世

サンギェギャツォ

ライ・ラマが在世中ならば、センパチェンポ・ホトクト、ガンデン寺の座主、チチク・ダライ・ケンポ、ジェドゥン・ホトクトらは決してあのような振舞いはせず、ハルハとオーロトも不和に至らなかっただろう。さようなので私は厳しい勅諭を下したのである。いま摂政が誠意をもって真実を示し、私に内密に申し上げたのだから、私も内密に保管して、十月の上旬（十一月十四日〜二十三日）に開封して、内外、四十九旗（南モンゴル）、ハルハの衆ジャサクに宣布して、亡くなったダライ・ラマのために読経させ、供物を送らせ、小ダライ・ラマには祝賀のために使者を送ることにしよう』。そう諭して、勅書を書かせた。『持金剛《ワチラダラ》ダライ・ラマの教えを掌《つかさど》る弘宣《こうせん》仏法王ブッダ・アブディ（サンギェギャツォ）に諭す。私は天下、万国を統べ治めるのに、仁を宣《の》べ、逆を懲らす。誠意をもって恭順に振舞う者を、かならず嘉《よみ》し愛《いつく》しむ。ブッダ・アブディよ、汝は先にガルダンと共謀して、あらゆる事をすべてオーロト側に加担して行なったり、事態を悪化させたジェドゥン・ホトクトを引き渡さないと固執したりしたので、その時に私は、ダライ・ラマが世に在るならば、決してこのようなことはなかったと、汝に特に厳しい勅諭を下したのであった。今、汝は《皇帝陛下が厳しい勅諭を賜わるので、大いに心に憂える。今はただ陛下の勅諭に謹んで従って、能う限り努力しよう。ダライ・ラマを愛しまれるならば、われにおだやかな勅諭を賜われないだろうか》と、一心に懇願している。汝が非を知り、罪を認めるならば、私はダライ・ラマと友好を結んで年久しいことを思わない道理があろうか。そればかりでなく、汝らチベット国人を私が愛しまず保護しないならば、平安を得て暮らせようか。ジェドゥン・ホトクトは、ダライ・ラマが特に遣わしてハルハとオーロトを和合させにやった者であるのに、彼は全くハルハとオーロトを和合させず、かえってオーロトを誘って境内に引き入れて、わが軍と戦わせたのである。罪状は大いに憎むべきであるので、かならず引き渡せ。私はこの者の生命、身体、戒律を、汝の願いのとおりに寛大に免ずる。パンチェン・ホトクトの来るべき年月日は、汝はおもむろに定めて申し上げよ。またガルダンは私に敵対して、わが軍に大敗した悪逆の賊である。罪状は重大である。この者の女子をココ・ノールに決して居らせるわけには行かない。汝はかならず引き渡せ。引き渡さないならば、非は汝にある。ガルダンが罪を認めて降って来れば、その時に別の勅諭を下す。今ニマタン・ホトクトが到って、汝の請願をみな私に内密に申し上げた。私も内密に勅諭を下した。私は元来、すべての地方の者どもをみな仲よく融和させ、平安に暮らさせたいと心に念じている。隠密の事を穿《せん》鑿《さく》して他人の国を傷つけるようなことはしない。今後、汝が恭順に私の勅諭に背きさえしなければ、私は汝の前非をみな思わず、以前のまま愛しむ。さようならば、汝の地方の民に大いに有益であるし、汝も名誉を末永く亨《う》けるであろう。特に正使・理藩院主事ボージュ、副使・署主事サハリヤンを遣わす。勅諭を下す例として緞子六疋《ひき》を賞賜する』

二十八日〔四月十九日〕、私は〔使者たちを〕呼んで会って、二十九日〔四月二十日〕の朝、出発させた。同日の晩、ツェワンラブタンのもとへ遣わしてあった司務イングが帰って来て、『私はボロ・タラからもどって来る途中、〔理藩〕院からツェワンラブタンに送る手紙がとどいたので、その手紙を持って引き返してツェワンラブタンのもとにとどけました。するとツェワンラブタンは大いに喜んで、すぐにお言葉に従って兵を率いてガルダンを征伐にやって来ました。サクサ・トゥグリクへ二十日程のところに着くと、ダライ・ラマの使者ダルハン・エムチが行って、《ダライ・ラマは亡くなって十六年になった。小ダライ・ラマは十五歳になった。お前たちはそれぞれ自分の地方に居れ。戦争を起こすな》と言うので、すぐ征伐を中止して引き返しました。私イングは、彼が行動できないのを見て帰って来ました。ダライ・ラマの事情を、西北方の者どもはみな聞きました』と報告した。

同日、アナンダからの報告によると、ガルダンドルジ〔ホシュートのオチルト・チェチェン・ハーンの息子〕が人を遣わして、『ココ・ノールのチャンパリン・ケンポが手紙を送って、私に武器を整えてココ・ノールの会盟に出席せよといっています。私はいま皇帝陛下の臣下です。もともとココ・ノールの会盟には全く加わったことはありません。さようなので私は行きはしません。この事情を申し上げて下さい』と言って来たということである。

こういうことになって、私がダライ・ラマのために秘密を守ったのも空しくなったうえに、問い訊すべき事も多いので、ニマタン・ホトクトらを追いかけて連れもどして、二日（四月二十二日）に着いてから、大臣たちを遣わしてこう言った。『汝らの秘密を、私はダライ・ラマの体面を思って、誰にも告げず隠していた。いま汝らの使者ダルハン・エムチらがみな公表して、あらゆる者がみな聞いている。いま私ひとりが秘密を守ったとて無用になった。お前たちはラマたちとともに立ち会って開封して、上奏文を翻訳させ、ダライ・ラマの像をも見たい』。そこでわが方のラマたちとともに、ニマタン・ホトクトが自ら封を開いて見ると、土で作ったダライ・ラマの像の頭が頸《くび》のところからとれて傍に落ちている。それからラマたち、大臣たち、すべて聞いた限りの者どもはひとしく驚嘆して、『この事は、もしも彼らが去ったあとで開いたり、あるいは十月に開いてこうなっていたならば、われわれの顔が立たないところだった。神々しい陛下に天は常に応じて、ニマタン・ホトクトらが遠くに行かないうちにイングらの情報が着いて、同じく自分でこの事件の本末を明らかにしたし、陛下が誠実にダライ・ラマを愛しまれたことも表われた。十六年の間、手を変え品を変えてダライ・ラマの言葉だと嘘をついた事情が明るみに出るので、ダライ・ラマが本当に照覧するならば、やはり陛下を有難く思い、摂政をとがめないわけには行くまい。これによって摂政とチベットの国人に悪いことを言わないことがわかる』と言わない者はない。ニマタン・ホトクトらはすっかり気落ちして、腰を抜かして口がきけず、ただ『われわれにとって凶兆だ』と嘆いている。

上奏文の文面は次のとおりである。

『天下の諸方を功徳の力によって統べ給う文殊師利皇帝陛下の蓮華の無垢のおん身に謹んで申し上げます。あらゆる衆生にとって不幸にも、第五世ダライ・ラマが壬戌の年（一六八二年）に亡くなったことについて。ボグダ・ハーン（太宗皇帝ホンタイジ）以来、親善となり、癸巳の年（一六五三年）、〔ダライ・ラマ五世が〕京師に行って親善となってより、こちらで法門において偉大なのはダライ・ラマ、世間において偉大なのは、寿命は天に斉《ひと》しく日月のごとき大施主（皇帝）でありますからには、もろもろの事情を申し上げたい気持ちは大いにありましたけれども、予言を掌り法を大いに護るデプンのネチュンの託宣により、ただ側近の者、ダライ・ハーン[*172]、ダライ・バートル[*173]らを呼んで告げた以外には、各自の近しい者どもにも、今年に至るまで洩らさないようにした事情を申し上げたい気持ちは大いにありましたとて、ただダライ・ラマの遺言、また護法ネチュンが厳禁したことがございますので、申し上げられませんでした。これを陛下に御諒解いただきたく存じます。第六世の再生のおん身には、禁ずるところがありまして、いまだ拝礼をしておりません。しかるべき年月日に至った時機に、寿命は天に斉しき高貴なる大施主に申し上げてから、衆人に聞かせようと思っておりました。託宣が指示する時までは、陛下以外の他人に聞かせるなと、護法ネチュンが禁じました事情を、ニマタン・ホトクト、キョルモルン・ケンポらをして内密に申し上げさせに遣わしたことを陛下がみそなわして、勅諭を絶えず賜わりたく存じます。手紙をさし上げるにつきまして、衆生の利益のため、舎利《しゃり》を出し、遺体を潔め、葬るなどの事は、人目に触れないようにして原形のまま葬りました。寿命は天に斉しい大施主の祭祀にお役に立つようにと、遺体を安置した台の中の塩を混ぜて作ったダライ・ラマの像、このラマを二心なく敬い祈り祀ろうとならば、燈明と香を焚いて供物を捧げます。そうすれば吉兆、瑞祥が現われるだろうと存じます。ラマの像、最上等の宝玉の数珠、毛織物などの物を添えて、七月一日の吉日に申し上げます』

ほかに一冊の書物があって、ダライ・ラマの本末、誕生、死去、遺言を書いてあるので、煩雑で長く、翻訳に日数がかかるうえに、私のもとのラマたちの手に余る。事柄も重要ではないので、チャンキャ・ホトクト[*174]を待っている。出来上がったときにまた送ろう。

＊172 **ダライ・ハーン**　?—一七〇一。グーシ・ハーンの孫で、第三代チベット国王（在位一六六八—一七〇一）としてラサに駐した。祖父と違って影響力は弱く、チベットでは摂政サンギェギャツォが、青海ホシュート部では叔父のダライ・バートル、ジャシ・バートルが主導権を握った。

＊173 **ダライ・バートル**　?—一六九〇。グーシ・ハーンの第六子で、名はドルジ。青海ホシュート部の最有力者で、ダライ・ラマ五世からはダライ・ホンタイジの称号を授かり、ラサに駐するチベット国王に代わって青海ホシュート部を統率した。

＊174 **チャンキャ・ホトクト**　一六四二—一七一四。青海地方のゲルク派の名刹グンルン寺に坐牀す

これらの事を見たとき、この十六年の間に、わが方が遣わしたラマたちがわれわれを欺いたことはその極に至っている。信じることはできない。みな摂政の側について、一つの本当の話もない。その内でもダンパセルジが、ダライ・ラマを自分は見た、と保証したのはもっとも憎むべきである。この事情を皇太子は、理藩院の大臣、将校を率いて、メルゲン・チョエジェ以下のラマたちをみな梅檀《せんだん》寺に集めて、事情を告げて、ダンパセルジを捕えて、弟子たちとともに理藩院に監禁せよ。この者の二箇所にある家を封印して見張らせよ。メルゲン・チョエジェと多くのラマたちに、『正月一日（一月二十三日）、私自身が、皇太子もいたが、問うたとき、メルゲン・チョエジェは先に立って、ダライ・ラマは在世しているといったのであったぞ。今どうして事実が顕れたのか。これを見たとき、犬を飼ってさえ、よそ者に吠えて役に立つ。お前たちラマを養ったことは何の役にも立たない』と。面目が立たないように叱責して、この十六年間にチベットに遣わしたラマたちを取り調べて、一人一人の供述を取って送れ。ラマたちがどうしたかを知らせよ。この事件の次第を満洲人の大臣たちにみな見せよ。皇太后には口頭で大体を申し上げよ」

（四月二十二日、『宮中檔康熙朝奏摺』第八輯、八六三〜八八三頁、皇太子への上諭）

ここに登場する泥の像は、チベット語でサツァといって、ミイラにするときに浸み出した汁を混ぜてこね上げたものである。

こうしてダライ・ラマ五世の死が公表されたことによって、情勢は皇帝にとってさらに有利になった。これまでのガルダンの行動は、すべてダライ・ラマ五世の指令と称するものに従ってきたのであったが、それがすべてネチュンの神託を利用した摂政サンギェギャツォから出ていたとすると、ガルダンの立場はなくなる。摂政もそれは知っていたのであるが、もはやガルダンの運命もこれまでと判断したからこそ、ダライ・ラマ五世の死の公表に踏み切ったのであろう。だからこれは摂政がガルダンを見殺しにする意図を表明したことになる。ガルダン最後の日は迫りつつあった。

討伐作戦の大詰め

この時期に、皇帝は皇太子に対して遠征の感想を述べている。

「皇太子に諭す。私が寧夏に着いて十日に近い。毎日、兵馬、食糧、経費の事を相談したり準備したり、少しの暇もない。途上では、朝は霧や露に触れ、昼は砂や埃に包まれ、口は指揮、命令に疲れ、手は手綱や鞭にたこを生じ、数千里の外に来たことは、ただこの一人残ったガルダン

る転生高僧で、名はガワン・ロサン・チョエデン。法号の系譜としては十四世に当るが、実質は二世。康熙帝の招請を受けて一六九三年に来朝し、ダライ・ラマ六世の即位式に清朝側の大使として派遣されるなど、康熙帝の信任を得ていた。後にはドローン・ノールの彙宗寺に住持し、南モンゴル・北京における最高位のゲルク派化身僧となった。

の故である。私が今ごろ京師に居れば、朝は種々の花を眺め、昼は木陰に坐って小鳥の鳴くのを聴き、暑ければ休息し、涼しければ働き、安楽をむねとすることを知らないわけではない。ただこの意志、この男子の意志を貫きたいのである。皇太子は極めて孝心の厚い人である。おそらく花を見、鳥を見、魚を見、獣を見るごとに、私が不毛の辺境で苦労しているだろうと心を痛めていることだろう。私のことは心配するな。ただ昼となく夜となく国家の事に心を尽くし、暇には経史の先世の得失を読んで心をまぎらせよ。特に諭す。

康熙三十六年閏三月五日」

（四月二十五日、『宮中檔康熙朝奏摺』第八輯、八三九～八四一頁、皇太子への上諭）

寧夏で皇帝が熱中していたのは、最後のガルダン討伐作戦の準備であった。フィヤングの軍は南モンゴル西部から、アナンダの軍は甘粛省西部からそれぞれ出撃して、ゴビ沙漠を越えてアルタイ山脈の東端に居るガルダンの本営を襲う計画であった。そこへ四月三十日、ガルダンの使者ラマチャブが到着した。持参したガルダンの手紙は簡単なもので、委細は使者が口頭で申し上げる、というものだった。ラマチャブが伝えたガルダンの言葉は次のとおりである。

「陛下のお言葉に、私が暮らせなくなれば、衆をまとめて近くに移住して投降せよ、とある。私には住むにも家はなく、乗るにも家畜はなく、食べるにも食糧がない。私の部下のアラブタン、ドルボト[*175]のチェリン、グンザンの子チェリンドルジは、みな暮らせなくなって、獣を捕りに四散している。

彼らを集めて意向を問う暇がない。あとで集めて問うた後、それから申し上げよう。陛下が私を愛《いつく》しまれようとなさるので、私の部下の者どもが陛下を頼って降るものがはなはだ多い。愛しまれれば、私に返していただけないか。他の暮らせない者どもには陛下が恩賜を施されて、息を吹き返させてはいただけないか」(『親征平定朔漠方略』巻四一、康熙三十六年閏三月壬辰条)

この期に及んでも、ガルダンは強気に反抗の姿勢を崩さないのである。しかし皇帝は、ガルダンに再び詔書を送って投降を促すと同時に、ガルダンと分裂したダンジラ、ガルダンの部下の大衆およびジューン・ガルの本国のツェワンラブタンにもそれぞれ詔書を送り、ダンジラにはガルダンに投降を勧めるように、部下の大衆には清軍に投降するように、ツェワンラブタンには清軍の征討が迫っていることを通告した。

「皇太子に諭す。七日(四月二十七日)、ガルダンのもとに遣わしてあった員外郎ボシヒ、降って来たゲレイ・グエン・ドラールの子ウバシ、ダンジラが遣わして来て送り返したが、今また来たチャハンダイ、この者どもが着いた。他のゲレイ・グエン・ドラール、マンジ、ガルダンが遣

＊175 **ドルボト** オイラト部族連合を構成する遊牧部族の一つで、ジューン・ガルと同じチョロース部系の部族。十七世紀初めのダライ・タイシのときオイラトの盟主として勢威をほこったが、ホシュート、ジューン・ガルの台頭でおとろえた。

わしたラマチャブ、ダンジラが遣わしたロブザンらはまだ着いていない。これらの供述、ガルダンの上奏文を写してしばらく待っていた。十日（四月三十日）の朝、マンジ、ロブザンが着いた。申の刻（午後四時）にアラブタン、ダンジンワンブのもとに遣わしてあったヘイセ、ツェワンジャブ王の長史マニトらが国境に着いて送った報告書、大将軍・伯フィヤングの報告書がみな着いた。

十日の晩、ゲレイ・グエン・ドラール、ラマチャブらが着いた。これらの供述をいっしょに書いて送る。ガルダンの様子を見ると、ダンジラと不和になったのは確実である。今アラブタン、ダンジンワンブも私の言葉に従ってわが方についている。人の心が離れ、餓えに迫られていることは確実である。今エケ・アラルの方へ移住したのは魚が居るためだが、どうして従って行く者がありえようか。いま降って来る者が絶えなくなっている。情報は次々に手に入る。私は事態を見定めて行動する。決して軽挙はしない。また急ぐこともない。いま食糧、経費を手配し終えた。兵も出動させ終えた。こうした情報を待ちつつ、時日をまだ決定していない。食糧、経費、家畜の飼料、後続の食糧、駱駝、騾馬、馬、口糧は大いに余った。全く将兵、民に苦労をかけることはない。

ここまで書いてきたころ、私が遣わした前鋒侍衛キサムらが、オーロト人の一夫妻を捕えて帰って来た。キサムらの話では、『われわれは御命令どおり三月十九日（四月十日）に寧夏から出発して、閏三月一日（四月二十一日）にグルバン・サイハンの地に到って、このオーロト人を捕えてもどって来ました』という。オーロト人ジャムスの供述を別紙に書いたほか、知らせようと思って諭す。

満洲人の大臣たちに見せよ。

十一日（五月一日）の朝、将軍フィヤングのところから、アラブタン、ダンジンワンブの手紙を送って来た。これを翻訳させて送る。

摂政の書いたダライ・ラマの死去と転生を記した書物一部、これを原本のとおりに、こちらに居るラマたちに書き写させて送る。京師のラマたち、学者たちに委ねて翻訳させて送れ。こちらでも翻訳させている。ラマたちの話では、意味がよくわからないという。これを見たとき、チベットの仏道に通じた大ラマたちには感服するべきである」

（五月一日、『宮中檔康熙朝奏摺』第八輯、七〇五〜七一〇頁、皇太子への上諭）

皇帝が、ガルダン征討計画の実施に当たって懸念していたのは、背後の青海ホシュートの動向であったが、それも解決した。

「皇太子に諭す。二月（三月）のうちに、私が自ら寧夏に来るので事情を説明し、ココ・ノールなど西方のオーロトを従えようと、タイジ・アラブタン、デムチュク、都統ドゥスガル、シャンナンドルジらに詳しく指示して送っておいた。先には事の成否はわからないし、かえって敵になるかも知れないとて、知らせてやらなかった。今アラブタンらの報告を見ると、ココ・ノールのタイジたちはみな従って、私のもとに来るという。一兵をも用いず、西方のオーロトをみな手中に収め終わった。大きな吉事なので急いで知らせる。ツェワンラブタンはわが方になり終わった。アラブタン、ダンジンワンブの使者が着き、またわが方の者となった。ここにおいて私の喜びと得意は全く言葉に尽くせない。ただ早晩、ガルダンをあるいは殺して送って来るか、生きながら送って来るかを待ちながら居る。特に諭す。議政大臣たちに見せよ。皇太后のお耳に入れよ。宮中にも告げよ。

アラブタンらの報告書、オーロトのアラブタンのもとから来た者の供述をみな書き写して送る」

（五月三日、『宮中檔康熙朝奏摺』第八輯、八九九～九〇一頁、皇太子への上諭）

帰途につく

しかし北京を出発以来、すでに七十日に近く、また皇帝の滞在は貧しい寧夏の町に大きな負担となってきた。そこで皇帝は五月五日、十八日ぶりに寧夏を離れ、黄河の西岸に沿って北に進み、内モンゴル経由で帰途についた。

「皇太子に諭す。私は軍事の処理を終えて、十五日（五月五日）、白塔に向かって出発した。処理した事項ごとに詳しく書き写して送る。白塔は黄河の彎曲部で、オルドスのドゥーレン公の境である。この手紙が着いてからは、通信を長城内を通って送るのをやめて、殺虎口を出て長城外を送れば、千里ほども近道になり、通行も楽である。長城内の道の悪さは言語に絶する。雨水や暑い季節には人が倒れ馬が死ぬことがかならず多くなる。寧夏の地はゴビの真ん中にあるので、年をとったり体の不自由な者どもにははなはだ適しない。集団で発病する者どもはないが、気分が悪く、顔色の衰えた者どもは常にいる。われわれには全く感じるところはない。

寧夏から賀蘭山の長城は百里余である。牧地や水のよいことは言うまでもない。私に随行した大臣、侍衛、護軍、執事人の馬、御用の馬、駱駝、羊、牛をみなチャガーン・トホイの地に出して飼養した。この二十日の間にみな少し回復しはじめている。現地から一束の草、一つかみの豆さえ取って飼養したのではないので、米も豆も草も大いに余って、各地から輸送するのをみなやめさせて、到った場所でそれぞれ保管させた。私が今回、遠く来たのは、特に食糧や費用の手配をしよう、軍の進退の機を定めようとして来たので、民を苦しめたり、現地に損害をかけたりする事を行なうことができようか。いま事が終わったので、詳しく書いて特に諭す。これを議政大臣たちにみな見せよ。

康熙三十六年閏三月十五日」

（五月五日、『宮中檔康熙朝奏摺』第八輯、九〇六～九〇九頁、皇太子への上諭）

これより先、寧夏に滞在中の皇帝は、皇太子からの手紙の余白に「今はちょうど黄雀《こうじゃく》の渡る季節だ。京師では一体どうだったのだろう。聞きたい。知らせてはくれまいか」（『宮中檔康熙朝奏摺』第八輯、八三四～八三八頁、皇太子の奏摺に記した硃批）と書きこんで返送したことがあった。これを受け取った皇太子は恐懼《きょうく》して、こんなていねいな言葉づかいをされては冷汗をかいて身の置きどころもない、今後は一切やめて頂きたい、と手紙に書いた。これに応えて皇帝は書いている。

「私は無事だ。皇太子は元気か。以前から通信のついでの雑事には、知らせてはくれまいか、送ってはくれまいか、笑ってはくれまいか、見てはくれまいか、といったたぐいの文字をいつも書いていた。これまでの手紙を見ればすぐわかる。今回だけではない。そればかりか、妃らに送る手紙にもこのように書いている。ほかの、大臣たちに見せよ、とか、皇太后に申し上げよ、というくだりには、このような言葉はおそらくないだろう。あるいは急いで思わず書いたかも知れない。

黄河に沿って行きながら見ると、土地はよく、草は大いによい。燃やす物は豊富である。ジャクの木[176]、タマリスク《スハイ》、ブルガナ、アルタン・ハルガナ[177]、ムンクイ・ハルガナ[178]などのものがある。黄河の彎曲部の茂った所に大鹿が豊富にいる。開けた所には長尾黄羊《スールテイ》がいる。雉や兎もいるが豊富ではない。行軍中なので、巻狩はしていない。中洲に船で行って、徒歩で囲み、少々行なった。食糧はみな船で運んだのを、今の場所から私が監督して出発させる。人ごとに私のように努力すれば事は成るだろう。白塔に着いた後、宦官を遣わして皇太后の御平安を伺いにやる。この通信は二十三日（五月十三日）の朝、四更の刻（午前二時）に着いた。同日の酉の刻（午後六時）に発送した」

（五月十三日、『宮中檔康熙朝奏摺』第八輯、九〇九～九一三頁、皇太子の奏摺に記した硃批）

五月十六日、皇帝は白塔の地に着き、ここから陰山山脈を越えて出撃する清軍を送り出した。

「私は無事だ。皇太子は元気か。私は白塔から二十五里先の所から、二十九日（五月十九日）、前鋒兵と黒龍江の兵を自ら監督して出発させた。一日（五月二十日）、小銃隊と緑旗兵を自ら監督して出発させた。米はみな水路で、黄河を下って持って来て、途中の食料を除いて、一日から算えて四箇月分に十分な米を与えて行かせた。馬や駱駝の肉づきはひとしく肥えており、兵の士気は高い。私の居る所から両郎山――漢人たちのつけた名で、モンゴル人たちはハラハナという――までの距離を測量すれば一百二十里は水がない。さようなので、われわれのもとにある駱駝を集めて、于成龍らが着く前に、この水のない所を通過させるように送る。この駱駝がもどって来た後、私は帰途について、暑さを冒して行く。家から来た馬でも、以前に送った馬でも、肉づきはみなよい。駱駝もよい。

＊176 **ジャクの木**　アカザ科（ヒユ科）ハロキシロン属の *Haloxylon ammodendron* Bunge。ロシア名「サクサウル」。

＊177 **アルタン・ハルガナ**　マメ科ムレスズメ属の *Caragana leucophloea* Pojac.。

＊178 **ムンクイ・ハルガナ**　マメ科スナツゲママメ属モンゴルスナツゲママメ（*Ammopiptanthus mongolicus* (Maxim. ex Kom.) Cheng）。常緑灌木。

水路を行けば、フタニ・ホショーに八、九日で着く。荷駄の馬や駱駝が追いつけない。陸路を行けば二十日かかるという。出発の際にまた知らせよう」

(五月二十日、『宮中檔康熙朝奏摺』第八輯、九七六〜九八二頁、皇太子の奏摺に記した硃批)

結局、皇帝は白塔付近に十日間滞在して、五月二十六日、船で黄河を下って帰途についた。

「私は無事だ。皇太子は元気か。私の処理すべき事はすべて済んだ。ハラハナに米を運んだ駱駝はみな元気に帰って来て、五日(五月二十四日)に着いた。六日(五月二十五日)は一日休止して、馬や駱駝を渡して、衆人は陸路を行かせ、私は水路を出発することに決まった。果物を恋しがる気持ちがあれば、このような遠い所に三回も何とて来ようか。今後は送らせるな(皇太子が送った桜桃への返事)。

七日(五月二十六日)に出発した。さようなので二日間待って、出発するとき、辰の刻(午前八時)に発送した」

(五月二十六日、『宮中檔康熙朝奏摺』第八輯、九八四〜九八八頁、皇太子の奏摺に記した硃批)

ガルダンの死

実はこのころ、ガルダンはすでにこの世になかったのである。皇帝の乗った船が六月三日、ブグト

（現在の包頭市）に着いたとき、ガルダンの死の第一報が皇帝のもとにとどいた。

「皇太子に諭す。私は七日（五月二十六日）に水路を出発することに決まったが、黄河は彎曲が多く、泥が深く、住民が少なくて駅馬が手に入らない。そこであらゆる報告書は、ムナ・ホショーに行って待て、私は四日以内に着くように行く、と、みな陸路を送らせて、内大臣ソンゴトに小銃隊二百名、京師の旗の馬一千四百余頭、私が余分に持って来た米八百斛《こく》をつけて白塔の地に残して、去年、尚書バンディがしたとおりに、帰って来る兵士、馬丁、商人たちのために準備するように詳しく命じておいて出発した。毎日、風が吹き波が大きいので大いに手間どった。十四日（六月二日）の夜、私が通って来た所のエルデニ・パンディタ・ホトクト[*179]が人を遣わして来て、『今日、日が沈むころに一隻の小船が、陛下に申し上げる重要な用件がある、ガルダンが死んだ、ダンジラらも降って来る、といってこの上なく急いでいる。さようなのでわれらのホトクトは、この吉報を陛下に申し上げに行け、といって早馬を出した』という。

それから私は夜の明けるまでに急いで馬を探して、河の両岸を迎えに行かせた。また小船で水

＊179 **エルデニ・パンディタ・ホトクト**　一六三九—一七〇三。ジェブツンダンバとともにハルハを代表する化身僧の系譜の初代で、名はロサン・テンジン・ゲルツェン。ハルハのサイン・ノヤン家の祖トゥメンケンの孫で、ジェブツンダンバ一世の弟子でもある。

路を迎えに行かせて、十五日(六月三日)の辰の刻(午前八時)に散秩大臣《さんちつ》*180ブクタオが着いた。その話では、『陛下がこの小船を内大臣ソンゴトのもとに残されて、私がムナに着くまでの間にもしも重要な用件があれば、馬の通わない所なので、この小船に乗って急いで私を追いかけて送れ、と仰せられました。今これより重要な大吉報はございません。さようなので私どもに、徹夜で追いかけよ、といって、私どもは二日二晩追いかけて参りました』といって、大将軍・伯フィヤングの報告書を送って来た。大将軍・伯フィヤングの報告書を書き写して送るほか、ガルダンの首を急いで取って来させて、着き次第、京師に送らせよう。

私が三回、絶遠の辺境の地に来たのは、この賊が一日世に在ってもいけない故である。知ることが明らかでなくて、後人に嘲《あざけ》られるような行ないをする道理があろうか。いま天地、祖宗のお蔭で、衆オーロトをみな服従させた。モンゴル系の国で臣従しないものは一つも残っていない。今ガルダンの首を京師に送るので、王、ベイレ、ベイセ、公、満洲人、漢人の大臣たち、役人たちを集めて、この事情を詳しく告げて相談させて報告せよ。私は心にこの上なく喜び、筆を持って言葉を綴れない。急いで送る。特に諭す。

四月十五巳時(午前十時)」

(六月三日、『宮中檔康熙朝奏摺』第八輯、一二四〜一二八頁、皇太子への上諭)

そのフィヤングの報告によると、五月二十八日、フィヤングが兵を率いてサイル・バルガスンという所に着いたところへ、ガルダンの部将ダンジラの使者チキル・ジャイサンの一行が来て、ガルダンは四月四日、アチャ・アムタタイという所で死んだこと、ダンジラはガルダンの遺骨と、ガルダンの娘ジュンチャハイを連れて、バヤン・ウンドルという所で皇帝からの沙汰を待っていることを告げた。チキル・ジャイサンにさらに問うと、ガルダンは四月四日の朝、発病して、その晩に死んだが、何の病気かは知らない、ということだった。

三日後、チキル・ジャイサンが皇帝の一行に追いついた。このときの供述でも、ガルダンは四月四日に病死して、その夜すぐ火葬にしたという。ところが皇帝は、なぜかガルダンの死は服毒自殺である、と確信した。

「私は無事だ。皇太子は元気か。十八日（六月六日）にムナを通過した後、チキル・ジャイサンが着いた。この者の供述を書いて送るほか、私が面と向かって詳しく問い訊すと、ガルダンが死んだのは、毒を飲んで自殺したことは確かである。あるいは衆人がいっしょになって毒を盛ったのか、自分で毒を飲んだのかは、チェンブザンブが着いたときにゆっくり解明しよう。

私の大事が終わったので、気持ちは全く平穏である。毎日、大臣たち、侍衛たちと、話題にし

＊180　**散秩大臣**　八旗のうち侍衛系統の官職で、領侍衛内大臣・内大臣（注＊56）に次ぐ指揮官職。遊軍的ポストでもあり、高位の旗人や王族を暫定的に任じることも多い。

ては喜んでいる。ただガルダンの死体は焼いてしまった。いくら原状であっても、乾いた首だけだ。以前、呉三桂も焼いてしまってあったが、その遺骨を持って来て、刑場で突き砕いて撒き散らしたのであった。前例ははなはだ明らかである」

（六月六日、『宮中檔康熙朝奏摺』第九輯、四〇〜四三頁、皇太子の奏摺に記した硃批）

皇帝はそれからも黄河を船で下りつづけて、六月十三日、フタニ・ホショー（托克托県）に着き、そこから南モンゴルを通って張家口で長城を入り、七月四日、百二十九日ぶりに北京に帰った。

風に撒かれた遺骨

しかし皇帝の希望に反して、ガルダンの遺骨は容易に手に入らなかった。ダンジラはバヤン・ウンドルに留らず、ガルダンの遺骨を捧持しジュンチャハイを連れて天山山脈の東端のジムサの、ツェワンラブタンの部下の陣営に移った。そこでボロ・タラに居るツェワンラブタンからの連絡を待っているうちに、清の使者がジムサに到着して、皇帝に帰順するように説得した。これに心の動いたダンジラがジムサを出発すると間もなく、ツェワンラブタンの派遣したジューン・ガル軍の部隊が一行を襲って、ガルダンの遺骨とジュンチャハイを奪い去った。ダンジラはハミの町に逃げ、そこから南モンゴル東部に滞在中の皇帝の本営に着いた。皇帝は自分のテントにダンジラを招き入れ、余人を遠ざけて二人きりでやや久しく話し合った。ダンジラは大いに感激して忠誠を誓った。皇帝はダンジラに散秩大臣の資格を授け、張家口外のチャハル正黄旗に領民を与えたのである。一方、皇帝はツェワンラブタンに何度も使者を遣わして、ガルダンの遺骨と娘の引き渡しを要求したが、ツェワンラブタンはなかなかこれに応ぜず、翌一六九八年の秋になって、やっと遺骨だけを引き渡した。北京に送られた遺骨は、城外の練兵場において、満洲兵、モンゴル兵、中国兵が整列して見守る前で、風に向かって撒き散らされ、吹き飛ばされた。ガルダンの娘ジュンチャハイは、一七〇一年に至って、ツェワンラブタンから引き渡されたが、皇帝はこれを助命してセブテンバルジュルと同居させ、セブテンバルジュルを一等侍衛に任命し、ジュンチャハイを二等侍衛シャクドルと結婚させた。青海のボショクト・ジノンの息子の妻になっていた、もう一人のガルダンの娘は、結局、不問に付された。

こうしてガルダン・ボショクト・ハーンは一六九七年四月四日、五十四歳で死んだ。しかしその死は、皇帝が信じたように、果たして自殺だったのだろうか。還俗したとはいえ、ガルダンはウェンサ・トゥルク四世として、高僧の転生、いわゆる活仏である。たとえ自殺とはいえ、殺生には変わりがない。活仏がそのような破戒を犯すだろうか。

チキル・ジャイサンの供述にも、病死と明言してあるのに、皇帝があくまで自殺説に固執したのは、この憎むべき敵の活仏としての聖性を否認したかったからだと思う。

こうして草原の英雄のドラマは終わった。ハルハ人は久しぶりに北モンゴルの故郷に帰った。ドローン・ノールの会議でハルハ人の臣従の礼を受けていた皇帝は、北モンゴルの主権者となり、清帝国の領域は西に伸びて、アルタイ山脈でツェワンラブタンのジューン・ガル王国と接することとなった。

皇太子の悲劇

晩年の康熙帝

皇子たちの権力争い

康熙帝がその自筆の手紙のなかで、あれほど愛情を注いだ皇太子胤礽《いんじょう》の運命は、まことに暗い悲しいものであった。康熙帝は、この皇太子の地位を安定させ、無事に紫禁城の玉座を継がせてやりたいと願うあまり、他の皇子たちが成年に達しても、爵位も領民も与えず、部屋住みのままにしておいた。ところが一六九六、七年のガルダン征伐において、年長の皇子たちは、皇帝の親征に従軍して、それぞれ部隊を指揮して一かどの働きを見せた。それでいつまでも部屋住みの身分で置いてもおけなくなって、ガルダンの死の翌年、皇長子胤禔《いんてい》と皇三子胤祉《いんち》に、郡王という第二等の爵位、皇四子胤禛《いんしん》、皇五子胤祺《いんき》、皇七子胤祐《いんゆう》、皇八子胤禩《いんし》に、ベイレという第三等の爵位を授け、八旗のなかの上三旗にそれぞれ領民を与えた。

八旗というのは、清朝の武力の根幹を成す組織で、およそ満洲人なら、すべて八旗に属するが、そのほかにも満洲化したモンゴル人、漢人、朝鮮人、それからアムール河の方面から集められた少数民族である新満洲人なども八旗に属して、「旗人」と総称される。この組織を八旗と呼ぶのは、軍隊式の八個の集団に分かれているからで、軍旗の色に黄、白、紅、藍の四色があり、それにそれぞれ縁どりのないもの（正）とあるもの（鑲《じょう》）とがある。この軍旗の色と縁どりのあるなしによって、八個の集団を鑲黄旗、正黄旗、正白旗、鑲白旗、正紅旗、鑲紅旗、正藍旗、鑲藍旗と呼ぶ。これが八旗であるが、とりわけ最初の三個、鑲黄旗、正黄旗、正白旗は皇帝の直轄で、上三旗と呼ばれる。八旗はそれぞれ独立の部族と見なしてもさしつかえない。実を言うと、清朝の皇帝は、満洲人や満洲化したモンゴル人、漢人たちにとっては、八旗の部族連合の議長に過ぎない。それが中国の皇帝を兼ねているのである。そして、部族連合という面から見ると、満洲人の論理では、議長は毎回、選挙されるべきもので、現職の議長があらかじめ後任を指名しても、それは拘束力をもたない。つまり皇帝が生前に皇太子を立てておいても、死後に皇太子が帝位を継げるという保証は何もないのである。

だから一六九八年に、一挙に六人の皇子が爵位を授けられ、皇帝直属の上三旗にそれぞれ領民を与えられると、今や皇太子は唯一の帝位継承候補ではなくなり、各旗の満洲人たちはそれぞれ、新たに自分たちの領主として迎えた皇子を担いで猛烈な党派争いをはじめ、たがいに他を蹴落とそうとして、あらゆる陰謀をめぐらすのであった。こうした皇太子の地位の不安定は、満洲人の伝統に、長子相続という制度がないことからきている。

つまり、生前に後継者を指名するという習慣のないところへ、康熙帝が中国式に皇太子を立てたのであるから、他の皇子たちが急に納得するはずがない。古い習慣で、帝位の継承権については、自分たちはみんな同じ資格だと思っているし、皇子たちの領する旗の満洲人たちはなおさらである。そこへもってきて満洲人の論理では、主従関係というものは絶対で、何代経とうが家来の子孫は主筋に対して忠誠を尽くさなければならない。どんなに家来が出世し、旧主人が零落しようとも、これは変わらない。

ところで前に言ったように、満洲人にとっては自分の部族である旗がすべてなのであるから、この忠誠心も、旗と旗の間の壁を越えることはない。皇帝に対して絶対の忠誠を捧げるのは、上三旗のなかでもボーイ*181（家人）と呼ばれる直属の満洲人だけで、他の満洲人たちは領主たる皇子だけに忠勤をはげむ義務を負い、皇帝がどうなろうと直接の関心はもたない。八旗の全体としての団結を保っているのは、各旗の諸主と皇帝の間の個人的関係だけである。

こうした満洲人社会の構造上の弱点は、八旗の内部だけでなく、必然的に漢人社会の官僚制度にまで影響を及ぼしてくる。各旗の有力者は、それぞれ自旗の出身者を要職につけようとして必死になるし、野心のあるなしにかかわらず、漢人の官僚も、栄達や保身のためには、いずれかの党派に結びつく必要がある。

こうして満洲人、それを取り巻く漢人で形成された党派がいくつも並立して、帝国の全機構を縦割りにして、権力の争奪戦に血眼《ちまなこ》になる。その際、狙われるのは、かならずしも中央政府の要職だけではない。

中国の伝統的な制度では、相当の大官でも俸給の額はわずかであるから、地位それ自体は大した資金源にはならない。金になるのはむしろ地方官である。地方官の俸給は無に等しいし、どんな僻地へ行くのでも、赴任手当など一銭も支給されない。その代わり、定額の上納金さえきちんきちんと国庫に納めれば、残金はどう使おうと勝手である。つまり一種の徴税請け負い制度なのである。地方官は自分の取り分を自分だけで消費することはない。その相当部分は、北京に居る親分のもとに送られる。親分はそれを子分の生活を支えるためにばらまく。北京遷都以後、八旗の兵士が戦闘に参加する機会が少なくなったから、それまで従軍の際の戦利品や恩賞が主な収入源であった満洲人大衆の生活は苦しくなってきている。従って親分は、少しでも自派の収入を増やすべく努力しなければならない。

以上の事情は、皇帝自身についても同じである。親分衆の筆頭たる康熙帝自身にも多くの子分があって、それぞれ実入《みい》りのいい職について、せっせと宮廷費を北京に送金していたのであるが、その一人が江寧織造《こうねいしょくぞう》の曹寅《そういん》*182であった。江寧は南京のことで、織造とは宮中御用の絹織物を調達する官職である。曹寅は満洲化した漢人で、康熙帝直属のボーイの身分であった。織造は職務上、多くの技術者をかかえこんで、もっとも品質優秀な絹織物を独占生産していたのであるから、その収益の巨額だったことは容易に見当がつく。曹家の富裕は想像を絶した。康熙帝が黄河、淮河《わいが》の治水事業の視察のため、一六八四年から一七〇七年にかけて六回も南方へ行幸したとき、南京では五回まで曹寅の家に滞在している。中国の皇帝の一行を泊めるために、どれほど大きな屋敷と多くの費用が必要か、計算してみるまでもあるまい。

*181 **ボーイ** 漢字では包衣と書き、八旗各旗の家政部門所属の旗人をさす。幹部は上級旗人だが、雑務に当る層の地位は低く、八旗に編入された漢人も多く所属した。

*182 **曹寅** 一六五八―一七一二。正白旗包衣所属の漢人で、康熙帝の信任を受け、蘇州・江寧織造など内務府管下の要職を歴任した。任地の江南で豪壮な邸宅を構え栄華をほこったが、死後、雍正帝によって処罰され家産没収の憂き目をみた。

曹寅の孫の曹霑《てん》（雪芹）は、あの世界文学の名作の一つに数えられる『紅楼夢』*183の著者であるが、その舞台となる栄国府は、全く曹家のけたはずれの絢爛《けんらん》豪華な日常生活の実態をそのまま描いたものであり、曹霑自身は、主人公の賈宝玉《かほうぎょく》として『紅楼夢』に登場している。

こうした事情のあるところへ、六人の皇子が各旗に封ぜられたのである。これまでの党派争いに、新たに帝位の奪い合いの要素が付け加わった。満洲人たちはそれぞれ自分の領主を次期の皇帝にしようとして、あらゆる陰険な手段を弄して、到る所で暗闘をくりひろげた。

皇太子の失脚

そうなると一番弱い立場にあるのは、みんなからマークされる皇太子である。毛沢東の生前に後継者に指名された劉少奇、林彪、江青がたどった運命を見てもわかるように、皇太子の地位ほど危険なものはない。しかも、毛沢東と同じように、康熙帝も長命で在位期間が六十一年という希有の長さだったから、無期限に兄弟たちの悪意のこもった視線に身をさらし、しかも父皇帝の信用を失わないためには、何事もじっと我慢をしなければならない皇太子の辛さ、苦しさは想像に余りがある。

皇太子にとっての最初の凶兆は、一七〇三年に現われた。皇太子の母は、輔政《ほせい》四大臣の一人のソニンの孫娘だった。この皇后が皇太子を生んだ産褥《さんじょく》で死んだことは前に言ったが、若き日の皇太子の最大の後盾となったのは、ソニンの第三子、領侍衛内大臣ソンゴトであった。ソンゴトは康熙帝に派遣されて、ロシア人とネルチンスク条約を結んだし、ウラーン・ブトンの戦いでは裕親王福全に従って戦闘に参加しており、康熙帝の北モンゴル親征では前鋒兵を指揮し、寧夏遠征では黄河の水路輸送を担当している。

ところが一七〇三年の夏、康熙帝は突然、ソンゴトを逮捕して監禁し、ソンゴトが党を結んで国事を議論したといって、その一派をことごとく追放した。ソンゴトは間もなく監禁中に死んだ。母方の大叔父の失脚と死によって、皇太子は政治的に孤立した。窮地に陥った皇太子は自暴自棄になって、かなり異常な行動に出たらしい。自然、父子の間も猜疑心の雲に閉ざされ、康熙帝は次第に、皇太子は自分に害意をもっている、と思いはじめた。

一七〇八年の秋、南モンゴル東部に、皇太子、皇長子らを連れて巻狩に行っていた康熙帝は、またもや突然、諸王、大臣、侍衛、文武の諸官を行宮の前に召集し、皇太子を跪かせて、涙を流しながらこう言った。

「私は太祖（ヌルハチ）・太宗（ホンタイジ）・世祖（順治帝）の遺産を承け継いでから現在まで四十八年というもの、心を尽くして臣下を愛しみ、人民を養い、天下を安楽にすることばかりに努めてきた。いま胤礽《いんじょう》を見ると、先祖の徳にならわず、私の教訓に従わず、ただ悪をほしいままにして衆をしいた

＊183 **『紅楼夢』** 十八世紀後半に成立した、貴族の家庭を舞台とした長編小説。曹寅の孫の曹霑（雪芹、一七二四?—六七?）の作で、彼の代には曹家は没落していたが、かつての自家の栄華のさまをモデルとしたとされる。

げ、暴虐と乱行は口にするのを憚《はばか》るほどである。私は二十年も大目に見てきたが、悪行はますますひどくなって、朝廷の諸王、ベイレ、大臣、官吏をばかにして権勢を振り回し、一味を集めて私の身辺をうかがい、私の一挙手一投足も探り出さないことはない。私が思うに、国には一人しか君主はない。胤礽が何で諸王、ベイレ、大臣、官吏を思いのままに虐待し、好きなように殴打してよいものか。平郡王ネルス[*184]、ベイレ・ハイシャン[*185]、公プキ[*186]など、みな彼に殴打され、大臣・官吏から兵士・馬丁に至るまで、ひどい目に遭わされなかった者は少ない。私がこうした事情を知っているのは、諸臣に彼の素行の話をする者があるためだが、彼はそうした者を敵視して、勝手に鞭で打つので、私はこれまで彼の素行について、一度も諸臣に問い訊したことはない。私が陝西・江南・浙江などの地に巡幸して、家に宿ったり、船に乗ったりしても、一歩も勝手に外へ出たり、一事も人民に迷惑をかけたことはない。ところが胤礽とその手下どもは、ほしいままに非行をやりたいほうだい、私が口にするのも恥ずかしいくらいだ。またモンゴルから私に馬を献上に来る人びとを、使者を遣わして途中で勝手にかすめ取って、モンゴル人の不平を引き起こした。種々の悪行は数えきれない。私はそれでも、彼が過ちを悔いて改心してくれることを期待し、我慢して大目に見てやって今日に至った。また私は胤礽のぜいたくな性質を知っているものだから、彼の乳母の夫リンプを内務府総管にして、彼が欲しいものを取りやすくしてやった。ところがリンプはさらに貪欲《どんよく》で、ボーイの人（皇帝の奴隷）の恨みを買った。私は胤礽の幼かった時からよくよく教訓して、およそ用いる物はみな庶民の汗と脂の賜物《たまもの》であるから、なるべく倹約にしなければいけない、と言ったが、彼は私の言葉に従わず、ぜいたくの限りを尽くし、思いのままの悪行はいままた一層ひどくなった。私の息子たちに助かる者はないような勢いだ。皇十八子が病気になったとき、衆人は私が高齢なので、私を気遣ってくれない者はなかったが、彼は兄でありながら、少しもやさしい気持ちがなく、私に叱責されると、彼はかえって忿然と怒った。さらに奇怪なことに、彼は毎晩、私のテントに忍び寄っては、隙間からのぞいている。以前ソンゴトは、彼を助けてひそかに大事を謀った。私はみなその事情を知って、ソンゴトを死刑にした。いま胤礽はソンゴトの仇を討とうと思って、一味の者と組んでいる。おかげで私は今日は毒を盛られるか、明日は暗殺されるかと、日夜、安き心もない。こんなやつに先祖の遺産が譲れるものか。それに胤礽は生まれると母を死なせた。こういうやつを、昔の人は不孝といったのだ。私は即位以来、何事も倹約にして、身は破れた蒲団を用い、足は布の靴下を穿いている。胤礽の用いるものは、すべてはるかに私より勝《まさ》っているのに、彼はそれでも不足で、勝手に国庫の財物を取り、政治に干渉している。きっとわ

＊184　**平郡王ネルス**　一六九〇―一七四〇。清の宗室で、ヌルハチの次子ダイシャンの長子で鑲紅旗に封じられた克勤郡王ヨトの玄孫。撫遠大将軍の皇十四子胤禵（注＊191）に従って青海・チベット遠征に従軍したが、雍正帝が即位すると胤禵とともに罪に問われて失脚した。

＊185　**ベイレ・ハイシャン**　一六七六―一七四三。清の宗室で、正藍旗の旗王の恭親王常寧（注＊54）の子。父を継いでベイレの位に封じられた。

＊186　**公プキ**　一六七二―一七二三。清の宗室で、ヌルハチの長子チュエンの玄孫。鑲紅旗の旗王の一人で、皇太子胤礽に阿附したとして失脚した。

乾清宮。内廷にある皇帝の居宮。

乾清宮内部。雍正以降、この「正大光明」の匾額の裏に後継指名の密詔が置かれた。

が国家を破壊し、わが万民を傷害しなければすむまい。このような不孝不仁の者を君主としたならば、先祖の遺産はどうなるか」(『大清聖祖仁皇帝実録』巻二三四、康熙四十七年九月丁丑条)

そう言って、康熙帝は声を放って泣きながら、地上に身を投げて転げまわった。

皇太子は逮捕された。康熙帝は悲嘆のあまり不眠症になり、六晩も眠れず、諸臣を呼び寄せて話しながらすすり泣くのであった。また、こうも言った。胤礽の近ごろの挙動を見ると、どうも普通の人とちがう。昼間はたいてい眠りこけていて、夜中になって食事をするし、酒を飲めば大盃数十杯を傾けても酔わない。神前ではどぎまぎしてろくに拝礼もできないし、雨や雷に遇うとふるえ上がってどうしたらいいかわからない。生活が乱れているし、言葉もめちゃくちゃだ。精神病のようだが、魔物でもついているのだろうか。

康熙帝は北京に帰って、正式に皇太子の廃位を発表し、廃太子を咸安宮《かんあんきゅう》*187に幽閉した。これまで反皇太子陰謀の中心人物だったのは皇八子胤禩《いんし》だったが、皇太子の廃位の直後、皇長子胤禔が胤禩を皇太子の後任として推薦したので、胤禩の暗躍が明るみに出て、怒った康熙帝は胤禩のベイレの爵位を剝奪した。ついで皇三子胤祉が、胤禔がラマに依頼して廃太子に呪いをかけさせた、と告発した。康熙帝が侍衛に廃太子の部屋を捜索させると、果たして呪詛《じゅそ》に使われた物が十いくつも見つかった。

---

*187 **咸安宮** 紫禁城南半の外城西南部の一角にある建物で、廃太子胤礽が幽閉された。雍正年間に上三旗の子弟の教育機関として咸安宮官学がおかれた。

胤禔も郡王の爵位を剥奪されて監禁された。そこで康熙帝は南苑[*188]へ狩猟に行ったついでに廃太子を召し出して会ったが、廃太子は人がちがったように落ち着いて、以前のことはけろりと忘れて思い出せない様子であった。これを見て康熙帝は、胸のつかえが一遍に下りたような気がして嬉しくなり、やはり廃太子は魔法をかけられていたのだ、と確信した。

　こうして翌一七〇九年の春、胤礽は再び皇太子に復位したが、一度傷ついた皇太子にとって、これは以前にもまして神経を消耗する日々だったにちがいない。一七一一年、康熙帝は、諸大臣が皇太子党を結成して酒宴を開いているといって、歩軍統領[*189]（警視総監）トホチらを死刑に処し、翌一七一二年、また胤礽を廃位して、咸安宮に幽閉した。これ以後、後継者問題に懲りた康熙帝は、一生の間、二度と皇太子を立てようとしなかった。時に康熙帝は五十九歳、廃太子は三十八歳であった。以後、立太子の必要を説く大臣があるたびに、老皇帝は決まって激怒したという。

突然の死と雍正帝の即位

　一七二二年の正月、康熙帝は六十九歳の春を迎え、在位六十一年という、中国史上、空前絶後のレコードを作った。これを機会に、大学士たちは高齢の大臣たち十五人を集め、年齢の合計がちょうど千年になるようにして、その連名で皇帝にお祝いを申し上げた。皇帝はそこで、六十歳以上八十歳以下の大官七十人、文武の官員と近県の平民六百六十人を宮中に招待して千叟宴《せんそうえん》という大祝宴を開催し、出席者に祝賀の詩を作らせ、その盛況を絵に描かせて記念にした。宴果ててのち、皇帝は老大臣たちを私室に招き入れ、機嫌よく思い出話にふけって言った。

「私が即位して十年経ったころは、二十年も在位しようとは予想しなかったし、二十年経ったころは、三十、四十、五十年にもなろうとは思わなかった。五十年のころにも決して六十年も在位しようとは思いもかけなかった。今はもう六十一年になる。歴史によれば、七十歳に達した帝王は三人しかないというのに、なんと私は恵まれているのだろう。私はいつも臣下を寛大に扱ってきて、大臣たちの身の保全には特に気をつけた。だからお前たちもみな年老いて幸福に暮らし、名誉を保っていられるのだ。こうやって向かい合っている君臣が、ともに髪も鬚《ひげ》も白くなっているとは、楽しいことではないか」(『永憲録』巻一、康熙六十一年正月辛卯条)

ついで皇帝は、自分がもっとも得意とした戦争のことや、六回の南方巡幸のことなども回顧して、深い満足の意を表したのである。

しかし死は突然にやって来た。その年の十一月八日、北京の西北郊の暢春園《ちょうしゅんえん》離宮に滞在していた皇帝は、寒風にあたって発熱し、ぐっしょり汗をかいた。しかしそのときは別に心配な容態とは、当

＊188 **南苑**　北京の南郊にある離宮で、狩猟場など広大な敷地をもつ。早く順治帝の時から整備され、狩猟や休息のため歴代しばしば行幸した。

＊189 **歩軍統領**　八旗の官職の一つで、歩兵部隊の最高指揮官。北京の城門警備と巡邏隊も統轄し、首都の警察権を一手ににぎる要職であった。

雍正帝

人も周囲の人びとも思わなかった。だから、それからわずか六日後、十四日の夜八時に皇帝が亡くなったとき、臨終の枕辺には皇子たちは一人もなく、ただ歩軍統領として北京と離宮の警察権を一手に握っているロンコド[190]という大臣が立ち会っただけであった。

　このころ康熙帝のお気に入りで、有力な後継者候補と見なされていたのは、撫遠大将軍として甘粛省の甘州に駐在し、ジューン・ガル王国に対する防衛の指揮に当たっていた皇十四子胤禵《てい》[191]であった。ところがロンコドは皇四子胤禛《いんしん》派に属していたから、胤禛を帝位に即《つ》けるため、直ちに行動に移った。

　康熙帝の遺骸は輿《こし》に載せられ、夜中フル・スピードで北京に帰って宮中に担ぎこまれる。同時にロンコドの命令で、紫禁城の宮門はことごとく閉ざされ、衛兵が非常警戒に当たり、ロンコドの許可のない者は一人も入れない。一方、胤禛の屋敷には急使が走る。胤禛がかけつける。他の皇子たちは宮中に入れない。

翌十五日の正午、ロンコドのみが聞いたという、康熙帝の遺言なるものが発表される。

「皇四子は人格が立派で、私に孝行であり、政治の才能もある。帝位を継ぐに適している」(『大清聖祖仁皇帝実録』巻三〇〇、康熙六十一年十一月甲午条)

二十日になって、やっと戒厳令は解かれ、皇子たちは宮中に入って亡父の霊前に拝礼することができた。その翌日、二十一日には胤禛の即位式が行なわれた。これが雍正帝《ようせい》である。時に四十四歳。

北モンゴル、ハルハ部のジェブツンダンバ・ホトクトは、これより先、ドローン・ノールの会議ではじめて康熙帝に会ってから、毎年のように北京や熱河の離宮でいっしょの時を過ごして、心を許し

*190 **ロンコド**　?—一七二八。ウラーン・ブトンの戦で戦死した佟国綱(注*57)の弟・佟国維の子で、康熙帝三番目の皇后である孝懿《こうい》仁皇后の弟。トゥンギヤ氏。父の公爵を継いで要職を歴任し、康熙帝の没時は歩軍統領の任にあった。雍正帝の政権発足に当っては帝を補佐する総理事務王大臣に列したが、政権が軌道に乗ると排除され、失脚した。

*191 **胤禵**　一六八八—一七五五。康熙帝の第十四子で、雍正帝の同母弟。康熙帝の晩年、撫遠大将軍として青海、チベット方面で軍務を指揮し、有力後継候補と目されたが、雍正帝が即位すると罪に問われて幽閉された。乾隆帝の時代に釈放されて恂郡王に封じられた。

ハルハの初代活仏ジェブツンダンバ一世

合った友となっていた。一七二一年にジェブツンダンバが来訪したとき、康熙帝は言った。

「癸卯《きぼう》の年（一七二三年）、私は七十歳、あなたは九十歳になる。大いに祝うべき年であるから、あなたはかならず来るように。決して約束を破ってはいけない」

ジェブツンダンバは約束を守って、北京に来て康熙帝の柩《ひつぎ》に対面し、そのまま発病して、一七二三年二月十九日、八十九歳で入寂した。雍正帝は、父上の崩御も甲午《きのえうま》の日だったし、ホトクトの入寂も甲午の日だ、世の常の僧ではない、私は自ら行ってカタ（スカーフ）と茶を供え、私の気持ちを表わしたい、と言い、ハルハのトゥシェート・ハーンらの辞退を押し切って霊前にお詣りに行き、皇族や大臣にジェブツンダンバの遺骸を北モンゴルに送って行かせた（A. M. Pozdneyev, *Mongolia and the Mongols*, Indiana University Publications, Uralic & Altaic Series, vol. 61, publication data of original 1896, p. 338.）。

ジェブツンダンバが臨終の床にあるとき、ハルハのハーンたちが、次はどこに転生されるのでしょうか、と問うた。それにジェブツンダンバは答えて、「ハルハの二人のハーンは、申の年か酉の年に生まれた娘の世話をなされよ」と言った。ジェブツンダンバの兄、チャグンドルジ・トゥシェート・ハーンの孫ドンドブドルジ[*192]は、康熙帝の第三皇女、恪靖《かくせい》公主[*193]と結婚していたが、ジェブツンダンバの遺言を聞いた公主は、すぐに夫を北モンゴルに急行させた。ドンドブドルジは、昔のアルタン・ハーン家の一族、ホトゴイト部[*194]族のダシ・タイジの娘、チャガーン・ダラと結婚し、この妃から、翌一七二四年、ジェブツンダンバ二世[*195]が生まれた（Charles R. Bawden, *The Jebtsundamba Khutukhtus of Urga*, text,

---

＊192　**ドンドブドルジ**　?―一七四三。ハルハのチャグンドルジ・トゥシェート・ハーン（注＊45）の長子ガルダンドルジの子で、早く亡くなった父の郡王位を継ぎ、一六九七年に康熙帝の娘の恪靖公主を降嫁された。祖父の死後ハーン位を継いだが解任され、亡父の郡王爵に戻った。

＊193　**恪靖公主**　一六七九―一七三五。康熙帝の第三女で、貴人ゴロロ氏（皇五子胤祺生母の妹）の所生。チャグンドルジの孫のドンドブドルジに嫁ぎ、皇女最高位の固倫《グルニ》公主に封じられた。

＊194　**ホトゴイト部**　かつてオイラトを支配したハルハ右翼のアルタン・ハーン家（注＊44）の後裔。ハルハ西北部に位置し、北はロシア、西はオイラト諸部と隣接する。

＊195　**ジェブツンダンバ二世**　一七二四―五七。ハルハ左翼のトゥシェート・ハーン家のドンドブドルジと右翼のアルタン・ハーン家後裔のダシ・タイジの娘の間に生まれ、ジェブツンダンバ一世の転生と認定された。しかし、転生を称する他候補が当初乱立し、さらにジューン・ガルのツェ

translation and Notes, Asiatische Forschungen Band 9, Otto Harrassowitz, Wiesbaden, 1961, p. 67.)。この人に至って、ハルハ左翼のトゥシェート・ハーン家と、ハルハ右翼のアルタン・ハーン家の融合が実現したわけである。

さらにその翌年、一七二五年一月二十七日、廃太子胤礽は咸安宮に幽閉されたまま、ひっそりと死んだ。五十一歳であった。

ワンラブタンの子のガルダンツェリンが北モンゴルに侵入したため、ハルハで権威を確立するのは一七四〇年代になってからであった。その後もジューン・ガル滅亡とそれに附随して起こったアムルサナーの乱、チングンジャブの乱といった一連の動乱に翻弄される中で没した。

初版あとがき

わたくしが親友の神田信夫（明治大学教授）、松村潤（日本大学教授）の両氏とともに、はじめて中華民国の台湾を訪れたのは、一九六二年の秋のことだったから、もう十七年もの昔になる。われわれ三人は、『満文老檔《まんぶんろうとう》』の研究で一九五七年に日本学士院賞を頂いた仲間で、台湾に行ったのは、満洲語文献の調査のためであった。

台湾と満洲語というと、奇妙な取り合わせに聞こえるだろうが、それには理由がある。満洲語は一六四四年から一九一二年まで中国を支配した清《しん》朝の第一公用語で、もっとも重要な公文書はこの言葉で書かれた。清朝が倒れて中華民国が成立してから、満洲語は事実上、死語になったが、満洲文で書かれた清朝の公文書は、厖大な量が北京の紫禁城に保存されていた。一九二四年、退位した清朝最後の皇帝溥儀《ふぎ》（宣統帝）が馮玉祥《ふうぎょくしょう》によって紫禁城から逐《お》い出され、紫禁城が故宮博物院と改められると、満洲文の公文書類も、美術品などとともに故宮博物院の管轄になった。

ところが一九三一年、満洲事変が起こって、北京が日本軍におびやかされるようになると、中華民国政府は故宮の宝物の安全のために、南方に移すことにし、一九三三年、二万箱に近いものを上海に運んだ。そして一九三六年、南京に故宮博物院の分院ができて、ふたたび上海からここに移された。それもつかのま、翌年には盧溝橋事件が起こって、戦火は上海にもひろがり、南京も危険になったので、故宮の宝物はさらに奥地の四川省、貴州省の三箇所に運ばれ、抗日戦のあいだ保管された。

一九四五年に日本が降伏すると、故宮の宝物は一度、重慶に集められ、そこから一九四七年に南京に帰った。ところが翌一九四八年の冬には共産党軍が南下して来たので、こんどは台湾に避難することとなり、海軍の軍艦などを使って三回に分けて南京から基隆港へ、故宮の宝物のうちもっとも重要なもの、全体の約四分の一を一九四九年の二月までに運び終わった。そして台湾では、台中市のあたりがもっとも乾燥しているというので、宝物は一九五〇年、台中市外の霧峰《むほう》というところに倉庫を建てて、そこに保管することになった。われわれがはじめて台湾を訪れた一九六二年にも、故宮の宝物は霧峰にあったのである。台中の駅から、がたがたバスに揺られて埃っぽい霧峰の町で放り出され、そこから畑道をとぼとぼ歩いて吉峰村北溝の倉庫に着いてみたら、なんの展覧設備もなく、ただお茶を飲んで、二人掛けの輪タクに三人が乗って、車夫の背中に流れる汗を見ながら帰ったことを思い出す。

なんでそんなところへわざわざ訪ねて行ったかというと、それはわれわれの『満文老檔』の研究と関連がある。『満文老檔』というのは、十八世紀に清の乾隆帝が、古い記録をもとに編纂させた、清朝の建国時代（一六〇七～一六三七年）の年代記で、その材料になった古文書類は「原檔《げんとう》」と総称されて、一九三三年まで北京の故宮博物院にあったことがわかっていた。問題は、それが台湾に来ているかいないかであった。「原檔」が見られれば、いろいろ未解決の問題が解決するはずだ。それがわれわれの訪問の目的であった。結局、「原檔」の所在は、このときには不得要領に終わったが、実はもう現地の学者には、霧峰にあることがわかっていたのである。

その後、一九六五年になって、台北市の北郊、蔣介石総統邸に近い外双渓《がいそうけい》の地に、美しい宮殿スタイルの現在の故宮博物院が開館し、蔣復璁《しょうふくそう》先生が院長に就任されて、満洲文献の利用について、われわれに一方ならぬ好意を示されたが、なかでも特筆すべきことは、「原檔」を『旧満洲檔』と題して一九六九年に影印されたことである。このころから、われわれはほとんど毎年のように台北を訪れて、故宮博物院で満洲文献を研究するようになっていたが、一九七四年の夏に訪れたとき、いきなりお経のように折り畳んだ文書の小山を見せられた。いずれも墨ではなく、朱で書いた満洲文で、草書ともいうべき走り書きのものもあれば、楷書にあたるきちんとした筆蹟もある。聞けばこれはすべて清の康熙帝の自筆で、いまその漢訳を準備しているのだという。これが「康熙帝の手紙」との出会いであった。

読んでみると、いずれも一六九六、七年のガルダン征伐の際の陣中便りで、日々の事件についてこまごまと書き綴り、他の既刊の史料からは窺い知られなかった、微妙な事情や情勢の推移が手に取るようにわかる。われわれはこれらの漢訳文についていくらか助言をし、できるだけ早くそのテキストが公刊されるよう希望した。

台湾から帰って来てからも、康熙帝の自筆の手紙のことは、わたくしの念頭を去らなかった。たまたまその後、中公新書の永倉あい子編集部長にお目にかかったとき、康熙帝の手紙を話題にしたら、強い興味を示され、ぜひ中公新書に、との要望であった。しかし何分にも、故宮博物院からまだ本文が刊行されていない以上、どうすることもできない。そのまま時日が経ったので、その代わりにというわけではないけれども、当時、わたくしが興味をもっていた日本古代史について書くことにし、『倭国』が一九七七年十月に中公新書の一冊として出版された。

　実はこのとき、すでに康熙帝の手紙は故宮博物院から刊行されていたのである。それは『宮中檔康熙朝奏摺』と題する史料集の第八、九輯に写真版で収められ、同年の秋に手もとにとどいた。それから二年、やっとここに『康熙帝の手紙』の一冊を世に送ることができたのは、永倉部長のたゆまぬ激励のおかげであり、同氏と、本書を担当された青田吉正氏に対して深い感謝の意を捧げるものである。

　しかしなんといっても、この希有の史料の公刊と、われわれの研究に絶えず便宜をはかられた故宮博物院の人々の学恩に負うところがはなはだ多い。ここに蔣復璁《しょうふくそう》院長、昌彼得《しょうひとく》図書文献処長、張葳《ちょうい》満蒙蔵文股長《こちょう》、その他の各位に深謝するものである。

　本書の完成の延引には、多少の理由がある。十七世紀の東アジア史を理解するには、中国の史料だけではなく、満洲・モンゴル・チベット等の言葉で書かれた史料を利用し、総合的に判断を下さなければならないが、これまで定説とされてきたものは、おおむね漢文史料に無批判に従ったものが多く、実情を洞察したものはほとんどない。そのため無数の疑問が簇出《そうしゅつ》して、第一章「中国の名君と草原の英雄」は、なんべんも書き直さなければならなかった。幸い露清交渉史の権威であられる吉田金一氏、チベット史の大家の山口瑞鳳氏、その他の多くの師友の助言を獲て、この章はこれまでの概説書の水準を抜くことができたと信じている。特に記してあらためて深謝の意を表すものである。

一九七九年十月

岡田英弘

補

1　モンゴル親征時の聖祖の満文書簡（1）

清の聖祖康熙帝は康熙三十五年二月三十日（一六九六年四月一日）、三万七千の中路軍を自ら指揮して北京を出発、ゴビ沙漠を横断して、ケルレン河の上流バヤン・ウラーンの地にジューン・ガルのガルダン・ボショクト・ハーンの帳幕を襲ったが、敵は先んじて西走し、トーラ河の上流ジョーン・モドの地に至って、撫遠《ぶえん》大将軍・領侍衛《りょうじえい》内大臣・伯フィヤングの指揮する西路軍に遭遇して大敗した。聖祖は帰途にこの捷報《しょうほう》を聞き、六月九日（七月七日）北京に還った。前後九十八日。これが第一次の親征である。

ジョーン・モドに撃破されたガルダンは、アルタイ山脈の東端に拠り、チベットに亡命する機を窺《うかが》っていた。聖祖はこれに対する作戦の指揮のため、康熙三十五年九月十九日（一六九六年十月十四日）、再び北京を出発して帰化城に向かい、十一日間ここに滞在した後、黄河を渡ってオルドスの地に入り、二十六日間を游猟《ゆうりょう》に過ごし、十二月二十日（一六九七年一月十二日）北京に還った。前後九十一日。これが第二次の親征である。

聖祖はガルダンに対する挾撃《きょうげき》作戦の指揮のため、康熙三十六年二月六日（一六九七年二月二十六日）三たび北京を出発、山西の右衛に向かったが、途中で予定を変更して寧夏《ねいか》に向かい、陝西《せんせい》の長城に沿って寧夏に至った。ガルダンはこの間、三月十三日（四月四日）にアチャ・アムタタイの地において病死していたが、それを知るよしもない聖祖は、寧夏に十八日間滞在した後、船で黄河を下って帰途に就き、ブグトの地に至ってガルダンの死を聞き、南モンゴルを通って、五月十六日（七月四日）北京に還った。前後百二十九日。これが第三次の親征である。

この聖祖のガルダンに対する三次のモンゴル親征の経緯は『親征平定朔漠《さくばく》方略』*Beye dailame wargi amargi babe necihiyeme toktobuha bodogon-i bithe* 四十八巻に詳しい。この書の聖祖の「御製序《ぎょせい》」には「康熙四十七年七月初九日」の日付があり、『大清聖祖仁皇帝実録』巻二三三、康熙四十七年七月癸未の条にも「御製親征平定沙《（ママ）》漠方略序」としてその全文を載せているから、この書が一七〇八年に完成したことは確かだが、その編纂の計画は、早くも第一回の親征の直後に起こっている。

『大清聖祖仁皇帝実録』巻一七四、康熙三十五年七月丙辰の条に、

> 上、議政大臣・満漢大学士・尚書・侍郎・学士等を召し、示すに北征の機宜《きぎ》を以てす。諸臣、敬《つつし》んで閲《えつ》し畢《おわ》り、奏して曰く、「ガルダンは窮荒《きゅうこう》（遠い荒野）の巨寇《きょこう》（大賊）、群心を煽惑《せんわく》す。皇上、中外の生民の為に計り、親《みず》ら六師を統《す》べ、遠く絶漠を渉《わた》り、睿謨神算《えいぼしんさん》（皇帝のすぐれた計り事）、

百日の内、遂に凱旋《がいせん》を奏す。開闢《かいびゃく》（天地始まって）以来、戡定《かんてい》の略《りゃく》なる、成功の速やかなる、いまだ我が皇上の如き者有らざるなり」と。翰林院掌院《かんりんいんしょういん》学士常書《チャンシュ》・張英、奏して曰く、「皇上の廟謨《びょうぼ》（計り事）の予定は、後に至りて稔合《じんごう》（ぴたりと合う）せざるもの無し。功徳《こうとく》の崇峻《すうしゅん》なる、美は書するに勝《た》えず。伏して御製を読むに、前後の次序は、備《び》するに周詳《しゅうしょう》（行き届いて詳しい事）を極め、典謨《てんぼ》（書経）の訓誥《くんこう》（教え）に非《あら》ざるは無し。伏して乞うらくは皇上は紀載する所を将って、俯《ふ》して臣等に賜い、敬慎編摩《けいしんへんま》（謹んで集める）して諸《こ》れを簡冊《かんさく》に垂《た》るを得しめば、洵《まこと》に億万年の盛事と為さん」と。上、これを允《ゆる》す。

とあり、続いて二日後の条に、

戊午、内閣・翰林院に命じて、『平定朔漠方略』を修めしむ。

とあって、聖祖の自作の第一次親征の記述が核になって、『親征平定朔漠方略』が発展したことが窺われる。ここに言う「北征機宜」なるものは、いま『親征平定朔漠方略』の巻首に載せる「御製親征朔漠紀略」と題する一篇であって、漢文本で四十葉、約一万字の大作である。

しかし『親征平定朔漠方略』の主たる材料は、三回の親征のたびに、皇帝の本営と前線、後方との間に交換された多量の指令、報告の文書であった。そのうちかなりの部分が、台北の故宮博物院に現存している。すなわち陣中の聖祖と、北京に留守する皇太子胤礽《いんじょう》との間の往復文書である。

一九七四年の夏、神田信夫、松村潤、岡田英弘の三名は故宮博物院を訪れ、図書文献処において、時しも整理中のこれら聖祖の自筆を含む往復文書の現物を見せられた。いずれも満洲文であった。これらは他の康熙朝の満文文書とともに、『宮中檔康熙朝奏摺《きゅうちゅうとうこうきちょうそうしょう》』第八輯、第九輯に収められて、一九七七年六月、国立故宮博物院より刊行された。

『宮中檔康熙朝奏摺』第八・九輯に収める満文文書はすべて七四一件、うち一〜一五（康熙十年より二十一年に至る）、二一九〜六九二（康熙四十五年より六十一年に至る）は、康熙三十五六年の親征とは関係がない。問題は六九三〜七四一の「無年月」の文書であるが、このなかにも親征に関するものが、かなりの数、含まれている。

七二九は「世祖皇帝の時に、一総兵の子が黄宝石一つを送って来て、書いたことに、彼の父はこれを佩《お》びて敵を破らなかったことはない、といっていた。これを内庫にさがして、あれば送って来させよ」という内容で、一見、親征とは関係がないが、二一〇（康熙三十五年三月十八日奏）で皇太子は「また上諭でさがして送れといった内庫にある黄宝石をさがせば、黄色であって扁平《へんぺい》なもの一つ、黄宝石一塊《いっかい》を得た。いずれがそれかを区別し得ないので、以前に記した書きつけもろとも謹んで封《ふう》じて送った」と言っていて、これが第一次親征のときのものであることがわかる。

七三〇〜七三二は、それぞれの冒頭に「初七日に到着した」と書きこみがあり、七三〇はガルダンの上表、七三一はガルダンの使者ゲレイ・グエン・ドラールの子ウバシの口供、七三二はガルダンに使いしたオーロト人チャガンダイの口供で、しかも七三一、七三二の本文には「康熙三十六年閏三月初七日」の日付があって、第三次親征で寧夏に在った聖祖が受けとったものであることはまぎれもない。

七三三、七三四にも、同様に「十日の朝到着した」、七三五、七三六にも「十日の夕方到着した」、七三九にも「十一日に朝早く到着した」と、それぞれ冒頭に書きこみがあり、内容から見て、やはり康熙三十六年閏三月のもので、第三次親征に属する。

七四〇は、モンゴル語の頭韻を踏んだ詩を満訳したものだが、その中にジョーン・モドの戦勝を歌いながら、ガルダンの死に言及しないところから見て、康熙三十五年の第一次親征の時かその直後のものでなければならない。

七四一は尚書トゥナの病を報じたものだが、聖祖の硃批《しゅひ》によって報告者が皇太子であることがわかる。本文中に「三月初五日」、「同月二十三日」の日付があるところから推して、やはり康熙三十五年の第一次親征か、康熙三十六年の第三次親征のときのものであろう。

そうすると、『宮中檔康熙朝奏摺』第八、九輯に収める七四一件の満文文書のうち、一六～二一八、七二九～七四一の、計二百十六件が、康熙三十五六年の聖祖のモンゴル親征に関する文書であることになる。

第一次親征の直後に聖祖が自ら作った『御製親征朔漠方略』も、この戦争についての史料的価値は高いと言わねばならぬが、それよりもさらに価値が高い史料は、聖祖が親征の途次、自ら筆を執って皇太子に書き送った通信であって、その多くは皇太子の上奏に加えた硃批の形式を採っているが、私信という性質から、公式の通信ならば記さないであろう皇帝の感情の表明や、自然の観察などが詳しく書きこまれ、単に戦況の報道という以上に、この不世出の明君の性格を窺《うかが》わしめる好個の一等史料である。

ところで『宮中檔康熙朝奏摺』第八、九輯中における、これら重要な満文史料の排列には、七二九〜七四一の「無年月」とされたもの以外についても、かなりの問題がある。故宮博物院の編輯者たちは、康熙三十五六年の親征関係文書の排列を定めるに当たって、原文書の冒頭にそれぞれ書きこまれている、漢字の日付を利用したのである。例えば一六には「康熙三十五年三月初五日奏（片一）」とあり、一七がその附片に当たる。一八には「康熙三十五年三月十一日奏」、一九には「康熙三十五年三月十一日」、二〇には「康熙三十五年三月十八日奏（片一）」二一がその附片、二二には「康熙三十五年三月二十一日到」とある。

以下は省略するが、ここに見るように、こうした漢字の日付には、「奏」字のあるもの、「到」字のあるもの、年月日だけのものの三種類があり、それぞれ意味がちがう。

一六の「康熙三十五年三月初五日奏（片一）」を例に取ると、この皇太子の上奏の本文中には「また大兵は初五日に出発し終わった。裕親王、簡王、恭王は初六日に出発する」とあって、「三月初五日」が皇太子がこの文書を送った日付であることを示している。これに対して、その奥に書きこまれた聖祖の硃批には、私は元気だ。今月十日に独石《どくせき》に着いた。十一日に長城を出て行く。兵士も馬も私の部隊のものは整然として良好だ。後続部隊のものはまだ見えないが、聞けば良好ということだ。ただ私の部隊の後に随《したが》う馬は、上駟院《じょうしいん》の千頭、兵部《へいぶ》の千頭しかない。フィャング伯の部隊には七千頭の馬、三千頭の駱駝がある。そこで私は相談して、肥えた馬を三千頭とっておこうと、取りに行かせた。全くほかには事柄はない。

とあり、これが第一次親征における聖祖から皇太子への第一回の通信である。この文面から、三月十日が硃批の書かれた日であることがわかる。『実録』に依っても、聖祖は三月十日丙寅には独石口城内に駐蹕《ちゅうひつ》し、翌十一日丁卯にチローン・バルガスン（斉倫巴爾哈孫）に至っている。つまり、第一六号文書の冒頭の「康熙三十五年三月初五日奏」は、皇太子がこの上奏を発送した日付であり、これを受け取った聖祖が硃批を書き入れた三月十日より五日早い。

ところでこの第一六号文書の硃批は、第一八号文書の皇太子の上奏に要約して引用されている。そしてこの上奏によると、第一六号文書の返送とは別に、太監Jang Hūng Sioiが北京に来て口頭で聖旨を伝えたといい、「またJang Hūng Sioiの行くのが緊急なので、上奏しようとした四件の事を写すひまがなく、草稿をそのまま上奏する」とあって、次の第一九号文書はあたかも四件の事を記しているから、一八、一九で一組なのである。そうすると、一八の日付「康熙三十五年三月十一日」が問題になってくる。三月十日に硃批を入れられた一六が、翌十一日に早くも北京の皇太子の手に返っていることになる。第一六号文書が北京から独石口まで五日を要したのに、第一八号文書が独石口から北京へ一日で着くというのは、いかにも早い。それはそれとして、この第一八号文書にも、聖祖の硃批がある。

今回は出発以来、思いどおりに何もかもうまく行くので、この上なく嬉しく、健康も顔色もみなよい。また地形がよく水がよくて事もないので、はなはだ気が楽だ。ただ祈ることは、天の恵みにより思いを達することを心から望む。

この手紙を十四日に書いた。十五日の朝早く出発して、半道ほど行ったところが、たちまち東南の風が吹き、大雨がどしゃ降りに降り、つづいて大きな雪片が吹雪いて寒く、はなはだ恐ろしかった。その夜はそのまま泊まり、十六日の朝に調べてみたが、家畜はみな無事だった。幸いに装備が厳重だったし、大して長引かなかったのだ。これを皇太子は承知すればよろしい。

この硃批から、聖祖は第一八号文書を三月十四日に受け取ったが、直ちに返送せず、十六日に至って硃批とともに発送したことが窺われる。『実録』に依ると、聖祖は三月十四日庚午にはボロ・ホトン（博洛和屯）、十五、十六日にはグン・ノール（滾諾爾）に駐蹕している。これで見ると、北京からボロ・ホトンまで三日を要している。

次の第二〇号文書も皇太子の上奏で、「康熙三十五年三月十八日奏（片一）」と冒頭に書き入れがあり、末尾の聖祖の硃批は次のようになっている。

私は無事だ。皇太子は元気か。皇子たちはみな元気である。大臣たち、将校たち、兵士に至るまでみな元気である。ただ雨や雪が、いくら大したことはないとはいえ、ほとんど間断がない。それで私の心に多少心配だ。土地のモンゴル人たちは喜んで、私どもの所は毎年、旱天《かんてん》で、草が生えないので、貧乏のどん底に落ちこみましたが、陛下がおいでになると雨や雪があって、草がよくなりました、と言う。旅行する者と定住する者とでは、考えが大いにちがうものだ。草を見れば、羊は満腹する。馬は砂のなかの古い草ごと食べるが、満腹とまではいかない。草の様子はよく、水は豊富だ。私の通った所は、いくら遠くまで出ても、軍が一所に進むのにさしつかえはない。焚くものは豊富だ。これから先はどうかわからないが。

この硃批はほとんどそのまま、『親征平定朔漠方略』巻二一、康熙三十五年三月二十二日戊寅の条下に採録されていて、これが第二〇号文書が聖祖の手もとにとどいた日らしい。この日、聖祖はフシムク（胡什木克）に駐蹕している。十八日に北京を発してからここまで三日である。第二一号は第二〇号の附片である。

以上、第一六〜二一号文書の漢字の日付は、すべて北京発の日付を意味するものと解釈されるが、第二二号文書の「康熙三十五年三月二十一日到」は意味がちがう。これは聖祖から皇太子への上諭で、その全文は次の通りである。

私がこのたび遠く出て、モンゴルの地を行きながら見ると、聞いたのとは大ちがいである。水も牧地もよいし、燃料もたくさんある。たとえ獣糞《じゅうふん》は湿っていても、種々のウヘル・ハルガナ、シバク・デレス、ブドゥルガナ、ハイラース、ブルガナ、その他の草はみな燃やせる。水は国境の内では掘ったところはない。いくらわが軍がことごとく一所に行軍したとて、牧地や水や燃料は決して缺乏しない。ただ心配なのは天候が不定なことで、不意に悪化するのではなはだ心配だ。ただ旱天でさえあれば大いに幸いなのだが。〔長城を〕出てから何度か雨と雪まじりに会ったが、大したことはない。春の青草に羊は飽食し、馬は枯れ草とともに食べられるようになった。ただ祈るのは、上天のお蔭をもって雨や雪がなければ、わが事がはやく成るだろうということだ。

皇太后の御機嫌をつつしんで伺う。私自身、皇子たち、王たち、大臣たち、将校たち、兵士たちに至るまでみな元気だ。皇太子は元気か。ソロンのトゥクトゥナイが京師に到着すれば、送って来るがよい。

この上諭は『方略』巻二一、康熙三十五年三月十九日乙亥の条下にほぼそのまま収められているので、三月十九日、クイス・ブラク（揆宿布喇克）にいた聖祖が発送して、二日後の二十一日に北京の皇太子のもとに到着したものとされる。この「三月二十一日到」が皇太子から見た文書到着の日付であることは、この上諭を第二四号文書の皇太子の上奏が引用し、かつ「二十一日の朝に到着した上諭」と言っているので確かめられる。

それでは、こうした漢字の日付は、北京に留守する皇太子の側近によって、発送、到着の都度、書き加えられたものであろうか。どうもそうとは思えないのである。というのは、とんでもない誤りを犯している場合があるからである。

第二六号文書の冒頭には、漢字で「康熙三十五年二月二十八日」とある。ところがこの皇太子の上奏のはじめに「三月二十一日の四更の刻に到着した上諭に」として、第一五二号文書の硃批を引用しているが、第一五二号は康熙三十六年三月十一日付の皇太子の上奏であり、硃批の内には三月十六日現在を示す言葉づかいがある。してみると、第二六号文書の漢字の日付は、一年誤っていることになる。これはいかにしても、文書の送受の際に加えられたものとは思えない。

第三二号文書は聖祖が皇太子に下した上諭で、冒頭に漢字で「康熙三十五年四月十五日」と書きこみがある。この満文の上諭の末尾には、聖祖の自筆で「四月十五巳時」との日付があるので、冒頭の漢字の日付はこれに依ったことがわかるが、年の方は康熙三十五年でなくて、三十六年とせねばならない。本文中に、黄河を船で下る途中の聖祖が、十四日の晩、ガルダンの死の報を受け取るくだりがあるが、これは康熙三十六年四月のことだからである。ここでも冒頭の日付は一年誤っている上に、「四月十五日」という月日は聖祖がこの上諭を発送した日付で、皇太子が受け取った日付ではない。

第一一八号文書は「康熙三十五年（無月日）」とあるが、この皇太子の上奏の末尾に「日を落としている」と硃批があるからであろう。しかしその本文には、「また十月初二日に卯の刻にJang Hūng Sioiの持って来た上諭に」として第七三号文書（「康熙三十五年十月初二日到」）を引用し、さらに「また籠鷹《ろうよう》五羽、窩雛鷹《わすうよう》二羽、秋黄鷹《しゅうこうよう》七羽を、初三日に出発させた」とあって、これがもっとも新しい日付であり、初五日の筵宴《えんえん》を予定として言及しているから、皇太子が書き落とした日付は康熙三十五年十月三日であったと見られる。このころ聖祖は第二次親征の途次、南モンゴルに在ったが、この第一一八号の奥に書きこまれた上諭には「Jang Hūng Sioiが初六日の晩に到着したので、書いて一所に送った」とあり三日を要して十月六日、バルーン・ゴル（巴倫郭爾）に在る聖祖のもとに届いたのである。

第一一九号文書も「康熙三十五年（無月日）」とあるが、その内容は青海ホシュートのガルダンドルジが聖祖に送った上奏の満訳である。また第一二〇号文書も「康熙三十五年（無月日）」とあるが、内容はガルダン・ボショクト・ハーンがチベットのダライ・ラマ以下に送った十四通の書簡の満訳である。これらについては、第一〇六号文書（「康熙三十五年十一月二十三日到」）の聖祖の上諭に言及がある。

皇太子に諭す。十九日に手紙を発送するのと同時に、御前侍衛《ごぜんじえい》アナンダの報告がとどいた。ガルダンがダライ・ラマ、ココ・ノールに遣わした、ガルダンの腹心のラマ・ソノムラシらの者を、私が命じて待ち伏せさせた所でことごとく捕らえた。そこで報告書を書き写して送る。

全部で人は一百六十口、馬は八十頭あまり、駱駝は百頭あまりである。駱駝と馬は痩せていて、食べるものはない。ガルダンの居場所から一個月行って、スル河という所で捕えられたという。ガルダンがチベットに送った手紙十四封を、みな翻訳させて、事情がわかってから知らせようと思って、すぐには送らなかった。十九日、二十日の両日に翻訳が終わった。見ると、自分の敗北、窮乏をみな隠している。面目を失って伏し目になるようなところはない。譬《たと》えれば耳を掩《おお》って鈴を盗むようなものである。ダライ・ラマ、ココ・ノール地方ではもうすでに聞いていることを知っていない。十四通の手紙は役には立たないが、みな書き写して送る。これを書き取って皇太后に申し上げよ。宮中に聞かせよ。満洲人の大臣たちに見せよ。十四通の手紙は、内に見せるべきところはない。特に諭す。

二十日の晩、下営するころアナンダが再び、オチルト・チェチェン・ハーンの孫ガルダンドルジが遣わしたアジャオ・ジャイサンを遣わして手紙を奏上しに送って来た。これを書き写して、同じく送る。これの本末の次第を皇太子が知りたければアルニに問え。彼が知っている。

これに依って、第一一九、一二〇号文書がともに康熙三十五年十一月二十日に、オルドスのジェグステイ(哲固斯台)に在った聖祖によって発送されたことがわかる。北京到着は第一〇六号と同じ十一月二十三日であろう。

第一二一号文書も、同じく「康熙三十五年(無月日)」であるが、内容は太子少保・靖海《せいかい》将軍・靖海侯・兼管福建水師提督施琅《しろう》の遺表で、中に侯爵を八子施世范《しせいはん》をして襲《つ》がしめんことを請うくだりがあり、聖祖の硃批に「大いに優詔を下して、Jang Yung、Yang Jiyei らよりも尊貴にし、私の感謝をすべて施行させるべきである。大いに惜しい。大いに嘆かわしい」とある。これに応じて、『実録』巻一七三、康熙三十五年五月九日甲子の条に「故・靖海侯施琅の子施世范を以て三等侯を襲がしむ」とある。この日、聖祖は中路軍を指揮してケルレン河上にあり、ガルダンを追撃中であった。

第二一六号文書には、冒頭に漢字で「康熙三十六年五月初九日」とあるが、この日付は本文の末尾の満洲語の日付「五月初九日」から取ったもので、年は康熙三十五年とすべきである。内容は聖祖が皇太子に下した上諭で、冒頭に「ガルダンの逃走の知らせ」とある通り、第一次親征の時のものである。日付は康熙三十五年五月初九日が正しく、ケルレン河上で書かれたものである。

次の第二一七号文書も、漢字の日付は「康熙三十六年五月十六日」とあるが、これも末尾の「十六日の朝に五更の刻に書いた」とあるのを取ったもので、文書の内容は、ジョーン・モドの勝利の第一報を伝える聖祖から皇太子への上諭であり、やはり一年を誤っている。正しくは康熙三十五年五月十六日で、グトゥル・ブラク（顧図爾布喇克）で書かれた。

以上、「無年月」、「無月日」としてあるものの日付を比定し、年を誤っているものを訂正しても、その他の漢字の日付をことごとく正しいとすることはできない。一例を挙げれば、第五七号文書である。

皇太子に諭す。私は軍隊を率いて前進する間は、全く一心不乱だった。今ガルダンを敗走させて、窮状をこの目でしかと見て、相応に兵を出して追撃させた。今めでたく帰途につくので、お前がたまらなく懐かしい。今は気候が暑くなった。お前が着ている棉布の長衣四着、胴着四着を送れ。かならず古いのを送れ。父がお前を懐かしむ時に着たい。私のいるここには羊の肉よりほかには何もない。十二日に皇太子が送ってきたいくつかのものを見て、嬉しく食べた。皇太子は内務府の有能な役人一人、男の児一人を出して、駅馬に乗らせて、肥えた鵞鳥、鶏、豚、仔豚を三台の車で上都の牧場まで持って来させよ。私は前進するのだったら、決してこんな注文をするはずがない。ガルダンの様子を見ると、何としても止まりそうもない。ただフィヤング伯の軍は、これまで消息がない、もしもフィヤング伯の軍がやって来れば、ガルダンはそれでおしまいだ。万一すり抜けおおせたとしても、二度と立ち上がれなくなった。いずれしても済んだ。

私はトーノ山からバヤン・ウラーンを眺めた。何の要害もない。天の下、地の上に、このハルハの地のような所はない。草よりほかには、万に一つ、千に一つのよい所もない。真是陰山背後。

この文書の冒頭には「康熙三十五年五月二十六日到」と漢字の書きこみがあるが、一方、第四九号文書（「康熙三十五年五月十八日奏」）では、皇太子は「五月十八日の申の刻に到着した上諭に」として第五七号を引用し、「父上が賊を滅ぼして機嫌よくお帰りになるうえに、さらにこのようなお言葉を下さいましたので、臣は、決して敢えて心を傷めたというのではございませんけれども、ただお言葉の優しさに、たまらなくなって涙がこぼれました」と言っている。そうすると、第五七号の冒頭の「康熙三十五年五月二十六日到」は、「康熙三十五年五月十八日到」とあるべきものである。

以上に述べたように、康熙三十五六年の親征時の満文諭奏の冒頭に書きこまれ、故宮博物院が『宮中檔康熙朝奏摺』を編輯するに当たって、各文書の年月日排列の拠りどころとした、漢字による日付は、時として明らかな誤謬を含む。このことから見て、こうした漢字の日付は、文書の発出、収受の当時に記入されたものではなく、三回の親征が完了してしばらく経ってから、康熙四十七年の『親征平定朔漠方略』の完成までの間に、方略館員による史料の整理の一段階において附されたものと考えざるを得ない。しかしもちろん、それは全くでたらめに書きこまれたものではあり得ず、その多くは、北京の皇太子のもとにおいて、文書の封筒にでも附された上書きにでも拠っているものであろう。であるから、こうした漢字の日付は、多くは北京に留守する皇太子の観点から排列されているものであり、三次の親征の中心人物である聖祖の観点からすれば、文書の序次が前後錯倒して、理解に不便なことを免れない。

いまこれを改めて、皇太子の奏摺はその発送の日付ではなく、これに硃批で記入した皇帝からの通信の日付に従って排列し直してみる。第一段は中国暦の月日、第二段は干支、第三段は西暦の日付、第四段はその日の聖祖の駐蹕地、第五段がその日に聖祖が発出したと認められる文書の番号である。ただし駐蹕地の表記は『大清聖祖仁皇帝実録』に拠り、文書は聖祖の上諭および硃批のうち、内的証拠や『親征平定朔漠方略』中の引用などによって、その日付が確定または推定できるものに限る。この順序に従って『宮中檔康熙朝奏摺』第八、九輯所収の文書を読むことによって、この三次の親征の真相の細部が明確になるであろう。

一　第一次親征　康熙三十五年二月三十日より六月九日に至る

二月三十日　丙辰　一六九六年四月一日　沙河
三月一日　丁巳　二日　南口
二日　戊午　三日　楡林
三日　己未　四日　懐来県
四日　庚申　五日　石河
五日　辛酉　六日　真武廟
六日　壬戌　七日　鵰鶚堡
七日　癸亥　八日
八日　甲子　九日　赤城県
九日　乙丑　十日　毛児峪
十日　丙寅　十一日　独石口城内　一六
十一日　丁卯　十二日　斉倫巴爾哈孫
十二日　戊辰　十三日　諾海和朔
十三日　己巳　十四日　博洛和屯

十四日	庚午
十五日	辛未
十六日	壬申
十七日	癸酉
十八日	甲戌
十九日	乙亥
二十日	丙子
二十一日	丁丑
二十二日	戊寅
二十三日	己卯
二十四日	庚辰
二十五日	辛巳
二十六日	壬午
二十七日	癸未
二十八日	甲申
二十九日	乙酉
四月一日	丙戌

十五日		
十六日	滾諾爾	一八
十七日		
十八日	揆宿布喇克	
十九日		
二十日		二二
二十一日	和爾博	
二十二日	昂幾爾図	
二十三日	胡什木克	二〇
二十四日		
二十五日	噶爾図	
二十六日		
二十七日	滾諾爾	
二十八日	郭和蘇台察罕諾爾	
二十九日	瑚魯蘇台	
三十日		
五月一日		

二日　丁亥
三日　戊子
四日　己丑
五日　庚寅
六日　辛卯
七日　壬辰
八日　癸巳
九日　甲午
十日　乙未
十一日　丙申
十二日　丁酉
十三日　戊戌
十四日　己亥
十五日　庚子
十六日　辛丑
十七日　壬寅
十八日　癸卯

二日　蘇勒図
三日
四日　哈必爾漢
五日　和爾和
六日　格徳爾庫　二八
七日　塔爾奇喇
八日
九日　僧色
十日　科図
十一日
十二日
十三日　蘇徳図　三三
十四日　瑚魯蘇台察罕諾爾　二九、三〇
十五日
十六日　喀喇芒鼐哈必爾漢
十七日
十八日　席喇布里図

十九日	甲辰
二十日	乙巳
二十一日	丙午
二十二日	丁未
二十三日	戊申
二十四日	己酉
二十五日	庚戌
二十六日	辛亥
二十七日	壬子
二十八日	癸丑
二十九日	甲寅
三十日	乙卯
五月一日	丙辰
二日	丁巳
三日	戊午
四日	己未
五日	庚申

十九日		
二十日		
二十一日	西巴爾台	三五
二十二日		
二十三日		三四
二十四日	察罕布喇克	
二十五日		
二十六日		
二十七日		三七
二十八日		
二十九日		
三十日		
三十一日	拖陵布喇克	
六月一日		四二
二日		
三日		
四日	阿敦斉陸阿魯布喇克	

六日	辛酉
七日	壬戌
八日	癸亥
九日	甲子
十日	乙丑
十一日	丙寅
十二日	丁卯
十三日	戊辰
十四日	己巳
十五日	庚午
十六日	辛未
十七日	壬申
十八日	癸酉
十九日	甲戌
二十日	乙亥
二十一日	丙子
二十二日	丁丑

五日	枯庫車爾	四八
六日	西巴爾台	
七日	克魯倫布隆	四三
八日	距克魯倫布隆十八里	二一六
九日	扎克寨	
十日	克勒河朔	四四
十一日	拖訥阿林	五七
十二日	克勒河朔	
十三日	塔爾渾柴達木	二一八
十四日	顧図爾布喇克	
十五日		五二、二一七
十六日	西拖陵	
十七日	中拖陵	五三
十八日	察罕布喇克	
十九日	西巴爾台	
二十日	席喇布里図	四七
二十一日	烏喇爾幾	四九

二十三日	戊寅
二十四日	己卯
二十五日	庚辰
二十六日	辛巳
二十七日	壬午
二十八日	癸未
二十九日	甲申
六月一日	乙酉
二日	丙戌
三日	丁亥
四日	戊子
五日	己丑
六日	庚寅
七日	辛卯
八日	壬辰
九日	癸巳

二十二日	蘇徳図	
二十三日	科図	
二十四日	塔爾奇喇	
二十五日	和爾和	
二十六日	蘇勒図	
二十七日	察罕諾爾	
二十八日	噶爾図	五九
二十九日	昂幾爾図	
三十日	揆宿布喇克	五八
七月一日	滾諾爾	
二日	諾海河朔	
三日	独石口	
四日	鵰鶚堡	
五日	懐来県	
六日	清河	
七日	回宮	

二　第二次親征　康熙三十五年九月十九日より十二月二十日に至る

九月十九日	壬申	一六九六年十月十四日	昌平州	
二十日	癸酉	十五日	南口	
二十一日	甲戌	十六日	岔道	
二十二日	乙亥	十七日	懐来県城西	
二十三日	丙子	十八日	沙城堡	
二十四日	丁丑	十九日	下花園	
二十五日	戊寅	二十日	宣化府	
二十六日	己卯	二十一日	下堡	
二十七日	庚辰	二十二日		六七
二十八日	辛巳	二十三日	察罕拖羅海	六三、七〇、七一
二十九日	壬午	二十四日	喀喇巴爾哈孫	
三十日	癸未	二十五日	海柳図	
十月一日	甲申	二十六日	鄂羅音布喇克	
二日	乙酉	二十七日	胡虎額爾奇	
三日	丙戌	二十八日		

四日　丁亥
五日　戊子
六日　己丑
七日　庚寅
八日　辛卯
九日　壬辰
十日　癸巳
十一日　甲午
十二日　乙未
十三日　丙申
十四日　丁酉
十五日　戊戌
十六日　己亥
十七日　庚子
十八日　辛丑
十九日　壬寅
二十日　癸卯

二十九日　昭哈
三十日　河約爾諾爾
三十一日　巴倫郭爾　一一八
十一月一日　瑚魯蘇台
二日　磨海図
三日　喀喇烏蘇
四日　察罕布喇克
五日　喀喇河朔
六日　白塔
七日　帰化城　七七
八日
九日
十日
十一日
十二日
十三日
十四日

二十一日　甲辰
二十二日　乙巳
二十三日　丙午
二十四日　丁未
二十五日　戊申
二十六日　己酉
二十七日　庚戌
二十八日　辛亥
二十九日　壬子
三十日　癸丑
十一月一日　甲寅
二日　乙卯
三日　丙辰
四日　丁巳
五日　戊午
六日　己未
七日　庚申

十五日		八一
十六日		
十七日		
十八日	衣赫図爾根郭爾之南	
十九日		
二十日	達爾漢拝商	八四
二十一日	麗蘇	八五
二十二日	湖灘河朔	
二十三日		
二十四日		
二十五日		
二十六日		
二十七日		八九
二十八日		八八、九三
二十九日	喀林拖会	
三十日	東斯垓	
十二月一日		

八日	辛酉
九日	壬戌
十日	癸亥
十一日	甲子
十二日	乙丑
十三日	丙寅
十四日	丁卯
十五日	戊辰
十六日	己巳
十七日	庚午
十八日	辛未
十九日	壬申
二十日	癸酉
二十一日	甲戌
二十二日	乙亥
二十三日	丙子
二十四日	丁丑

二日		
三日	察罕布拉克	
四日	瑚斯台	
五日		九六、九七
六日	夸拖羅海	
七日		
八日		
九日		
十日	哲固斯台	九四
十一日		一〇二
十二日		
十三日		一〇三
十四日		一〇六
十五日		一〇五
十六日		
十七日	瑚斯台	一〇四
十八日		

二十五日	戊寅	十九日	東斯垓	一〇七
二十六日	己卯	二十日		
二十七日	庚辰	二十一日	黄河西界薩爾虎拖会	
二十八日	辛巳	二十二日		
二十九日	壬午	二十三日		
十二月一日	癸未	二十四日		
二日	甲申	二十五日		
三日	乙酉	二十六日	湖灘河朔之南	
四日	丙戌	二十七日	秋倫鄂洛木	一一二
五日	丁亥	二十八日	哈当河朔之西	
六日	戊子	二十九日	西尼拝星	
七日	己丑	三十日	殺虎口城内	
八日	庚寅	三十一日	右衛城内	
九日	辛卯	一六九七年一月一日		
十日	壬辰	二日	左衛城内	
十一日	癸巳	三日	高山城東	
十二日	甲午	四日	大同府城内	

十三日　乙未　五日　望関屯　一一六
十四日　丙申　六日　天城
十五日　丁酉　七日　北旧場
十六日　戊戌　八日　宣化府城内
十七日　己亥　九日　旧保安城内
十八日　庚子　十日　懐来県
十九日　辛丑　十一日　昌平州城内
二十日　壬寅　十二日　回宮

三　第三次親征　康熙三十六年二月六日より五月十六日に至る

二月六日　丁亥　一六九七年二月二十六日　昌平州
七日　戊子　二十七日　岔道
八日　己丑　二十八日　懐来県城西　一二七
九日　庚寅　三月一日　沙城堡　一二九
十日　辛卯　二日　上花園東　一二六
十一日　壬辰　三日　宣化府　一二八、一三〇
十二日　癸巳　四日　左衛南　一三二

十三日	甲午
十四日	乙未
十五日	丙申
十六日	丁酉
十七日	戊戌
十八日	己亥
十九日	庚子
二十日	辛丑
二十一日	壬寅
二十二日	癸卯
二十三日	甲辰
二十四日	乙巳
二十五日	丙午
二十六日	丁未
二十七日	戊申
二十八日	己酉
二十九日	庚戌

五日	懐安県	
六日	天城	
七日	陽和城	
八日	聚楽城	
九日	大同	一三五
十日		一三四
十一日	懐仁県	一三六
十二日	鄭家荘東	
十三日	楡林村前桑乾河崖	
十四日	朔州城	一三八
十五日	大水溝	
十六日	義井	
十七日	三坌堡	
十八日	李家溝	
十九日	葦鄢村	
二十日	保徳州	一四四
二十一日	府谷県城南	一四七

三十日　辛亥
三月一日　壬子
二日　癸丑
三日　甲寅
四日　乙卯
五日　丙辰
六日　丁巳
七日　戊午
八日　己未
九日　庚申
十日　辛酉
十一日　壬戌
十二日　癸亥
十三日　甲子
十四日　乙丑
十五日　丙寅
十六日　丁卯

二十二日
二十三日
二十四日　孤山堡西
二十五日　卞家水口
二十六日　神木県　一五一
二十七日　屈野河
二十八日　柏林堡西南
二十九日　高家堡南　一七二
三十日　建安堡東
三十一日　王関澗
四月一日　楡林
二日　他喇布喇克
三日　哈留図郭爾
四日　庫爾奇喇
五日　扎罕布拉克
六日
七日　通阿拉克　一五二、一五七

十七日	戊辰
十八日	己巳
十九日	庚午
二十日	辛未
二十一日	壬申
二十二日	癸酉
二十三日	甲戌
二十四日	乙亥
二十五日	丙子
二十六日	丁丑
二十七日	戊寅
二十八日	己卯
二十九日	庚辰
閏三月一日	辛巳
二日	壬午
三日	癸未
四日	甲申

八日	安辺城東	
九日		
十日	定辺城	
十一日	花馬池	
十二日	安定堡	一六五
十三日	興武営西	
十四日	清水営	
十五日	横城	
十六日	河崖	
十七日	寧夏	
十八日		
十九日		二六
二十日		
二十一日		一七六
二十二日		一八一
二十三日		一六六
二十四日		

五日　乙酉
六日　丙戌
七日　丁亥
八日　戊子
九日　己丑
十日　庚寅
十一日　辛卯
十二日　壬辰
十三日　癸巳
十四日　甲午
十五日　乙未
十六日　丙申
十七日　丁酉
十八日　戊戌
十九日　己亥
二十日　庚子
二十一日　辛丑

二十五日　一七五
二十六日
二十七日
二十八日
二十九日
三十日
五月一日　一五〇
二日
三日　一八八
四日
五日　堯甫堡　一九〇
六日　流穆河西岸
七日　哨馬営西南隅之峡河西岸
八日　哨馬営
九日　石嘴子西南隅黄河西岸
十日
十一日　石台西北隅黄河西岸

二十二日　壬寅
二十三日　癸卯
二十四日　甲辰
二十五日　乙巳
二十六日　丙午
二十七日　丁未
二十八日　戊申
二十九日　己酉
四月一日　庚戌
二日　辛亥
三日　壬子
四日　癸丑
五日　甲寅
六日　乙卯
七日　丙辰
八日　丁巳
九日　戊午

十二日　黄河西岸環洞
十三日　黄河西岸黄差頭湾　一九一
十四日　黄河西岸双阿堡
十五日　黄河西岸沙棗樹
十六日　黄河西岸白塔
十七日
十八日
十九日　黄河西岸船站
二十日　一九八、一九九
二十一日　黄河西岸船站
二十二日
二十三日　黄河西岸欧徳
二十四日　黄河西岸達希図海
二十五日
二十六日　海喇図　二〇一
二十七日　薩爾奇喇
二十八日　崇奇克

十日	己未
十一日	庚申
十二日	辛酉
十三日	壬戌
十四日	癸亥
十五日	甲子
十六日	乙丑
十七日	丙寅
十八日	丁卯
十九日	戊辰
二十日	己巳
二十一日	庚午
二十二日	辛未
二十三日	壬申
二十四日	癸酉
二十五日	甲戌
二十六日	乙亥

二十九日	庫克布里図	
三十日	阿拉克莫里図	
三十一日	布禄爾拖恵	
六月一日	鄂爾綳阿木	
二日	達拉布隆	
三日	布古図	三二
四日	薩察莫墩	二〇四
五日	都恵哈拉烏蘇	
六日	都勒	二〇七
七日	烏蘭拖羅海	
八日	特木爾呉爾虎	二〇九
九日	烏蘭脳爾	
十日	済特庫	
十一日	哈喇烏蘇	
十二日	鼐珠爾	
十三日	黄河西岸喀喇蘇巴克	
十四日	喀喇蘇巴克	二一〇

二十七日　丙子
二十八日　丁丑
二十九日　戊寅
三十日　己卯
五月一日　庚辰
二日　辛巳
三日　壬午
四日　癸未
五日　甲申
六日　乙酉
七日　丙戌
八日　丁亥
九日　戊子
十日　己丑
十一日　庚寅
十二日　辛卯
十三日　壬辰

十五日　鄂爾紀庫布拉克
十六日　烏闌巴児哈孫
十七日　席納拝星
十八日　呼呼烏蘇　二一四
十九日　諾木渾畢喇　二一二
二十日　阿禄十八里台　二一五
二十一日
二十二日　格爾斉老
二十三日　色徳勒黒　二一三
二十四日　察木喀
二十五日　斉斉爾哈納
二十六日　魁呑布拉克
二十七日　布爾哈思台
二十八日　三坌
二十九日　宣化府城内
三十日　新保安城内
七月一日　懐来県城外黄寺

十四日　癸巳
十五日　甲午
十六日　乙未

二日　昌平州城内
三日　清河
四日　回宮

2　ガルダンはいつ、いかにして死んだか(2)

一　ガルダンの死の知らせ

康熙三十六年四月十四日（一六九七年六月三日）、清の康熙帝は辺境の寧夏の町から北京へ帰る途中、黄河の岸のブグト（Buγutu、今の包頭）に泊まっていた。前年、ジューン・ガル（J̌üün γar）のガルダン・ボショクト・ハーン（Galdan bošoγtu qaγan）が、トーラ河沿いのジョーン・モド（J̌aγun modu）の地で、(3)清軍に撃破されて大損害を蒙り、その残党とともにアルタイ山脈の東部に逃げ込んでいたのを、清の皇帝は、二手に分かれた掃討作戦を指揮、監督するために、寧夏の町に出張していたのである。その晩、ブグトにおいて、皇帝はガルダンが死んだという報知を受け取った。皇帝は興奮して、父の留守中、北京に在って政務を総攬《そうらん》していた皇太子胤礽《いんじょう》に宛てて、翌朝、次のように書き送った。

皇太子に諭す。私は七日に水路を出発することに決まったが、黄河は彎曲が多く、泥が深く、住民が少なくて駅馬が手に入らない。そこであらゆる報告書は、ムナ・ホショーに行って待て、私は四日以内に着くように行く、と、みな陸路を送らせて、内大臣ソンゴトに小銃隊二百名、京師の旗の馬一千四百余頭、私が余分に持って来た米八百斛《こく》をつけて白塔の地に残して、去年、尚書バンディがしたとおりに、帰って来る兵士、馬丁、商人たちのために準備するように詳しく命じておいて出発した。毎日、風が吹き波が大きいので大いに手間どった。十四日の夜、私が通って来た所のエルデニ・パンディタ・ホトクトが人を遣わして来て、「今日、日が沈むころに一隻の小船が、陛下に申し上げる重要な用件がある、ガルダンが死んだ、ダンジラらも降って来る、といってこの上なく急いでいる。さようなのでわれらのホトクトは、この吉報を陛下に申し上げに行け、といって早馬を出した」という。

それから私は夜の明けるまでに急いで馬を探して、河の両岸を迎えに行かせた。また小船で水路を迎えに行かせて、十五日の辰の刻（午前八時）に散秩《さんちつ》大臣ブクタオが着いた。その話では、「陛下がこの小船を内大臣ソンゴトのもとに残されて、私がムナに着くまでの間にもしも重要な用件があれば、馬の通わない所なので、この小船に乗って急いで私を追いかけて送れ、と仰せられました。今これより重要な大吉報はございません。さようなので私どもに、徹夜で追いかけよ、といって、私どもは二日二晩追いかけて参りました」といって、大将軍・伯フィヤングの報告書を送って来た。大将軍・伯フィヤングの報告書を書き写して送るほか、ガルダンの首を急いで取って来させて、着き次第、京師に送らせよう。

私が三回、絶遠の辺境の地に来たのは、この賊が一日世に在ってもいけない故である。知ることが明らかでなくて、後人に嘲《あざけ》られるような行ないをする道理があろうか。いま天地、祖宗のお蔭で、衆オーロトをみな服従させた。モンゴル系の国で臣従しないものは一つも残っていない。今ガルダンの首を京師に送るので、王、ベイレ、ベイセ、公、満洲人、漢人の大臣たち、役人たちを集めて、この事情を詳しく告げて相談させて報告せよ。私は心にこの上なく喜び、筆を持って言葉を綴れない。急いで送る。特に諭す。

四月十五巳時（午前十時）(4)

フィヤングはガルダン討伐作戦の総司令官で、南モンゴルの西北隅から一軍を率いてアルタイ山脈の東部に向かって進んでいたし、もう一軍は甘粛から同じ方面に向かい、ガルダンを挟撃しようと進んでいた。この満洲人の司令官の上奏は言う。

撫遠大将軍・領侍衛《りょうじえい》内大臣・伯フィヤングらが謹んで奏すること。ガルダンが死に、ダンジラらが降ることを急いで奏報するため。臣らは康熙三十六年四月初九日（一六九七年五月二十九日）にサイル・バルガスンという所に至った後、オーロトのダンジラらの遣わしたチキル・ジャイサンらの九人が来て、告げるには、「われらはオーロトのダンジラの遣わした使者である。三月十三日に、ガルダンはアチャ・アムタタイという所に至って死んだ。ダンジラは、ノヤン・ゲロン、ダンジラの壻《むこ》ラスルン、ガルダンの遺骸、ガルダンの娘ジュンチャハイを連れて、総計三百戸を率いて陛下に降ろうとやってきて、バヤン・ウンドルという所に止まって、詔を待っている。陛下が詔でいかなる指示を下されても、下された詔に謹んで従って行おう。……」という。チキル・ジャイサンらに、「ガルダンはどのようにして死んだか、ダンジラはなぜすぐにこちらへ来ず、バヤン・ウンドルの所に止まって、詔を待っているというのか」、と問うと、告げるには、「ガルダンは三月十三日の朝、病気になり、その晩、そのまま死んだ。なんの病気かは知らない。……」という(5)。……

四月十八日にチキル・ジャイサン自身がドゥレという所で皇帝の一行に追いついた。訊問に答えて彼はつぎのように述べた。

ガルダンは、三月十三日に病気で死んだ。すぐその夜、これの遺骸を焼いて、ガルダンの娘ジュンチャハイ、ノヤン・ゲロン、ラスルン、チェンベイ・ザンブ、ニルワ・ガブチュ、チェンベルを連れてアチャ・アムタタイから十六日に出発して、十泊してバヤン・ウンドルに到着した。こちらに来ようとしても、われわれの仲間には馬匹もないし、食糧もない。ゴビに入ったとたん、みな飢えて死ぬ。それでバヤン・ウンドルにしばらく居て、陛下の詔を待つ。詔をいかに下されても、謹んで従って行いたい。……私は閏三月十四日にバヤン・ウンドルから来た[6]、……。

この通り、すべての一等史料は、ガルダンが康熙三十六年三月十三日（一六九七年四月四日）に病死したという点で一致している。しかし皇帝は、なにか独自の理由から、それは毒を飲んで自殺したのだ、と確信した。

私は無事だ。皇太子は元気か。十八日にムナを通過した後、チキル・ジャイサンが着いた。この者の供述を書いて送るほか、私が面と向かって詳しく問い訊すと、ガルダンが死んだのは、毒を飲んで自殺したことは確かである。あるいは衆人がいっしょになって毒を盛ったのか、自分で毒を飲んだのかは、チェンブザンブが着いたときにゆっくり解明しよう。

私の大事が終わったので、気持ちは全く平穏である。毎日、大臣たち、侍衛たちと、話題にしては喜んでいる。ただガルダンの死体は焼いてしまった。いくら原状であっても、乾いた首だけだ。以前、呉三桂も焼いてしまってあったが、その遺骨を持って来て、刑場で突き砕いて撒き散らしたのであった。前例ははなはだ明らかである[7]。

皇帝が、どのようにしてこの結論に達したかは明らかでない。この通りの証言に対して、皇帝がチキル・ジャイサンから自分の好むような供述を引き出そうとして、相当の圧力を加えたことは考えられる。皇帝には、自分がもっとも憎む敵の病死よりは、自殺をさせるほうがよかった理由があった。その理由とは、ガルダンが高僧の生まれ変わりという聖性であった。

二 高僧の転生者としてのガルダン

ガルダンは、チベット語でガンデン（Dga'ldan）といい、ジューン・ガルの君主バートル・ホンタイジの息子として一六四四年に生まれ、直ちにその前年の末に、西チベットのツァン（Gtsang）のタシルンポ（Bkra shis lhun po）で天然痘で死んだ、ウェンサ・トゥルク・ロサンテンジンギャツォ（Dben sa sprul sku Blo bzang bstan 'dzin rgya mtsho）の転生者と認められた。

このウェンサ・トゥルクは西チベットの重要な系統で、初代はサンギェイェシェ（Sangs rgyas ye shes）に遡り、その転生者はイェシェギャツォ（Ye shes rgya mtsho 一五九二～一六〇四年）である。第三代のウェンサ・トゥルクは一六〇五年に生まれた。そういうわけで、ガルダンはこの系統の四代目なのである。

ガルダンは一六五六年、十三歳のとき、初めてチベットに行き、ラサで第五世ダライ・ラマに拝謁し、それからタシルンポに行って、第一世パンチェン・ラマの弟子として教育を受けた。一六六二年、パンチェン・ラマが亡くなった。ガルダンは十九歳だったが、ラサに移ってダライ・ラマのもとで勉学を続けた。一六六六年、ガルダンの兄センゲの妃ツェワンギェルモ（Tshe dbang rgyal mo）がラサに巡礼に来て、ガルダンを連れて帰った。ラサを離れるにあたり、二十三歳のガルダンはダライ・ラマに拝謁し、仏教の利益にいかにしてよりよく奉仕するかを相談した。かくガルダンは、転生僧として、チベットで十年以上暮らしたのである。一六七〇年にセンゲがその異母兄弟に殺されると、ガルダンは復讐の師を興し、翌年、彼の主な部長の職の競争者である従兄のバーハン・バンディを破って殺した。ダライ・ラマ五世は、彼の新しい資格を認めて皇太子（qong tayiji）の称号を授けた。(8)

このように、ガルダンは極めて資格の高い転生者であり、第一世パンチェン・ラマと第五世ダライ・ラマの弟子であった。また彼の前世の第三代ウェンサ・トゥルク・ロサンテンジンギャツォは、チベット・モンゴル関係の歴史において極めて重要な人物であった。

一六三九年に、ハルハのゴンボ・トゥシェート・ハーンの息子であった三歳のジェブツンダンバ・ホトクトに認可を与えて僧とし、(9)翌年、オイラト・ハルハの集会に臨席してモンゴル・オイラト法典を書かせたのは、このウェンサ・トゥルクであった。(10)そういうわけで、ガルダンは前世において第一世ジェブツンダンバの師であり、このジェブツンダンバは、後に康熙帝の最大のお気に入りになるのである。ジェブツンダンバの宗教的権威をもり立てて、ダライ・ラマのモンゴルにおける影響を食い止めようというのが、康熙帝の意向であったが、ガルダンは第四代のウェンサ・トゥルクであるというだけで、この計画の最大の障碍《しょうがい》だったのである。

菩薩の生まれ変わりであるべき転生僧が、いったい自殺をするものだろうか。自分の聖性を確信して育った人物が、自らこの世に絶望して死期を早めることがあるものだろうか。そういうわけで、ガルダンが服毒自殺をしたという皇帝の主張は、政治的目的による中傷のように聞こえる。つまり、ガルダンは自殺をしたのであり、従って彼は転生者ではなかったというわけだ。
面白いことに、『大清聖祖仁皇帝実録』の現在の写本は、フィヤングの報告書とチキル・ジャイサンの証言を書き変えて、康熙帝の意向に沿うような形にしている。先の報告の、満洲語の原文の ilan biyai juwan ilan de, g'aldan aca amtatai gebungge bade isinafi bucehe（三月の十三日に、ガルダンはアチャ・アムタタイという処に到って死んだ）は、漢文実録では「閏三月十三日、噶爾丹至阿察阿穆塔台地方、飲薬自盡」（閏三月十三日、ガルダンはアチャ・アムタタイの地方に至って、薬を飲んで自殺した）と変わり、[11] 後の証言の g'aldan, ilan biyai juwan ilan de nimeme bucehe（ガルダンは三月の十三日に病気で死んだ）は、原文の「病気で」を削って「噶爾丹閏三月十三日身死」（ガルダンは閏三月十三日に死んだ）と書き変えられている。[12]
ガルダンの死の日付を、なぜ康熙三十六年三月十三日から康熙三十六年閏三月十三日へ、一箇月遅らせたか、その理由も容易に想像できる。チキル・ジャイサンの康熙三十六年四月十八日付けの証言によれば、ダンジラの一行は、ガルダンの死の三日後、康熙三十六年三月十六日にアチャ・アムタタイを出発して、十日を経てバヤン・ウンドルに達したという。しかもチキル・ジャイサンは、閏三月十四日には、そのバヤン・ウンドルを出発して、清朝の領域に向かっている。これで見れば、ガルダンの死が、閏三月十三日ではなくて、三月十三日だったことは少しの疑いもない。
実録の史官が、日付を一箇月遅らせることによって皇帝の体面を保とうとしたことは、十分想像できる。皇帝は、その敵がもはやこの世にないことを知らず、東アルタイ山脈のガルダンの拠点に対して最後の攻勢をしかけようと、大軍を動員していたのである。皇帝は康熙三十六年二月六日に北京を離れ、長城の殺虎口に近い山西省右衛県から作戦を監督しようと考えていた。しかし二月十七日に大同に着くと、その計画を変更し、よりアルタイに近い寧夏の町に行くことにした。皇帝に従う軍の大部分は、長城の外の南モンゴルを通って寧夏に行くように派遣され、皇帝自身は山西省の台地を西南に向かい、黄河を保徳州で渡って陝西省の府谷《ふこく》県に入り、長城の内側を進んで、三月十日に楡林《ゆりん》に達した。道筋は非常に悪かったので、皇帝は楡林から安辺まで、長城の外のオルドス部族の土地を通って、近道を通ることを余儀なくされた。皇帝は皇太子に宛ててこう書いた。

神木《しんぼく》県から楡林に行く道は、みな大きな砂山で、ひどく悪い。軍隊の行くべき所ではない。これを見たとき、古人が領土を拡張し、兵を用い、長城を築いて天下の膏血を西北に窮めたのも無理ではない。今人のよくするところではない。仁者の行なうことではない。私に随行する大臣、侍衛、護軍、執事人は四百人を越えないのに、それでもこの上なく苦労するのに、数万の兵を率いてどうやって通ったのか。谷が多いうえに砂も深いので、楡林から長城を出てオルドスの地を近道して寧夏に行く(13)。

安辺からは長城の内側に入って、横城《おうじょう》で黄河を渡り、寧夏に三月二十六日に着き、閏三月十五日まで十八日間滞在した。

皇帝は、陝西路を選んだことを後悔した。皇太子宛の書にこうある。

マスカらが率いて来た兵の馬は肉づきがよい。私の乗馬はみな元気に到着した。あるものは八分通りの肉づきである。大多数の者の馬や駱駝はやっとのことで到着した。この理由は、道に牧地がなく、塵埃《じんあい》が多く、山野はみな砂だったので、進むのに大いに苦労である。古来、この道を行軍したものはない。尚書マチが京師から寧夏に至る里数を報告したところによると、二千七百二十里である。道案内ブダらが京師から楡林を経由し、楡林から長城の外を通って安辺で入り、寧夏に至る里数を報告したところによると、二千六百里である。学士ヤンシュが京師から楡林を経由し、楡林から長城の外を通って安辺で入り、寧夏に至るまでを測量したところによると、二千一百五十里である。各地で休止した六日間をさし引いて、四十四日間で到着した。寧夏からコ・ホトンを経て京師に至るまでを測量すれば、決して一千八百里を越えない。近道のうえに通行が楽である。水や牧草はよい。われわれの来た道は大変よくない回り道だった。(14)

それからガルダンに対する二方向からの作戦の準備を終えて、皇帝は寧夏を離れ、黄河を下って京師に向かう途中、ガルダンはずっと以前に死んでいたという報道を受け取ったのである。

ガルダンがずっと以前に死んだのだから、皇帝にとって、自分がそれまで力を入れていた作戦は全く必要がなく、体面が立たないことになったことは想像に難くない。ガルダンの死は、皇帝が楡林の長城を出てから、安辺で再び入るまでの間に起こっている。だからそれからの寧夏に至る困難な旅行は、全く必要がなく、皇帝を少々滑稽に見せるだけの効果しかなかったわけである。しかしガルダンの死を一月遅らせれば、その時には皇帝が寧夏に滞在して、ガルダンに対するアルタイ作戦の仕上げにいそがしかった頃なのである。そういうわけで、実録の史官は、この不世出の明君の体面を救おうとして、ガルダンの死の日付と原因を変えたものであろう。

そういうわけで、ガルダンの死は、康熙三十六年三月十三日（一六九七年四月四日）の病死と決まったわけである。

3　チベット・モンゴル文ジェブツンダンバ伝記資料五種(15)

一六九七年の夏、康熙帝は南モンゴルにあり、彼の仇敵、ジューン・ガルのガルダン・ボショクト・ハーンがアルタイ山脈の東端に潜伏しているのに対し、清軍の攻勢を組織するために寧夏に滞在していて、北京に帰るところであった。黄河を舟で下って来る途中、ガルダンがアチャ・アムタタイというところで病死したという報知を受け取り、皇帝は大いにほっとした。五月五日（六月二十三日）、ハルハ・モンゴルのチャグンドルジ・トゥシェート・ハーンとその弟ジェブツンダンバ・ホトクトとセテルヘイという土地で会見した後、皇帝は北京の皇太子胤礽《いんじょう》にこう書いた。

皇太后に申し上げよ。第四公主をハルハのトゥシェート・ハーンの孫ドンドブ・ドルジ王に与えたいと思っていた。ガルダンがまだ滅びていなかったので、我慢してこの時に及んだ。今、ジェブツンダンバ・ホトクト、トゥシェート・ハーンがみな来ている。ここで旨を下すかやめるかは

勝手に決めるべきではないので、謹んで皇太后に旨を乞うと口頭で申し上げよ。(16)

この手紙は、ハルハ・モンゴルでもっとも高貴な系統の最初の転生者と、その継承者、ジェブツンダンバ二世の父になる人とに関する直接の資料である。その最後の転生者ジェブツンダンバ八世は、ガワン・チョェキニマ・テンジン・ワンチュク（Ngag dbang chos kyi nyi ma bstan 'dzin dbang phyug）という名のチベット人の僧であったが、一九一一年の北モンゴルの清朝からの分離独立の中心人物となり、その後は自らモンゴルの皇帝となり、一九二一年にはモンゴル人民革命党の手中に落ちてその道具となり、一九二四年に死んで、社会主義の政府は直ちにジェブツンダンバの転生の終了を宣言したことはよく知られている。

ハルハのジェブツンダンバ・ホトクトが政治的に重要であることは、歴史家の常識である。しかし漢文の史料には、彼らに関する伝記はほとんどなく、彼らの名前すらろくに記録していない。それでわれわれは、清代の北モンゴルの歴史を調べるとき、そのほかの史料を探さなければならないのである。

しかし幸いに、ジェブツンダンバの系統には、以下に記すチベット文かモンゴル文で書かれた五種類の史料がある。

一　ロサンチンレーのジェブツンダンバ一世伝（チベット語）

ザヤ・パンディタ・ロサンチンレー（Dzaya pandita Blo bzang 'phrin las）はジェブツンダンバ一世の弟子であり、その師の伝記を書き、彼の全集（Shākya'i btsun pa blo bzang 'phrin las kyi zab pa dang rgya che ba'i dam pa'i chos kyi thob yig gsal ba'i me long）の第四巻（fs. 62v-78v）に収められている。[17] イェシェータムケー（Ye shes thabs mkhas）によれば、ロサンチンレーはハンガイ山中で一六四二年に生まれ、ジェブツンダンバ一世からノヤン・ホトクト（Noyan qutuγtu）の称号を受け、十九歳でチベットに行って十八年留まり、ダライ・ラマ五世からザヤ・パンディタの称号を受け、モンゴルに帰ってから僧院を建設したという。[18]

彼のジェブツンダンバ一世の伝記によれば、主人公はチンギス・ハーンの子孫である。チンギス・ハーンの二十七世の孫はバト・モンケ・ダヤン・ハーン（Pa thu mong kho ta yan rgyal po）であった。ダヤン・ハーンの十一子の十番目はジャライル・ホンタイジ（Tsa la'ir hong tha'i ji）であった。ジャライル・ホンタイジの七子の三番目はウイジェン・ノヤン（U'i tsen no yon）であった。ウイジェン・ノヤンの六子の長はアブタイ・ハーン（A pu tha'i zhes bya ba rgyal po）であり、ダライ・ラマ三世ソェナムギャツォからオチル・ハーン（Rdo rje rgyal po）の称号を受けた。アブタイの息子はエレーケイ・メルゲン・ハーン（E re khe'i mer ken rgyal po）である。エレーケイの息子はオチル・トゥシェート・ハーン（Rdo rje thu she ye thu rgyal po）であり、ジェブツンダンバ一世の父となった。ジェブツンダンバの母カンドギャムツォ（Mkha' 'gro rgya mtsho）はアブタイの娘の娘で、ジェブツンダンバ一世は乙亥の年（一六三五年）九月二十五日に生まれた。

シャンバ・エルケ・ダイチン（Byamba erke dayičing）の『アサラクチ・ネレト・トゥーケ』（Asaraγči neretü teüke）は、一六七七年に書かれたハルハ最古の年代記であるが、それによれば、ゲレセンジェ・ジャヤート・ジャライルン・ホンタイジ（Geresenǰe ǰaγaγatu ǰalayir-un qong tayiǰi、一五一三～一五四八年）は、バト・モンケ・ダヤン・ハーン（Batu möngke dayan qaγan、一四六四～一五二四年）の十一番目の息子である。ゲレセンジェの第三子はノーノフ・ウイジェン・ノヤン（Noyonoqu üiǰeng noyan、一五三四～？年）である。ノーノフの長子はアバダイ・サイン・ハーン（Abadai sayin qaγan、一五五四～一五八八年）である。アバダイの次子はエリェーケイ・メルゲン・ハーン（Eriyekei mergen qaγan、一五七四～？年）である。エリェーケイの長子はゴンボ・トゥシェート・ハーン（Gömbü tüsiyetü qaγan、一五九四～一六五五年）である。ゴンボの長子はスジュク・クチュン・テグスクセン・オチル・トゥシェート・ハーン（Süǰüg küčün tegüsügsen vačir tüsiyetü qaγan、チャグンドルジ、？～一六九九年）で、第三子はジェブツンダンバ・ロサン・テンピ・ギャムツァン・ペルサンポ（Blo bzang bstan pa'i rgyal mtshan dpal bzang po、一六三五～一七二三年）である。[19]

ロサンチンレーの著したジェブツンダンバ一世の伝記にもどろう。ジェブツンダンバ一世は四歳のとき、チャンパリンパ・ノムン・ハーン（Byams pa gling nom-un qaγan）のもとで優婆塞（dge snyen）になった。五歳のとき、はじめて坐牀して、ウェンサ（Dben sa）の化身ケードゥブ・サンギェ・イェシェ

(Mkhas grub sangs rgyas ye shes、ロサン・テンジン・ギャツォ Blo bzang bstan 'dzin rgya mtsho）から出家（rab byung）の戒を受け、ロサン・テンピ・ギャムツァン（Blo bzang bstan pa'i rgya mtshan）の名を授かった。ロサンチンレーによれば、その後、勝利者の父子二人に問うて、ジェブツンダンバの化身であると認められた（de nas rgyal ba yab sras kyi sku gzhogs su zhus par rje btsun dam pa'i sprul skur ngos 'dzin gnang）という。

ここで言うジェブツンダンバは、有名な『インド仏教史』の著者ジェツン・ターラナータ・クンガ・ニンポ（Rje btsun Tāranātha Kun dga' snying po）を意味する。しかしハルハのジェブツンダンバ一世が、二人のゲルク派の最高指導者、パンチェン・ラマ一世ロサン・チョェキ・ギェンツェン（Blo bzang chos kyi rgyal mtshan）とダライ・ラマ五世ガワン・ロサン・ギャツォ（Ngag dbang blo bzang rgya mtsho）から、チョナン派のターラナータの転生者と認められたというのは、極めて怪しい。

トゥッチ（Tucci）によると、ターラナータは一五七五年、ナムギェル・プンツォ（Rnam rgyal phun tshogs）を父として、チョモ・カラク（Jo mo kha rag）を母として、ウイとツァンの境にあるカラクキュンツン（Kha rag khyung btsun）の地方に生まれたが、家は有名なギャ（Rgya）のロツァーワ（lo tsā ba）を先祖に持つ家柄であった。彼はチョナン派に属したが、これはツァンポ河の左岸にある修道院と大寺院にその名を取ったものである。ここはこの派の要塞であったが、チョナン派が衰えるにあたってゲルク派のものとなった。チョナン派、特にターラナータは、カギュ派と親密な関係があった。彼はタクルン（Stag lung）の僧院と頻繁に接触し、そこの師たちと考えを交換した。彼の『インド仏教史』（普通 Rgya gar chos 'byung と呼ばれる）は一六〇八年に書かれた。彼はチョナンのクンブム（Sku 'bum）の近くに大僧院を建立したが、ここは今はゲルク派となり、プンツォリン（Phun tshogs gling）と呼ばれている。チャン（Byang）のデパ（sde pa）の庇護者である彼は、次にサムドゥブツェ（Bsam 'grub rtse）の君公の好意を受けたが、彼らの野心は全チベットをその権力のもとに置くことで、そのため彼らとウイの敵手との間に抗争が起こった。[20]

であるから、ツァンのカギュ派の勢力に脅かされていた、ウイに根拠を持つゲルク派が、わざわざ敵の宗派の勢力と、そのとき強力だった北モンゴルの王公の勢力との協力を成立させるために、この子をターラナータの転生者と認定するとは考えられない。ロサンチンレーは、ロサン・テンピ・ギェンツェンがいつジェブツンダンバの称号を称したかは曖昧にしているが、一六四七年かそれより前であることは、『大清世祖章皇帝実録』巻三二の順治四年五月己酉の条に「土謝図汗下澤卜尊丹巴胡土克図」とあるのによって確かめられる。[21]

ロサンチンレーによれば、ジェブツンダンバ一世は己丑の年（一六四九年）、十五歳で初めてチベットを訪問した。彼はクンブム（Sku 'bum）、チャキュンゴン（Bya khyung dgon）、チャンラデン（Byang ra sgreng）、リンチェンダク（Rin chen brag）、タンサクガンデンチョィンコル（Thang sag dga' ldan chos 'khor）、タクルン（Stag lung）、セラ（Se ra）、デプン（'Bras spungs）、ガンデン（Dga' ldan）、及びタシルンポ（Bkra shis lhun po）などの寺院に巡礼した。彼は沙弥（dge tshul）戒をパンチェン自身から受けたという。ロサンチンレーは、それからジェブツンダンバ一世は、辛卯の年（一六五一年）四月二十五日にダライ・ラマ五世に会ったといい、二人の間に交わされたという長々しい会話を伝えている。それからパンチェン・ラマが、客をターラナータの転生者に相違ないと保証したという。しかし二人のゲルク派の高僧が北モンゴルからの訪問者を、ロサンチンレーがいうほど熱心に歓迎したとは考えられない。というのはパンチェン・ラマ一世の自伝も、ダライ・ラマ五世の自伝も、どちらも訪問のことを、ただ文殊師利の化身と記すだけであるからである。このことは、ジェブツンダンバの称号が、どちらによってもハルハ・モンゴルの僧に与えられたものではないことを示している。(22)

ジェブツンダンバは同年の冬にモンゴルにもどり、翌壬辰の年（一六五二年）に、七旗の大クリルタイにおいて、ハルハの三ハーンと大小の王公の精神的首長として推挙された、とロサンチンレーは語る。

ロサンチンレーのジェブツンダンバ一世の伝記はこれから毎年にわたるできごとを述べ、康熙帝の娘の公主が、丁丑の年（一六九七年）の冬に、この聖人の甥の息子のドンドゥブ・エフと結婚する（sku tsha don grub e phu la gong ma chen po'i sras mo kong jo gnang）までに至る。ロサンチンレーが記録した最後の年は壬午（一七〇二年）で、そのとき著者は六十一歳であった。ロサンチンレーはその師ジェブツンダンバ一世のように長生きをせず、一七〇二年は彼がその師の伝記を書き終えた年であったことはほとんど確実である。このようにロサンチンレーはジェブツンダンバ一世の最初の伝記作者であり、後世のすべての伝記が彼の作に基づいているのである。

同じ伝記のチベット文とモンゴル文の二体の版もある。チベット版は Rje btsun dam pa blo bzang

bstan pa'i rgyal mtshan dpal bzang po'i thun mong ba'i rnam thar bsdus pa bzhugso と題され、本文はほとんど木版本と同じであるが、はじめに na mo gu ru の一句をつけ加え、終わりの十四行を省いて、本文はロサンチンレーの著作から取ったという奥書を附している。この版は木版本から取ったものでないらしく、時によりよい読みを提供する。また行間のモンゴル文版もあり、チベット文から訳したもので、チベット文を理解するのに役立つ。[23]

二　ガッギワンポのジェブツンダンバ一世伝（チベット語）

この伝記は、手写本と木版本の双方で伝えられているが、題名は Khyab bdag 'khor lo'i mgon po rje btsun dam pa blo bzang bstan pa'i rgyal mtshan gyi rnam thar bzang dad pa'i shing rta zhes bya ba bshugs so である。[24] 奥書で著者は自分はガッギワンポといって、何代ものジェブツンダンバの転生者に仕えた者であるといい（skyabs mgon dam pa du ma'i zhabs rdul spyi bos bsten pa'i rmong rtul gyi na pa ser gzugs ngag gi dbang po zhes bya ba）、この伝記を己亥の年に書いたという。この年が道光十九年（一八三九年）であることは、伝記の最終の日付が第十四ラブチュン（一八〇七～一八六六年）の己巳の年（一八〇九年）であることによって確かめられる。この伝記はこのように、ジェブツンダンバ五世ロサン・ツルテム・ジグメ・テンピ・ギェンツェン・ペル・サンポ（Blo bzang tshul khrims 'jig med bstan pa'i rgyal mtshan dpal bzang po、一八一五～一八四一年）の時代に書かれた。

本文は、著者が奥書で言うとおり、大部分ロサンチンレーによっているが、新たに神秘的な細部をおおいに増補している。この伝記はまたジェブツンダンバ一世の話を、一六三五年の誕生から毎年物語り、一七〇二年に至って突然、壬寅の年（一七二二年）、康熙帝の死によって主人公が北京に旅行したことに飛び、翌癸卯の年（一七二三年）正月十四日に、彼が北京で八十九歳で死んだことを叙する。このロサンチンレーの伝記の終わりと、ジェブツンダンバ一世の死の間の二十年の脱落は、ガッギワンポがいかに多くを、最初の一世伝の著者、ザヤ・パンディタ・ロサンチンレーに負うているかを示している。

三　ガルダンの『エルデニイン・エリケ』（モンゴル語）

ガッギワンポのジェブツンダンバ一世伝の編纂のわずか二年後に、ハルハ・モンゴルの年代記『エルデニイン・エリケ』(Erdeni-yin erike) が現れた。奥書によれば、著者は、ハルハのトゥシェート・ハーン部 (Tüsiyetü qan ayimay) のダライ鎮国公バルダンドルジ (Dalai tüsiye güng Baldandorǰi) 旗の協理台吉 (tusalayči tayiǰi) ガルダン (Galdan) であり、この年代記を道光二十一年（一八四一年）に書いた。ダライ鎮国公旗はトゥシェート・ハーン部の左翼後旗であり、その旗の最初の王公は、一六九三年に任命されたリタル (Litar) である。

『アサラクチ・ネレト・トゥーケ』によると、ゲレセンジェの第三子はノーノフ (Noyonoqu) である。ノーノフの次子はアブフ・メルゲン・ノヤン (Abuqu mergen noyan) である。アブフの次子はラフラ・ダライ・ノヤン (Raqula dalai noyan) である。ラフラの第五子はセルジ・ダライ・ダイチン (Serǰi dalai dayičing）である。セルジの次子はノルブ・エルケ・アハイ（Norbu erke aqai）である。ノルブの次子がリタルになる。(25)

『エルデニイン・エリケ』は、釈迦牟尼仏の直弟子を第一世として、第十五世のターラナータに及ぶ、十五代のジェブツンダンバ一世の前世の名を書き記している。大体においてハルハ・モンゴルの政治史であるが、この年代記は歴代のジェブツンダンバに関する宗教上の事柄を毎年記録し、ガッギワンポのジェブツンダンバ一世伝に欠けた二十年に及んでいる。

四　ガッギワンポの六代ジェブツンダンバ伝（チベット語）

ジェブツンダンバ五世は一八四一年、『エルデニイン・エリケ』の完成のわずか半年後に死んだ。ジェブツンダンバ六世ロサン・ペンデン・テンピ・ギェンツェン・ペル・サンポ（Blo bzang dpal ldan bstan pa'i rgyal mtshan dpal bzang po）は癸卯の年（一八四三年）、チベットのウイ（Dbus）に生まれ、六歳の時ウルガ（イフ・フレー、今のウラーンバートル）に旅し、戊申の年（一八四八年）九月七日に着いて、同年の十月十九日に死んだ。そこでガッギワンポは、一世から六世に至るジェブツンダンバ六代の短い伝記を作り、彼らの生涯の事実を簡単に記録した。この伝記は、Skyabs mgon rje btsun dam pa rin po che'i skye 'phreng rim byon rnams kyi rnam thar mdo tsam bkod pa pad dkar 'phreng mdzes zhes bya ba bshugs so と題され、奥書には何の年代もない。しかし次のホトクトの一八五〇年の誕生も、一八五一年のジェブツンダンバの転生としての認定も記録していないから、六世の死の直後に書かれたことは疑いない。はなはだ簡略ではあるが、ジェブツンダンバ一世の継承者たちについて、他に記録のないことを伝えている。(26)

五　無名氏の七代ジェブツンダンバ伝（モンゴル語）

ジェブツンダンバの一世から七世に至る七代のモンゴル文の伝記があり、チャールズ・R・ボーデンによって英訳、出版された。(27) 一世、二世、三世のジェブツンダンバについては詳細に伝えているが、いくらか神秘的である。四世、五世、六世、七世については誕生と坐牀の日付を伝えるだけである。著作の題名や著者の名前を伝える奥書はないが、咸豊九年の己未の年（一八五九年）に書かれたと明記してある。つまりジェブツンダンバ七世ガワン・チョェキ・ワンチュク・チョィ・ギャツォ（Ngag dbang chos kyi dbang phyug chos rgya mtsho）の時代に書かれたのである。ジェブツンダンバ二世及び三世の伝記を研究するのに役立つ。

ハルハのジェブツンダンバ・ホトクトの五種類のチベット・モンゴル文の伝記については、これまでほとんど利用されることはなかったが、清朝時代のモンゴル史にとって非常に重要であるので、この紹介文がいくらかでも助けになれば幸いである。

4　康熙帝の満文書簡に見るイエズス会士の影響(28)

一　日食

一六九七年四月二十一日、清の康熙帝は、帝国の西北辺境の寧夏の町において、日食を観測した。彼の強敵の、ジューン・ガル・オイラトのガルダン・ボショクト・ハーンがアルタイ山脈の東端に潜伏していて、チベットに逃げる機を窺《うかが》っているのに対して、最終の掃討作戦を監督するために、寧夏に行幸したのである。実はガルダンはこの時までに死んでいたが、皇帝はそれを知るよしもなかった。(29)

これを機に皇帝は、彼の不在の間の北京に留まって政務を総攬していた皇太子胤礽《いんじょう》に、満洲文で次のように書き送った。

われわれがここに到着して以来、儀器で測って見ると、京師《けいし》よりも北極星が一度二十分低い。

東西の距離は二千一百五十里である。これをAn Doに委託して方式に従って計算させて、日食は九分四十六秒であるということであった。この日（閏三月一日）明るく晴れた。測って見ると九分三十数秒の食であった。真っ暗になった。星が出たことはない。寧夏から見て京師は正東より少し北になる。三日に雨が降った。これをただ知らせたいと思って書き送る。満洲人の大臣たちに告げよ。[30]

この手紙は、皇帝自身が、彼の宮廷に奉仕するイエズス会士に言及した唯一の例である。An Doは安多で、アントワーヌ・トーマの漢名である。[31] 彼はベルギーのナミュールで一六四四年一月二十五日に生まれた。父は弁護士のフィリップ・トーマ、母はその妻のマリー・デルヘイであった。アントワーヌは、ナミュールに新設されたイエズス会の学校で学び、トゥルネーのイエズス会修練院に一六六〇年九月二十四日に入った。彼は数学、地理学、天文学の計算に熟達し、イエズス会長オリヴァ神父に、繰り返し極東の伝道に受け入れられるよう請願した。一六七七年になって最終の許可を与えられ、ポルトガルを目指してスペインのブルゴスを発ち、一六七八年三月にはコインブラに入り、大学で数学を学んだ。一六八〇年四月三日にリスボンを発って日本に向かい、ゴアに九月二十六日に到着した。ゴアからは一六八一年五月十三日にシャムへ出発し、九月一日にシャムの首都であったアユティアに着いた。そこでプラ・ナライ王の首相として勢力の大きかったコンスタンス・フォールコンと知り合った。

フォールコンは、ケファァロニア島のラ・クストーデでギリシア人の母から生まれたヴェネツィア人で、イングランドで英国正教に入り、最後にシャムに来たのである。トーマ神父は、アユティア滞在中、フォールコンを改宗させて洗礼を施すことに成功し、フォールコンは死ぬまで熱心なカトリック宣教師たちとその信仰の保護者になったと言われている。しかしこれはフォールコンの便宜主義的な性格から見て、大いに疑わしい。いずれにせよ、コンスタンス・フォールコンは、その妻は日本の高貴なカトリックの生まれであったが、一六八八年に四十一歳で内乱のために殺された。

一六八二年五月二十日、アントワーヌ・トーマ神父はアユティアを発ち、七月四日マカオに着いた。ちょうどその頃、北京ではフェルディナンド・フェルビースト神父は老齢になり、宮廷における勤務の後継者を探していた。フィリップ・グリマルディ神父も健康がすぐれなかった。フェルビースト神父は康熙帝に相談して、トーマ神父を宮廷に連れてくることになり、皇帝の認可のもとに、グリマルディ神父を礼部の役人二人とともにポルトガルの植民地に遣わした。一六八五年八月十九日、彼らは一群の舟に乗ってマカオを発ち、内陸を航行して贛州《かんしゅう》、南昌、南京、通州を経、北京に十一月八日に到着した。宮廷ではトーマ神父は皇帝に儀器の使用、地理学、簡単な算術を教えることになった。

一六九一年、アントワーヌ・トーマ神父と、ジャンフランソワ・ジェルビヨン神父は、皇帝に随行してモンゴルに出かけることになった。これは有名なドローン・ノールの会盟で、このとき康熙帝は、ジューン・ガル・オイラトのガルダン・ボショクト・ハーンの率いる軍に北モンゴルの領地を荒らされて南モンゴルに逃げ込んだハルハの領主たちから、正式に臣従の誓いを受けたのである。

一六九六年、トーマス・ペレイラ神父、ジャンフランソワ・ジェルビヨン神父、アントワーヌ・トーマ神父は再び皇帝とともに北京を出発し、この度はガルダンがケルレン河に拠っているのに対する遠征に随行した。これは康熙帝の最初のモンゴル遠征で、ガルダンをトーラ河のジョーン・モドで決定的に破ったのである。

同年の九月、神父たちは皇帝の第二次モンゴル遠征に随行し、一六九七年の一月には黄河沿いのオルドス部族の土地に至っている。

皇帝の第三次のモンゴル遠征は一六九七年の二月にはじまり、同年の七月に終わった。皇帝は帰る途中、ガルダンの死を知り、ジューン・ガル問題は大清帝国に関する限り一時的に解決した。このとき、トーマ神父は一六九七年四月二十一日の日食を予言し、兵士がこの現象でパニックを起こさないよう警告した。

トーマ神父はパリの科学アカデミーにこの日食について報告し、寧夏の町でジェルビヨン神父とともに日食を観測したと言っている。この報告書はパリの Archives de L'Observatoire, AA 4°36 の一三四頁に保存されているが、これが皇帝の満文の書簡に言及された日食である。

一七〇二年、トーマ神父は皇帝から、地球の子午線の一度の長さを測ることを命じられ、この仕事は一月以上を要したが、すべて皇三子の助力を受けた。これは、帝国の完全な地図を描く、有名な『皇輿全覧図』の基礎となったものであることは明らかである。トーマ神父はその完成を見ることなく、北京で一七〇九年七月二十八日、六十五歳で死んだ。

二　地理

ジョアシム・ブーヴェ神父は、フランス王ルイ十四世に一六九七年に献呈した『康熙帝伝』のなかで、康熙帝が天文学の儀器を好み、どこへでも持って歩いて、イエズス会の宣教師の助けを借りて自分で操作したことを報じ、皇帝の満文書簡もこの事実を伝えている。

一六九六年の第一次モンゴル親征において、皇帝は南北モンゴルの境に居り、ゴビ沙漠を越えようとするところであった。四月十三日（五月十四日）に、彼は皇太子に次のように書き送った。

独石城から国境まで測量すると八百里（三六〇キロメートル）ある。先行した者どもの測量の結果より、毎日すくない。京師から独石まで、見たところ距離はそれほど遠くなさそうだ。おそらく四百二十三里（一九〇キロメートル）はない。皇太子は一人を出して測量させてみよ。国境で観測機械を使って北極星の高度を測ると、京師より五度高い。これから里数を算出すると、一千二百五十里（五六二・五キロメートル）になる。[32]

すでに見たように、皇帝はこの遠征には、アントワーヌ・トーマ神父、トマス・ペレイラ神父、ジャンフランソワ・ジェルビヨン神父の随行を受けていた。それゆえ、皇帝が北極星の高度によって北京と南北モンゴルの境界の距離を測るのに、トーマ神父の助力を受けていたことは疑いない。

三　医　薬

康熙帝は、一六九六年六月一日（五月二日）、彼の軍隊とともに北モンゴルのトゥリン・ブラクに居て、ケルレン河のガルダンの陣営を襲撃しようと準備していた。敵の陣営に対する最終の攻撃のまえに、皇帝は皇太子に、ほかのことにまじって、次のように書き送った。

養心殿（皇帝の私宅）で調製した西洋のジュレベ・ベラルド（žulebeberaldu）という御用の薬を注意して封をして十両、なまのよい生薑四斤を、この手紙の用件といっしょに送ってくれ。(33)

これに対して皇太子は答えて、

また上から「送れ」と仰せになった新しい生薑五斤、西洋のジュレベ・ベラルドを謹んで封をして、家にあるすべて一斤十五両をことごとく送りました。先に作った通りに準備し補い作らせています。(34)

という。

この西洋の薬は、皇帝が第二次のモンゴル遠征で南モンゴルのフスタイに居た一六九六年十二月にも言及されている。

将軍サブスが病気になったので、私の手もとにあったジュレベ・ベラルドという水薬をことごとく送ってやった。一昨日、京師から来た副都統バリンがひどく衰弱して病態である。彼にやりたいがなくなってしまった。これを多少、準備しておかなければいけない。この手紙が着いたら、いくつか小さなガラス瓶に盛って送れ。[35]

養心殿は、北京の紫禁城にある皇帝の私宅の名である。康熙帝の私用に供されたヨーロッパの水薬の名は、それが一種のジューレプ（julep）であるように見える。ジューレプは、ときにラテン化してズラピウム（zulapium）とも呼ばれるが、アラビア語のジューラーブ（jūlāb）の借用語で、アラビア語はペルシア語で「バラの水」を意味するグール・アーブ（gul āb）に遡る。ジューレプは口ざわりのよい水薬で、いろいろな心臓の刺激剤と、ウィスキー、砂糖、ハッカ、水を混ぜて作られる。[36]

そのようなジューレプが十七世紀のヨーロッパで薬用に使われていたかどうかは確かでないけれども、康熙帝が日用の薬品にそのようなヨーロッパの水薬を使っていたことは、イエズス会士の医薬に関する知識に基づいたことは間違いない。[37]

以上が康熙帝の満文書簡に見るイエズス会士の影響である。

5　康熙帝と天文学(38)

清の康熙帝は一六九七年四月二十一日（康熙三十六年閏三月一日）、遠征先の寧夏城（現在の寧夏回族自治区銀川市）において日食を観測した。皇帝はすでに前年、九十八日間にわたるゴビ沙漠横断作戦を自ら指揮して、北モンゴル中部のトーラ河の上流、現在のウラーンバートル市の東方三十キロメートル、ゴルヒ・テレルジ国立公園の入り口に近いジョーン・モド（「百樹」）の地において、ジューン・ガルの英雄ガルダン・ボショクト・ハーンの軍を粉砕していたが、その後、アルタイ山脈の東端に潜伏して、チベットへの亡命の機をうかがっていたガルダンに対し、最後の総攻撃を計画し、この辺境の町に行幸して作戦準備を自ら指揮していたのである。

台北の国立故宮博物院が刊行した『宮中檔康熙朝奏摺』第八輯（七九三～七九四頁）に収められた、このとき康熙帝が寧夏から、北京に留守する皇太子に宛てて書き送った手紙には、満洲文で次のように記されている。

われわれがここに到着して以来、儀器で測って見ると、京師よりも北極星が一度二十分低い。東西の距離は二千一百五十里である。これを An Do に委託して方式に従って計算させて、日食は九分四十六秒であるということであった。この日（閏三月一日）明るく晴れた。測って見ると九分三十数秒の食であった。真っ暗になった。星が出たことはない。寧夏から見て京師は正東より少し北になる。三日に雨が降った。これをただ知らせたいと思って書き送る。満洲人の大臣たちに告げよ。

康熙帝は、前年の遠征でも、南北モンゴルの境のダリガンガ地方で北極星の高度を観測し、北京より五度高いから、一千二百五十里離れていると計算しているが、こうした天文学の知識は、康熙帝がイエズス会の宣教師たちから学んだものであった。その一人、ブーヴェ神父の記すところによると、康熙帝が西洋の天文学に興味を持ったのは、イエズス会士フェルビーストと、中国暦法を擁護する楊光先との御前対決に、フェルビーストが勝ってからであって、それ以来、康熙帝はイエズス会士たちから数学、天文学をはじめとする西洋の学術を熱心に習い、観測器械・測量器械を集めてその操作に熱中したという。

ところで、康熙帝が寧夏で日食の計算を委託したと自分で言っている An Do であるが、これは安多の音訳で、すなわちイエズス会士アントワーヌ・トーマ（Antoine Thomas）である。

ブーヴェは伝えている。

康熙帝は……、それ以来、数学研究の御希望をいだかれました。……皇帝は他の定務を果たされてから、残余の時間をことごとく数学の研究に捧げられ、またこの研究をもって無上の楽しみとされたほどで、二年間も続けて一心不乱に数学に精進されました。

フェルビースト師はこの二年間、主要な天文器械や、数学器械の使用法と幾何学や静力学や天文学の最も珍しい、最もたやすい内容とを御説明申し上げました。そのために最も理解し易い内容に関して特に教科書を編纂いたしたのでありました。

（後藤末雄訳『康熙帝伝』）

さて、フェルビーストは一六八八年に北京で死に、その後、康熙帝の宮廷に奉仕したイエズス会士は四人であった。その一人がアントワーヌ・トーマである。四人が康熙帝への進講のさい使った言語は、ある者は漢語、ある者は満洲語であった。しかし数学のように厳密な論理に従う学問の用語として、漢語は明晰でないうえに、習得がむずかしかった。そこで康熙帝はジェルビヨンとブーヴェに西洋科学を進講させるために、満洲語を習わせた。日本語、韓国語、モンゴル語のように、豊富な語尾変化を持つ満洲語は、論理をたどるのに向いているのである。

その当時アントワーヌ・トーマ師が漢語で主要な天文器械の使い方、幾何学および算術の実習

を御説明申し上げておりました。これらの学課は、フェルビースト師が以前御進講いたしておいたものであります。　（同前）

つまり安多ことトーマは、同じベルギー人のフェルビーストの後任として、康熙帝に仕えた数学・天文学の顧問である。後藤末雄氏は『康熙帝伝』の注で、トーマについて「欽天監監副に任ぜられ、グリマルディ師の留守中には監正の職務を代行した。一六九六年、康熙帝の韃靼地方巡幸に供奉した」というが、これは漠北親征のことである。

それはともかく、康熙帝の自筆の満洲文の手紙にただ一個所、イエズス会士に触れて現れるAn Doの二語は、この皇帝が西洋天文学に傾倒し、観測に熱中したという宣教師たちの報告が誇張ではなく、塞外遠征の陣中にさえ観測器械と西洋人顧問を伴っていたことを確証するものなのである。

6　開元城新考[39]

金末の東満洲に一時覇《は》を称した東真国《とうしん》天王《てんおう》蒲《ほ》鮮万奴《せんばんど》の領内に開元《かいげん》という地名があり、これが元代咸《かん》平府《ぺいふ》に治《ち》した開元路の名の起こりであり、明初に至って咸平が開原と改称される原因となったことは、箭内亙《やないわたり》・池内宏《いけうちひろし》・和田《わだ》清《せい》らがすでに明らかにしたところであり[40]、私などがいまさらくどくど言う必要がないのであるが、その最初の万奴の開元がどこにあったかについては、箭内は三姓（Ilan Hala）付近の一城とし、池内はだいたいこれに従いながら、最初は万奴の都城南京《なんけい》（局子街）の近畿の地方をそう呼んだのであるとも考えた。

南京のことはさておき、開元城＝三姓説の成立しがたいことは、和田によって論じつくされてほぼ余地がない。それでは開元城はじっさいどこにあったものか、と言えば、和田は最初は『遼東志』に載せられた「納丹《ナダン》府東北陸路」のなかの「旧開原」と「毛憐《モウリン》」の位置関係によって、これを今の穆稜《ムレン》（Muren）方面とし、後にはあらためて綏芬《スイフン》（Suifun）河畔の東寧付近に当てた。これは『永楽大典』

に引くところの『経世大典』と『析津志《せきしんし》』に見えるこの方面の元《げん》時の站道《たんどう》と、『新増東国輿地勝覧《しんぞうとうごくよちしょうらん》』に録された巨陽《ケヤン》城一名開陽《カイヤン》城の位置とによって推論したもので、まことに理路整然、一読して首肯するべきものがあり、私も開元城＝東寧説を信じて疑わなかったのであるが、近ごろこの方面の元時の站道を清初の地図上にたどって見た結果、あるいはこれは和田の思い違いで、開元は実は今日の寧《ニン》古塔《グタ》（Ningguta）付近ではなかったかとの疑いをいだくに至った。恩師に対し失礼のそしりは覚悟のうえで、ここに私見を開陳して大方の叱正を乞う次第である。

　私の疑いの第一は、この地名の発音に関する。今の鉄嶺の北の開原（K'ai-yüan）が明時の女直に開《カイ》陽《ヤン》（K'ai-yang）と訛称されたらしいことは、すでに和田が指摘したが、建州女直から興った満洲人の記録『満文老檔』には、この地名は常にKeyenとして現れる。(41) ところで和田が康熙の『皇輿全覧図』の原本に近いものとする『満漢合璧清内府一統輿地秘図《まんかんがっぺきしんないふいっとうよちひず》』を見ると、Hūrha Bira（牡丹江）の左岸、Hailan Bira（海林河）との合流点の南に当たってKeyen Hotonという地名が書きこまれていて、これまた和田が乾隆の『皇輿全図』であると定めた『清乾隆内府輿地図』には「克音和屯《ケイエンホトン》」と音訳されている。(42) ちなみに和屯《ホトン》（hoton）とは、満洲語で城の意である。

　この克音《ケイエン》城は、乾隆元年（一七三六年）の『盛京通志《せいけいつうし》』巻十五、城池志《じょうちし》の「寧古塔《ニングタ》城池」の条に、「刻印《ケイエン》城、（寧古塔）城の東北五十里、虎児哈《フルハ》（Hūrha）河その南に在り、海蘭《ハイラン》（Hailan）河その北に在り。週囲三里。西に一門」と見えた刻印《ケイエン》城と同じものに相違ない。

　ところで朝鮮の『新増東国輿地勝覧』巻五十、慶源都護府の古跡の条に見えた巨陽《ケヤン》城が一に開陽《カイヤン》城にも作り、すなわち蒲鮮万奴の開元城、明代の旧開原・東開原にほかならぬことは、和田が発見したところであるが、西方の開原も、東方の開元も、同じく開陽《カイヤン》と呼ばれたことがあるとすれば、開元も開原と同じくKeyenと訛ってもよい理屈である。

元来、満洲語、及びその祖語である女直語においては、子音-ngが語末に来ることは例外的であって、その証拠に、乙・丙両種の『華夷訳語』に含まれた『女直館訳語』をひもとけば、-ngに終わる漢語の借用語は、おおむね-nに終わる漢字をもって写されている。(43) したがって「開陽」はK'ai-yangでなくKai-yanのような音を表すものと認められ、これが一転してKeyanとなったものが「巨陽」の原音であれば、清初の満洲語の地名Keyenは、「巨陽《ケヤン》」にさらに母音調和が作用したものといって大過なかろう。

それでは牡丹江畔の克音《ケイエン》城を開元城として、はたして元・明・朝鮮の記録に現れる開元関係の記事を矛盾なく解釈できるかどうかを、以下に検討して見ることとしよう。まず問題となるのは、朝鮮の史料に見える巨陽《ケヤン》城の位置である。『勝覧』の記事の原《もと》となった『世宗実録地理志』の文を引くと、「咸吉道慶源都護府」の条に左のようにある。

東林城より北のかた去ること五里ばかり、所多老営基あり。その北三十里に会叱家灘あり。すなわち豆満《トゥメン》江の下流なり。江を越えること十里、大野の中に大城有り、すなわち県城《けんじょう》なり。内に六井有り。その北九十里、山上に古き石城有り、名づけて於羅孫《オロスン》站と曰《い》う。その北三十里に虚乙孫站《ヘルスン》あり。その北六十里に留善站《ルセン》あり。その東北七十里に土城基あり、すなわち巨陽城《ケヤン》なり。内に両石柱あり、古の鍾を懸くるところなり。鍾の高さは三尺、円径は四尺有奇。かつて慶源の人の庾誠《ゆせい》なる者あり、その城に至り、その鍾を砕き、九馬を用いて駄来す。わずかに十分の一。従者三十余人みな死す。その遺鉄、草芒の中に寘《お》くも、人敢えて収めず。城はもと高麗の大将尹瓘《いんかん》の築くところなり。巨陽《ケヤン》より西のかた六十里を距つる先春峴《センチュンけん》は、すなわち尹瓘《いんかん》の碑を立つるところなり。その碑は四面に書ありしが、胡人のためにその字を剗去せらる。後に人ありてその根を掘れば、「高麗の境」の四字あり。先春峴《センチュンけん》より愁濱江《スピン》を越えれば、古城基あり。

東林城・所多老営・会叱家灘は、すべて豆満江《トゥメン》南の地名であるからさておいて、江を越えて十里の県城《けんじょう》は、今の琿春《フンチュン》の西の高麗城子《カオリーチョンズ》であることは言うまでもない。県城《けんじょう》から北行し、於羅孫《オロスン》・虚乙孫《ヘルスン》・留善《ルセン》の三站を経て巨陽《ケヤン》城に到るとある。

和田は、琿春《フンチュン》の付近から北上すれば直ちに山地に入るので、そのいう北とはむしろ東北を指すと考え、琿春《フンチュン》河に遡って上り、さらに烏蛇溝《うだこう》に沿って下った路線上に、琿春《フンチュン》から約二百五十鮮里のところを求めて東寧の付近を得たのである。また『勝覧』によれば愁濱江《スピン》すなわち綏芬河《スイフン》が巨陽《ケヤン》城下を流れているかのように見えるので、これも巨陽《ケヤン》の東寧である一証とした。

しかしかりに、県城《けんじょう》から東北でなく、西北行するとすればどうであろうか。琿春《フンチュン》の西北二百五十里の地は、ほとんど今の寧古塔《ニングタ》に当たるではないか。しかしそれでは綏芬河《スイフン》との位置関係はどうかと言えば、なるほど『実録地理志』によっても、巨陽《ケヤン》城の西方六十里に先春峴《センチュンけん》があり、先春峴《センチュンけん》から愁濱江《スピン》を越えると言い、巨陽《ケヤン》が牡丹江流域でなくて綏芬《スイフン》河東の地であることは一見明白なようである。ところが愁濱《スピン》江に関する記事をつぶさに吟味して見ると、かならずしもそうは言い切れない。

和田の引いた『勝覧』の文には「愁濱《スピン》江、源は白頭山に出、北流して蘇下《ソハ》江となる。一に速平《スピン》江に作る。公嶮鎮《こうけんちん》・先春嶺《センチュンれい》を歴て巨陽《ケヤン》に至り、東流すること一百二十里、阿敏《アミン》に至りて海に入る」とあり、和田の言うように「紀事に多少の曖昧」がある。ところがこれも原本である『世宗実録地理志』には、かなり違ってつぎのようにある。

愁濱《スピン》江は、豆満江の北に在り。源は白頭山下に出、北流して蘇下《ソハ》江となり、公嶮鎮《こうけんちん》・先春嶺《センチュンれい》・巨陽《ケヤン》城を歴、東流すること一百二十里、愁濱《スピン》江となり、阿敏《アミン》に至りて海に入る。

すなわちこれによれば、愁濱《スピン》江の名は、巨陽《ケヤン》城の東一百二十里の地点に始まり、阿敏《アミン》(Amin Bira)において海に入るまでであって、白頭山下に発源して北流し、巨陽《ケヤン》城下を過ぎるのは蘇下《ソハ》江なのである。そうして綏芬《スイフン》河が長白山麓に発しないことは自明であって見れば、先に引いた巨陽《ケヤン》城の記事に見える、城西六十里の先春峴《センチュンけん》の下の愁濱《スピン》江も、また蘇下《ソハ》江として読まれるべきではないか。

蘇下《ソハ》江については、『実録地理志』に、先に引いた文に続けて、さらにつぎのようにある。

所多老より北へ去ること三十里、於豆下峴あり。その北六十里に童巾里あり。その北三里ばかり、豆満江灘を越え、北に去ること九十里にして吾童沙吾里站《オドンサオリ》あり。その北六十里、河伊豆隠《ハイトウン》あり。その北一百里、英哥沙吾里站《イエンゲサオリ》あり。その北蘇下江《ソハ》の辺に公嶮鎮《こうけんちん》あり。すなわち尹瓘《いんかん》の置くところなり。鎮は南のかた具州《ぐしゅう》・探州《たんしゅう》に隣し、北のかた堅州《けんしゅう》に接す。英哥沙吾里《イエンゲサオリ》より西へ去ること六十里、白頭山あり。山はおよそ三層。頂に大沢あり。東流して豆満江となり、北流して蘇《ソ》下《ハ》江となり、南流して鴨緑となり、西流して黒龍江となる。その山、禽獣みな白色。山腰以上、みな水泡石なり。

今の鍾城の北、潼関付近の童巾里から豆満江を渡り、吾童沙吾里站《オドンサオリ》・河伊豆隠《ハイトウン》・英哥沙吾里站《イエンゲサオリ》を経るのは、すなわち布爾哈図《ブルハトゥ》（Burhatu）河を遡って英額《イエンゲ》（Yengge）山を越え、敦化に至る路線にほかならないから、その先の公嶮鎮《こうけんちん》はいずれ牡丹江畔の地に間違いない。

してみると、蘇下江《ソハ》とは牡丹江を指すことになってくるが、これを確かめるのはその次の白頭山の記事である。白頭山から出て四流する河川のうち、東流の豆満江と南流の鴨緑江は問題なく、西流の黒龍江はもちろん今の松花江と黒龍江下流を合わせた称呼であるから、残る北流の大河は牡丹江と見るほかなく、ここに蘇下江《ソハ》の牡丹江なることは、『世宗実録地理志』によるかぎり、全く明らかであると言ってよい。

ただ蘇下江が巨陽城《ケヤン》の東方一百二十里のところで愁濱江《スピン》となると言うのは、牡丹江畔の寧古塔《ニングタ》付近から東行して綏芬河《スイフン》流域に入る交通路があったための誤解と見るべきであろう。して見ると、巨陽城《ケヤン》すなわち開元城は、綏芬河《スイフン》上の東寧でなく、むしろ牡丹江上に求められてさしつかえがない。

次の問題は、元・明の東満洲交通路である。『析津志』・『経世大典』に伝えられる、今の吉林方面から東南行して敦化付近に至り、二路に分かれて東はニコリスコエ、南は咸興方面に達する駅道のことは、和田がつまびらかに論じたところであって、そこに列挙された站名のなかに開元站が見えているのである。今『析津志』を引くと、農安の北六十里、哈拉海城子《ハラハイチョンズ》付近の西祥州《せいしょうしゅう》を起点として、次のように記されている。

正南。（八十。）特甫《テフ》。建州。（東南、一百。）石敦《シドゥン》。（一百。）散迭《サンデ》。（正東、一百。）阿忽《アフ》。（一百。）禅春《チャンチュン》。（一百。）阿母《アム》。（一百二十。）阿刺《アラ》。（一百二十。）唆吉《ソギ》。（ここに至りて二路に分かる。一路は正東微北、永明城に至る。一路は正東南、合懶丹《ハランフ》に至る。）唆吉《ソギ》。（正東微北、百二十里。）石迪《シディ》。（正東北五十。）甫丹《フダン》。（百一十。）東洋州《とうしょうしゅう》。（百二十。）土羅火《トゥロホ》。（百三十。）希田《ヒテン》。（百二十。）開元。（正東。）孛迷《ボミ》。樑母《リャンム》。孛吾《ボウ》。阿失吉《アシギ》。舎《シェ》站。永明城。（その東は海。）

さて和田は、建州をもって今の吉林としたため、「建州」の二字は移して「石敦《シドゥン》」の次の「散迭《サンデ》」の上に加えるべきものとした。これはこれまで東南して来た道が、始めて正東に転ずるのが吉林の形勢と符合するからであったが、考えて見ると、建州は決して吉林ではないのである。『満文老檔』に万暦四十年（一六一二年）のヌルハチ（清の太祖）のウラ国征伐を叙して、「Ulaの大城の西門から二里、河岸のGinjeo城に設営して止まった」とある。[44] 漢文の『満洲実録』等には、Ginjeo城を「金州城」と音訳しているが、これが実は「建州城」の訛りなことは確かで、すなわち清代の金球鄂仏羅《ギンジュオフォロ》（Ginju Oforo）站の地、今の烏拉《ウラ》街の近くである。して見れば、『析津志』の文はむしろ「特甫《テフ》。（東南、一百。）建州石敦《シドゥン》。」の転倒と解するほうが無理が少なく、建州石敦站《シドゥンたん》の次の散迭《サンデ》站は、今の吉林の東にでも当たるのであろう。禅春《チャンチュン》は、和田の言うように、後に引く『遼東志』の善出《シャンチュ》で、張広才嶺上の色出窩集《セチュウェジ》（Seci Weji）なことは疑いない。

ところで先に引いた『世宗実録地理志』に、あるいは巨陽《ケヤン》の西六十里に在ると伝えられ、あるいは蘇下《ソハ》江が公嶮鎮《こうけんちん》とともにその下を歴ると言われた先春峴《センチュンけん》・先春嶺《センチュンれい》もまた禅春《チャンチュン》站の近くで、色出窩集《セチュウェジ》に当たるのではなかろうか。公嶮鎮が敦化方面らしいことから見ても、それと併称された先春嶺が禅《チャン》春《チュン》・善出《シャンチュ》である可能性は十分にある。

ここにあらためて『遼東志』の文を引くと、その巻九に「納丹府《ナダンフ》東北陸路」と題し、次のようにある。

那木刺《ノムラ》站　善出《シャンチュ》　阿速納合《アスナハ》　潭州　古州（北のかた斡朶里《オドリ》に接す）　旧開原　毛憐《モウリン》（旧開原の南）

ここで注意を要するのは、先に引いた『地理志』に「（公嶮《こうけん》）鎮《ちん》は南のかた具州（古州）・探州（潭州）

に隣し、北のかた堅州（建州）に接す」とあることで、西方は善出《シャンチュ》（先春嶺）を経て建州に達し、東方は古州・潭州に通ずる阿速納合《アスナハ》は、ほとんど『地理志』の公嶮鎮《こうけんちん》に当たる。『析津志』で阿速納合《アスナハ》の位置にあるのは阿母《アム》で、『経世大典』には韓（斡《オ》）木火《ムホ》站に作り、すなわち清代の俄莫賀索落《オモホソロ》（Omoho Soro）站、今の額穆《エム》の地であるから、いわゆる公嶮鎮はこの辺かと思われる。ちなみに索落《ソロ》（soro）とは、朝鮮の『太祖実録』巻一に「沙吾里《サオリ》、女真言、站なり」とある沙吾里《サオリ》（saori）と同じ語に違いない。『地理志』の吾童沙吾里《オドンサオリ》站・英哥沙吾里《イエンゲサオリ》站もこれである。

さて阿母《アム》から、敦化付近と言われる唆吉《ソギ》に至って、南方合懶府《ハランフ》（咸興）に向かう路線と別れ、東方開元・永明城に向かうのであるが、これは方向と距離から推して、和田が指摘したように、鏡泊湖の南側を進んだと見るのが至当である。唆吉《ソギ》から二站を経た東《とう》洋（祥）州《しょうしゅう》は、和田は渤海の故都東京城付近とする。そして東祥州《とうしょうしゅう》からまた二站を過ぎると開元に達する。和田はこの距離に基づいて開元を東寧付近に当てたのであるが、地図を按ずれば、敦化・東京城間が三駅程なのに比して、東京城・東寧間は同じ三駅程でも少々遠すぎるようであり、開元を寧古塔《ニングタ》の東北五十里、今の牡丹江駅の南の克音《ケイエン》城とすれば、ほぼ無理がない。

それにもう一つ指摘して置かなければならないのは、唆吉《ソギ》から東北行して来た道が、開元で正東に転ずることであって、これは寧古塔《ニングタ》付近とすれば実際の地勢と合うが、東寧としては解釈がつかない。開元の次の孛迷《ボミ》・樑《リャンム》・孛吾《ボウ》三站を、和田は、これが『経世大典』に見えないという理由で削って、東寧・琿春《フンチュン》間の站道が紛れこんだものかと疑っている。けだし開元を東寧とすれば、終点のニコリスコエと見られる永明城に近すぎて、その間に三站を容れる余地がないからであるが、開元が牡丹江畔の克音城《ケイエン》とすれば、それから四駅程の永明城は、ちょうどニコリスコエ辺に来て、都合がいいようである。

そしてこれをさらに確かめるものは、『大元大一統志』の記事である。今『遼東志』巻一に「元志」として引くところによると、左のようにある。

開元城の西南を寧遠県と曰う。また西南を南京と曰う。また南を合蘭府《ハランフ》と曰う。また南を双城と曰う。直ちに高麗王の都に抵る。正西を谷州《こくしゅう》と曰う。正北を上京と曰う。すなわち金の会寧府なり。

開元城から西南のかた南京（局子街）に至る間の寧遠県とは、あるいは今の寧古塔《ニングタ》辺ではあるまいか。今の寧古塔《ニングタ》は牡丹江畔にあるが、これは康熙五年（一六六六年）海林河上の旧址から遷ったものであって、開元城正西の谷州（古州・具州）はかならずこの寧古塔《ニングタ》旧城に当たるのであろう。それよりも大事なのは、西北方、金の上京会寧府、今の阿城に通ずる路線の存在であって、これはあたかも今の濱《ひん》綏《すい》鉄路が通じているところである。かりに開元城が東寧にあるとすれば、谷州が正西にあり上京が西北にあることとの説明がかなり困難になろうではないか。けだし東寧から上京に向かうには、一度谷州を経るのが順路と思われるからである。

以上冗漫な議論を繰り返してきたが、要するに私の言いたかったのは、金・元時代、東満洲の一要地であった開元城は、綏芬《スイフン》河上の東寧などではなく、今の牡丹江上の要衝寧古塔《ニングタ》の北方、牡丹江駅の南にあったことと、建州が今の吉林ではなく、その北方烏拉《ウラ》街の辺にあったことだけなのである。なお恩師に対しすこぶる礼を失したこと、身は異域に在って『朝鮮歴史地理』『満鮮地理歴史研究報告』すら利用するを得ず、先人の業績を揚ぐる暇《いとま》のなかったことを深謝《しんしゃ》しなければならぬ。

（一九六〇年夏、ワシントン大学極東ロシア研究所において稿）

補注

1　モンゴル親征時の聖祖の満文書簡

（1）初出は、岡田英弘「モンゴル親征時の聖祖の満文書簡」『内陸アジア・西アジアの社会と文化』（護雅夫編、山川出版社）、三〇三～三二一頁、一九八三年六月三十日。原論文は、陰暦からの換算が一日ずつずれていたので、修正した。

2　ガルダンはいつ、いかにして死んだか

（2）Hidehiro Okada, "Galdan's Death: When and How", *Memoirs of the Research Department of the Toyo Bunko*, 37, pp.91-97. 1979. の日本語訳である。

（3）「ジョーン・モド」というモンゴル語は「百本の木」という意味で、雨が少なく草原が多いモンゴルにおいて、めずらしく木がたくさんある場所を指す地名である。現在のモンゴル国では、首都ウラーンバートルの南南東二五キロメートルにジョーン・モド市があるが、清軍とガルダン軍が戦った戦場はここではない。「康熙帝の手紙」本文にあるように、清の西路軍に従軍した寧夏総兵官殷

化行『西征紀略』には決戦場の地形の詳しい描写があるが、これに合致する場所は、ウラーンバートル市東方三〇キロメートルの、ゴルヒ・テレルジ国立公園の入り口にかかっている橋のあたりである。一九九四年夏、妻の宮脇淳子とともに現地調査を行なって確かめた。

（4）『宮中檔康熙朝奏摺』第八輯（国立故宮博物院、台北、一九七七年）三二、一二四〜一二八頁。

（5）『宮中檔康熙朝奏摺』第九輯（国立故宮博物院、台北、一九七七年）二〇六、三五〜三九頁。

（6）同右、二〇八、四四〜四六頁。

（7）同右、二〇七、四二〜四三頁。

（8）ガルダンに関するチベット語史料は、第五世ダライ・ラマの自伝と第一世パンチェン・ラマの伝記であるが、すべて、山口瑞鳳（東京大学名誉教授）が、一九七九年五月五日付けの手紙で、著者岡田英弘に供給したものである。二頁にわたるメモ書きを、ここに転載する。

「一六五六年一月十二日　dBen sa sprul sku dang thor god mgon po yel deng（ウェンサ・トゥルク＝ガルダンとトルグート王イェルデン）等が挨拶に至り、贈物を呈上した（ダライ・ラマ五世伝 Vol. Ka, f.245b. ll.3-4)。

一六五六年三月　gZims khang gong ma（シムカンゴンマ）の活仏とdBen sa sprul sku（ウェンサ・トゥルク）がタシルンポに到着した（パンチェン・ラマ一世伝）。

一六六一年　dBen sa sprul sku の母がタシルンポでマンジャ供養などをした（パンチェン・ラマ一世伝）。

一六六二年四月二十三日（パンチェン・ラマ一世は三月に没す）　dBen sa sprul sku に文殊法その他三つの随許法等とパンチェン・ラマ一世の著作に関する lung（読み伝え）を与えた（ダライ・ラマ五世伝）。

一六六五年八月末　dBen sa sprul sku の負担で、(デプン寺のナムゲル)学堂で、少人数の僧によって「五群ダーキニーの送迎頌」の儀が行われた（ダライ・ラマ五世伝第二巻)。

一六六六年八月十六日　オイラトから左翼 Seng ge（センゲ）の妃 Tshe dbang rgyal mo と Shu ge ja'i sang をはじめ二百人ほどが到ったのと（五世が）会った（ダライ・ラマ五世伝 Vol.Kha, f.19b. l.3)。

一六六六年十一月十二日　Tshe dbang rgyal mo が金製の……等を献上した（ダライ・ラマ五世伝 Vol.Kha. f.26a. l.4)。

一六六六年十一月二十三日　（五世ダライ・ラマの）禅定が終わって、dBen sa sprul sku に Grub rgyal 流の長寿法を加持し、bla chas 'jam phrug（衣裳僧衣）をはじめとする、しかるべき数々の贈り物を与え、仏教の政策（bstan gzhung）に役立つような監督をするようにとの指示を与えて、出発直前に真珠の数珠を一連、手づから送り与えたところ、仏教（政策）の力になるように、どのようにするかを、当面、将来にわたっての利害関係について、くわしく話をしてくれた。（彼は）かねて法会を催したり、人を遣わして贈物をよくしたり、（この度は）タシルンポに新設した涼殿を政府に寄贈して、如何にも満足そうであった。Tshe dbang rgyal mo には、…………などの贈物を（五世は）した（ダライ・ラマ五世伝 Vol.Kha, f.26b.l.6-f.27a l.2)。

［この後、五世伝には、dBen sa sprul sku が Bā khan ban de を制したとの報知まで、dBen sa sprul sku の記事なし。おそらく、Seng ge の妃と共に帰国したものと思われる。右の記事は控え目に見ても、送別の記事としか思われない。Seng ge の死を伝えた記事が一六七〇年十一月、十二月にあるが、この前後に dBen sa sprul sku 出発の記事がない。チベット文で書かれた蒙古史には、Seng ge の死の後に dBen sa sprul sku が還俗して駆けつけたかのように示されているが、史実ではないようである。一六七〇年三月五日の条に、Seng ge と Cho khur o pa shi の不和をなだめるため、Gangs can mkhan po を遣わして、首長たちをいさめたが効果はなかった（Vol.Kha, f.94a-b)

にも dGa'ldan 出発の記述は別にない。dGa'ldan は十年以上僧としてチベット本土に滞在した。rJe btsun dam pa が二回チベット本土に至るが、いずれの場合も数ヶ月の滞在である。」

オイラートの Cod dar の内紛について、dBen sa sprul sku が Bā khan ban de を圧倒したというニュースが伝わるとすぐ、（一六七一年）二月の十一日に、Cho khur o pa shi が 'Dam（テングリノールの南岸）から舞い戻って、「チベットの」代表としてガンデン寺座首などにお出かけ頂かなくてはと申し出たが、賛同するものがなく、「一語が語でなければ、百語を費やしても語にならない」との喩えのごとく、（dGa'ldan 等の）二人の mkhan po によって行け、と云われないまま座首の派遣も出来ないのであるが、必要も可能性もないようであったが、首長の認定をする為に、mgron gnyer の Dar dar を派遣した（ダライ・ラマ五世伝 Vol.Kha, f.107b ll.5-6）。

［上記文中の「首長の認定の為」（spon po'i mgo gzung byed du）は、dBen sa sprul sku を dGa'ldan hung ta'iji に認定する為であろうかと思われる。］

四月はじめ、dBen sa sprul sku から gTing skyes tshogs gsog pa が派遣され、手紙と莫大な贈物（Seng ge が Go dkar から税として取り上げて五世に贈る予定であったものも含む）が届いている（ダライ・ラマ五世伝 Vol.Kha, f.110a ll.3-4）。

この次の記事（一六七二年六月）から、dBen sa sprul sku でなく、dGa'ldan hung ta'iji の名で見える。この時、使いを出して、印と衣裳を贈る（ダライ・ラマ五世伝 Vol.Kha, f.147a. l.3, b.l.4）。」

（9）C. R. Bawden, *The Jebtsundamba Khutukhtus of Urga, text, translation and notes.* Asiatische Forschungen Band 9, Otto Harrasowitz, Wiesbaden, 1961, 四四頁を参照せよ。そこではウェンサ・トゥルクの名前が bürilegüü、wangsiu bürilegü などに訛っている。

（10）『モンゴル・オイラト法典』では、彼の名は šakyayin toyin ečige inžan rinboče となっている。

（11）『大清聖祖仁皇帝実録』巻一八三、七頁下。

（12）同右、九頁下。
（13）『宮中檔康熙朝奏摺』第八輯、一七二、八二二〜八二三頁。
（14）同右、二六、九二〜九五頁。

3　チベット・モンゴル文ジェブツンダンバ伝記資料五種

（15）Hidehiro Okada, "Five Tibeto-Mongolian sources on the Rje btsun dam pa Qutuγtus of Urga"（蔵蒙文哲布尊丹巴伝記資料五種）『国立政治大学辺政研究所年報』一六、pp.225-234, 1985. の日本語訳である。
（16）『宮中檔康熙朝奏摺』第九輯、六八〜六九頁。この手紙の日付については、補「1　モンゴル親征時の聖祖の満文書簡」を見よ。
（17）*Collected Works of Jaya-Pandita Blo-bzan-hphrin-las*, Volume 4, Lokesh Chandra, New Delhi, 1981, pp.124-156.
（18）Lokesh Chandra, *Eminent Tibetan Polymaths of Mongolia*. Raghu Vira, New Delhi, 1961, pp.18-19.
（19）Byamba, *Asaraγči neretü-yin teüke*. Erdem shinjilgeenii khevlekh üiledver, Ulaanbaatar, 1960, pp.72-79.
（20）Giuseppe Tucci, *Tibetan Painted Scrolls*. La Libreria dello Stato, Roma, 1949. Vol.I, pp.128, 163-164.
（21）Junko Miyawaki, "The Qalqa Mongols and the Oyirad in the seventeenth century." *Journal of Asian History*, Vol.18, No.2. Otto Harrassowitz, Wiesbaden, 1984, pp.149-150.
（22）*Op. cit., loc. cit.*
（23）*Life and Works of Jibcundampa I*. Lokesh Chandra, New Delhi, 1982. pp.411-549.
（24）*Op.cit.*, pp.28-266, 267-409.

（25）Byamba, p.80.

（26）*Life and Works of Jibcundampa I*, pp.1-27.

（27）Charles R. Bawden, *The Jebtsundampa Khutukhtus of Urga*, Otto Hasrrassowitz, Wiesbaden, 1961.

4　康熙帝の満文書簡に見るイエズス会士の影響

（28）Hidehiro Okada, “Jesuit influence in Emperor K’ang-hsi’s Manchu letters”. *Proceedings of the XXVIII Permanent International Altaistic Conference, Venice 8-14 July 1985,* ed. Giovanni Stary, Otto Harrassowitz, Wiesbaden, pp.165-171, 1989. の日本語訳である。

（29）康熙帝が三次のモンゴル遠征に書いた満文の書簡は、『宮中檔康熙朝奏摺』第八輯・第九輯（台北、国立故宮博物院、一九七七年）に覆印されている。その日本語訳は本書「康熙帝の手紙」を参照のこと。英訳については、H. Okada, “Outer Mongolia through the eyes of Emperor K’ang-hsi” (*Journal of Asian and African Studies*, No.18, 1979.) 及び H. Okada, “Galdan’s death: When and how” (*Memoirs of the Research Department of the Toyo Bunko*, No.37, 1979.)（補２に日本語訳あり）を見よ。

（30）『宮中檔康熙朝奏摺』第八輯、七九三〜七九四頁。meni ubade isinjihai, i ki de kemneme tuwaci ging hecen ci hadaha usiha, emu du orin fun fangkala, dergi wargi goro juwe minggan emu tanggū susai ba, ere be an do de afabufi fa i kooli songkoi bodobufi, šun jeterengge uyun fun dehi ninggun miyoo jembi sehe bihe, ere inenggi getuken galga, kemneme tuwaci uyun fun gūsin udu miyoo jeke, umai farhūn oho, usiha tucike ba akū, ning hiya ci ging hecen be tob dergi ci majige amasi tuwambi, ice ilan de agaha, erebe bai sakini seme jasiha, manju ambasa de ala.

（31）アントワーヌ・トーマの伝記については、Louis Pfister, *Notices Biogaphiques et Bibliographiques sur les Jésuits de l'Ancienne Missions de Chine 1552-1773*, Imprimerie de la Mission Catholique, 1932, Tome I, Chang-hai, 四〇四～四一〇頁を見よ。また Yves de Thomaz de Bossierre, *Un Belge Mandarin à la Cour de Chine aux XVIIe et XVIIIe Siècles*, Les Belles Lettres, Paris, 1977 を見よ。

（32）『宮中檔康熙朝奏摺』第八輯、一三〇～一三一頁。du ši hoton ci karun de isibume futalaci jakūn tanggū ba bi: neneme yabuha ursei futa i ton ci inenggidari ekiyehun: ging hecen ci du ši de isibume tuwaci ba umesi cinggiya, ainci duin tanggū orin ilan ba akū, hūwang taidz emu niyalma tucibufi futalabume tuwa: karun i bade i ki i hadaha usiha be kemneci ging hecen ci sunja du den, ede teherebume ba i ton be baicaci emu minggan juwe tanggū susai ba;

（33）『宮中檔康熙朝奏摺』第八輯、一八九頁。yang sin diyan de weilehe si yang i žulebeberaldu sere dele baitalara okto be gingguleme fempilefi juwan yan: eshun sain giyang duin gin be ere bithei isinahai baita suwaliyame boo de unggi

（34）『宮中檔康熙朝奏摺』第八輯、一七八頁。jai dergici unggi sehe ice giyang sunja gin, si yang ni žulebe beraldu be gigguleme fempilefi boode bisire uheri emu gin tofohon yan be yooni unggihe, neneme weilehe songkoi belheme niyeceme weilebumbi:

（35）『宮中檔康熙朝奏摺』第八輯、四五一～四五二頁。jiyanggiyūn sabsu nimeme ofi mini jakade bihe, žulebeberaldu sere lu be wacihiyame bufi unggihe, cananggi ging hecen ci jihe meiren janggin balin umesi yadalinggū nimembi, tede buki seci wajihabi, erebe majige belherakū oci ojirakū: ere bithe isinaha manggi, emu udu ajige boli tamsu de tebufi unggi.

（36）医薬の用語としてのジューレプに関する情報は、著名な日本の薬理学者で日本学士院会員である岡田正弘（著者岡田英弘の父）に負っている。

（37）今回、清朝史叢書第一巻として『康熙帝の手紙』増補改訂版を刊行するにあたり、学友の渡辺純成氏から自然科学・医学に関する様々な有益な示唆を頂戴した。「ジュレベベルラドゥ」についての氏のご教示を、ここにそのまま転載する。

「北京故宮博物院には、十七世紀西欧の医薬品の使用マニュアルである、『西洋薬書』という満洲語写本がある。マラリア患者に対するキナ樹皮の投与法を詳しく解説しており、康熙宮廷のフランス人イエズス会士が作成したものと推定される。『故宮珍本叢刊』(海南出版社、二〇〇〇年)第七二九冊二八九〜四四二頁に影印が収録されているが、その三二一〜三二二頁で、ジュレベベルラドゥ žulebeberladu という薬品の使用法が解説されている。その全文の和訳は以下のとおりである。

「淡水真珠や宝石の類いの身体を強壮にするものを蒸留して製造した、ジュレベベルラドゥというシロップ薬。

この薬をあらゆる種類の心臓病に使用すると同時に、さらに、意識を完全に失って倒れたり、精気が虚弱であったりする種類の病いに使用する。

この薬には、黒い胆において生成した悪性の精気を浄めたり、憂悶焦燥を追いやったり、心意を快くさせたり、基本体液を増したり、精気を強壮にしたり、内をゆったりさせ、身体を安らかにしたりする効能がある。

あらゆる種類の病いにこの薬を使用したあとで、おおかたのところ、心臓を保護し、有毒な気に侵されなくする。

つぎに、夏季の暑さに内が発熱すれば、水や茶の類いのものに混ぜて飲むことができるが、それと同時に、身体が良好なひとはどの季節にもやはり飲むことができる。

この薬を、滋養分があり身体が補われる肉のスープの類いのものにならば、一銭混ぜて飲む。水や茶の類いのものにならば、二銭以上五銭まで混ぜて飲む。熱さ冷たさを考慮することはない」

「黒い胆において生成した悪性の精気」は、前近代の西洋医学で四つの基本体液のひとつであった黒胆汁が変質したものを意味する。真珠の魔術的な力が、黒胆汁のもたらす憂鬱などを追い払うと期待された。『西洋薬書』では他にも、宝石を用いて製造した高貴薬として、「寿命に有益なエリクシル」(二九五〜二九八頁)、「宝石を蒸留した蒸露剤」(二九九〜三〇〇頁)、「真珠を蒸留した蒸露剤」(三〇〇頁)などが紹介されている。

康熙宮廷では一時期、ジュレベベルラドゥが万能薬として扱われた。関雪玲『清代宮廷医学与医学文物』(紫禁城出版社、二〇〇八年)の二一五〜二一六頁と二一九〜二二〇頁に手短なまとめがある。これは当時の西欧での状況を反映しているらしい。真珠を用いたシロップ薬は、英国のチャールズ二世の臨終直前にも、起死回生の効果を期待して投与された。

康熙帝の手紙や他の文書類にみえる「ジュレベベラルドゥ」žulebeberaldu は、「ジュレベベルラドゥ」が満洲語の音韻体系ではやや不自然であるために、訛ったものであろう。『西洋薬書』におけるヨーロッパ起源の語彙の表記法を検討すると、満洲文字の b や d は無声無気音 [p] や [t] に対応している可能性も考えなければならないのだが、ここでは学界の慣習にしたがって暫定的に、満洲文字のローマ字転写をローマ字として読んだ。冒頭の音節「ジュ」の子音は、フランス語で頻繁に現れる子音 [ʒ] であって、現代日本語に現れる子音 [dʒ] ではない。

岡田英弘が本論文ですでに指摘したように、žulebe- は julep (シロップ薬)の満洲文字表記である。淡水真珠を蒸留して得られる薬品なので、-berla- はフランス語形容詞 perlé (真珠の)であり、したがって、žulebeberla- は、julep perlé (英語 pearl julep) の満洲文字表記であると結論してよい。žulebeberladu がどのようなフランス語単語の満洲文字表記であるか、現時点では断定できない。julep perlé doux に対応する可能性があるが、確証はない。julep perlé をイタリア語に訳せば giulebbe perlato となって発音が近いが、最初の子音や最後の母音が一致せず、一七〇〇年前後の

性は低い。」フランス人がわざわざイタリア語を使ったとするのも、不自然である。ラテン語に由来する可能

5 康熙帝と天文学

(38) 初出は『歴史と地理』三二一、山川出版社、一九八一年八月、三一～三三頁。

6 開元城新考

(39) 初出は『和田博士古稀記念東洋史論叢』講談社、一九六一年、二四七～二五四頁。原文の日本語は難しい文体だったので、著者自身で書き直した。

(40) 箭内亙「満洲に於ける元の疆域」(『満洲歴史地理』二、一九一三年五月)。
池内宏「元代の地名開元の沿革」(『東洋学報』一二ノ三、一九二二年九月、のち『満鮮史研究　中世第一冊』吉川弘文館　一九三三年十月、所収)。

池内宏「箭内博士の『元代の地名開元の沿革』を読む」(『東洋学報』一三ノ一、一九二三年四月)。

和田清「元代の開元路に就いて」(『東洋学報』一七ノ三、一九二八年十二月、のち『東亜史研究(満洲篇)』東洋文庫　一九五五年十二月、所収)。

和田清「開元・古州及び毛憐」(『北亜細亜学報』三、一九四四年十月、のち『東亜史研究(満洲篇)』東洋文庫　一九五五年十二月、所収)。

(41) 満文老檔研究会『満文老檔Ⅰ　太祖1』(東洋文庫　一九五五年)八頁、万暦三十六年(一六〇八年)の条初見。

(42)『皇輿全覧図』・『皇輿全図』については和田清「盛京吉林黒龍江等処標注戦蹟輿図について」(一九三五年七月、複製図附録解説、のち『東亜史論叢』生活社　一九四二年十二月、所収)を見よ。

(43)『華夷訳語』の諸本及び「女直語彙」については石田幹之助「女真語研究の新資料」(『桑原博士還暦記念東洋史論叢』弘文堂　一九三一年一月、のち『東亜文化史叢考』東洋文庫　一九七三年三月、所収)を見よ。

(44)『満文老檔Ⅰ　太祖1』一八頁。

史料

1　ドローン・ノールの会盟

『親征平定朔漠方略』第十巻

（康熙三十年）五月朔丙戌日（一六九一年五月二十八日）にハルハらの坐る席次を定めた。理藩院《りはんいん》から「旨《し》に遵《したが》い、ハルハらの坐る位次を辨別するとき、賞賜の等級を編成した通りに編成すれば、等級毎に人の多寡は一様ではないので、ジェブツンダンバ・ホトクト、トゥシェート・ハーン、ジャサクト・ハーンの弟ツェワンジャブ、チェチェン・ハーンを一等に坐らせたい。ジャサクのメルゲン・ジノン・グルシヒら十四人を二等に坐らせたい。ジャサクのウェイジェン・ノヤン・アユシら三十六人を三等に坐らせたい。ジャサクのタイジ・シディシリの実子ダンジュン・ドルジら七十九人を四等に坐らせたい。ジャサクのセレン・アハイの族弟ドゥメ・イルデン・タイジら百四十人をみな五等に坐らせたい。トゥシェート・ハーンの一族のタイジ・ニカンら百四十人を六等に坐らせたい。チェチェン・ハーンのチャハル・タイジ・マンギダイら百四十人を七等に坐らせたい。さらにジャイサンやヒヤをみな後方に収容し坐らせたい」と上奏したのを、上《しょう》（康熙帝）から行なわせた。続いてこれらの者を彼らの請うたように、みな（南モンゴルの）四十九旗の通りにした。

ハルハらを謁見させ、酒宴する典礼を定めた。さきに理藩院から「旨に遵い議して、五月初二日（一六九一年五月二十九日）にハルハらを謁見させたい。三跪《き》九叩頭《こうとう》させるよう行礼《こうれい》させて、大酒宴を行なわせたい。我らの内外（八旗と南モンゴル）の王・貝勒《ベイレ》・貝子《ベイセ》・公《こう》・台吉《タイジ》らを、みな左に坐らせたい。ハルハらをみな右に坐らせたい。初三日（一六九一年五月三十日）に恩を及ぼし賞賜して、勅命の書を下したい。その日、蟒袍《ぼうほう》を着たい。緹胸《ていきょう》を懸けたい。音楽を奏でたい」と上奏して定めていた。ここに至って、また行在《あんざい》の礼部に「モンゴルらを接見するとき、立たせたり、進ませたり、坐らせたりする場所を領侍衛内大臣らと一緒に会議せよ」と旨を下した。会議して「ハルハを朝連れて来て前鋒営の前に集めて至らせたい。整列しおわり、徒歩で進ませて、儀仗の末に立たせたい。ハルハを進ませた後、奏聞して、出御《しゅつぎょ》としたい。前に坐る大臣を通常通り坐らせたい。場所が狭いので、後に坐る大臣を止めたい」と上奏したとき、上は「前鋒営のさきで下馬して徒歩で来る際、老人たちで歩行できない者がいれば、各々子弟らが扶助するように」と言った。

また総管内務府等の衙門《がもん》から上奏したこと「初二日に、ハルハのために酒宴するとき、上が坐る帳《ちょう》幄《あく》を南の網城の門の前に張って、玉座を置いて、武備院の準備して持って来た帳幄を各側に二つずつ張りたい。前に高卓《こうたく》の帳幄を張って、金の器を列《なら》べ置きたい。儀仗を通常通り列べたい。上が進退するとき音楽を奏でたい。卓を各々坐る向かいに予め列べて置きたい。卓を準備し終わって、衆人が集まった後、奏聞したい。上が出御して、馬に乗って、帳幄を張った場所に行って、玉座に上った後、理藩院と鴻臚寺《こうろじ》の大臣ら官員らが導き列べて、鳴賛官《めいさんかん》の呼令するのに応じて、三跪九叩頭させるように。この行礼《こうれい》するとき音楽を奏でたい。終わった後、理藩院の大臣ら官員らが指示し、各々坐る向かいに叩頭させて坐らせるように。上の卓を捧げるとき音楽を奏でたい。一同立つように。卓を捧げ終わったら音楽を止めたい。続いて茶を進めたい。上が茶に口を付けるとき、ハルハらを皆一斉に叩頭させるように。茶を飲み終わった後、卓を取り払いたい。続いて焼酒《しょうしゅ》、瓶、杯、小皿を進めたい。献酒する大臣が跪《ひざまず》いたら、音楽を奏でたい。献酒し終わったら、音楽を止めたい。衆人はみな立って、白酒を口に付けさせる大臣らと一緒に各々の座るところで跪いて、一斉に叩頭させるように。金の大杯に焼酒を注いで、献酒する大臣に立ったまま渡して大臣が叩頭して飲むとき、衆人は叩頭しない。終わった後、一斉に立って各々その場所で叩頭して坐るように。上がそれに口を付けた後、戯れる音楽を次々に演奏させたい。賜恩として飲ませる小高卓を、旨に応じて進めたい。ハルハらが行礼したり、顔を上げたり、（酒に）口を付けたりするとき、みな鑾儀衛《らんぎえい》の細楽を奏でたい。この楽隊を高卓の帳幄の前の両側に列べたい。酒宴が終わって上の卓を片付けさせた後、恩を戴いた礼で、我らの外藩の王以下、台吉《タイジ》と塔布嚢《タブナン》以上、及びハルハを、理藩院の大臣ら、鴻臚寺の官員らが導き、鳴賛官が呼令せずに、一跪三叩頭させるように。叩頭させて翼毎《よくごと》に列び立たせて、礼部の大臣が『酒宴が終わった』と上奏した後、上は行宮《こうぐう》に上られたい。衆人は解散するように」と上奏した。そのとき、旨「朕が進退したり、モンゴルらが行礼したりするとき鑾儀衛の音楽を奏でさせるように。卓を捧げたり、献酒したりするときに、宦官らの音楽を奏でさせるように。他を議した通りにせよ」とあった。

続いて礼部から「ハルハらに大いに賞賜して、勅命の書を下した後、ハルハらを網城の南門の前で鴻臚寺の鳴賛官に呼令させて、三跪九叩頭させたい。上が出るのを中止したい。ハルハらを集めて導き列ばせる場所を、理藩院と鴻臚寺に委ねたい」と上奏したとき、上は「もっともである」と言った。

翌日（五月二日、一六九一年五月二十九日）、トゥシェート・ハーン、ジャサクト・ハーンの弟ツェワンジャブ、チェチェン・ハーン、ジェブツンダンバ・ホトクト、及び多くのノヤン、タイジ、ジャイサンらが集まったとき、上は行宮の南に張った黄幄《こうあく》に出て、玉座に坐した後、ハルハのハーン、ノヤン、タイジら多くの人を進ませて、三跪九叩頭させて、位にしたがい坐らせて、音楽を奏で、役者に歌わせ、各種の余興を行なわせ、大いに酒宴を行った。ハルハのハーン、ノヤンや有力タイジをみな玉座のそばに連れて行って、上は手ずから焼酒を飲ませた。他のタイジらみなに、侍衛らに坐った場所に酒を送らせて飲ませた。

丁亥日（五月二日、一六九一年五月二十九日）、トゥシェート・ハーンの罪を赦した。

ジャサクト・ハーンの弟を封じることを、多くのハルハらに理解させるよう宣布した。

上は、以前「両翼のハルハらのことを穏便に片付けたい」と思い、内大臣ソンゴトと一等侍衛ウダチャンをジェブツンダンバ・ホトクトとトゥシェート・ハーンに遣わして、理解させるよう旨を下して、「この会盟で、朕自らが、モンゴルの王、貝勒、貝子、公や、七旗の多くのハルハらをすべて集めるので、汝らはデクデヘイ・メルゲン・アハイを殺したり、ハルハの地で非道を行ったりしたことを自分で明らかにし、朕の到達する前に、非を認め上奏せよ。もし予め罪を認めずに、デクデヘイ・メルゲン・アハイの子が汝ら多くのハルハらの罪をあばき訴えたら、朕は天下の全ての主なので、汝らの罪を赦すことができようか」と伝えたところ、ジェブツンダンバ・ホトクト、トゥシェート・ハーンらは「主は天下を支配した大いなる主、我らに『罪から免れるように』と慈しみ諭した旨に謹み遵いたい」と言って、直ぐに非を認め上奏した。上奏した書の言「『ジャサクト・ハーン、デクデヘイ・メルゲン・アハイの二人は、我ら多くのハルハから別れてガルダンの側となって、土地を侵略する』と聞いて出征した。この二人を捕らえて殺してから戦乱が生じて、衆人を苦しめたことは、我らの非。この非を明らかにし上奏した。聖主は睿鑑《えいかん》して、慈しんではくれまいか」と。

　ここに至って、上から会盟した地でチェチェン・ハーンらに「汝らの七旗のハルハはみな兄弟でありながら、睦まじくなく、属民を互いに横取り、仇敵とならなければすまない様子を朕が熟知して、特に大臣を遣わして会盟させ、横取りした属民を皆もとに戻すよう定めて、誓っていた。トゥシェート・ハーンは言葉を違えて、また『オイラトを征伐する』と挙兵して、ジャサクト・ハーンとデクデヘイ・メルゲン・アハイを捕らえて殺した。これよりハルハらの心がまとまらなくなって、国が亡びて、暮らす地を失った。いくら甚だ窮乏するといっても、朕の元来慈しんだことを思い頼ってくるので、みな一様に恩養した。いまトゥシェート・ハーンらは、一切の大過を罪と認め上奏している。この大会盟で即座に重罪に処せば、朕の心は忍びないのみならず、汝ら七旗の全ての心に恥じないわけがない。これより軽い罪とすれば、いまみな暮らす地を失っており、これらの者をみな朕が恩養しており、罪とすることはない。そこでこの者たちの大過を非難した上で、事情を酌量したいと思う。またジャサクト・ハーンも永年貢納をひたすら行なってきた。ゆえなくトゥシェート・ハーンらに侵害されたことは大いに憐れ。バラン・エルケ・アハイが生きていれば、直ぐに封じるべきであった。いまジャサクト・ハーンの実の弟が会盟に来たので、すぐに封じて慈しみを示すべきだろう。汝ら衆人はどう思うか」と旨を下したところ、ハルハのハーン、ノヤン、大小の多くのタイジら全てが、「トゥシェート・ハーンらが自らの非を知って罪を認め上奏したことを、聖主が睿鑑すれば、それで終わりだ。本当に罪とすれば、主が忍びないのみならず、我ら衆人も恥じる。またジャサクト・ハーンの属民が離散して、この者の遺裔ツェワンジャブに継がせるよう封じたいといったことは甚だ霊妙。我ら衆人がなんと言おう。ただ喜びに堪えず、天に祈りたい」と上奏した。

臣我らが謹み見れば、孔子は「幾《き》を知るものは、其れ神」と語っている。また「事豫《あらかじ》めすれば、則ち立つ」と語っている。事の前に機微を洞察して、先んじて備える者が、至聖至明でないならば、いかなるともできない。七旗ハルハは兄弟でありながら、睦まじくないこと一両日ではない。後にトゥシェート・ハーンが挙兵して、ジャサクト・ハーンらを殺すため、恨みが深くなって、ますます恨みを解くことができなくなっている。皇帝の仁が覆《おお》わなかったものはなく、輝きが照らさなかったものはないので、ハルハらの反目した顛末、事の是非を熟知して、予め処理するよう定めないならば、会盟した後、必ず互いに争い合うことになってしまう。争い合うことになってしまえば、双方に全て良くするようおさまらないと思って、あのように特に大臣らを遣わして、ジェブツンダンバ・ホトクトとトゥシェート・ハーンに悟らせるよう旨を下して、自らの罪を明らかにし非を認めるよう上奏させた。それから大いに会盟して、公然と旨を下して過ちを寛大に処し、非を不問に付し、トゥシェート・ハーンの罪を赦したり、滅びたものを興し、絶えたものを継ぐよう、ツェワンジャブを封じたりするので、右翼のハルハらは賑やかに喜び合った。左翼のハルハらは感激に堪えなかった。このように事の時機を互いに知って、平和裏に片付けたことは本当。至聖至明は、古今より突出しているぞ。

戊子日（五月三日、一六九一年五月三十日）、上はドローン・ノールの地で大いに会盟して、ハルハらに厚く賞して、称号・爵位を与えた。

その日、上自ら八旗満洲の将兵、漢軍の火器営の将兵、及び総兵官蔡元《さいげん》の管下の緑営の将兵に命じて、砲・鳥鎗《ちょうそう》（火縄銃）を列ばせて、上自身も甲冑を着けて、軍容を大閲した。終わった後、黄幄《こうあく》に坐って、多くの王や大臣ら、多くのハルハらに茶を飲ませた。侍衛らに箭《や》を射させた。力士らに相撲を取らせた。砲・鳥鎗の轟きに山が振動し、多くの将兵の進退することは恐るべき威風であり、隊伍を組んだり排列したりしたことは整然として見事なので、多くのハルハらで畏怖し驚嘆し賞讃しなかった者はいない。

またハルハのハーン、ジノン、及びタイジであるノヤンらに勅書を下したこと、「朕は天命を承って、万国を統治するので、全ての地の民衆がみな生活する所を得て暮らすようにと思う。元来、内外を区別して見たことはない。さきに汝らの七旗のハルハらがみな兄弟でありながら、互いに侵害し、属民を横取り、睦まじくないので、朕は特に大臣らを送って、会盟して、講和させていた。トゥシェート・ハーンが誓詞を破って、会盟で議して決定したことに従わず、兵を挙げ戦うので、オーロトのガルダンに敗れて、国が滅んで、ハーン、ノヤン、タイジらは属民を収容し保護することができない。属民は各々妻子を保護することができず、各々ばらばらに敗走し、朕を頼り哨戒線《しょうかいせん》の内に入った。汝らのこの窮乏する際に、朕の多くのジャサクらがそれぞれ収容し取っていれば、汝らのハルハらはとっくに滅亡していたはずだ。朕の心は生まれながらに生を好むので、汝らの滅亡することを見るに忍びず、場所を与えて処理し住ませて、家畜・米糧を繰り返し与え養った。ハーン、ノヤン、タイジをみな元通り留めて、チェチェン・ハーンを継がせた。また汝らが互いに盗みや略奪を働くので、それぞれ管理するジャサクを増員し任じて、管理を容易とした。汝らに元来全く法度がないので、定めた律例を宣布し行なわせた。古より朕のようにこのように護り育むよう行なった者はいない。朕は汝らを生かしたので、『ますます育つように、回復するように』と思って、朕自身諭旨を下して大いに賞賜し、恩を及ぼし、会盟に出御してみれば、汝らの感激する心はまことに誠実である。かようなので汝らを四十九旗と同様にして、名号をもみな四十九旗の通りにして、朕の一視同仁の心を示す。トゥシェート・ハーンとチェチェン・ハーンのハーンという名はみなお元通り留めた。ジャサクト・ハーンの殺されたことは無実の罪であり、属民が離散して苦しみが極みに至ったことは哀れ。そこでこの者の実の弟ツェワンジャブを和碩《ホショイ》親王とした。ジャサクのメルゲン・ジノン・グルシヒ、ジャサクのクンドゥレン・ボショクトゥ・グンブ、ジャサクのダハスフン・エルケ・ダイチン・ノヤン・シャンバ、ジャサクのタイジ・セレン・アハイ、ジャサクのエルデニ・ジノン・プンチュク・ラブタン、これらの者はもとからいた旧ジャサクなので、ジノン、ノヤンという名を止めて、みな多羅《ドロイ》郡王とした。タイジ・ガルダンはトゥシェート・ハーンの長子であり、クレーン・ベルチルの会盟以後、何度も請安をおこなった。そこでこの者を多羅郡王とした。チェチェン・ハーンの叔父ジャサクのエルデニ・ジノン・ナムジャルは新ジャサクであるといえども、チェチェン・ハーンに進言して、十万の衆人を率いて来帰した。彼自ら率先して『四十九旗のようになりたい』と上奏したことは嘉《よみ》すべき。そこで、この者を旧ジャサクと同等にして、ジノンの名を止めさせて、やはり多羅郡王とした。チェチェン・ハーンの族叔ジャサクのエルケ・タイジ・チェブテンは、オーロトとの兵事で奮闘した。情報を取りに行くとき、自分自身の馬を寄付して、事態を遅らせなかった。そこで、この者を多羅貝勒《ベイレ》とした。タイジ・シダシリはトゥシェート・ハーンの実弟であり、隷民が多い。トゥシェート・ハーンと一緒に来帰した。そこで、この者を多羅貝勒とした。チェチェン・ハーンの叔祖（祖父の弟）チェチェン・ジノン・チェブデン、ダライ・ジノン・アナンダ、エルデニ・ジノン・ブダジャブ、イルデン・ノヤン・ダリ、それにチェチェン・ハーンの叔父イルデン・ジノン・プンスク、これらの者はみなチェチェン・ハーンの叔祖や叔父であり、しかも旨で任じたジノンなので、ジノンという名号を止めさせて、みな固山《グサイ》貝子《ベイセ》とした。ベストのチャガン・バル・ノヤン・ブベイ・ブジャは新ジャサクであるといえども、ハルハの地にいるときに、『ハルハの政は予測できない。後日必ず崩壊する。崩壊すれば我は主を頼って来る』と上奏して、後日ハルハの政が崩壊し、直ぐに前言に合わせ来帰したことは嘉すべき。そこで、この者をも固山貝子とした。ホンゴル・ダイチンの旗の協理旗務台吉ハンドゥは、諸人に先んじて来帰した。奮闘して負傷した。そこで、この者を鎮国公とした。トゥシェート・ハーンの一族のタイジであるスダイ・イルデン、エルケ・ダイチン・ノヤン・シャンバの一族のタイジであるトド・エルデニ、これらの者は心から願って来帰した。兵事に奮闘した。そこでこの二人をも鎮国公とした。トゥシェート・ハーンのジャサクであるタイジ・チェムチュク・ナムジャル、ジャサクであるタイジ・バンジュル・ドルジ、ジャサクであるダルハン・タイジ・バラン、チェチェン・ハーンのジャサクであるエルデニ・アハイ・チェレンダシ、ジャサクであるタイジ・エルケ・セレン・ダシ、ジャサクであるタイジ・グルジャブ、エルケ・ダイチン・ノヤン・シャンバのジャサクであるウェイジェン・ノヤン・アユシ、ジャサクであるタイジ・ダンジン・エルデニ、エルジゲンのジャサクであるタイジのウルジャン、ジャサクであるメルゲン・ジノン・ソノム・イスジャブ、これらの者をみな一等台吉《タイジ》とした。この外、『仕事があるタイジ、その他の多くのタイジらに位を与えることを逐一明らかに調べて、(位を)得させよ』と該部に旨を下した。今後汝らは朕の慈しんだり養ったりした恩に合わせ、各々法度を守り、恭順にせよ。そうすれば、汝らの暮らしは次第に豊かになって、福が子孫に及んで、代々恩を承ることになる。もしも禁令に違ったり、乱行をはたらいたりするならば、汝らの暮らし向きは廃れ、しかも国の禁令があるので、一切のことをみなその者が落ちるべき禁令の通りとする。これを各々所属の輩に宣布して悟らせよ」と。

つづいてトゥシェート・ハーン、ジェブツンダンバ・ホトクト、ジャサクト・ハーンの弟ツェワンジャブ、チェチェン・ハーンに、銀各千両、銀の器、蟒緞《ぼうたん》、緞子《たんし》、綿布、涼帽、衣服などの物を賞賜した。またジノン、タイジ、ジャイサンらにも位に応じて、銀、緞子などの物を大いに賞賜した。この者たちの位を勘案して、子弟らを弁別し、みな台吉とした。また内（モンゴル）四十九旗の王、貝勒、貝子、公、台吉らにも位に応じて涼帽、衣服、銀などの物を賞賜した。親王ツェワンジャブに恩を及ぼすよう賞賜して、「チェチェン・ハーンの上位に坐れ」と旨を下した。

その時、上からツェワンジャブにまた四頭のラクダ、十頭の馬、五十頭の羊を賞賜して、「ツェワンジャブは年幼く、しかも管下の属民がみな離散したので、あるいは生活する所を失っているのではあるまいか」と慈しみ、フフホトの都統・副都統らに「懇《ねんご》ろに保護し撫育せよ」と委ねて、また尚書バンディらに「ツェワンジャブをいくら親王とするといえども、この者の祖父、父には功がある。ツェワンジャブをチェチェン・ハーンの上位に坐らせよ」と旨を下した。

己丑日（五月四日、一六九一年五月三十一日）、ホルチンのトゥシェート親王シャジンらが四十九旗の王、貝勒、貝子、公・台吉・塔布嚢《タブナン》を率いて、尊号を捧げることを奏請した。

シャジンらが「太祖、太宗が初めて政を立てて以来、臣我らは隆恩を蒙って、全て顕貴となった。いま聖主の威福のおかげで、泰平に遭遇して、人々はみなそれぞれ安楽になる場所を得た。古来別に行なってきた七旗のハルハのトゥシェート・ハーン、チェチェン・ハーンらの輩が、皇帝の威福と大力に、自ら望んで叩頭して来帰したことは、本当に驚嘆すべき。その上、オーロトのガルダンが分をわきまえず、みだりに天兵（清朝軍）に侵犯しに来たので、皇帝の威によって、ガルダンの兵を大いに破ってたくさん殺したところ、ガルダンは混乱して、恐懼しながら誓って敗走した様子を見ると、いつの日にかハルハのように来帰するだけだ。ほかにどこに行こうか。またオロスのチャガン・ハーン（ロシア皇帝）も法道が一つとなって、主の旨に謹み遵っている。これらの驚嘆すべきことを思えば思うほど、我らの気持ちに非常に満ちた。そこで恐懼しながら神のごとき主に『徳威広被率土賓服道法光明不可思議上治至聖皇帝（徳化の威に全てみな従った、道法が太陽のように輝いた、非常に言葉が備わった上治聖ハーン）』と尊号を謹み捧げて、内外が均しく安楽となるようにと上奏した。睿鑑して、臣我らの望む気持ちに合わせてはいただけまいか」と上奏したとき、上は「呉三桂の事を平定した後、多くの王や大臣らが尊号を戴いてはいただけまいかと奏請したとき、行なわせなかった。これは我らの主人となった者の当然のこと。以前行なわせなかったのに、いま行なわせることができようか。これを王らに諭せ」と言った。

【解題】

この史料は、ドローン・ノールの会盟（本篇九九～一〇二頁）に関する記録を、ガルダン戦役に関する清朝の公式戦記『親征平定朔漠方略』（一七〇八年）の満文本から訳出したものである。『親征平定朔漠方略』には、満文本と漢文本が存在するが、当時の清朝の内陸アジア政策は、満文の文書を取り交わしながら行なわれていたので、原文書の内容をよりよく留めているのは満文本であると考えられる。

まず、会盟に先立ち、帰順するハルハの首領たちの席次や会盟の式次第が、康熙帝と理藩院、総管内務府など関係官庁との間で事細かく詰められており、周到な準備をもって臨もうとする康熙帝の意気込みが感じられる。

つづいて、ハルハ両翼が対立し、ハルハがガルダンによってモンゴル高原を追われて南モンゴルに逃げ込むことになった直接の原因であるジャサクト・ハーン殺害を、トゥシェート・ハーンに謝罪させた記事が記されている。康熙帝は、あらかじめ使者をトゥシェート・ハーンとジェブツンダンバ・ホトクトに遣わし、自主的に非を認めるよう要求し、トゥシェート・ハーンらの謝罪を受け容れて罪を赦し、会盟においてハルハの首領たちに和解を斡旋したのである。これがドローン・ノール会盟を開催した康熙帝の最大の目的であった。記事のなかには、例外的に編者の按語が記されており、周到な計画によりハルハ諸首長の和解に成功した康熙帝を「至聖至明」と絶賛している。

さらに会盟当日（康熙三十年五月三日）、ハルハの首領たちに対する叙任の沙汰が発表され、彼らはすべて、八旗の首領や南モンゴルの首領たちと同様に、清朝の爵位を受けることとなった。その際、例外としてトゥシェート・ハーンとチェチェン・ハーンのハーンという称号が、親王の上の爵位として残され、また殺されたジャサクト・ハーンの弟ツェワンジャブが親王に封じられたが、トゥシェート・ハーンとチェチェン・ハーンと同等の格式で取り扱われた。これによってハルハ人たちは清朝の臣民となり、康熙帝は、ハルハ人たちのために、ガルダンの手から北モンゴルを奪還するという、正当な理由を得たのである。

（楠木賢道）

2　皇太子廃位の上諭

『清内閣蒙古堂檔』一七冊、四一二〜四二八頁

奉天承運皇帝の旨。朕が天の眷命《けんめい》を受けて、祖先の遺した弘業を継いで、四十八年近くとなり、日夜なく、ひたすら励み、あえて安楽を求めず、ただ天を敬い、民を重んじる。思うに、天が民を生かして主を立てた理由は、特に衆人を慈しみ養い、暮らす所を失わせなくするようにということである。そこで天下の小民の暮らし向きを心を尽くして詳察し、遍《あまね》く問いただし、ほんの少しも遺漏することがない。およそ民の苦しみを救えることがあれば、庫の銭粮を惜しまず、幾千万両と支出して、大いに恩を及ぼした。しかも毎年重罪人を減刑して死罪を免じた者は、数百千より少なくない。このように君主の道を尽くし、民を慈しんだことは、本当に帝王らの恒久の綱領、祖先の遺した家訓に則《のっと》っており、しかもまた後人に遺して、倣《なら》い行なうようにというため。胤礽《いんじょう》を皇太子に立ててから常に悟ら

せるよう教え、名望ある大臣らを任じて、性理を講義させ、かなりの年が経った。性分が常道に反するので、朕の心に合わせず、朕の教えに背き行なったまま、罪過が甚だしくなるに至った。それでも、朕はなお彼が得心して、改悛することを冀《ねが》うので、これまで何度も南の江南・浙江、西の山西・陝西に巡幸したとき、土地の風俗、民の困苦を理解するようにと、胤礽を一緒に連れて行っていた。思いもしなかったが、総督、巡撫、諸官から銀や財物を取っていたうえに、この者(胤礽)の用いた小悪党も欲しいままに強請《ゆす》り取ったり、みだりに無理強いしたりしていた。土地の財物というものは、すべて小民の膏血。朕が胤礽に倹約すべきであると、重ね重ね諭したにもかかわらず、彼はかえってみだりに贅沢し欲するままに行動し、悪を全く改めない。地方官らから巻き上げており、しかもまた外藩の賓客の貢納する馬などのものを奪い取った。また内外の庫の銭粮を勝手に取って用いたことが、甚だ多い。官民に苦しみとなることは本当に極まりない。いま暴虐・淫乱・悪行はますます酷《ひど》くなって、多くの王ら、大臣ら、官僚らにいたるまで、みなみだりに侮辱し、痛苦を及ぼさなかった者はいない。さきにソンゴトやチャンタイと一緒に相談して密かに画策するのを朕が察知して、ソンゴトを殺すので、胤礽は心の中で恨んだ。最近また幔城《まんじょう》に穴を開けて左右を盗み見ながら思いも及ばない気持ちを抱いている。この者の様々な行ないを見たとき、おそらく化け物が憑いて狂って、病となったと推定した。『書経』に「天の見るものは我らの民より聞く」と記されている。人の心が悪むものを天は必ず悪む。祖廟・社稷《しゃしょく》が関係したことは重いので、この者にどうして祭祀を委ねることができようか。朕は繰り返し考えて、どうしてもできないので康熙四十七年九月十八日に皇太后の慈命を奉じて、天地・太廟・社稷に告祭して、皇太子から廃位して、捕らえて拘禁した。これは特に上は祖業を安定させ、下は官民を楽しませるため。いま特に廃位した事情を逐一明らかにして、内外に悟らせるよう宣布した。また胤礽が妄《みだ》りに賄賂を取って、暴虐を働くため、苦しみを被った者ははなはだ多い。朕の心中、大いに憐憫に思う。そこで、寛厚な仁を宣布するとき、また広く恩を及ぼす至意を示し、撫養する恩恵を天下に及ぼした。ああ、国の根本を耀《かがや》かせるよう明らかにして、万年にいたるまで悠久の道を重んじた。恩恵を均しく及ぼすため、九重から寛大な旨を下した。これを天下に広く悟らせるよう宣布せよ。康熙四十七年九月二十四日。

　康熙四十七年九月二十四日に、下した詔をモンゴルのジャサクの首領らに送らせるため、理藩院から旨を請い上奏したとき、「大学士らと一緒に会議して、上奏せよ」と旨を下したことに欽《きん》遵《じゅん》して、同日、大学士マチ、ウンダ、尚書・公アリンガ、侍郎マンドゥ、薦良《せんりょう》らが口頭で「かつて外藩モンゴルらに詔を送らせた例もある。送らせなかった例もある。モンゴルらは貢納する義務があるので、この度の詔にある（恩養の）条目を削除して送らせたい」と伝え上奏した。そのとき「条目を削除して送らせるように」と旨を下したことに欽遵して、侍読学士ノムチダイ、主事ベシェオらに「翻訳せよ」と委ねたのを、すぐにタングート学司業アルビトゥフと一緒にモンゴル語に翻訳して、十月朔日に礼部の儀祭司の員外郎バイシャンに渡した。同月十六《ママ》日に理藩院からまた旨を請い、「詔を送りに行く諸官にジャサクらの献じた物を取ることを止めるように」と伝奏したとき、「青海・ハミにおいては旗・佐領を編制する前なので送達を中止せよ。別の地へは、『詔』ということを中止して、『下した旨』として送れ」と旨を下したことに欽遵して、同月初七日に侍読学士ノムチダイ、主事ベシェオ、フワシャンらが受け取って、「満蒙詔」という文字を「下した旨」と改めて、大学士マチ、ウンダらに見せて、すぐに礼部の堂主事ホシュンに委ねた。

【解題】

この史料は、康熙四十七年九月二十四日付けの皇太子廃位の旨を、モンゴルの首領らに宣布したものである。後段の文書処理の説明に記されているように、康熙帝の指示を受けた理藩院の長官・次官と内閣大学士によって満洲語の文案が整えられ、ついで翻訳を担当する侍読学士らによってモンゴル語に訳された。さらに帰順の意を示したが、まだ旗、佐領には編成されていない青海のホシュートやハミのムスリムの王公には送達しないこと、他の地の王公に送達する文書は「詔」とせず、「旨」という表現をせよとの康熙帝の指示が出て、十月七日に侍読学士らによって改写され、大学士が確認した後、礼部を通して送達された。すなわち、皇太子廃位の詔は、康熙帝の巻狩に同行していた諸王、大臣、侍衛、文武の諸官に下されただけではなく、当時既に旗、佐領に編成されていた南北モンゴルの首領たちへも伝えなければならないという康熙帝の明確な意志によって、送達されていたのである。清朝を取り巻く内陸アジア状勢がなお不安定ななか、ガルダンとの戦役を契機として帰順したハルハを含むモンゴル勢力を清朝につなぎ止めておくためには、皇太子の不軌を公表して廃位し、そのことを通達して決意を示す必要があったのである。

なお、皇太子廃位の旨の本文には、皇太子の処分を決めかねているとき、皇太后の指示に従って決断したことが記されている。この皇太后はホルチン左翼中旗出身の孝恵章皇太后のことであり、早世した生母、孝康章皇太后にかわって、康熙帝の養育にあたった。「康熙帝の手紙」本篇にしばしば記されているように康熙帝はガルダンとの決戦のため陣中にあったときにも、しばしば皇太子を通じて皇太后のご機嫌を伺っているし、皇太后も康熙帝の安否を尋ねている。本史料には具体的な表現はないが、皇太子問題に関する康熙帝の苦悩を皇太后も共有していた状況を想像できるであろう。

（楠木賢道）

3　皇太子復位の旨

『清内閣蒙古堂檔』十七冊、四九二～五二二頁

奉天承運皇帝の旨。朕思うに嫡子を立てて、祖先の祭祀を継承し守らせることは、国の根本に関係している。大慶に拠っている。本当に身を修め、徳を新たにする、励み学び専心し治める行ないが宮廷内で大いに際だって、賞賛が官民の評判に適《かな》うようになったら、初めて器を掌らせ、盛典を行なわせることができる。皇太子胤礽《いんじょう》は、東宮に久しくいて、名声は元来良く、孝誠をひたすら尽くし、敬恭に己を処していた。思いもかけず瘋癲病《ふうてんびょう》に罹《かか》るので、朕は祖先の遺した洪業、万国の生民に関係したことであり、はなはだ重要であると深刻に考え、やむを得なくなって廃位した。その後段々と観察して、国家にこの大事がある際、生来の悪党がこれを口実に、各々朋党を率いてことを起こし、後日必ず事態が乱れることになってしまうことを朕が覚って、顚末を追究して本当の事情を詳らかにし、

病の原因が全て妖術をかけたことから生じたのを知って、励み治療し続け、以前の病気が非常によくなった。この数月来、朕がこれらの事に憤り恥じ、精神を消耗させて病むとき、胤礽は日夜なく朕の近くにいて、苦悩が顔色に露わになって、自分で薬剤を詳しく調べ、寝食を世話し、ひたすら誠実・恭順にして、この間全く怠らなかった。優れた徳がますます明らかとなって、洪業を受け継ぐことができる。これは本当に上天が恩を及ぼし、祖先らが福を弘めて、朕らの国家を永久とし、秘かに助けたからであるぞ。今特に天地・祖先・社稷に告祭して、典礼を詳しく調べさせて、康熙四十八年三月十日に、冊《さつ》・璽《じ》を与え、再び皇太子に立てて東宮位を正して、四海の人心に合わせた。万年の洪業を弘めた。慶事が成就したので、大いに恩を及ぼすべきである。行なわせるべき案件を以下に記してある。

○一件、五嶽《ごがく》・四瀆《しとく》・長白山等の祭地に官を遣わして祭りたい。本来の例を調べて行なわせよ。

○一件、歴代帝王の陵墓、先師孔子の陵墓に官を遣わして祭りたい。例を調べて行なわせよ。

○一件、歴代帝王の陵墓で荒廃したものがあれば、該管の総督・巡撫らが調べて上奏して改修するように。

○一件、民の暮らしは、大臣・官僚たちの正しく清いことに関係している。清廉を鼓舞することは、すなわち生民を救うこと。今後、部院や総督・巡撫は常に本当に該管の官僚らのなかで清廉で、衆人の知る者を出して上奏するように。朕は必ず試用して、本当ならば上奏した者をも重く辨別する。ここにみだりに誠実ではなく、知ることがはっきりしない者をいい加減に上奏しないように。

○一件、いま天下太平となるので、各省の兵は尽力することがない。ただ西寧・粛州の総兵の下の営の兵馬は、西土（チベット）やツェワンラブタンの方で情報を取ったり、遣わしたりする大臣、章《ジャン》京《ギン》、筆帖式《ビトヘシ》、領催《りょうさい》に頻繁に利用させる。将兵は、朕の常日ごろ撫育したことに報いるため、一言も怨み言はないといえども、朕の心中は大いに憐れに思う。これを該管の総督・巡撫が提督・総兵と一緒に会して、或いは兵員に恩を及ぼすか、或いは別に用いるものを準備して貧しい兵員に利益とするか、急ぎ上奏するように。

○一件、沿海にいる将兵は、日を定めて、大洋で賊に忍びよって捕らえるので、将兵はいつも苦しむ。出動した船、将兵の数、何度行なったか、或いは賊を捕らえたか、或いは負傷したかを、出動毎に明らかに奏聞するように。このうち、辨別すべき、恩を及ぼすべきことを、朕が然るべく旨を下したい。

○一件、総督・巡撫という者は、地方の長たる官。地方の利害を見聞したことは、きっと正確。諸々の銭粮を計算したり、費用を倹約したり、兵民に利益となったりするあらゆることを熟知すれば、事実を把握して、逐一上奏せよ。本当に行なわせることができ、明かな利益を得られるならば、すぐに格別に抜擢して用いたい。

○一件、各地の災害に苦しんだと調べて、公課を免じたことを、民を管轄する官員が遵い行なわず、なお搾取して、強盛な輩を免じ、貧しい民に本当の恩を得させないならば、罪が発覚したとき、いかなるとも免じない。

○一件、天下の駅站は苦しむ。およそ駅站を利用しながら行く官員が駅站を苦しめることがあれば、該管の総督・巡撫がすぐに弾劾し上奏せよ。もし隠蔽すれば、一緒に処罰する。

〇一件、兵民の七十歳以上の者ならば、一丁を免じて養わせよ。雑役を全て免除せよ。八十歳以上の者ならば、裏地一匹、綿一斤、米一石、肉十斤与えよ。九十歳以上の者ならば、二倍与えよ。百歳に到達した者ならば、はっきりするよう上奏して牌坊《はいぼう》を立てる費用を与えるように。

〇一件、孝子・順孫・義夫・烈女を、該管の地方官らが、詳しく実情を調べて奏請して、顕彰せよ。

〇一件、各地の徳が満ち、行ないがよい山林に隠遁した賢人がいれば、各省の総督・巡撫が詳しく実情を調べて明らかに上奏せよ。然るべく用いたい。

〇一件、官吏・兵民が叛いたり逃げ出したり、子・孫が祖父母・父母を殺したり、一族の中で姦通したり、妻妾が夫を殺したり告発したり、奴婢が主人を殺したり、死罪ではない一家の三人を殺したり、赤子を食べたり女の乳房を切り食べたり、人を計画的に殺したり故意に殺したり、妖術や毒薬で人を殺したり、強盗するよう誑《たぶら》かせ語ったり、この十種の正式な死罪を赦免しない外、宮・殿・陵墓を造営したが堅固ではなく銭粮をごまかし計算したり、軍船・武器等の物を製造したが使用不能で銭粮を空しく浪費したり、軍事の罪、貪欲な官が衙役の財を横領した罪、自分で見張って自分で盗んだ罪、公庫の銀を詐取したり、銭粮・漕粮《そうりょう》を虧欠《きけん》させたりした罪、漕粮を横領したり、駅站を苦しめたり、敵の回し者やならず者が反逆したと誣告《ぶこく》したり、火を放ったり姦通したので人を殺したり、朝鮮人参の事に関係したりした罪をも全て赦免《しゃめん》しない。その他の死罪をみな一等減ぜよ。このうち殴り合い、人を殺した者からなお例の通りに銀四十両を督促して受領し、死んだ人の家に与えよ。また康熙四十八年三月十一日以前に、告発したかどうかにかかわらず、また審理し終わったかどうかにかかわらず、みな赦免せよ。

〇一件、各地の賊は飢え凍えることに追い詰められたり、或いは貪欲な官僚の取り立てに追い詰められたりした者。本当に哀れむべきであり、まことに前悪を改めて帰順すれば、罪を赦免せよ。

〇一件、河道・漕粮に関係したことは重大。河道・漕粮に関係したあらゆる種類の罪を赦免するな。

〇一件、およそ反逆・殺人・強盗などの罪に関係して、供述を照合するため審理するのを待たせ、収監した罪人が罪なく死ぬことになってしまうかも知れない。該管の部院と直隷・各省の総督・巡撫は事実を明らかにするよう審理して、供述を照合し証拠がない事、哀れむべき疑うべき事があれば、すぐに奏請して釈放せよ。

ああ、春陽の候に遭遇して、和気が宮廷に満ちた、海水のように浸み渡って、驚嘆すべき恩が天下に行き渡った。内外に宣布して広く悟らせせよ。

康熙四十八年三月十一日
　康熙四十八年三月二十一日に理藩院からモンゴルのジャサクの首領らに宣布する詔書を翻訳するため印を捺した書を送ってきたのを、侍読学士ノムチダイ、主事ベシェオらが受け取って、すぐにタングート（チベット）学司業のアルビトゥフが一緒に翻訳して、満洲文一通、翻訳したモンゴル文一通を、同月二十五日に礼部の主事ホシュンに渡した。

【解題】

この史料は、康熙四十八年三月十一日付けの皇太子復位の旨を、モンゴルの首領らに宣布したものである。後段の文書処理の説明に記されているように、三月二十一日に理藩院から内閣侍読学士らが満洲語の旨を受け取ってモンゴル語に翻訳し、満洲語の旨、モンゴル語の旨各一通を二十五日に礼部に委ねた。

このときモンゴルの首領らに宣布されたモンゴル語の旨そのものが、内蒙古大学蒙古学学院に一通所蔵されている。これは二〇〇五年春にモンゴル国からやって来た旅行者がもたらしたものであるという。上辺三五〇センチ、下辺三五五センチ、左辺九九センチ、右辺九七センチの長方形で、染黄紙に木版で印刷されており、四枚の紙をヨコに貼り合わせたものであり、三箇所の接合部分と末尾の日付部分には、漢文で「皇帝之宝」、満文で han-i boobai と刻された印璽が捺されている（以上、斉木徳道爾吉「関於康熙四十八年蒙古文復立皇太子詔」*QUAESTIONES MONGOLORUM DISPUTATAE* VIII、二〇一二年、一一九〜一四七頁）。このことから、康熙四十八年三月二十五日に文案が礼部に委ねられた後、木版が作成され、印刷されたものが、モンゴルの首領らに送達されたと考えられる。木版であったということは、この皇太子復位の旨が相当部数印刷され、送達されたと考えられる。廃位の旨がそうであったように、清朝を取り巻く内陸アジア状勢がなお不安定ななか、ハルハを含むモンゴル勢力を清朝につなぎ止めておくためには、皇太子復位の理由をモンゴル社会に広く宣布し、信頼を得ておく必要性があったのである。

前掲の「皇太子廃位の旨」も同様に、礼部に委ねられた後、木版が作成され、印刷されてモンゴルの首領らに送達されたのであろう。

（**楠木賢道**）

4 大阿哥胤禔の行動を監視するよう、康熙帝が歩軍統領トホチに密かに下した上諭

中国第一歴史檔案館所蔵、宮中檔満文硃批奏摺《しゅひそうしょう》、六九―五〇八―四―九二 托和斉《トホチ》、内政（職官）、康熙一八件、七一～七三コマ（『康熙朝満文硃批奏摺全訳』四一〇六、無年月（一六五三頁））

旨、歩軍統領トホチに下した。一切の大事がすべて落着したとはいえ、大阿哥《アゲ》のおこなったことは、きわめて酷い。この一味はなおも猜疑し畏れるので、命懸けで必ずや一挙に事を起こすであろうと、朕は心中、疑いを抑えることができない。この汚らわしい者らがどうして成し得ようか。また人を関わらせて、死罪とすることになってしまう。近ごろ風聞に聞けば、大阿哥の属下の悪党が言いふらすことに、「トホチに我々の阿哥が一寸ほどの紙に書をしたためて与えれば、彼がどうして夜に〔北京城

の」門を開かないだろうか」という。大阿哥は、もともと汝を憎む。汝を「必ずや殺してやりたい」と言うのを、朕もはっきりと知っている。汝を「殺してやりたい」と言う者がほかにもたくさんいる。これを、汝もおおよそ知っているであろう。マチ父子、我々のボーイ・ニル、ホントホのフォボーらの輩、これらの者どもはみな皇太子に対し、反目し尽くした者である。うまく大阿哥に迎合したなら、あるいは好いことがあるかもしれないと、便宜を求める者は多い。これらのことを汝は心に留めて、何度も密かに消息をつかんで報告せよ。これらのことを、汝は決して軽視するな。汝の家全体・身命に関わっている。たとえ汝の妻子とて、聞かせてはならない。このため、機密にして手づから記して下した。

【解題】

この満文諭旨の作成年月日は未詳であるが、内容から判断して、康熙四十七年に廃立された皇太子（二阿哥胤礽《いんじょう》）が翌年三月に復位を果たした直後、おそらくは康熙四十八年四月（十四日か）の作成と推測される。内容は、皇太子廃立前後に暗躍した康熙帝の長子、大阿哥胤禔《いんてい》（鑲藍旗《じょうらんき》直郡王、四十七年十一月革爵）の現状に関して、康熙帝の警戒心を示す内容である（本篇二九三―二九四頁参照）。

満文諭旨を受けた歩軍統領トホチは満洲正藍旗人で、京師《けいし》の警察権や諸門の開閉をつかさどる枢要なポストに就いており、しかも皇太子の朋党の有力な一員であった。この当時の康熙帝は、皇太子の不行状の原因を大阿哥胤禔らの呪詛によるものと考えており、皇太子の更生を期待していたとされる。そのため康熙帝の憎悪は大阿哥胤禔に向けられており、その感情が諭旨の中身よりはっきりとうかがえる。

また、諭旨中に言及されるマチ（原任武英殿大学士、四十八年正月革職）は元々満洲鑲黄旗人で、八阿哥胤禩《いんし》が多羅貝勒《ドロベイレ》として正藍旗に封じられた際に、正藍旗人として胤禩の麾下に移されていた。八阿哥胤禩は康熙四十七年十月に一度革爵されており（翌月に貝勒に復爵）、この時点でマチは鑲黄旗所属に戻っていた可能性もある。いずれにせよマチは皇太子とは反目し合っていたとあり、康熙帝は、マチらが大阿哥に接近することを危惧しているようである（マチの旗王である八阿哥胤禩は、大阿哥胤禔の生母・恵妃葉赫那喇《イエヘナラ》氏に撫育されており、親しい関係にあった）。

諭旨中には、皇太子の名も、皇太子廃立直後に宮廷内の支持をあつめた八阿哥胤禩の名も出てこないが、彼らの有力な与党の名が登場しており、皇位後継候補者間の関係を考える上で興味深い史料である。

（鈴木　真）

5 ダライ・ラマ五世の死を報告するディバ（サンギェギャツォ）の上奏

『清内閣蒙古堂檔』十四冊、二九四〜三一三頁

ディバの上奏する書。天下の地を福徳の力で統一した文殊師利《もんじゅしり》皇帝陛下の無垢の蓮華の足下でひたすら合掌して上奏すること。代々励んだとて報いることができない驚嘆すべき寛大な行ないは、天のように威力がある庇護である。衆生の福禄を一つに束ね集めた海から出てきており、見たところ満ち足りない日月の光が照らした地すべてを掌握した大いなる主の一切のお姿は、光り輝いた月のようになって、天下の一切衆生を太平の極みに到らせ、全てのことを扶け慈しむ勅書と賞賜した緞子六疋《ひき》を一緒に員外郎（ジャルグチ）ボージュ、ジャハイ両人が持って来て、（我と）面会して下賜された。旨

で慈しんだことは甚だ厚い。我もダライ・ラマ六世のお言葉にひたすら謹み遵い、以前の通りに行なう。ダライ・ラマ五世が亡くなったことを隠した事情をポタラからダライ・ハーンにも申し上げなかった。我らおそば近くに仕える輩にも、毎年集まり祀ることを減らした以外、やはり申し上げなかった。尊い皇帝陛下を始め、衆人に上奏することができなかったのは、特にやむを得ず、偉大なるダライ・ラマ五世の御遺言に遵い行なったからである。このことをニマタン・ホトクト、キョルモルン・ケンポらを遣わして上奏させていた。ボショクトの事情（青海ホシュートのボショクト・ジノンがガルダンと姻戚となった事情）を非難した件を全て睿鑑なさるので、心は寛やかになっていた。ツェワンラブタンが非難し上奏したとき、また厳しい旨を下すので、心は甚だ苦しんでいる。偉大なるダライ・ラマ五世の事情を隠したことは、先に上奏した通りに本当にやむを得ないことから生じたことなので、パンチェン・エルデニにも申し上げなかったことを睿鑑なさったであろう。六世に生まれてきたダライ・ラマの事情に関しては、大いなるパンチェンやゲンドゥン・ドゥプパ（ダライ・ラマ一世）以来、歴代のダライ・ラマの転生、及びパンチェン・エルデニの転生ら貴い大いなるラマらを、別のラマらに認めさせるよう問うたことはない。それ以外の事情は先に上奏した。大いなるダライ・ラマ六世の『耳の栄養を取るもの』という歴史に明らかにある。出た太陽を掌で隠すことはできないようなので、これまで別のラマらに（ダライ・ラマを）認めさせるよう問うたことはない。大いなるパンチェン・エルデニは、パンチェン・エルデニ五世であるといえども、彼らのお身体が生まれてきた後、先世のラマの思し召しがはじめて祈りのお言葉を作って与える。また黄帽の教えに集まり祀ることは、何よりも甚だ益となるであろうと思い、非常に望んでいた。ツェワンラブタンが先にそのように上奏していたが、皇帝陛下は全チベットを深く睿鑑されたので、これをあらためて上奏しなかった。大いなるパンチェン・エルデニは疱瘡《ほうそう》にかかったことがなかったので、疑い（北京に行くことを）控えたまでだ。我らが請いここに留めたことはない。先にネイチ・トインが（パンチェンを北京に）招いて以来、「行くべきである」とできるだけ尽力しただけだ。阻止したことはない。今、ニマタン・ホトクト、キョルモルン・ケンポ、和尚らが明確に知っている。我の尽力したことを三宝は鑑みる。今、パンチェン・エルデニは自らの事情を明らかにし上奏したであろう。更にまた、「陛下の御心に合わせるよう、すぐに今年行くべきである」と請い告げるよう（パンチェンに）使者や書を次々と送ったとき、「辰年（康熙三十九年、一七〇〇年）に行く」と十月二十三日に告げてきた。年末が近くなったので、行くのに都合がよくなかった。卯年（康熙三十八年、一六九九年）はまたパンチェンの生まれ年なので、漢地、モンゴル、チベット全てで斎戒すべきことを睿鑑するだろう。いかに催促したとて、今行くことはない。辰年三月に遅れずに行くので、その時に到るまで使者を送らなくしてはいただけまいか。また、一切《いっさい》勝者《しょうしゃ》にして聖なる貴き大いなるツォンカパら貴い聖者たちや歴代ダライ・ラマの転生を記したもの、さらにダライ・ラマ五世の編書に「衆人のひたすら頼る聖者の貴い経典を見せるよう教え、チベットを平安とするため読経せよ」と記したことは明らかで、しかもダライ・ラマ五世がまた「我自身がいるときのように絶えず仕え行なえ」と御遺言したことに、絶えず尽力し仕え行なうのみで、やめたことはない。ダライ・ラマ六世も先世の跡を本当に倣《なら》い損《そこ》ねず行なうだろう。ラマたちは法門に入るときに、頭髪を剃られることを重視している。例えばダライ・ラマ四世ユンテンギャッォは頭髪を先のパンチェンに剃られたことは明らかでないといえども、今のパンチェン・エルデニにダライ・ラマ六世が頭髪を剃られたことは、特に衆人によく知られている。黄帽の教首となったラマであり、しかも、また陛下の御心に合わせるよう行なってきた者である。「今後もまた御心に合わせるよう行ないたい。またそちらに行く」とお言葉が出なかった折に、今また誹謗し上奏した事が重なるので、陛下が非難するのではあるまいかと思い苦しみ、ひたすら謹み二心を持たないことを睿鑑していただけまいか。また非を知りながら行なったことはないのに、けしかけるよう非難し上奏した事情を睿鑑していただけまいか。また、先にダライ・ラマ六世も「招いたことに合わせて行くべきである」と（パンチェンに）書を送った。二人の員外郎が到着した後「行くべきである」と厳重に語ったのに、タシルンポから「行かない」と決めて告げた言葉や、あれやこれやと非難した旨が一斉に届くので、あらためてまた「陛下の御心に合わせたい」と人を遣わし書を送り尽力し語ったことを明らかに上奏した。本当にやむを得なくなったことを陛下も非難しないであろう。後に陛下の御心に合わせるよう、「辰年三月に行く」という良い言葉が出たことを奏聞した。パンチェンも陛下に上奏したであろう。御心に合わなかったといえども、謹み敬うためならば、その思った通りに合わせて、また招く人を送らないこともできる。ここで我も自らの事のように尽力し行ないたい。ニマタン・ホトクトが送って行くことを、大いなる主の厳しい旨の通りにダライ・ラマ六世の心に誓いを大いに重視するよう、ひたすら語った。我もできる限りこの事のためひたすら励み語った。比類なき大いなるツォンカパとダライ・ラマの教えを東から再び興隆させる大施主は皇帝陛下のほかにいないので、辰年にパンチェン・エルデニに温良なる勅書、ダライ・ラマ六世に鄭重に奉戴する勅書、我にも勅書を慈しみ与えることを止めなくなりますように。ダライ・ラマ五世が北京に行ってから今に到るまで、仏教政治は一つとなったので、辰年にパンチェンが行った後、ダライ・ラマ五世のようにダライ・ラマ六世を先の通りに格別に慈しんでくださいますように。また大いなるダライ・ラマ六世をはじめ、我らを一緒に格別に慈しむ大いなる憐情で慈しみ深い旨を絶えず恵み与えてくださいますように。献じる礼品の宝珠・毛織物の数を記した書を一緒に十一月初吉日にジョー（ラサ市街）から上奏した。

【解題】

この史料は、ダライ・ラマ五世の摂政サンギェギャツォが康熙三十七年十一月にラサで記した上奏の満洲語訳である。『清内閣蒙古堂檔』第十四冊、三二四〜三二五頁の文書処理の注記から、康熙三十八年二月五日に康熙帝のもとに届けられたことが判明する。

この上奏の原文はチベット文で記されていたと考えられ、西蔵自治区檔案館に類似した内容のチベット文檔案の稿本が保管されている（『元以来西蔵地方与中央政府関係檔案史料匯編』第二冊、三〇四〜三〇六頁）。ただ、文書処理の注記によると、康熙帝がチベットに派遣した員外郎ボージュとジャハイがモンゴル文の上奏を持参してきたとあり、おそらくサンギェギャツォがモンゴル文に翻訳させた後に、両人に手渡したのであろう。康熙三十八年二月五日に狩りに出ていた康熙帝のもとに届けられたこの上奏は、康熙帝の指示に従い内閣で満文に翻訳され、あらためて康熙帝の呈覧に供された（なお、ここでは康熙帝が実際に目を通した満文の上奏から訳出した）。

内容としては、当時の清朝・チベット間で問題となっていた各案件について詳細に記しており、「康熙帝の手紙」本篇の「摂政サンギェギャツォ」や「ダライ・ラマ五世の死の公表」の直後にサンギェギャツォと康熙帝の間でいかなるやり取りが行なわれていたかを示す史料である。この上奏は比較的長いものの、ダライ・ラマ五世の死を秘匿していた件について、及びパンチェン・ラマの北京訪問についてという僅か二点をサンギェギャツォは延々と釈明している。特にこれまでの行動や判断の根拠を、様々な歴史上の事実や書物の内容を交えて説明しており、非常に難解な文書になっている。

興味深い点は、ダライ・ラマ五世の死を秘匿していた件についてである。本史料ではダライ・ハーンにも秘密を洩らさなかったと記してあるが、本篇に引用されるダライ・ラマ五世の死を公表した第一報では、ネチュン護法神の指示に従いダライ・ハーンに申し上げたと記されている。事実としては、サンギェギャツォは早くからダライ・ハーンにダライ・ラマ五世の死を知らせており、康熙帝の詰問に対して何度も言を翻しながら交渉を進めていた。また、ダライ・ラマ六世とサンギェギャツォへの不信から、康熙帝はパンチェン・ラマとの関係を構築するべく、パンチェン・ラマの北京招請を目指していたが、パンチェン・ラマとの交渉にもサンギェギャツォが介入し、本史料からも分かるようにパンチェン・ラマの北京招請に向けた交渉も難航するのであった。このようなサンギェギャツォとの交渉によって、康熙帝はサンギェギャツォに対して大いに疑念を深めていったと推察される。

また、前半部分でツェワンラブタンに関する言及があるが、清朝・チベット間では、これ以降もジューン・ガルの存在を意識した交渉が行なわれていた。本篇で如実に示されているように、ガルダンとの関係によってその重要性が増して以来、康熙帝にとってチベット情勢は、懸案であったジューン・ガルとの関係から特に慎重にならざるをえなかった。そのため、ガルダン死後においても、ツェワンラブタンの存在を意識しながら、このような難解な文書にも向き合い慎重かつ粘り強くサンギェギャツォとの交渉を続けていたのである。

（岩田啓介）

関連年表（一二〇六～一九一二）

西暦	清朝の主な出来事	その他の地域
一二〇六		チンギス・ハーンの即位、モンゴル帝国建国
一二二七		チンギス・ハーン死去
一二三四		モンゴル帝国第二代オゴデイ・ハーンが金を滅ぼす
一二三六		モンゴル軍のヨーロッパ遠征（～一二四一）
一二六〇		フビライが第五代ハーンに即位、末弟アリク・ブガと争う（～一二六四）
一二七一		フビライが大元という国号を採用する
一二七六		元が南宋を滅ぼす
一三五〇		日本人の倭寇始まる
一三六八		紅巾軍の朱元璋に逐われて元朝皇帝が北方に退却する
一四一五		ポルトガル人の大航海時代始まる

一四八七		フビライの子孫バト・モンケが即位しダヤン（大元）・ハーンを称す
一四九二		コロンブスがアメリカ大陸発見
一五七八		ダヤン・ハーンの孫アルタン・ハーンがダライ・ラマ三世と会見しチベット仏教に帰依する
一五八一		コサックのイェルマクがシビルの町を占領、ロシアのシベリア支配始まる
一五八八	ヌルハチが建州女直を統一し、これをマンジュ国と称する	
一五九二		日本軍が朝鮮に侵入し京城を陥れる（文禄の役）
一五九七		日本軍ふたたび朝鮮出兵（慶長の役）
一五九九	ヌルハチがモンゴル文字を借りて満洲文字を創る	
一六一六	ヌルハチが他の女直諸部を統一し、後金国を建てる	
一六一九	サルフの戦いで後金軍が明軍を破る	
一六二四		オランダ人が台湾を占領する
一六二六	ヌルハチ死去、八男のホンタイジが跡を継ぐ	
一六三四	ゴビ沙漠の南のモンゴル人がホンタイジの支配下に入る	モンゴルの宗主チャハルのリンダン・ハーン死去
一六三五	ホンタイジが種族名をジュシェン（女直）からマンジュ（満洲）に改名する	リンダン・ハーンの遺児エジェイが「大元伝国の璽」を持って後金国に降る。漠北のハルハ部にのちのジェブツンダンバ一世が生まれる
一六三六	瀋陽でホンタイジが満洲人、モンゴル人、高麗系漢人の共通の皇帝となる。清朝建国	ホシュート部長グーシがゲルク派の求めで青海遠征に向かう

一六四二		グーシ・ハーンがチベット国王になる
一六四四	清の順治帝が北京に入り、中国支配が始まる	李自成が北京を攻め、崇禎帝が自殺、明が滅びる。ジューン・ガル部にガルダン生まれる
一六六一	順治帝が死去、康熙帝が八歳で即位	鄭成功がオランダ人を追い出し台湾を攻略する
一六六九	康熙帝がオボーイらの輔政大臣をかたづける	
一六七二		ガルダンがジューン・ガル部族長になる
一六七三	三藩の乱（〜一六八一）	
一六七八		ジューン・ガルのガルダンがダライ・ラマ五世からハーン号を授与される
一六八二		ダライ・ラマ五世死去、摂政はこれを秘する
一六八三	台湾が清に降る	
一六八八		ジューン・ガルのガルダンが北モンゴル・ハルハに侵入
一六八九	ロシアとの間にネルチンスク条約が結ばれ、黒龍江の北方に清の国境線が確定する	
一六九〇	ジューン・ガルと清の間でウラーン・ブトンの戦い	
一六九一	ハルハ・モンゴル人がドローン・ノールで清朝皇帝に臣従を誓う	
一六九六	康熙帝がジューン・ガルのガルダン・ハーンを破り北モンゴルを支配下に入れる（第一次親征）、康熙帝がオルドス地方へ（第二次親征）	
一六九七	康熙帝が寧夏へ（第三次親征）、ガルダン病死する	

一七〇八	康熙帝が皇太子を廃位（一七〇九年復位）	
一七一二	康熙帝が皇太子を再び廃位、長白山に定界碑を立て、鴨緑江と豆満江を清と朝鮮の国境と定める	
一七一七		ジューン・ガル軍がチベットのラサを占領する
一七二〇	清軍がラサに入りダライ・ラマ七世を立てる（清のチベット保護の始まり）	
一七二二	康熙帝が死去、雍正帝が即位	
一七二三	北モンゴルのジェブツンダンバ一世が北京で死去（89歳） 清軍がラサから撤退すると、青海ホシュート部のロブサンダンジンが同族と争う	
一七二四	清軍が青海を制圧し、モンゴル同様の旗制を施行する	
一七四〇	漢人農民の満洲への流入を禁止する封禁令を出す	
一七五五	清がジューン・ガルを平定する	
一七五七	清がアムルサナーの反乱を平定する	インドでプラッシーの戦いにイギリスが勝利する
一七五九	トルコ人イスラム教徒が清に降り、清の領土が最大になる	
一七七五		アメリカ独立戦争勃発（～一七八三）
一七八九		フランス革命勃発
一七九四	イギリス国王の使節マカートニーが乾隆帝に謁見する	
一七九五	白蓮教の乱起こる（～一八〇四）	
一八〇九		日本の高橋景保が「日本辺界略図」を作成する 間宮林蔵がアムールを探検調査し、樺太が島であることを確認する（～一八一〇）

一八四〇	清とイギリスの間でアヘン戦争始まる	
一八四二	南京条約で清は香港をイギリスに割譲する	
一八五一	太平天国の乱起こる（〜一八六四）	
一八五三	捻軍の乱が起こる（〜一八六八）	アメリカ東インド艦隊司令官ペリーが日本の浦賀に来航する。クリミア戦争始まる（〜一八五六）
一八五四		日米和親条約および日露和親条約を結ぶ
一八五七	英仏連合軍が広州を占領し第二次アヘン戦争が起こる	
一八五八	清朝と英仏米露との間に天津条約、愛琿条約でロシアは黒龍江左岸を獲得	
一八六〇	英仏連合軍が円明園を焼き、北京条約で沿海州がロシア領になる	
一八六二	陝西で漢人と回民が衝突、漢人の回民虐殺事件が各地で発生する	
一八六四	クチャの回民が清朝に対して蜂起する	
一八六五	ヤアクーブ・ベグがコーカンドから来て新疆の実権を握る	
一八六八	捻軍の乱を鎮圧	日本で明治維新
一八七〇	ヤアクーブ・ベグがカシュガルに独立王国を建てる	
一八七五	左宗棠が私兵を率いて新疆平定に向かう	
一八七六	イギリスとの間で芝罘条約	
一八七八	清軍が新疆全域を再征服する	
一八八四	ヴェトナムの保護権をめぐって清仏戦争	朝鮮で甲申政変
一八八五	清はヴェトナムに対する宗主権を放棄する、台湾省設置	
一八九四	日清戦争始まる	朝鮮で東学の乱

一八九五	日清戦争の終結	下関条約で朝鮮が独立の邦と認められる。三国干渉
一八九七		朝鮮王が韓国皇帝を名のる
一八九八	ロシアが清から旅順・大連を租借 清で変法が失敗（戊戌政変）、山東省で義和団が蜂起する	
一九〇〇	義和団が北京に入る ロシアが満洲を占領	
一九〇二		日英同盟を結ぶ
一九〇四	英国とインドの連合軍がラサを占領、ラサ条約を結ぶ	日露戦争始まる
一九〇五	一千年以上続いた科挙の試験が廃止される	日露戦争に日本が勝利し、日露講和条約が結ばれる
一九〇七	満洲に東三省を置く	
一九一〇	東チベットを西康省とし、四川軍がラサに入る	日本が韓国併合
一九一一	一〇月辛亥革命	
一九一二	一月中華民国誕生、二月清朝崩壊	

あとがき

藤原書店が遂行する清朝史叢書の第一巻として、三十三年前の私の著作『康熙帝の手紙』増補改訂版がここにめでたく刊行される運びとなったのは、私の孫に相当するような年少のメンバーまで含む叢書研究会一同が、一致団結して手助けしてくれたからである。

一九七九年刊行の中公新書版『康熙帝の手紙』には、いっさい注がなかった。そこで今回は、康熙帝の手紙本文の日本語訳の元になった満洲語原本の影印版が、台湾で刊行された『宮中檔康熙朝奏摺』の何頁にあるかという出典注を、本文の引用の最後に（　）で示した。これは楠木賢道氏が担当してくれた。

本書の歴史背景は、清朝第四代皇帝である康熙帝が、北モンゴルのハルハ部と、西モンゴルのオイラト諸部の一つであるジューン・ガル部の争いを調停しようとしたが成功せず、ジューン・ガル部の君主ガルダンがハルハ部に侵入し、ハルハ部が清朝に亡命した事件が発端となっている。北アジアを席巻したジューン・ガル部のガルダンを征伐するため、皇帝自らが三度に亘ってモンゴル高原に親征したとき、北京で留守番をしていた皇太子に宛てて満洲語で書いた皇帝の手紙の日本語訳が、本書の白眉であり研究の中心である。

ところが、康熙帝の遠征の原因となった、十七世紀の満洲とモンゴルとチベットの歴史は、日本の教科書はほとんど触れない分野であるので、概説部分も、日本人にはなじみのない名前ばかりが出てくる。そこで今回、杉山清彦氏が中心となって、専門用語には、本文の左端に側注として解説を加えた。モンゴル関係は妻の宮脇淳子、チベット仏教関係は池尻陽子氏も協力した。康熙帝の手紙に登場する、モンゴル草原の珍しい植物の名前や医薬品に関する注は、渡辺純成氏の熱意のたまものである。

地図や系図は、原版にあったものはすべて再録した上で、宮脇淳子がこれらすべてに万里の長城を加筆し、新たにモンゴル諸部の分布図とオイラトの系図も加えた。清朝皇族の系図は、杉山清彦氏の手になる。

本書には、旧版にはない数多くの図版や写真が掲載されている。康熙帝の肖像画だけで、壮年期から老年まで、立派なものが四枚もあるし、私自身は行くことがかなわなかった中国奥地の写真もたくさん挿入されている。これらの図版を選び、康熙帝の遠征先、戦場や万里の長城などの写真を、本書のために提供してくれた杉山氏、楠木氏らに心より御礼申し上げる。

ところで、この機会に白状すると、「初版あとがき（三〇一～三〇五頁）」の最後に書いた「その他多くの師友の助言を獲て」の「師友」は、じつは妻の宮脇淳子のことである。一九七八年夏、台北で開催された国際清史檔案研討会に、当時、大阪大学大学院修士課程二年目だった彼女は、指導教官の山田信夫氏の推薦で参加した。オブザーバー（聴講者）のつもりだったのが、主催者の手違いで報告者となっていたのを、日本団代表だった私が相談を受け、一晩で日本語原稿を書かせて、翌朝私が英訳し報告に間に合わせたのである。それが、京都大学に提出した卒業論文以来の彼女の研究「十七世紀のハルハ・モンゴル」だった。

その内容は、それまでの定説を覆す画期的なものであったので、翌一九七九年宮脇が大阪大学に提出した修士論文を、私が『東洋学報』に推薦し、さらに博士課程に進級したばかりの彼女を、東京外国語大学アジア・アフリカ言語文化研究所公募共同研究員に採用して、夏休みの二ヶ月間、私の研究室で、モンゴル年代記講読と東洋史を講義した。

この間、宮脇は、ジューン・ガルのガルダンがなぜハルハ部に攻めてきたかの理由を、まことに理路整然と私に説明したので、私は彼女の研究結果を取り入れて、旧版の第一章「中国の名君と草原の英雄」を大幅に書き直した。しかし、彼女は無名であったし、同じ内容を実証した処女論文「十七世紀清朝帰属時のハルハ・モンゴル」が、『康熙帝の手紙』刊行前に『東洋学報』に掲載されることが決まっていたから、「あとがき」には名前を挙げなかった。ところが、『東洋学報』は他の学者が論文提出を遅らせたため刊行が大幅に遅れ、商業出版である『康熙帝の手紙』の方が早く刊行された。プライオリティ（優先権）を侵害する結果となったことを、遅ればせながら詫びておきたい。

私はつねに孤独を覚悟して研究を続けてきたつもりであったが、三十三年前に刊行した『康熙帝の手紙』に刺激を受けた後進の研究者たちが、このように育っているのを見て、感慨ひとしおである。助力を賜った一同に心よりの謝意を表すとともに、清朝史叢書の企画すべてに責任を負って邁進し続ける藤原良雄社長と、優秀な編集者、山﨑優子さんにも御礼を申し上げる。清朝史叢書の続巻の充実ぶりが予想されて、監修者として、たいへん嬉しく思う次第である。

二〇一二年十二月

岡田英弘

■系図

■写真

地図・図版・系図・写真一覧

■地図

■図版

ヤ　行

ラ　行

ワ　行

ナ　行

ハ　行

マ　行

タ　行

サ　行

事項索引

ア 行

カ 行

マ　行

ヤ　行

ラ　行

ワ　行

ナ　行

ハ　行

サ　行

タ　行

地名索引

ア　行

カ　行

マ　行

ヤ　行

ラ　行

ワ　行

ナ　行

ハ　行

タ　行

カ　行

サ　行

索　引

＊「序」「康熙帝の手紙」「補」「史料」中の主要な人名，地名，
事項について，ページ数をあげた（側注・補注を除く）

人名索引

＊康熙帝は全編にわたるため，本索引には収録していない

ア　行

著者紹介

岡田英弘（おかだ・ひでひろ）

1931年東京生。歴史学者。シナ史、モンゴル史、満洲史、日本古代史と幅広く研究し、全く独自に「世界史」を打ち立てる。東京外国語大学名誉教授。1953年、東京大学文学部東洋史学科卒業。1957年、『満文老檔』の共同研究により、史上最年少の26歳で日本学士院賞を受賞。アメリカ、西ドイツに留学後、ワシントン大学客員教授、東京外国語大学アジア・アフリカ言語文化研究所教授を歴任。

著書に『歴史とはなにか』（文藝春秋）『倭国』（中央公論新社）『世界史の誕生』『日本史の誕生』『倭国の時代』（筑摩書房）『中国文明の歴史』（講談社）『読む年表　中国の歴史』（ワック）『モンゴル帝国から大清帝国へ』（藤原書店）『チンギス・ハーンとその子孫』（ビジネス社）ほか多数。

編著に『清朝とは何か』ほか。2013年6月、これまでの仕事の集大成となる『岡田英弘著作集』全8巻が刊行開始（2016年完結予定）。

〈清朝《しんちょう》史《し》叢書《そうしょ》〉
大清帝国《だいしんていこく》隆盛期《りゅうせいき》の実像《じつぞう》
——第四代《だいよんだい》康熙帝《こうきてい》の手紙《てがみ》から 1661–1722

2013年1月30日　初版第1刷発行 ©
2016年3月30日　第2版第1刷発行

著　者　岡　田　英　弘
発行者　藤　原　良　雄
発行所　株式会社　藤　原　書　店

〒162-0041　東京都新宿区早稲田鶴巻町523
電　話　03（5272）0301
FAX　03（5272）0450
振　替　00160 - 4 - 17013
info@fujiwara-shoten.co.jp

印刷・製本　中央精版印刷

落丁本・乱丁本はお取替えいたします
定価はカバーに表示してあります
Printed in Japan
ISBN978-4-86578-066-6

▶本著作集を推す◀

◇鋭い洞察力

ベルリン自由大学名誉教授／トルコ学　**バーバラ・ケルナー=ハインケレ**

学者の生涯の業績が著作集という形を取る例は、滅多にあるものではない。藤原書店から刊行される八巻の美観本は、岡田英弘教授のあらゆる業績を国内外の読者に入手しやすくした。幅広い分野にまたがり多くの言語で書かれた膨大な史料への著者の鋭い洞察力と、自身の専門分野に対する正確な学識と端倪すべからざるエネルギーと深い献身がここにある。世界史は、空間と時間、社会、思想、経済、人類の努力の複合的構造体であるという観点は貴重である。

◇グローバルな歴史家

…………ハーヴァード大学教授／清朝史・内陸アジア史　**マーク・エリオット**

岡田英弘氏の中国史考察は非常に独創的で、斬新なものである。中国の政治および文化において北方遊牧民の役割が非常に大きいと強調している。とりわけこの点において岡田氏が与えた影響は広範にわたっており、現在の歴史学の主たる潮流を先取りしていたと言えるだろう。また、第一次資料に注目することや、既に受け入れられている既存の概念に対して疑問を投げかける氏の姿勢は、日本だけでなく、世界中の学者に大いに刺激を与え続けた。彼は、「グローバルな歴史」という言葉が現れる前から、グローバルな歴史家だった。

◇モンゴル人の誇り …………モンゴル国大統領　**Ts・エルベグドルジ**

2012年に岡田教授の著書『世界史の誕生』『モンゴル帝国の興亡』がモンゴル語訳され、「世界史はチンギス・ハーンのモンゴル帝国から始まった」ことを明確に論じていることに、私たちモンゴル人は大いなる誇りを感じます。モンゴルの重要性を世界史上に位置づけた岡田教授の業績を高く評価し、私の前任のモンゴル国大統領から「北極星勲章」が贈られました。深く敬意を表すと共に、『岡田英弘著作集』の発刊を心よりお祝い申し上げます。

◇歴史学におけるジンギス・カン……静岡県知事・歴史家　**川勝平太**

数学のガロア、物理学のアインシュタインは天才と称される。日本の歴史学に「天才」の語を冠しうる人物を挙げよと言われれば、私は岡田英弘氏を推すことに躊躇しない。岡田氏は、早くも大学生のときに、その漢籍の素養の図抜けた高さで教授の心胆を寒からしめ、20歳代で学士院賞をとり、「歴史」を相対化し、新しい「世界史」を誕生させ、中国の本質を歯に衣着せず容赦なく抉りだす。日本の生んだ歴史学におけるジンギス・カンである。

「西洋中心主義」徹底批判

リオリエント

〈アジア時代のグローバル・エコノミー〉

A・G・フランク
山下範久訳

ウォーラーステイン「近代世界システム」の西洋中心主義を徹底批判し、アジア中心の単一の世界システムの存在を提唱。世界史が同時代的に共有した「近世」像と、そこに展開された世界経済のダイナミズムを明らかにし、全世界で大反響を呼んだ画期作の完訳。

A５上製　六四八頁　**五八〇〇円**
（二〇〇〇年五月刊）
◇978-4-89434-179-1

ReORIENT　Andre Gunder FRANK

世界は「オリエント」から誕生した

別冊『環』⑧

「オリエント」とは何か

〈東西の区分を超える〉

〈座談会〉岡田明憲＋杉山正明＋井本英一＋志村ふくみ

〈寄稿〉岡田明憲／堀晄／紺谷亮一／川瀬豊子／吉枝聡子／岡田恵美子／前田耕作／春田晴郎／北川誠一／黒田壽郎／香月法子／小川英雄／大貫隆／山形孝夫／川口一彦／森本公誠／山田明爾／宮治昭／森谷公俊／田辺勝美／岡田保良／長澤和俊／石野博信／増田精一／岡﨑正孝／山内和也／中務哲郎／高濱秀／一海知義／久田博幸

菊大並製　三〇四頁　**三五〇〇円**
（二〇〇四年六月刊）
◇978-4-89434-395-5

イスラームは「世界史」の中心か？

別冊『環』④

イスラームとは何か

〈「世界史」の視点から〉

〈寄稿〉ウォーラーステイン／トッド／サドリア／飯塚正人／梅村坦／岡田恵美子／加賀谷寛／黒木英充／黒田壽郎／黒田美代子／小杉泰／桜井啓子／鈴木董／鈴木均／田村愛理／中堂幸政／東長靖／鷹木恵子／中村光男／西井凉子／奴田原睦明／羽田正／久田博幸／日野舜也／堀内勝／宮田律／松原正毅／三島憲一／宮治美江子／武者小路公秀／フサイン

菊大並製　三〇四頁　**二八〇〇円**
（二〇〇二年五月刊）
◇978-4-89434-284-2

西洋・東洋関係五百年史の決定版

西洋の支配とアジア

〈1498-1945〉

K・M・パニッカル　左久梓訳

「アジア」という歴史的概念を夙に提出し、西洋植民地主義・帝国主義の歴史の大きなうねりを描き出すとともに微細な史実で織り上げられた世界史の基本文献。サイードも『オリエンタリズム』で称えた古典的名著の完訳。

A５上製　五〇四頁　**五八〇〇円**
（二〇〇〇年一一月刊）
◇978-4-89434-205-7

ASIA AND WESTERN DOMINANCE　K. M. PANIKKAR

陸のアジアから海のアジアへ

海のアジア史
〈諸文明の「世界＝経済」〉
小林多加士

ブローデルの提唱した「世界＝経済」概念によって、「陸のアジアから海のアジアへ」視点を移し、アジアの歴史の原動力を海上交易に見出すことで、古代オリエントから現代東アジアまで、地中海から日本海まで、広大なユーラシア大陸を舞台に躍動するアジア全体を一挙につかむ初の試み。

四六上製　二九六頁　**三六〇〇円**
（一九九七年一月刊）◇978-4-89434-057-2

フィールドワークから活写する

アジアの内発的発展
西川潤編

長年アジアの開発と経済を問い続けてきた編者らが、鶴見和子の内発的発展論を踏まえ、今アジアの各地で取り組まれている「経済成長から人間開発型発展へ」の挑戦の現場を、宗教・文化・教育・NGO・地域などの多様な切り口でフィールドワークする画期的初成果。

四六上製　三二八頁　**二五〇〇円**
（二〇〇一年四月刊）◇978-4-89434-228-6

日・中・韓ジャーナリズムを問う

日中韓の戦後メディア史
李相哲編

規制の隘路から市場化・自由化の波に揉まれる中国、〝自由〟と〝統制〟に翻弄されてきた韓国、連合国軍による検閲に幕開け、メディアの多様化の中で迷う日本。戦後六七年の東アジア・ジャーナリズムを歴史的に検証し、未来を展望する。

A5上製　三二八頁　**三八〇〇円**
（二〇一二年一二月刊）◇978-4-89434-890-5

東アジアの農業に未来はあるか

グローバリゼーション下の東アジアの農業と農村
〈日・中・韓・台の比較〉
原剛・早稲田大学台湾研究所編
西川潤／黒川宣之／任燿廷／洪振義／金鍾杰／朴珍道／章政／佐方靖浩／向虎／劉鶴烈

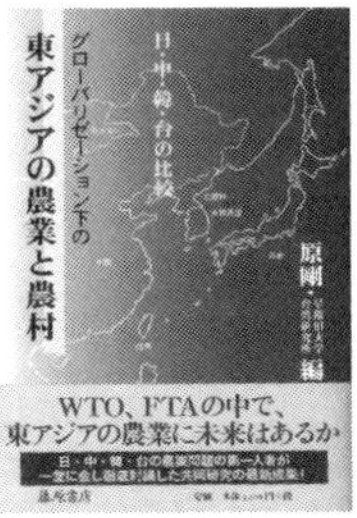

WTO、FTAなど国際的市場原理によって危機にさらされる東アジアの農業と農村。日・中・韓・台の農業問題の第一人者が一堂に会し、徹底討議した共同研究の最新成果！

四六上製　三七六頁　**三三〇〇円**
（二〇〇八年三月刊）◇978-4-89434-617-8

ギリシア文明の起源に新説

黒いアテナ（上）（下）

〈古典文明のアフロ・アジア的ルーツ　II 考古学と文書にみる証拠〉

M・バナール　金井和子訳

考古学・言語学の緻密な考証から古代ギリシアのヨーロッパ起源を否定し、フェニキア・エジプト起源を立証、欧米にセンセーションを巻き起こした野心作の完訳。［（上）特別寄稿］小田実

A5上製

（上）五六〇頁　四八〇〇円　（二〇〇四年六月刊）（上）◇978-4-89434-396-2

（下）六〇〇頁　五六〇〇円　（二〇〇五年一一月刊）（下）◇978-4-89434-483-9

BLACK ATHENA　Martin BERNAL

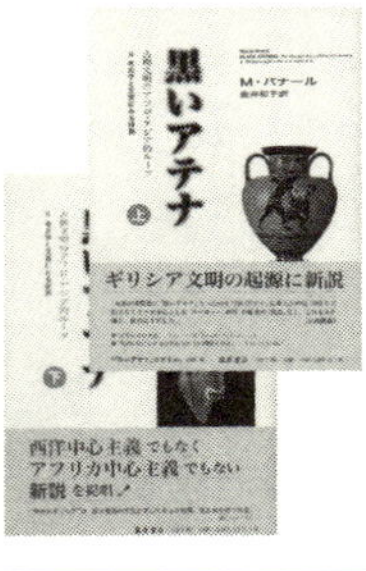

『黒いアテナ』批判の反批判

黒いアテナ 批判に答える（上）（下）

M・バナール　金井和子訳

二五年前に大反響を巻きおこした『黒いアテナ』に向けられた批判に答えたのが本書である。彼の提唱する〈改訂版古代モデル〉が、本書ではより明快に説明され、古代ギリシア文化がエジプト、レヴァントなどからの影響を受けて発達した混合文化だったと主張。

A5上製

（上）四七二頁　五五〇〇円　（二〇一二年六月刊）（上）◇978-4-89434-863-9

（下）三六八頁　四五〇〇円　（二〇一二年八月刊）（下）◇978-4-89434-864-6

BLACK ATHENA WRITES BACK　Martin BERNAL

多様な視点から総合的に分析

別冊『環』⑤ ヨーロッパとは何か

〈インタビュー〉哲学者が語るヨーロッパ　ラクー＝ラバルト

〈対談〉ヨーロッパの思想家のヨーロッパ　中沢新一＋鈴木一策

〈寄稿〉深澤英隆／山内進／糟谷啓介／ショーニュ／岡田明憲／沓掛良彦／北川誠一／伊東俊太郎／松村賢一／眞田芳憲／橋本毅彦／吉田忠／谷村晃／中山茂／樋口恒晴／加藤博／田中道子／小川了／上村忠男／桜井直文／中島義道／三島憲一／倉田稔／飯塚正人

菊大並製　三七六頁　三二〇〇円

（二〇〇二年一二月刊）◇978-4-89434-315-3

ヨーロッパとしてのロシアの完成

エカテリーナ二世

〈十八世紀、近代ロシアの大成者〉（上）（下）

H・カレール＝ダンコース
志賀亮一訳

「偉大な女帝」をめぐる誤解をはらす最新の成果。ロシア研究の世界的第一人者が、ヨーロッパの強国としてのロシアを打ち立て、その知的中心にしようとした啓蒙絶対君主エカテリーナ二世の全てを明かす野心作。

四六上製　（上）三七六頁／（下）三九二頁

各二八〇〇円　（二〇〇四年七月刊）

（上）◇978-4-89434-402-0

（下）◇978-4-89434-403-7

CATHERINE II　Hélène CARRÈRE D'ENCAUSSE